21世纪经济管理类精品教材

（第**4**版）

物流学概论

周启蕾　许笑平/编著

Introduction to Logistics

清华大学出版社
北京

内 容 简 介

　　本书分为三大部分：第一篇物流总论，主要介绍物流的概念和分类，从中可以了解一些有关物流的基础知识。第二篇根据我国国家标准对物流的定义进行阐述，分别介绍了物流的各个基本功能要素。该部分内容繁多复杂，是本课程学习的重点和难点。第三篇是物流概念的运用与延伸。只有真正学好了前两篇的内容，才可能对该篇内容产生兴趣，也才能深刻理解物流学科的总体目标。因此，第三篇既可以看作是本书的终结，又可以看作是深入学习物流知识，特别是物流管理知识的新起点。

　　本书体系完整、结构紧凑、语言精练、行文流畅，不仅可用作普通高等院校物流管理、物流工程、工商管理等专业的本科教材，也可用作相关专业的研究生及物流从业人员的参考用书。

图书在版编目（CIP）数据

物流学概论 / 周启蕾，许笑平编著. —4 版. —北京：清华大学出版社，2017（2022.8重印）
（21 世纪经济管理类精品教材）
ISBN 978-7-302-46937-7

Ⅰ. ①物…　Ⅱ. ①周…　②许…　Ⅲ. ①物流-高等学校-教材　Ⅳ. ①F252

中国版本图书馆 CIP 数据核字（2017）第 074157 号

责任编辑：杜春杰
封面设计：刘　超
版式设计：楠竹文化
责任校对：何士如
责任印制：宋　林
出版发行：清华大学出版社
　　　　　网　　　址：http://www.tup.com.cn，http://www.wqbook.com
　　　　　地　　　址：北京清华大学学研大厦 A 座　　　邮　　编：100084
　　　　　社 总 机：010-83470000　　　　　邮　　购：010-62786544
　　　　　投稿与读者服务：010-62776969，c-service@tup.tsinghua.edu.cn
　　　　　质 量 反 馈：010-62772015，zhiliang@tup.tsinghua.edu.cn
印 装 者：北京嘉实印刷有限公司
经　　销：全国新华书店
开　　本：185mm×230mm　　印　张：22.75　　字　数：505 千字
版　　次：2005 年 8 月第 1 版　2017 年 6 月第 4 版　　印　次：2022 年 8 月第 11 次印刷
定　　价：59.80 元

产品编号：071941-04

序

随着现代科学技术的进步和社会分工的进一步细化，经济全球化已经成为当今世界的一个重要特征。为了解决高度专业化分工所带来的产供需矛盾，帮助企业在更大的范围内优化资源配置，流通业在当代经济体系中扮演着越来越重要的角色，发达国家已经掀起了一场规模空前的流通业革命。这场革命最直接的结果是：摒弃将商流、物流和信息流相互分离的流通模式，而以商流为目标、以物流为载体、以信息流为纽带，通过整体集成和一体化管理保证参与各方的利益，实现供应链全过程的最优。物流作为流通业的有形载体越来越受到人们的重视。

我国的物流业起步较晚，但自 20 世纪 90 年代以来，随着物流热的持续升温，物流作为提高市场竞争力的关键因素和影响众多领域发展的巨大潜在市场，开始受到企业和各级政府的广泛关注与高度重视。一些经济发达城市更是将物流业定位为自身经济发展的支柱性产业，纷纷从基础设施建设和产业引导等方面入手，大力推进物流产业的发展。

作为我国对外开放的"窗口"和经济体制改革的"试验田"，深圳率先将现代物流理念付诸实践，并最早将现代物流确立为本地支柱产业。为了配合深圳市的经济发展战略，满足各类企事业单位对物流人才的需要，深圳大学十分重视对物流及相关专业人才的培养，早在 20 世纪末就为本科学生开设了物流学选修课，受到了学生们的广泛欢迎。此后，又在交通运输和物流管理等专业的本科教学计划中，将物流学增设为专业必修课。2003 年，深圳大学开始以学院为单位统一招生。为了在更大的范围内推广现代物流理念，使深圳未来的经济管理人才更早地熟悉作为本地支柱产业的物流，经济学院将"物流学"确定为全院的专业必修课。

物流学还是一门相对年轻的学科，传入我国的时间也不长。最近几年，虽然出现了大量与物流有关的图书，但适合用作物流基础教材的还不多；且不同版本的物流学教科书在内容上常常存在较大差异；即便是内容相近的教材，对同一问题认识的深度和难度有时也相差甚远。为适应我院物流学的教学要求，配合物流管理专业的学科建设，周启蕾博士编著了这本《物流学概论》。和现有的同类图书相比，该书的主要特色是：

1. 内容取舍和概念表述以我国最新国家标准《物流术语》为依据

物流学是帮助读者了解和认识物流及其相关概念的专业基础课，其内容很容易形成读者对该学科的"第一印象"。因此，教材内容的取舍必须规范，概念的表述必须严谨。但由于物流学科诞生的历史并不长，人们对物流相关概念的认识尚未统一，国家标准化管理委员会与国家质检总局已于 2006 年联合颁布了最新版的《物流术语》（GB/T 18354—2006），但迄今为止，严格遵照这一标准行文的物流学教材尚不多见。该书严格遵照国家标准确定物流基本功能要素的范围，并据此构建物流学的内容与结构，且大多数概念都采用了最新国家物流标准的表述。

2. 严格把握"物流学"与"物流管理"的界限

目前市面上的有些物流类图书没有将"物流学"与"物流管理"区分开来，相互之间内容交叉重叠的现象较为普遍。该书作者认为，"物流学"是物流学科的专业基础课，它既不应涉及深奥的经济管理理论，也不该研究太深的物流技术问题。因此，在内容安排上着重把握二者之间的界限，将"物流学"与"物流管理"严格区分开来。

3. 内容简洁实用，深度适中

20 世纪 90 年代末，该书作者就开设了物流学课程，采用或参考不同版本的教材，为不同层次、不同专业的学生多次讲授该课，深知初学者对物流学科的认知能力和兴趣所在。该书在正式出版前还曾以讲义的形式供七百多名学生使用，在征求授课教师和部分学生意见的基础上舍弃了一些偏难偏深的内容，增加了一些实用性强、能激发学生学习兴趣的知识。

总之，周启蕾博士编著的这本《物流学概论》充分考虑了专业基础课的特点和要求，对内容的取舍和深度的把握适当。全书结构合理，重点突出，逻辑严密，行文严谨。我读此书受益颇多，也愿意推荐给各位读者。

深圳大学经济学院教授

韩彪　博士

第 4 版前言

自 2013 年本书第 3 版出版至今，三年时间已经过去，作为一项周期性的例行工作，第 4 版的修订如期展开，这一方面是为了满足广大师生的求新需要，因为很多学校要求所用教材不能过于老旧，教师应尽量选用新版教材。另一方面，作者在教学过程中也确实发现了不少问题，比如教材中的部分内容有些过时，没能反映我国物流理论和实践的最新成果；有些素材空洞抽象，有凑篇幅之嫌；还有一些素材表达过于笼统含糊，在教学和考试过程中都难以有效利用。因此，本次修订的总原则或总目标是：务求使教材的内容更加新颖、素材更加务实、表达更加明确。

为了使教材的内容更加新颖，本次修订在物流信息技术中增加了"物联网"和"云计算与大数据"；在装卸搬运机械中增加了"自动导引车"和"码垛机器人"；在分拣作业方法中增加了"自动分拣"；在物流政策中增加了《物流业发展中长期规划（2014—2020 年）》。同时，在第十六章增加了"互联网+物流"取代原有的"电子化物流"；在行业物流中增加了"冷链物流"和"应急物流"，取代原有的"汽车物流""家电物流""军事物流"和"农产品物流"；将第二篇的两个案例替换为我国的顺丰速运和海尔物流；并删除了"托盘的流通"以及一些过时的分类方法。

为了使本书的素材更加务实，本次修订在第一章增加了"物流的价值"和"物流学科的研究内容"，分别取代"物流的性质"和"现代物流理念"；在第二章增加了"区域物流规划的内容"，用"我国国内物流管理的内容"取代原有的"煤炭和石油分布与物流"；在第七章用"物流园区"取代原有的"物流中心"；在第九章用"流通加工的类型"取代原有的"流通加工的内容"；在第十二章增加了"物流成本管理的内容"，改写了"物流成本的控制"；在第十六章用"供应链管理的范围"取代原有的"供应链管理的基本理念和原则"。同时，删除了包装标记中"原外贸部编制的收货人唛头""包装作业的技术原则""包装机械的分类""包装机械的基本结构"；删除了第九章"物流信息技术的构成""物流信息技术的发展趋势"以及整个第四节"物流信息系统化"；删除了第十二章"物流企业的组织手段"。

为了使行文的表达更加明确，本次修订改写了"集装化的经济意义"；将"装卸搬运的技术装备"单独整合为一节；给"运输的作用"增加了小标题；删除了"仓库内部的规划技术"；扩充了"物品的检验技术"；压缩"自动化仓库"的篇幅并将其归入仓库的分类体系；增加了"物流信息的功能"和"物流信息的经济特征"，分别取代原有的"物流信息的特点"和"物流信息的作用"；对"配送的作用"进行了规范化处理；增加了配送中心分类的依据；重新改写了"第三方物流的概念"；规范性地调整了"第三方物流的特点""使用第三方物流的好处""第三方物流的效益源泉"和"社会价值"。

此外，本次修订中也尽可能多地增加了"物品"称谓的使用量，但这种修改只能凭感觉，很多听起来不习惯的地方还是保留"商品""货物"等称谓，比如，将"商品营销"改称为"物品营销"，将"货物运输"改称为"物品运输"，总觉得还是不太合适。

本书从初版到历次修订，所参考的文献难计其数，为了节约篇幅，只能择其重要者罗列部分，肯定是挂一漏万。本次修订将"参考文献"增加"主要"二字，就是为了表明还有很多文献未列其中，在此向遗漏或过往的所有文献作者表示诚挚的谢意！

回想十多年前本书初版时，作者正当年富力强，加班加点甚至通宵达旦也不觉辛苦；如今年近半百，精力也大不如前，特别是眼睛开始老花，无法长时间工作。因此，本次修订是由深圳大学的周启蕾教授与深圳职业技术学院的许笑平副教授合作完成的，由周启蕾提出修订的总体原则和目标，具体的选材和文字加工基本全部由许笑平完成。

本次修订历时半年之久，虽然尽了最大努力，总体也比较满意，但毕竟两位作者的水平和能力都十分有限，书中肯定仍有很多缺点和不足，欢迎各位读者批评指正！

周启蕾　许笑平

2016 年 12 月 16 日

于深圳南山

第 3 版前言

作为本书编写的最重要依据，我国国家标准《物流术语》自 2006 年修订之后一直未变，再次修订本书的必要性似乎并不突出。且自 2010 年以来，作者没再承担"物流学"的本科教学任务，只是每年在给研究生授课的过程中花费数周时间简单介绍物流的入门知识，并未系统使用本教材，所以来自教学过程的修改冲动也不大。本次修订的最初动议主要来自于本书的责任编辑杜春杰女士，在她的督促之下，双方在一年半以前就签订了出版合同。

工作开始之后才发现，前面的两个消极因素反而对本次修订产生了最积极的影响。因为《物流术语》未变，意味着无须投入大量时间和精力更新原有定义或概念，腾出了更多时间来审视过去无暇顾及的细节。因为使用频率不高，有利于作者摆脱先入为主的偏见，可以站在更客观的视角比较和挑选素材。

为了提高修订质量，作者借阅了大量同类教材。通过对比，一方面可以发现原有逻辑结构的不合理之处，另一方面也可以对部分素材进行更新改造。对于明显陈旧但大家都仍在使用的素材，则通过图书馆的数据库或公共网络资源进行检索改造。实在找不到参考素材的地方只有完全依靠自己撰写。同前次相比，本次修订的内容比较分散，工作量也更大，延续时间甚至超过了首版编著的时间。由于本次修订的内容并无明显的主次之分，所以只能按章节次序罗列出最主要的修改之处。

1. 在第二章阐述物流的分类之前，增加了徐寿波院士关于"物流分类方法"的内容，并对"传统物流与现代物流"的素材进行了更新。为了防止前后重复，删除了第一章中的"现代物流的主要特征"，将其置换为"物流学科的形成"。

2. 通过检索最新国家标准，对"包装标记"和"包装标志"的有关内容进行了更新改造，并对"包装技术"部分的标题措词和次序安排进行了调整。

3. 根据现实环境的变化，综合多位同行的素材，对全部五种运输方式的"技术经济特点"都进行了规范性重写。

4. 为了提高"物流系统"的可操作性，强化系统与管理之间的必然联系，在对第十一章原有素材进行删减压缩的基础上专门增加了"物流系统分析与集成"一节。

5. 在第十二章删除了"企业物流战略管理"的整节内容，代之以"物流差异化战略"作为第四节，以增强"物流管理"与"物流服务"之间的衔接。

6. 将第十三章的第三节改为"物流服务水平的确定"，第四节改为"物流服务模式的选择"。由"服务内容""服务水平""服务模式"组成"物流服务"的主体内容，全章结构体系更显合理。

7. 本书再版以来，我国物流环境的最大变化莫过于《物流业调整和振兴规划》的出台。为了使其内容在"物流政策"中得到反映而又不至于使整章篇幅过大，不得不对原有内容进行大规模删改。将《物流业调整和振兴规划》与原有的《六部委意见》《九部委意见》重组为"我国综合性物流政策的主要内容"，单独作为一节。

8. 随着物流概念在我国的普及，"物品"的称谓更多地被人们所接受。为了逐步将"物"的称谓统一为"物品"，本次修订也尽可能多地采用了"物品"一词。但由于行业习惯根深蒂固，称谓的统一不可能一蹴而就，短期内还很难将"货物""商品""物资"等称谓全部改称为"物品"。

9. 作为专业基础教材，学生大都还没有系统学习有关物流专业知识，并不具备综合分析或解决实际问题的能力与水平。因此作者以为，教材中没有必要加入太多太复杂的案例分析内容。即便需要案例，其选择标准也应以经典和实用为主，而不一定在乎其新旧程度。所以本次修订继续保留了原有的四个案例及其讨论题目，没有增加或更新综合性案例，而只是在每章之后附加了一份较小篇幅的"拓展阅读资料"，以期通过实践素材的阅读来帮助领会本章的理论知识。

本次修订参阅了大量同类教材、期刊论文和网络文章，由于数量太多，无法在参考文献中逐一列出，只能在此向所有的文献作者一并表示感谢！

同以往一样，作者将在第 3 版定稿之后立即着手修改教学课件。但由于本人的电脑水平有限，原有的课程网站没有得到有效维护，无法下载课件。所以，往后的教学课件将只能通过清华大学出版社的网站获取，在此向所有读者致歉！也向清华大学出版社表示感谢！

本次修订虽然投入了大量的时间和精力，但由于物流学科正处于成长之中，各种新观点、新素材层出不穷，难以将其全部反映在本次修订之中。加之作者水平有限，书中肯定还存在不少缺点甚至错误，恳请广大读者批评指正。

周启蕾

2012 年 11 月 20 日

于深圳大学文科楼

第 2 版前言

本书第 1 版发行至今已三年有余。承蒙读者厚爱，第 1 版已累计印刷了 7 次，发行量超过 23 000 册。为此，清华大学出版社特授予本人"优秀作者"称号，并将本书列为"精品教材"。

但是，物流产业和物流学科的不断发展，特别是我国新版《物流术语》标准的颁布，要求本书的内容必须进行修订。同 2001 年版的《物流术语》标准相比，新版《物流术语》标准对"物流"本身的定义未作修改，全书的总体结构无须改动。因此，第 2 版主要在如下几方面进行了增删或调整：

1. 根据 2006 年颁布的新版国家标准《物流术语》对全书的有关定义进行了更新或补充，并在这些定义之后标注了"（GB/T18354—2006）"字样。

2. 第二章补充了一节"行业物流"，既可使其与"企业物流"和"社会物流"一起构成完整的分类体系，又适应了我国当前行业物流逐步走向成熟的现实，进一步增强了读者对物流的感性认识。

3. 对第九章"物流信息"的第二节进行了补充，对第三、四节的内容进行了较大规模的改写。

4. 将第十三章"物流服务"的全部内容进行了重新组织和安排，特别强调了"物流服务差异化"的重要性，并将其单列为一节。

5. 介绍国外物流政策时，本书第 1 版只是简单罗列了典型的政策名称，没有对其内容进行解释。第 2 版则归纳了国外物流政策的导向及其发展趋势，使读者更加容易理解和把握政策的内涵和精髓。

此外，第 2 版还根据国内外物流研究的最新动态，对托盘标准等内容进行了小规模的调整和补充，对某些理论阐述进行了归并和完善。

教材修订的素材源于平时的教学积累，其中既有同类教材，又有专业期刊，还有很多来自网络，特别是中国知网。由于篇目数量太多，无法在"参考文献"中逐一列明，只能在此对有关作者表示感谢。

为了方便本教材的使用，作者收集了大量实物图片，制作了图文并茂的教学课件，并建立了与本教材配套的课程网站：http://jingpin.szu.edu.cn/jingpin2008/wuliu/home.asp；此外深圳大学还投资近 600 万元建立了"综合物流实验室"。以此为基础，本人在教学研究、精品课程建设以及教学成果总结等方面都取得了一定的成绩。以上工作为本教材的修订再版积累了大量的理论和实践素材，是作者持续不断地审视全书篇章结构及其选材合理性的最主要动力。在此，作者要向深圳大学经济学院以及教务处、设备处和科研处的领导和同事们一直以来的关心和支持表示感谢！

此外，清华大学出版社的杜春杰女士也为本书的出版及再版倾注了大量心血，她的鼓励和嘱托使我在修订本书的过程中不敢有丝毫懈怠。感谢杜女士及出版社的全体编辑同志们！

当然，由于物流学科发展迅速，加之作者水平有限，不足之处在所难免，敬请读者批评指正。

周启蕾

2008 年 9 月 25 日

于深圳大学文科楼

第 1 版前言

物流是现代经济的基础性产业，被誉为经济领域的"黑大陆"，是企业的"第三利润源"。要深入学习物流知识，就必须首先知道物流到底是什么，必须能够从横向上认识物流的各基本功能要素，从纵向上理解"整合""服务"和"系统化"的含义。在此基础上再简要认识物流产业发展的意义、现状以及物流实践中应掌握的基本原则和方法。以上内容构成了物流学课程的基本教学目标。

根据以上目标，本书内容主要分为三大部分：第一篇物流总论，主要介绍物流概念的起源、发展、性质、作用及其存在形式。从中可以了解一些有关物流的基本知识，并对物流概念产生一个整体印象。第二篇以我国国家标准中对物流的定义为依据展开论述，分别介绍了物流的各个基本功能要素。该部分内容繁杂，是本课程学习的重点和难点，学习该篇必须以第一篇的知识为基础，对每个基本功能要素的认识和理解都不能脱离物流这一主题，否则就会"只见树木，不见森林"，学到的只是孤立的运输、储存或包装知识，而不是整体的物流概念。第三篇是物流概念的运用与延伸，其目的是强化读者对物流概念的理解，帮助他们拓展物流研究的视野，激发他们深入学习物流知识的兴趣。一般来说，只有真正学好了前两篇的知识，才可能对该篇内容产生兴趣，也才能深刻理解物流学科的总体目标。因此，第三篇既可以看作是本书的一个运用性总结，又可以看作是深入学习物流知识，特别是物流管理知识的新起点。

书中每篇的开头都附有"本篇导读"，可以帮助读者把握篇内各章之间的逻辑关系，理清学习思路；篇尾还附有案例，可以帮助读者强化所学知识，增加学习的趣味性。需要指出的是，"物流学"不同于"物流管理"。物流学课程内容介绍和阐述得多，分析和探讨得少，案例教学的效果不如管理类课程明显。因此，本书不是在每章的后面附加案例，而只在各篇之后附有 1~2 个典型案例。任课教师可根据需要有选择地加以利用，也可以安排学生自学。

本书涉及很多名词或概念，除了少数特别重要的以外，大多数都应在理解的基础上，有重点地理解掌握各种分类关系，死记硬背所有定义是没有必要的。为了表明这一思想，各章之后附加的不是"名词解释"，而是"本章关键词"，希望读者能正确地认识这一点。同大多数教科书一样，"复习思考题"都是针对本章内容提出的，可以作为检验学习效果的一种工具。此外，书后还有几个附录，可以为读者提供一些课外的学习素材和资讯。针对物流学的内容特点，作者收集了大量实物图片，制作了图文并茂的教学课件，以方便教师教学使用。

　　本书在编写过程中，从最初动议的提出、基本定位的确立乃至具体内容的安排都得到了深圳大学经济学院副院长、物流与运输专业方向学科带头人韩彪教授的悉心指导，也得到了卢少平、孙喜梅、赵玥等老师的大力支持和帮助，研究生胡金环、周志华和邓莉为本书的校对工作付出了辛勤的劳动。在此，一并向他们表示深深的谢意！作者在编著本书期间，妻子怀孕，繁重的工作占用了大量本应陪伴孕妇的业余时间，对此妻子许笑平不仅给予了充分的理解和支持，还在资料收集和文稿整理方面提供了不少帮助。本书的出版可以作为献给爱妻和新生儿的一份礼物。

　　编写本书的最主要目的就是对物流学的内容和深度进行规范。但由于物流学科本身的不成熟，目前所能找到的素材仍十分有限，有些内容甚至在学术界都是空白。作者虽然花费了大量的时间和精力努力去完善物流学的知识体系，但仍有一些不尽如人意的地方。同时，为了在有限的时间内完成书稿，作者对文字表述也只做了初步的修饰，书中可能仍有不少行文不畅的地方。此外，由于作者的水平所限，本书还可能在其他方面存在诸多缺点和不足，恳请有关专家学者和广大的读者朋友批评指正。

周启蕾

2005 年 6 月 15 日

于深圳大学海志楼

目　录

第一篇　物流总论

第二篇　物流的基本功能要素

第三篇　物流概念的运用与延伸

第一篇 物流总论

本篇导读

　　作为物流学课程的开始，本篇的主要目的是帮助读者培养起对物流概念的总体认识。因此，本篇首先从商流与物流的关系入手，简要回顾了物流概念的起源及其发展历程，介绍了一系列与物流有关的概念或定义，阐述了物流的价值与作用，说明了物流的学科分支及其研究内容，明确了物流学的课程定位。

　　理论描述和定义归纳是帮助读者建立某门课程"第一印象"的最常用方式，本篇第一章对初涉物流的读者来说显然是必不可少的。但这些内容往往十分抽象和乏味，容易削弱读者的学习兴趣。为了使读者对物流的初步认识更加具体和感性，本篇第二章专门介绍了物流的分类方法，比较了几类典型的物流形式，并对企业物流、行业物流和社会物流进行了较为细致的展开。这样安排的目的是帮助读者熟悉物流存在的具体形式，强化对物流概念的感性认识。

第一章 物流概述

自"物流"这一概念传入我国以来,人们对物流理论的研究和有关的物流实践都在不断深入。但到目前为止,人们对物流的解释却仍然存在很多不足甚至错误。例如,将物流简单地解释为"物资流通",或者理解为"物的流通"等。为了更好地理解物流,我们应该从物流所处的环境及其与周边其他经济现象的关系入手,在合理定位的基础上来认识它。

第一节 商流与物流

社会经济分为生产、流通和消费等几大领域,物流是属于流通领域的一种经济活动。改革开放以前,我国长期"重生产,轻流通",严重抑制了经济增长的内在活力,制约了我国经济的健康发展。改革开放后,流通受到重视,为我国经济的持续稳定增长做出了重要贡献。

一、流通的地位与作用

(一)流通是连接生产和消费的纽带

现代社会经济活动是一个庞大而复杂的系统,人类为了满足生产和生活的需要,不断消耗着各式各样的物质资料,同时也有无数的工厂或其他制造系统不停地生产制造人类所需要的各种物资。消费者如果不能得到所需要的物资,社会经济将会发生紊乱。生产者只有将产品转移给消费者才能最终实现产品的价值,使生产者的各种劳动消耗得到补偿,也才能有条件组织再生产。因此,在生产和消费之间必须建立通畅的渠道,这就是流通的任务,所以流通被称为连接生产与消费的桥梁和纽带。

流通作为一种经济形式而存在,它是伴随着商品生产和商品交换的历史产生和发展的。在商品经济发展的初级阶段,由于产品的品种和数量很少,生产者和消费者往往通过比较直接的渠道建立交换关系,流通的形态是初级的。随着生产水平的提高,专业化的工厂越来越多,规模也越来越大,产品的品种和数量都大大增加,生产地和消费地逐渐分离,生产者想要直接和消费者见面销售自己的产品变得相当困难,往往要通过市场这个环节,即流通领域的过渡,才能将产品转移到消费者手中。随着经济水平的提高,流通的桥梁和纽带作用更加重要了。

现代社会经济的特点是:人类的物质生活需要出现多样化,生产方式趋向多品种和小批量的形态,生产规模趋于大型化,分工趋于专业化。商品的经济圈越来越大,并开始走向国际化。为了适应时代的需要，流通领域的现代化已成为必然趋势。

（二）流通对生产具有反作用

关于生产和流通的关系，恩格斯曾经指出："生产和交换是两种不同的职能""这两种职能在每一瞬间都互相制约，并且互相影响，以致它们可以叫作经济曲线的横坐标和纵坐标"（《马克思恩格斯选集》第 3 卷，第 186 页）。生产决定流通，流通又反作用于生产。生产方式的性质决定流通的性质，生产的发展水平决定流通的规模和方式。生产是流通的物质基础，没有生产就没有源源不断供给市场的商品，当然也就没有流通。

反之，流通也对生产有反作用，流通的状况制约着生产的规模、范围和发展速度。生产者的产品只有进入了市场，通过流通领域到达了消费者（用户）手中，产品才能实现其价值和使用价值。如果生产者不能收回必要的补偿，也就失去了再生产的条件，销售不出去的产品生产得越多，生产者蒙受的损失就越大，这是明显的道理。另外，生产的原材料也要通过流通领域从市场获取，如果流通渠道不畅，生产者不能及时得到所需的原材料，生产也会陷入困境；或者在流通领域由于某种原因导致原材料价格上涨，将使产品成本随之上升，生产者也会在经营方面面临困难。

生产越发展，社会财富越丰富，流通的反作用越显著。日本在 20 世纪 50 年代末期进入经济高速增长时期，但由于流通产业未能及时跟进，以致市场供应紧张，价格混乱，并严重阻碍了生产的发展。之后经过十几年的努力，日本政府才最终扭转了其流通落后的局面，并通过不断加强物流管理，提高物流技术水平，降低物流成本，来建立高效通畅的物流体系。日本流通体系的改善，有力地促进了生产的发展，保障了经济的平稳发展。

（三）流通是国民经济现代化的支柱

国民经济现代化的最主要手段就是通过发展生产力，丰富产品数量，提高产品质量，来充分满足人民日益增长的多样化需要。社会产品种类的增多和数量的增长，给流通领域提出了更高的要求。如果众多的产品不能及时送达消费者手中，或者生产厂家的原材料供应得不到保障，提高生产力就会变成一句空话。因此，国民经济的现代化水平越高，对流通的要求也就越高。可以说，没有现代化的流通，就没有国民经济的现代化，流通是国民经济现代化的支柱。

二、流通的内容

流通过程主要解决两个方面的问题：一是产成品从生产者所有转变为用户所有，要解决所有权的更迭问题；二是要解决对象物从生产地转移到使用地实现其使用价值的问题，也就是实现实物的流转过程。通常人们将前者称为商流，将后者称为物流。

（一）商流

对象物所有权的转移活动称为商流。处于商流过程之中的物品也称为商品，在实践中，商流活动一般也常被称为贸易或交易。商品通过交易活动由供应方转让给需求方，这种转让是按价值规律进行的。商流研究的内容涵盖商品交换活动的全过程，具体包括市场需求预测、计划分配与供应、货源组织、订货、采购调拨、销售等多个方面。

（二）物流

物流是指实物从供应方向需求方转移的过程，这种转移既要通过运输或搬运来完成实物的空间位置变化，又要通过储存保管来调节供需双方在时间节奏方面的差异，还有可能通过流通加工来改变实物的物理或化学性质。

例如，山西的煤炭埋藏在地表之下，与普通的泥土石块一样，没有任何使用价值。只有经过采掘、输送到需要煤的地方才能用作发电或取暖的燃料，成为一种重要的物资。它的使用价值是通过运输和搬运克服了空间距离才得以实现的，这就是物流创造的空间价值。

又如，大米的种植和收获是季节性的，多数地区每年只能收获一次。但是对消费者而言，作为食品，每天都要食用，大米也只有在供人们食用的过程中才能实现其使用价值。所以，必须对大米进行保管以满足食用者经常性的需要。大米的这种使用价值是通过保管克服了季节性生产和经常性消费的时间差异后才得以实现的，这就是物流创造的时间价值。

（三）信息流与资金流

有人认为，流通活动还包括信息流，是由商流、物流和信息流共同构成的，所以有"三流"之说；也有人提出，除了以上"三流"外，还应包括资金流，即流通活动共包含"四流"。不论哪一种提法，都不能否认商流与物流的核心地位，因此本章不再深入讨论信息流与资金流的问题。

三、商流与物流的关系

商流和物流是商品流通过程的两个方面。它们既相互联系，又相互区别；既相互结合，又相互分离。

（一）商流与物流的统一

商流是物流的前提。没有产品所有权的转移，即买卖活动的发生，那么实物的空间位移则无从谈起。实物运动方向与商品交易方向具有一致性。

物流是商流的保证。如果物流条件不具备或实物运动过程受阻，商品不能到达购买者手中，那么商流就失去了保证。

（二）商流与物流的分离

商流与物流产生分离的最根本原因是商流运动的基础——资金，与物流运动的实体——物品，两者具有相对独立性。物资的运动是通过资金的运动来实现的，也就是说资金的分配是物资运动的前提。但是，正是由于物资受到实物形态的限制，其运动渠道、运动形式与资金运动很不相同。例如资金的运动是通过财政、信贷、价格、工资等形式进行，而物资运动则是通过空间位移来实现的。资金的转移可以通过邮局汇款、银行转账瞬间完成，而物资的空间位移则须经过运输、储存等一系列漫长的过程才能实现。

在实际的流通活动中，既存在只有物流没有商流的情形，如搬家、自有物品的保管等，又存在只有商流而没有物流的特殊现象，如房屋、建筑物等的交易。这些商品虽然会发生所有权转移，但并不发生位置上的转移。商流和物流并不一定同时发生。

总之，商流搞活了，就能派生出大量的物流需求，给物流带来活力；而物流的畅通反过来亦能刺激商流的繁荣。因此，商流与物流分离的积极意义在于，充分发挥资金运动和实物运动各自的规律性和有效性，从而推动商品流通向更加现代化的方向发展。

四、商流与物流分离的表现形式

在现实经济活动中，商流与物流经常发生分离。商流与物流的分离既可能表现在时间上，也可能表现在空间或规模上。其中，最直观也最容易理解的就是二者在时间上的分离，比如：商流在前物流在后，或者物流在前商流在后，甚至商流与物流交替进行等，都属于二者在时间上的分离。如果从源头上分析，商流与物流分离的表现形式至少有如下几种。

（一）结算程序引起的商物分离

采用"信汇""电汇"进行结算时，一旦买方付款发生，买方就从法律上取得了商品的所有权，这时商流发生了。但是卖方在收到货款后可能要延迟一段时间才能发运商品，此时物流尚未开始，形成了商流在前、物流在后的分离形式。

采用"托收承付"结算时，卖方先发运物资，再凭运输凭证通过银行办理托收手续。这时物流已经开始，但买方可能还未向卖方付款，或者卖方虽然已经办理了托收手续，而实际意义的商流尚未发生，即商品所有权的转让没有真正实现，出现了物流在前、商流在后的情况。

"三角结算"指商品交换的三方当事人采用三方结算货款，商品实行直达供应的购销方式。这种交易行为多发生在批发企业的经营活动中，例如一批物资在 A、B、C 三方之间发生交易时，先是 B 付给 A 货款，但商品仍然停留在 A 的仓库中，这时商品的所有权已从 A 转移到 B 手中，而 A 与 B 之间并没有发生物流；此后，B 又将商品的所有权转让给 C，C 付给 B 货款，C 与 B 也只发生了商流而没有发生物流；最后 A 把商品直接发运给 C，A 与

C 之间没有商流却有物流，形成商流迂回、物流直达的分离形式。

（二）购销方式引起的商物分离

商品购销方式引起的商流与物流的分离，主要有三种情况。

第一种预购。这种方式是买方预先将货款支付给卖方，过一段时间后，卖方向买方交货。这是一种商流在前、物流在后的分离形式。

第二种赊销和第三种分期付款。这两种方式都是卖方先把商品交给买方，前者为买方延期付款，后者为买方分期付款，形成物流在前、商流在后的分离形式。赊销和分期付款的购销方式在现代商品经济中已经普遍为人们所用，尤其当商品总供给不断增长，甚至出现供过于求时，这种分离形式尤其常见。

（三）期货市场引起的商物分离

期货市场所表现的商流与物流的分离形式可谓是一种极端形式。期货交易是指买卖双方支付一定数量的保证金，通过商品交易所进行的，在将来某一特定时间和地点交割某一特定品质、规格商品的履行标准合约的买卖。此时，买卖双方关心的不是期货合约背后的真实商品，而是市场波动的商品价格差，即利用市场价格的波动进行套期保值或者利用价格差投机。只有当实物交割时，才发生物流行为。

（四）电子商务引起的商物分离

电子商务是集商流、物流、信息流、资金流为一体的完整的流通贸易形式。在电子商务环境下的商流、信息流、资金流可以凭借电子工具和网络通信技术的支持，通过轻点鼠标瞬间完成。但是，物质资料的空间位移，即具体的运输、储存、装卸搬运、配送等物流活动是不可能直接通过网络传输的方式来完成的。显然，此时的商流与物流是相互分离的。所以，缺少了现代化的物流系统，电子商务活动就难以顺畅地完成。物流配送是制约电子商务发展的最关键因素。

第二节　物流的概念

国家质量技术监督局 2001 年 4 月 17 日批准颁布的《中华人民共和国国家标准物流术语》（GB/T18354—2001）对物流的定义为"物品从供应地向接收地的实体流动过程。根据实际需要，将运输、储存、装卸、搬运、包装、流通加工、配送、信息处理等基本功能实施有机结合"。中华人民共和国国家质量监督检验检疫总局、中国国家标准化管理委员会于 2006 年 12 月 4 日联合发布，并于 2007 年 5 月 1 日开始实施的新版《中华人民共和国国家标准物流术语》（GB/T18354—2006）仍然维持了该定义。对物流概念的标准化有利于人们正确地理解物流，对我国的物流实践也有重要的指导意义。

一、物流概念的起源

物流概念的发展经历了一个漫长而曲折的过程。回顾物流的发展历程并理解历史上经典的物流概念，不仅有利于人们了解物流的发展规律，更有利于全面深入地理解物流的内涵。

以詹姆士·约翰逊（James C. Johnson）和唐纳德·伍德（Donald F. Wood）为代表的学者认为"'物流'一词首先用于军事"。他们说，1905 年美国少校琼斯·贝克（Chauncey B. Baker）认为"那个与军备的移动和供应相关的战争艺术的分支就叫作物流（Logistics，国内也曾翻译为'后勤'）"。

英国克兰菲尔德物流与运输中心（Cranfield Center for Logistics and Transportation，CCLT）主任、资深物流与市场营销专家马丁·克里斯多夫（Martin Christopher）教授认为，阿奇·萧（Arch W. Shaw）是最早提出物流（Physical Distribution）概念并进行实际探讨的学者。阿奇·萧在 1915 年哈佛大学出版社出版的《市场流通中的若干问题》一书中指出："创造需求与实物供给的各种活动之间的关系说明存在平衡性和依赖性两个原则"，"物流是与创造需求不同的一个问题……流通活动中的重大失误都是因为创造需求与物流之间缺乏协调造成的"。

1916 年，L. D. H. Weld 在《农产品的市场营销》中指出，市场营销的效用中包括时间效用、场所效用、所有权效用和营销渠道的概念，从而肯定了物流在创造产品的市场价值中的时间价值及场所价值中的重要作用。

1922 年，克拉克（F. E. Clark）在《市场营销原理》中将市场营销定义为：影响商品所有权转移的活动和包括物流的活动。

1935 年，美国销售协会对物流进行了定义："物流是包含于销售之中的物质资料和服务从生产地点到消费地点的流动过程中，伴随的种种经济活动。"

美国韦勃斯特大词典，在 1963 年把后勤定义为"军事装备物资、设施与人员的获取、供给和运输"。

1970 年，美国空军在一份技术报告中对后勤学下的定义是：后勤学即"计划和从事部队的输送、补给和维修的科学"。日本将引进的后勤学译为"兵站学"，并将其含义表述为"除了军需资料的订购、生产计划、采买、库存管理、配给、输送、通用外，还包括规格化、品质管理等军事作战行动所必需的资材管理"。

美国学者鲍尔索克斯（Donald J. Bowersox）在 1974 年出版的《后勤管理》一书中，将后勤管理定义为"以卖主为起点将原材料、零部件与制成品在各个企业间有策略地加以流转，最后达到用户其间所需要的一切活动的管理过程"。这时"后勤"一词已经不仅仅是军事上的含义了。

1981 年在美国出版的《后勤工程与管理》是用于大学生和研究生课堂教学的教科书，书中引用了美国工程师学会（The Society of Logistics Engineers，SOLE）对后勤学的定义，即 "对于保障的目标、计划及其设计和实施的各项要求，以及资源的供应和保持等有关的管理、工程与技术业务的艺术与科学"。

二、"物流" 称谓的由来

1956 年，日本派出 "流通技术专业考察团"，由早稻田大学宇野正雄教授率领专家学者一行 12 人赴美国考察，历时一个多月，弄清了日本以往称为 "流通技术" 的内容就相当于美国的 Physical Distribution（PD），此后日本亦将此类活动改称为 PD。1964 年，池田内阁 "五年计划" 制订小组的平原直谈到 PD 这一术语时，将其翻译为 "物的流通"，并在 1965 年的政府文件中正式采用，以后这一术语又逐渐被简称为 "物流"。从引进物流概念到 20 世纪 70 年代的近 20 年间，日本逐渐发展成为世界上物流产业最发达的国家之一。

第二次世界大战期间，围绕战争物资的供应问题，美国军队有两个创举：一是建立了 "运筹学"（Operation Research）的理论体系；二是提出并丰富了 "后勤学"（Logistics）理论，将这些理论运用于战争活动中。其中 "后勤" 是指将战时物资的生产、采购、运输、配给等活动作为一个整体进行统一布置，以求战略物资补给的费用更低、服务更好。

战后，"后勤" 一词在企业中得到广泛应用，并出现了商业后勤、流通后勤的提法，使后勤的外延推广到生产和流通等领域。经过长时间演变之后，Logistics 的范围已经远远超出了原先 "后勤" 的范畴，其内涵也比民用领域的 PD 更为丰富。之后的 70 多年里，Logistics 的严密性使它逐渐取代了 PD 在企业中的地位。

物流概念传入我国主要有两条途径。一条途径是 20 世纪 70 年代末直接从日本引入 "物流" 这个名词，并沿用 "PD" 这一英文称谓；另一条途径是 20 世纪 80 年代初，物流随着欧美的市场营销理论传入我国。欧美的 "市场营销" 教科书中，几乎毫无例外地都要介绍 PD，使我国的营销领域逐渐开始接受物流观念。20 世纪 80 年代后期，当西方企业用 Logistics 取代 PD 之后，我国和日本仍把 Logistics 翻译为 "物流"，有时也直译为 "后勤"。1988 年我国台湾地区开始使用 "物流" 这一称谓，1989 年 4 月，第八届国际物流会议在北京召开，"物流" 一词的使用日益普遍。

虽然 "物流" 称谓来自英语的 Physical Distribution，但目前人们所说的物流一般都是指 Logistics。因此，"物流" 称谓是一个不得不坚持的错误。我国在引进物流概念的过程中，为了将 Logistics 与 Physical Distribution 区分开来，也曾有人将前者称为 "现代物流"，而将后者称为 "传统物流"。

三、物流的定义

（一）历史上的物流定义

长期以来，由于学者们不同的学科背景和学术偏好，形成了不同的物流学派，如军事学派、企业学派、工程学派、管理学派等。这些学派对物流的定义都有各不相同的提法，即便是在同一学派内，也经常会出现不同的物流定义。事实上，随着实践的发展和认识的深入，某些学术机构也会对其所下的物流定义进行修订和改进。以下是历史上较有影响的一些物流定义。

日本通商产业省物流调查会认为："物流是制品从生产地到最终消费者的物理性转移活动。具体是由包装、装卸、运输、保管以及信息等活动组成。"日本通商产业省运输综合研究所则认为：物流是"商品从卖方到买方的场所转移过程"。

日本早稻田大学教授、权威物流成本研究者西泽修（后称西泽修教授）在定义物流时说，物流是指"包装、输送、保管、装卸工作，主要以有形物资为中心，所以称之为物资流通。在物资流通中加进情报流通，于是称之为物流。"

日本另一位物流专家汤浅和夫则认为，物流是一个包含"整体观点"的概念，是指产品从工厂生产出来到送达顾客手中这一过程的"结构"。

美国国家物流管理委员会于 1976 年在定义物流管理时指出："物流活动包括，但不局限于为用户服务、需求预测、销售情报、库存控制、物料搬运、订货销售、零配件供应、工厂及仓库的选址、物资采购、包装、退换货、废物利用及处置、运输及仓储等。"

美国物流专家察尔斯·塔夫将物流定义为："物流是对到达以及离开生产线的原料，在制品和产成品的运动、存储和保护活动的管理。它包括运输、物料搬运、包装、仓储、库存控制、订货销售、选址分析和有效管理所必需的通信网络等。"

1985 年加拿大物流管理协会（Canadian Association of Logistics Management，CALM）定义物流为："物流是对原材料、在制品、产成品库存及相关信息从起源地到消费地的有效率的、有效益的流动和储存进行计划、执行和控制，以满足顾客要求的过程。该过程包括进向、去向和内部流动。"

1985 年美国物流管理协会（Council of Logistics Management，CLM）定义物流为："物流是对货物、服务及相关信息从起源地到消费地的有效率、有效益的流动和储存进行计划、执行和控制，以满足顾客要求的过程。该过程包括进向、去向、内部和外部的移动，以及以环境保护为目的的物料回收。"

1994 年欧洲物流协会（European Logistics Association，ELA）将物流定义为："物流是在一个系统内对人员及商品的运输、安排及与此相关的支持活动的计划、执行与控制，以达到特定的目的。"

1998 年美国物流管理协会重新定义物流为："物流是供应链运作中，以满足客户要求为目的，对货物、服务和相关信息在产出地和消费者之间实现高效率低成本的正向和反向的流动和储存所进行的计划、执行和控制的过程。"

（二）对物流的通俗解释

"物流"泛指物质资料实体在进行社会再生产过程中，在空间有目的的（从供应地向接收地）实体流动过程。它连接生产和消费，使货畅其流，物尽其用，促进生产不断发展，满足社会生产、消费的需要。

物流是由"物"和"流"两个基本要素组成。物流中的"物"指一切可以进行物理性位置移动的物质资料，它通常与以下几个概念相关。

（1）物资：泛指物质资料，较多指工业品生产资料。物资是"物流"中"物"的组成部分之一。

（2）物料：是生产领域中的一个专门概念。生产企业中除最终产品之外，在生产领域流转的一切材料（不论是生产资料还是生活资料），如燃料、零部件、半成品、外协件，以及生产过程中必然产生的边、角、余料、废料及各种废物等统称为"物料"，它是物流中"物"的一部分。

（3）货物：是交通运输领域中的一个专门概念。交通运输领域经营的对象分为"物"和"人"两大类，除"人"之外，"物"统称为货物。它是物流中"物"的主要部分。

（4）商品：商品和物流的"物"是互相包含的。商品中的一切可发生物理性位移的物质实体都是物流研究的"物"（即不包括无形商品和"不动品"）。物流的"物"有可能是商品，也有可能是非商品。

（5）物品：有形物的通称。我国物流术语标准将其定义为"经济与社会活动中实体流动的物质资料"。

总之，物流中所称的"物"，是物质资料世界中同时具备物质实体特点和可以进行物理性位移的那一部分物质资料，而不论它处在哪个领域、哪个环节。虽然我国物流术语标准已经将物流的"物"界定为"物品"。但由于人们在以往的研究中并没有严格界定和区分，作为一种习惯的延续，本书仍然大量使用"物资""物料""商品""货物"等称谓。

物流中的"流"，指的是物理性运动，这种运动也称之为"位移"。而诸如建筑物、未砍伐的森林、矿山等因不能发生物理性运动（尽管其所有权会发生转移），就不会在物流的研究范畴之内。但建造建筑物的材料、已经砍伐的树木、已经开采出来的矿物则有可能成为物流的对象。

（三）物流概念的未来

人们对物流的认识是随着社会经济的发展而不断深入的。人们用不同的眼光、站在不同的角度来认识物流、解释物流，使物流的概念出现了多元化趋势。

20 世纪 60 年代的物流硬技术曾经使物流的发展产生过一次大的飞跃。现已出现和使用的大型专用船舶、集装箱、自动化仓库、以 Internet 为代表的高速度的通信网络以及其他先进的物流设备，在未来将会大幅度增加，其水平和功能将会进一步提高。

未来的物流或许会使今日的物流概念得到全面的革新，物流概念所涉及的范围将会在现有的基础上扩展。从社会经济的生产、分配和消费等环节中的物质运动到生产环节内部的原材料、半成品、产成品的位移；从实体移动的技术手段到组织运动的方法都将会发生"质"的飞跃。物流的内涵与外延都将随着社会经济的进步而进步。

四、物流活动的构成

根据我国国家标准《物流术语》（GB/T18354—2006），物流活动由物品的包装、装卸搬运、运输、储存、流通加工、配送、物流信息等工作内容构成，以上内容也常被称之为"物流的基本功能要素"。

（一）包装活动

包装大体可以分为工业包装和商业包装两大类，具体包括产品的出厂包装，生产过程中制成品、半成品的包装以及在物流过程中的换装、分装、再包装等。工业包装纯属物流的范畴，它是为了便于物品的运输、保管，提高装卸效率和装载率而进行的。商业包装则是把商品分装成方便顾客购买和易于消费的商品单位，属于销售学研究的内容，商业包装的目的是向消费者展示商品的内容和特征。包装与物流的其他功能要素有着密切的联系，对物流合理化进程有着极为重要的推动作用。

（二）装卸搬运活动

装卸搬运活动是指为衔接物品的运输、储存、包装、流通加工等作业环节而进行的，以改变"物"的存放地点、支承状态或空间位置为目的的机械或人工作业过程。运输、保管等物流环节的两端都离不开装卸搬运活动，在全部物流活动中只有装卸搬运伴随着物流全过程的始终，其具体内容包括物品的装上卸下、移送、拣选、分类等。对装卸搬运活动的管理包括：选择适当的装卸搬运方式，合理配置和使用装卸搬运机具，减少装卸搬运事故和损失等。

（三）运输活动

运输活动的目的是改变物品的空间移动。物流组织者依靠运输克服生产地与需求地之间存在的空间距离问题，创造物品的空间效用。运输是物流的核心，在许多场合，人们甚至把它作为整个物流的代名词。对运输活动进行管理时，组织者应该选择技术、经济效果最好的运输方式或联运组合，合理地确定输送路线，以满足运输的安全、迅速、准时和低成本要求。

（四）储存活动

储存活动也称为保管活动，是为了克服生产和消费在时间上的不一致所进行的物流活动。物品通过储存活动以满足用户的需要，从而产生了时间效用。保管活动借助各种仓库、堆场、货棚等，完成物品的保管、养护、堆存等作业，以便最大限度地减少物品使用价值的下降。储存管理要求组织者确定仓库的合理库存量，建立各种物品的保管制度，确定仓储作业流程，改进保管设施和提高储存技术等。储存的目的是"以与最低的总成本相一致的最低限度的存货来实现所期望的顾客服务"。储存活动也是物流的核心，与运输活动具有同等重要的地位。

（五）流通加工活动

流通加工活动又称为流通过程中的辅助加工。流通加工是在物品从生产者向消费者流动的过程中，为了促进销售、维护产品质量、实现物流的高效率所采取的使物品发生物理或化学变化的功能。商业企业或物流企业为了弥补生产过程中的加工不足，更有效地满足消费者的需要，更好地衔接产需，往往需要进行各种不同形式的流通加工。

（六）配送活动

配送活动是按用户的订货要求，在物流据点完成分货和配货等作业后，将配好的物品送交收货人的物流过程。配送活动大多以配送中心为始点，而配送中心本身又具备储存的功能。配送活动中的分货和配货作业是为了满足用户要求而进行的，所以经常要开展拣选、改包装等组合性工作，必要的情况下还要对物品进行流通加工。配送的最终实现离不开运输，所以人们经常把面向城市或特定区域范围内的运输也称为"配送"。

（七）物流信息活动

物流活动中大量信息的产生、传送和处理为合理地组织物流提供了可能。物流信息对上述各种物流活动的相互联系起着协调作用。物流信息包括与上述各种活动有关的计划、预测、动态信息，以及相关联的费用情况、生产信息、市场信息等。对物流信息的管理，要求组织者建立有效的情报系统和情报渠道，正确选定情报科目，合理进行情报收集、汇总和统计，以保证物流活动的可靠性和及时性。现代物流信息以网络和计算机技术为手段，为实现物流的系统化、合理化、高效率化提供了技术保证。

第三节　物流的价值与作用

物流自始至终是构成流通的物质内容，没有物流，也就不存在实际的物品流通过程，物品的价值和使用价值就不能实现,社会再生产就无法进行。因此,物流在国民经济体系中起到基础性支撑作用,也是创造社会财富的中坚力量之一。

一、物流的价值

作为一种社会经济活动,物流对于社会生产或生活的价值主要体现在空间价值和时间价值两个方面。当然,随着流通加工、包装等功能在物流活动中所占比重不断提高,物流创造的形质价值也正日益受到重视。

(一)物流创造时间价值

物品的需求与供给之间往往存在一段时间差,物流由于衔接好这段时间差而创造的价值称为"时间价值",有时也称为"时间效用"。物流创造时间价值的形式有如下几种。

1. 缩短时间

缩短物流时间,可获得多方面的好处,如减少物流损失、降低物流消耗、提高物流周转率、节约资金等。马克思从资本角度指出:"流通时间越等于零或近于零,资本的职能就越大,资本的生产效率就越高,它的自行增值就越大。"这里所讲的流通时间完全可以理解为物流时间,因为物流周期的结束是资本周转的前提条件。这个时间越短,资本周转越快,表现出资本的增值速度越快。所以,从全社会物流的总体来看,加快物流速度、缩短物流时间是物流活动必须遵循的一条基本原则。

2. 弥补时间差

社会经济活动中,需求与供给之间普遍存在着时间差的问题:例如粮食、水果等农作物的生产、收获有严格的季节性,但人们的消费需求是天天存在的,因而供给与需求不可避免地出现了时间差问题。如果能够弥补这种时间差,就能起到"平丰欠"的作用,才能实现商品价值的最大化。但是商品本身不会自动弥合这个时间差,只有通过物流活动,才能克服季节性生产和经常性消费之间的时间差,这就是物流创造的时间价值。

3. 延长时间差

尽管绝大多数物流系统都会遵循"加快物流速度,缩短物流时间"的基本原则。但在某些特殊物流系统中也会出现延长物流时间可以创造价值增值的现象。例如,囤积居奇便是一种人为有意识地延长物流时间以使物品增值的行为。

(二)物流创造空间价值

物品的需求者与供给者通常不会处于同一空间位置,两者之间往往会存在一定的空间距离,物流由于消除这种空间差距而创造的价值称为"空间价值",有时也称为"空间效用"或"场所效用"。分工和社会化大生产的出现,决定了生产和消费的分离,导致越来越多的商品需要从低价值区向高价值区流通,这就需要物流来克服空间差异。所以,物流创造空间价值的形式有如下几种。

1. 从集中生产场所流入分散需求场所

社会化大生产的特点之一就是通过集中的大规模生产以提高生产效率、降低生产成本，而集中生产的产品往往可以满足广大地区的需求。如果通过物流将产品从集中生产的低价位区转移到分散的高价位区，就可以获得很高的利益增值，这就是物流创造的空间价值。

2. 从分散生产场所流入集中需求场所

与上述情况相反，将分散于各地乃至各国生产的产品通过物流将其集中到一个较小范围内以满足需求，同样也可以获得很高的价值。例如，一些大型家电的零部件生产厂家可能非常分散，但这些零部件都必须集中到总装厂才能生产出最终产品，形成增值，其中的增值部分当然也包含物流的价值创造。

3. 从低价位的生产地流入高价位的需求地

现代社会中，供应地与需求地存在空间差异的现象十分普遍。除了分工和社会化大生产外，还有不少是由于自然条件、地理位置或其他社会经济因素所决定的，例如：农村生产的农产品流入城市消费，南方生长的水果流入北方消费，等等。现代人每日消费的物品几乎都是在一定距离之外甚至十分遥远的地方生产的。如此复杂的供需空间差异都必须依赖物流来弥合，物流也在此过程中不断创造新的价值。

（三）物流创造形质价值

在流通领域内，通过流通加工、包装等特殊生产形式，使处于流通过程中的物品增加的价值，就是物流创造的"形质价值"。例如，根据消费者的要求对钢板进行切裁、生鲜食品或大米的包装、家具的组装等，改变了物品的形质状态，从而产生增值。

需要指出的是，物流创造的形质价值是有限的。它不能取代正常的生产加工，只能作为生产过程在流通领域的一种完善和补充。但是通过流通加工、包装等活动可以使物流的增值功能得到充分体现。

二、物流的地位与作用

显然，社会经济的发展须臾离不开物流。从历史经验看，在市场经济的起步阶段，物流起着先导性的支撑作用；随着市场的不断成熟，各经济主体之间的相互依存关系会更加紧密，物流在整个经济体系中的地位亦会越来越重要，甚至会成长为某些国家或地区的支柱产业。

（一）物流是国民经济的动脉，是连接国民经济各个部分的纽带

任何一个国家的经济，都是由众多的产业、部门和企业组成的整体，企业间相互依赖而又相互竞争，形成了极其复杂的关系，物流是维系这种复杂关系的纽带。科学技术的发

展和新技术革命的兴起，带来了我国国民经济发展中经济结构、产业结构、消费结构的一系列变化。物流把国民经济中众多的企业、复杂多变的产业以及成千上万种产品连接起来形成一个整体。

（二）物流是生产过程不断进行的前提，是实现商品流通的物质基础

国民经济是一个不断生产、不断消费、连续不断的循环过程。一个企业的生产要不间断地进行，一方面，必须按照生产所需要的数量、质量、品种、规格和时间不间断地供给原材料、燃料、工具和设备等生产资料；另一方面，它又必须把自己生产的产品供应给其他企业。这就是说物流既是保证物质资料不间断地流入生产企业的条件，又是生产企业生产的产品不间断地流向国民经济各部门的保证。

商品流通是商流与物流的有机结合，没有物流就无法完成商品的流通过程。物流能力的大小，包括运输、装卸搬运、包装、储存等能力的大小强弱，都直接决定着商品流通的规模和速度，也影响着流通的深度和广度。要达到"货畅其流"，物流是其坚实的基础。

（三）物流是实现商品价值和使用价值的条件

无论是生产资料商品还是生活资料商品，在进入生产消费和生活消费之前，其价值和使用价值都是潜在的。为了把这种潜在变为现实，商品必须通过其实物的运动，即物流才能得以实现。物流是实现商品价值和使用价值的条件。

从生产资料的物流看，物流具有将生产资料按质、按量、及时、完备、均衡地供应给生产单位的功能。生产资料物流的畅通与否将直接决定生产能否顺利进行。物流的合理组织能按照生产的需要及时为生产提供劳动资料和劳动对象，从而促进生产的迅速发展。

从生活资料的物流看，国民收入中的消费基金能否实现，最终还需要取决于物流的畅通。消费基金最终都要转化为实物。物流一方面能有效地促进资金的周转、货币的回笼，另一方面又能不断地满足消费者对生活资料的需求。

（四）物流是决定国民经济生产规模和产业结构变化的重要因素

市场经济和商品生产的发展要求生产社会化、专业化、规范化。但是，如果没有物流的进步和发展，这些要求是很难实现的。例如，煤炭、石油、钢铁、水泥的大量生产和大量消费要求运输产业的高速发展与之相适应。物流发展从根本上改变了产品的生产和消费条件，为经济的发展创造了重要前提。而且，随着现代科学技术的发展，物流对生产发展的这种制约作用也越来越明显。

（五）物流是改善社会经济效益的有效手段

所谓经济效益一般是指对社会实践活动中的各种劳动占用和物质消耗有效性的评价。合理的物流不仅能够节约大量的物质资料，而且对于消除迂回运输、相向运输、过远运输

等不合理运输以及节约运力具有重要的作用。合理的物流，还可以减少库存，加速周转，更充分地发挥现有物品的效用。

此外，物流的装卸搬运、流通加工、包装等功能对提高社会经济效益的作用也是显而易见的，在此不再一一论述。

三、有关物流定位的两种学说

正是基于对物流作用和地位的认识，人们对物流的定位产生了多次升华，提出了多种针对物流的学说。在近几年我国物流"热"持续升温的过程中，各种有关物流定位的学说也随之被广为引用，耳熟能详，其中最具有代表性的是"黑暗大陆"说和"第三利润源"说。

（一）"黑暗大陆"说

美国权威的管理学家彼得·德鲁克（Peter F. Drucker）在 1962 年的《财富》杂志上发表了题为《经济领域的黑暗大陆》一文，他将流通比作经济领域"一块尚未开垦的处女地"，指出"流通是经济领域里的黑暗大陆"，呼吁人们应重视对流通领域的研究。虽然德鲁克所说的"黑暗大陆"泛指整个流通领域，但由于与商流相比，物流活动的模糊性尤其突出，人们对物流活动规律的认识更加粗浅，对其成本的关注或管理才刚刚开始起步，所以"黑暗大陆"说目前更多的是针对物流而言。

德鲁克所说的"黑暗大陆"主要是指尚未认识或尚未了解的经济领域。如果理论研究和实践探索照亮了这些"黑暗大陆"，那么摆在人们面前的既可能是一片不毛之地，也可能是一个巨大宝藏。"黑暗大陆"说是对 20 世纪经济领域存在的愚昧和无知的一种批判和反思，它指出了在当时资本主义世界的繁荣背后，科学技术和经济发展方面依然存在的不足，说明经济和技术的发展是永无止境的。同时，"黑暗大陆"说也是对物流本身的客观评价，说明物流领域未知的东西还有很多，理论和实践都还很不成熟。因此，从某种意义上说，"黑暗大陆"说是一种未来学的研究结论，带有很强的哲学抽象性，能对物流研究起到很好的启迪和动员作用。

（二）"第三利润源"说

经过长期的理论研究和实践探索，人们已经能够肯定，物流作为"黑暗大陆"虽然尚未被完全照亮，但它绝不是一块不毛之地，而是一片富饶之源。据此，日本西泽修教授于 1970 年提出了著名的"第三利润源"说。

西泽修在其著作《物流——降低成本的关键》中指出，企业的利润源泉会随着时代的发展和企业经营重点的转移而变化。20 世纪 50 年代，由于朝鲜战争和地缘政治的关系，美国为日本提供了大量的经济援助和技术支持，使日本企业很快实现了机械化和自动化。

当时的日本正处于工业化大生产时期，企业经营的重点放在了降低制造成本上，这便是第二次世界大战后日本企业经营的第一利润源。然而，自动化生产线生产出来的大量产品，很快就导致了市场的泛滥，企业的销售压力越来越大。1955 年，日本又从美国引进市场营销技术，迎来了日本企业的市场营销时代。在这一时期，日本企业顺应政府的经济高增长政策，把增加销售额作为企业经营的重点。这便是第二次世界大战后日本企业经营的第二个利润源。

1965 年以后，日本政府开始重视物流。1970 年，产业界开始大举进军物流，日本又进入了物流发展的黄金时期。此时，企业降低制造成本的余地已经十分有限，增加销售额的空间也基本到了尽头，企业迫切希望寻求新的利润源。在这样的背景下，通过降低物流成本来挖掘企业的"第三利润源"正好顺应了当时的企业经营需要，很容易被企业所接受。因而"第三利润源"学说一经提出，就备受关注，广为流传。

西泽修还在书中谈到，当时他提出"第三利润源"时，是受一个再度公演的著名电影《第三个男人》的启示，因为"第三"隐有"未知"的含义，所以才把降低物流成本说成是"未知的第三利润源"。

西泽修的"第三利润源"学说，不仅推动了当时的日本物流产业的发展，也对我国以及亚太地区物流产业的发展产生了重要的影响。

第四节 物流学科与物流学

从物流的概念和作用可以看出，物流本质上就是一种经济活动，它伴随人类经济活动的产生而产生。作为一种经济活动，物流之所以长期被人们所忽视，是因为此前的物流大都分散在其他经济活动之中，没有体现出其作为一个整体的经济价值。但是随着军事后勤思想的产生及其在企业经营活动中的成功运用，加之社会分工的不断深化，物流的整体观念和系统化思想开始深入人心，物流巨大的经济潜力开始受到人们的重视。

在企业的推动下，很多国家或地区也开始从宏观层面研究物流问题，并运用系统工程的理论和方法来规划和建设物流基础设施或信息平台，以提升物流效率、降低流通成本、强化地区经济竞争力。另一方面，随着消费者地位的提高，无形的物流服务与有形的产品一样成为消费者选择购买对象的重要影响因素。作为市场竞争的一种手段，企业不得不将物流从生产领域延伸到消费领域，以方便顾客的购买和消费、提高顾客服务价值。显然，此时的物流已经突破了企业的边界，成为贯穿所有管理层次的经济活动。

一、物流的学科分支

但是，仅仅把物流作为一种广泛存在的经济活动现象是远远不够的。为了让物流巨大的经济潜力显现出来，必须运用系统的方法，对物流活动过程进行计划、组织、指挥、协调和控制，通过对物流活动过程施加人为的影响以实现既定目标。物流与各层次管理职能的结合就是物流管理。从本质上说，物流与物流管理是两个完全不同的概念。但遗憾的是，国内外不少人长期将物流与物流管理混为一谈，这种谬误也从一个侧面反映了物流学科本身的不成熟。

事实上，出现这种误解也不难理解。因为人们对物流潜在价值的认识，只有通过物流管理前后的绩效对比才能得到。也就是说，人们对物流的重视最初只能通过物流管理才能得以体现。所以，在物流研究的早期，国外很多机构对物流的定义就包含有管理的含义，我国在引进国外物流概念的过程中也自觉不自觉地沿用着这些定义，出现了"以讹传讹"的错误。值得庆幸的是，我国理论工作者很早就注意到了这一问题，并在首次制定物流术语标准时就对物流和物流管理进行了分别定义，并且一直沿用至今。目前，这种误解虽然没有完全消除，但承认物流不同于物流管理的人正在不断增多。

承认物流不同于物流管理，也就承认了物流可以与管理学科进行结合。如果将与物流有关的学科体系独立出来，物流管理就是该学科在管理方面的学科分支。很明显，物流学科不应该也不可能只有一个分支。纵观现有的物流研究文献不难发现，除了研究物流管理问题外，人们还在不同层面研究物流资源的配置问题、物流市场的需求与供给问题、物流效率与交易成本问题、物流服务的成本与价格问题、物流产业的短期与长期发展问题等。以上这些问题的解决必须依赖于经济学科的理论和方法，围绕这些问题的研究，又形成了物流学科的另一重要分支——物流经济。

此外，为了实现物品实体的流动，物流活动必须借助于各类设施、设备或工具。在"科学技术是第一生产力"的今天，各类物流装备的水平和质量已经成为影响物流效率的决定性因素。为了提升物流装备的水平和质量，人们必须研究物流基础设施的规划与建设问题、物流设备或工具的研发、设计和制造工艺问题，以及物流软件的设计、开发和调试问题等。研究这些问题所形成的一个相对独立的学科分支就是物流工程。

二、物流学科的研究内容

任何学科的形成和发展都离不开它所赖以生存的基础理论，物流学科当然也不能例外。加上目前已基本成型的三个分支，物流学科的研究内容一般可以划分为基本理论、物流经济、物流管理和物流工程四大领域。

（一）物流的基础理论

某学科的基础理论是指该学科内的一般概念或一般规律，并为该学科内的其他研究提供一般性规范或共同性支撑的理论。物流的基础理论是物流学科中最根本、最具共性的理论知识，是支撑物流经济、物流管理和物流工程研究的基础，具有稳定性、根本性和普遍性的特点。

物流的基础理论主要涉及物流学科内的基本概念、基本技术、基本假设、基本原理和基本方法，主要包括物流的概念、内涵、价值、作用，物流的基本功能要素，物流的系统化观念，物流的标准体系等方面的内容。客观地说，同其他成熟的学科相比，物流的基础理论还有很多不尽如人意的地方。但应该相信，随着物流应用研究的不断深入和物流学科体系的逐步成熟，物流的基础理论也将会得到不断的充实和完善。

（二）物流管理

绝大多数物流活动都由特定的组织来完成，而管理是一切组织存在的根本原因，所以物流活动永远离不开管理。事实上，诸如物流系统的规划与设计、物流业务的运作流程安排、物流作业的过程控制等都属于管理的范畴。所以，物流管理研究主要围绕以物品运动为核心的物流系统进行展开，研究的重点是社会经济活动中物品实体运动的客观规律，包括物品运动时间的及时性、路径的合理性、速度的经济性等。物流管理研究往往以经济效益为目标，运用管理理论和方法来分析或评估物流活动，优化设计物流系统，以便使物流系统的各要素实现最佳配合，达到降低物流成本、提高经济效益的目的。

物流管理的研究内容一般包括三个方面：一是对物流功能要素的管理，即对运输、储存、包装、装卸搬运、流通加工、物流信息、配送等基本功能要素的管理；二是对物流系统要素的管理，即对物流系统中的人、财、物、设备、方法和信息六大要素的管理；三是对物流活动具体职能的管理，主要包括物流经济管理（物流计划管理、物流统计管理、物流成本管理、物流设施管理等）、物流质量管理、物流技术管理（物流硬技术及其管理、物流软技术及其管理），等等。

物流管理的研究视角极其广泛，一般可以从企业管理的角度研究企业的物流战略、物流与企业竞争力、生产物流、物流作业管理、物流组织管理等；从市场营销的角度研究销售物流、供应物流等；也可以从商品学的角度研究商品储运与包装、商品标准化与物流、重要产品的物流渠道等；还可以从会计学的角度研究企业物流成本及其核算和控制方法，等等。

（三）物流经济

由于物流活动广泛地渗透于生产、流通和消费领域，所以必然会涉及物品在物理性流动过程中所产生的经济问题，比如物流资源的优化配置问题、物流市场的供给与需求问题、物流产业的发展问题等，解决这些问题必须借助经济学的相关理论和方法。所以，物流经济研究就主要围绕物流产业的经济运行、物流资源配置等问题进行展开。

从宏观层面看，物流经济研究以物流发展趋势及物流产业政策为特色，重点探讨物流产业、区域物流（包括城市物流）和物流金融等方面的内容，致力于探索和建立严密完整的物流经济理论体系。

1. 物流产业

物流产业研究主要探讨与物流业自身发展相关的产业结构、产业组织和产业政策理论，比如：对物流产业内涵和外延的界定，运用产业生命周期理论、经济成长阶段理论、主导产业理论等分析和解读物流产业发展及其在国民经济体系中的地位，物流产业的权属结构分析，物流产业内部的组织结构分析和行业结构分析，物流产业集群分析，物流产业竞争力分析，物流园区规划，物流产业政策分析，物流产业核算制度及统计核算的指标体系，等等。

2. 区域物流

区域物流研究主要从两个方面进行展开：一是区域物流与区域经济发展的互动关系研究，主要包括：从供需角度研究物流业与区域经济增长的互动关系，运用产业关联分析、产业结构优化理论研究物流业与区域产业结构之间的关系，运用产业分工与专业化、交易费用与纵向一体化、供应链管理等理论研究物流业与区域产业组织演进之间的关系，研究物流业与区域产业布局之间的关系及其变化趋势，运用区域产业竞争力理论或区域经济综合评价指标体系研究物流业与区域竞争力之间的关系，等等；二是物流与区域之间的合作与发展研究，主要包括：运用区域差异和地域分工理论、不平衡增长理论研究物流与不同区域之间的产业分工，运用区域开放度、新贸易理论研究物流与不同区域之间的贸易问题，运用区域经济发展阶段理论、梯度转移理论研究物流与不同区域之间的产业转移问题，等等。

3. 物流金融

物流金融研究主要集中于物流金融服务管理、物流金融风险评价与控制、物流金融产品定价等几个方面。

从微观层面看，物流经济研究的重点则主要集中在物流市场的供给与需求、物流生产理论与决策、物流成本分析、物流的效益分析（时间效益分析、空间效益分析、创新效益分析等）、物流市场组织，与企业问题有关的物流企业制度、物流项目评估、物流市场需求预测等方面的理论和实践问题。

（四）物流工程

物流工程是指从工程角度出发，采用多目标决策手段，对动态复杂的物流系统进行规划、设计、建设与运用的全过程。物流工程的任务是为物流系统提供必要的硬件和软件支撑，良好的物流系统不仅需要良好的规划与设计，还必须通过严密认真的工程建设才能得以实现。因此，物流工程的内容既包括物流系统硬件的设计、制造、安装和调试，也包括物流系统软件的规划、开发和测试。从功能上说，物流工程可以分为物流工程的技术系统和物流工程的管理系统两大部分。

（1）物流工程的技术系统

主要针对物流活动过程中所使用的各种设施、设备和工具展开研究，比如：公路、铁路、港口、仓库、物流园区等物流基础设施的规划与建设，载运工具、装卸设备、包装机械、货架、分拣系统、集装单元器具等物流设备的开发、设计、制造、维修与保养，各种物流设施设备的使用方法、操作技能、作业规范等，都是物流工程的技术系统应该研究的内容。

（2）物流工程的管理系统

物流工程的管理系统绝不能混同于物流的管理系统，因为它仍然属于物流工程的范畴，所以其任务重点仍然是从工程角度出发的规划和建设，主要针对物流活动过程中各种管理体系的构建问题展开研究，一般包括两个方面的内容：一是按照现代企业制度的要求，开发设计物流活动的管理组织及与之相适应的组织构架和信息系统；二是根据不同设施设备的技术特点建立完备的技术管理体系及与之相适应的组织构架和信息系统。

三、物流学科内的专业设置

不论国内还是国外，在物流学科内已基本形成了三个比较成熟的学科分支：物流管理、物流经济和物流工程。作为物流学科的有机组成部分，这三个学科分支之间不可避免地会出现相互交叉和相互渗透的现象，但由于各自的学科边界比较清晰，各分支的相对独立性已经毋庸置疑。当然，随着物流学科的进一步拓展，未来是否还会形成或分化出新的学科分支也未可知。

同发达国家一样，我国最先形成的物流学科分支也是物流管理，目前国内不少普通高校和高职高专院校都开设有物流管理专业；与此同时，在物流理念的感召下，部分土木、建筑、机械、电子等方面的学科也开始专攻物流领域的硬件或软件平台建设，并逐步转化为物流工程专业。

为了满足社会经济发展对物流人才的需求，2001年我国恢复了普通高校物流本科专业，使我国物流高等教育进入快速发展阶段。截至2012年，全国开办物流管理专业的本科院校已达299所，开办物流工程专业的本科院校也有100多个；此外，另有开办物流相关专业的高职高专院校600多所，中职1 000多所。

为进一步规范普通高等学校物流本科专业名称的设置，教育部在2012年公布的《普通高等学校本科专业目录（2012年）》中，新增设了物流管理与工程专业类（1206）。并在此专业类的基本专业目录下设立物流管理（120601）和物流工程（120602）两个专业，同时在其特设专业目录中设有采购管理（120603T）专业。至此，物流本科专业升格为普通专业，各高校可根据办学条件报教育部备案后开设。

为规范物流管理、物流工程两个专业的教学，教育部高等学校物流类专业教学指导委员会制定并公布了《关于物流管理本科专业培养方案的指导意见（试行）》和《关于物流工程本科专业培养方案的指导意见（试行）》。在这两份文件中分别明确了物流管理和物流工程本科专业设置的指导思想、基本原则、基本培养目标、学时学分和课程结构等方面的具体要求，为进一步推动物流学科建设、促进物流管理和物流工程两个本科专业的规范化健康发展提供了可靠依据。

需要指出的是，虽然物流经济是物流学科研究的重要内容之一，目前有关物流经济方面的研究成果也并不少见，但与物流管理和物流工程不同，教育部的本科专业目录中并没有物流经济专业，只有部分高校在研究生层面设置物流经济的研究方向，各高校设置物流经济本科专业的梦想还遥不可及。其中的原因很复杂，值得所有物流理论和实践工作者进一步研究和探讨。

四、"物流学"的课程定位

根据教育部高等学校物流类专业教学指导委员会公布的《关于物流管理本科专业培养方案的指导意见（试行）》，"物流学"是物流类各专业必修的大类基础课程之一，建议学分为 2～3 学分。因为不论物流的学科分支是否成熟，也不论物流学科如何进一步分化，要进入物流学科领域进行学习或研究，就必须首先认识物流到底是什么，必须从一定的广度和深度上领会物流的概念，并以此为基础了解物流业发展的历史和现状，理解物流管理的价值和工作内容。所有初涉物流学科的人都必须首先跨越这道共同的门槛，这道门槛就是"物流学"。

因此，"物流学"既不应过多地涉及管理方面的知识，也不应裹足于物流工程方面的内容，而是应该将其定位于物流基础理论的一部分，是物流类专业共同的入门课程，属于专业基础课的范畴。当然，随着流通产业在现代经济体系中的地位越来越高，工商管理类专业对物流教育的重视程度也在不断提高，因此，"物流学"也可以作为工商管理类专业，特别是市场营销、电子商务等专业的核心专业课之一。

作为入门课程，"物流学"的课程内容除了要做到简明扼要、通俗易懂外，还必须保证相同层次、不同专业的读者在学习过程中没有难易程度的差异，学习"物流学"不应设置任何先修课程要求。作为专业基础课，"物流学"又不同于一般的科普读物，其内容的取舍和概念的表述必须严谨，以便为后续的专业课程学习提供规范的概念基础和结构范式，否则就起不到专业基础课应有的作用。

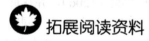

拓展阅读资料

关于物流的争论

曾有记者在赴山东采访的旅途中，与几位邻座旅客朋友发生了"什么是物流"的争论。一位来自水电物资系统的张先生说："顾名思义，'物流'就是物资流通的简称。据我所知，'物流'这个词还是物资流通系统从国外引进的呢！"来自铁路工程系统的方先生说："'物流'就是货物运输，公路、铁路、水路、航空、管道运输都包括在内，把货物从一地运到另一地，这就是物流。"来自高等院校信息研究所的宁先生则说："'物流'是在正确信息指引下，物质材料有价值的空间位移。"来自解放军某部的秦少校说："在军队，物流就是后勤，人员调动、武器装备运输、各种给养调配都属于物流。"……一路上，大家各执己见，各陈其辞，角度不同，理解各异，一个"物流"被赋予了形形色色的内涵。

资料来源：李庆松. 物流学[M]. 北京：清华大学出版社，2008.

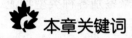

本章关键词

物流、商流、物品、物流学、第三利润源、物流学科、物流学

复习思考题

1. 举例说明流通产业在社会经济中的地位。
2. 如何理解商流与物流之间的关系？
3. 如何理解物流的概念与内涵？
4. 简要说明物流活动的构成。
5. 如何理解物流的价值？
6. 结合实际说明物流的地位与作用。
7. "黑暗大陆"和"第三利润源"的内涵是什么？
8. 物流学科的主要研究内容有哪些？
9. 请简要说明"物流学"的课程定位。

第二章　物流的分类与形式

社会经济领域中的物流活动是普遍存在的，但在不同的领域和条件下，物流的表现形式、基本结构、技术特征和运作方法等都存在很多差异。要构建高效的物流系统，强化物流管理，必须首先研究物流的分类与形式，通过科学合理的构成研究来鉴别各种类型物流的特点和差异，以便在物流的规划和管理中对症下药、有的放矢。

第一节　物流的分类方法

由于不同物流活动的对象、目的和形式各不相同，因而形成了不同类型的物流。目前国内外在物流分类标准方面尚无统一的认识，对物流的分类和称谓也都比较混乱。对此，徐寿波院士认为，要对物流进行科学系统的分类，并使之能够正确反映物流内在的规律性联系，就必须从物流的属性入手进行分类。为此，他在对物流属性进行深入研究的基础上指出，任何物流都具有地域（Region，R）属性、主体（Party，P）属性、物（Material，M）的属性和流（Flow，F）的属性，并据此提出了相应的物流分类方法，如图 2-1 所示。

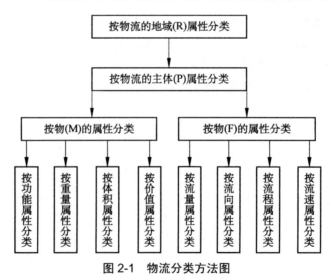

图 2-1　物流分类方法图

事实上，按照以上方法进行分类，可以形成一个庞大的物流分类体系。因为地域是有层次的，大到整个宇宙，小到某个城区，地域的分类有无穷多种；同样，在特定的地域范围内，物流的主体也几乎是无穷的；即便是在特定地域内的特定主体，其物流的"物"和"流"的属性也难以罗列清楚。所以，要按以上方法列出一个完整的物流分类表几乎是不可能的。古人云"授人以鱼不如授人以渔"，所以本书并不打算列出全部的物流分类，而只提供物流的科学分类方法，以便于读者根据学习或研究的需要，选择自己所需要的分类方法或分类方法系列。

除了理论上的分类方法及其分类体系外，来自于实践的各种物流分类也不少。针对物流理论和实践中容易出现的误区，也为了后续学习和研究的需要，本节有必要首先澄清几类物流概念。

一、传统物流与现代物流

虽然我国的"物流"称谓来自于日本，但其实它就是 Physical Distribution 的意译。巧合的是，在我国引进 Physical Distribution 的过程中，起源地美国的 Physical Distribution 却正在被 Logistics 所取代。由于多方面的原因，我国保留了最初的"物流"称谓，而对其内涵则进行了偷梁换柱式的更新和置换。在此过程中，物流的传统内涵与现代内涵不可避免地产生对立，引起了传统物流与现代物流（也就是 Physical Distribution 与 Logistics）的比较热潮。

关于现代物流与传统物流之间的区别，目前有很多不同的说法。其中较有说服力的一种观点认为，现代物流与传统物流之间的区别实际上是由物流服务、物流管理、物流技术和物流经济等四个非固有属性引起的。也就是说，现代物流与传统物流之间的区别主要体现在服务、管理、技术和经济等四个方面。因此，现代物流的特征也应从这四个方面得到展现。

（1）现代物流的服务特征体现为：物流服务的多元化与多样化；物流服务的专业化与综合化；物流服务的规范化与标准化。

（2）现代物流的管理特征体现为：物流管理方法的现代化；物流管理目标的整体化；物流管理组织的网络化。

（3）现代物流的技术特征体现为：物流基础设施的系统化与网络化；物流设备的自动化与智能化；物流产业的信息化与电子化。

（4）现代物流的经济特征体现为：物流产业发展的成熟化；物流投入产出比的稳定化；物流企业效益的最大化。

基于对现代物流以上特征的理解和展开，可以将现代物流与传统物流之间的区别归纳如表 2-1 所示。

表 2-1 现代物流与传统物流的区别

内容	传统物流	现代物流
服务	• 服务目的是以低成本满足消费者需求 • 全社会物流服务的规模和能力欠佳 • 以单项或多项物流为主，少量综合物流服务 • 有限地区内的物流工程服务 • 服务质量较低，难以满足现代物流需要 • 提供正向物流、宏观物流工程服务	• 服务目的是以最大收益创造消费者需求 • 全社会物流服务的规模大、能力强 • 物流企业以提供综合物流服务为主 • 可实现跨部门、跨行业、跨区域的物流工程服务 • 服务质量高，能满足现代物流需要 • 能提供循环物流、微观物流工程服务
管理	• 两网合一或多方物流，少量第三方，且功能单一 • 企业物流自我服务比例高，缺乏退出机制 • 物流外包意识落后，以传统业务外包为主 • 以市场或企业交易为主，存在资源配置失灵 • 正向物流运作与管理	• 商流网与物流网分离，以第三方物流为主，功能综合 • 企业物流自我服务比例低，且退出机制自由 • 具有现代物流外包理念，物流周边业务外包比例高 • 以战略联盟组织形式为主，少量综合一体化组织 • 循环物流系统优化与管理
技术	• 物流功能技术以半机械、半手工作业为主 • 无外部网络信息整合及 EDI 联系 • 技术分散，形式单一 • 有限的或无先进的信息处理技术	• 物流功能技术（运输、仓储等）机械化、自动化程度高 • 实时网络信息整合系统，广泛使用 EDI 联系 • 大量采用综合技术（物流与信息、控制、管理一体化） • 广泛应用 GPS、RFID、GIS 等信息处理技术
经济	• 宏观经济实力弱，产业结构失衡 • 管理体制"条块分割"，要素相对独立 • 政府限制较多（如运营许可、税收、行业标准等） • 产值利润低	• 宏观经济发展实力强，产业结构合理 • 管理体制实现跨部门合作、产业协调联动及要素集成 • 政府重视，物流产业政策科学合理 • 产值、利润高（物流业总产值、平均利润率、资金周转率）

二、自营物流、外购物流、第三方物流

在物流活动出现的早期，绝大多数都是由需求者自己完成的，即使在今天，仍然有相当大一部分的物流需求没有走向市场，通常把这类物流称为企业自营物流。

随着市场竞争的加剧、社会分工的细化，物品的供给主体和需求主体作为市场上的第一方和第二方逐步退出物流操作领域，而由专业的物流企业以第三方的身份来完成供需之间的物流任务，这种类型的物流就属于外购物流。外购物流的市场需求除了来自企业外，还有一部分来自个人、家庭、社团、政府或其他机构，本书将它们统称为物流需求者。此时的物流企业亦可称之为物流供给者、物流服务商或物流提供者。为了使需求企业与作为

供给方的物流企业区别开来，本书一般将前者称为厂商、工商企业或者简称为企业，而将后者称为物流企业。物流企业面向整个社会，为公众提供物流服务。

专业的物流企业如果采用了现代物流管理的方法和手段，并以合同的形式为客户提供个性化服务，则可以称之为第三方物流（Third Party Logistics，TPL），此时的物流企业便称之为第三方物流企业。因此，第三方物流首先应该具有现代物流的特征，物流企业所提供的传统服务不能称之为第三方物流。只要注意到第三方物流的英文名称是 Third Party Logistics 而不是 Third Party Physical Distribution，就很容易理解这一点。一般情况下，物流企业提供的传统服务可以称之为第三方运输或第三方仓储，相应地，这些物流企业只能称之为第三方承运人或第三方仓储经营者，依此类推。总之，第三方物流是现代物流框架下的一个专用名词，并非所有由第三方提供的物流服务都可以称为第三方物流。

三、企业物流、行业物流、社会物流

（一）企业物流

企业是以盈利为目的，通过为顾客提供产品或服务来满足其需求，最终收回投资并赚取利润的一种经济组织。市场上区别于企业的其他经济主体还有政府、家庭、个人或社团等。按照性质的不同，企业还可以细分为制造性企业（生产性企业）与流通性企业两大类。制造性企业的主要任务是：购进原材料，经过若干道工序的加工，形成特定产品，再通过销售渠道销售出去，收回投入并赚取相应的利润。流通性企业的主要任务则是要根据客户的要求和供应商的条件，有针对性地组织商流和物流，并赚取相应的利润。

一般来说，在一个企业的范围内，由于生产经营活动的需要而发生的物流称为企业物流。国家标准《物流术语》将企业物流定义为：生产和流通企业围绕其经营活动所发生的物流活动（GB/T18354—2006）。企业物流必须通过管理层、控制层和作业层三个层次的协调配合，才能有效实现其总体功能。

（1）管理层。管理层的主要任务是对整个物流系统进行统一的计划、实施和控制。其主要工作内容包括物流系统的战略规划、物流系统的总体控制和绩效评价，这些工作应坚持的最基本原则就是要有利于反馈机制和激励机制的形成。

（2）控制层。控制层的主要任务是控制物料流动的过程。其主要工作内容包括订货处理与顾客服务、库存计划与控制、生产计划与控制、用料管理和采购等。

（3）作业层。作业层的主要任务是实现物料的时间效用和空间效用。其主要工作内容包括发货与进货运输、厂内的装卸搬运、包装、保管和流通加工等。

由此可见，企业物流几乎渗透到了制造企业的所有生产和管理活动中，对企业活动的效率和效益都会产生极为重要的影响。

（二）行业物流

同一行业的不同企业，虽然在产品市场上是竞争对手，但是在物流领域内却常常可以相互协作，共同促进行业物流的合理化，因为行业物流合理化可以使所有参与企业都得到相应好处，实现真正意义上的"共赢"。

例如在日本的建筑机械行业内，行业物流合理化的具体内容包括各种运输工具的有效利用；建设共同的零部件仓库，实行共同集配送；建立新旧车辆、设备及零部件的共同流通中心和技术中心，共同培训设备操作和维修人员；统一机械设计标准和规格等。在大量消费品方面，他们还倡导采用统一的发票、统一的商品规格、统一的法规政策、统一的托盘规格、统一的陈列柜与包装模数等。

（三）社会物流

社会物流一般是指流通领域发生的物流，是全社会物流的整体，所以有人也称之为大物流或宏观物流。社会物流的一个重要标志是：它伴随商业活动的发生而发生，也就是说社会物流过程与商品所有权的更迭密切相关。

从总体上看，物流学的主要研究对象就是社会物流，社会物流的流通网络是国民经济发展的命脉。社会物流的网络分布是否合理、渠道是否畅通，对国民经济的发展至关重要。因此，宏观规划和管理部门应该对社会物流进行科学的管理和有效的控制，尽量采用先进的物流技术和手段，以保证社会物流的高效能和低成本运行。对社会物流的优化，不仅可以带来良好的经济效益，更重要的是可以产生巨大的社会效益。

四、其他分类

除了以上几组物流概念外，实践中，也常有人将物流作以下区分：以企业边界为标准将物流区分为企业内物流和企业外物流；以物流活动的适用性为标准将物流分为一般物流和特殊物流；以物流的管理属性为标准将物流分为第一方物流、第二方物流、第三方物流、第四方物流乃至第五方物流；以管理的视野范围为标准将物流分为宏观物流与微观物流等。

此外，人们还常常根据物流发生的先后次序及其对企业的作用，将生产企业物流细分为供应物流、生产物流、销售物流、回收物流和废弃物流；按照物流在不同行业发展的特点将物流细分为不同的行业物流；按照物流活动范围的大小将宏观的社会物流划分为地区物流、国内物流和国际物流。由于以上这三种分类是分别在企业物流、行业物流和社会物流的大框架下进行的细分，能够构成一个比较完整的分类体系，所以本章的以下三节将按此结构展开，专门论述企业物流、行业物流和社会物流。

第二节　企　业　物　流

企业活动的基本机制是"投入—转换—产出"。对于生产性企业来讲，是原材料、燃料、人力等资源的投入，经过制造或加工转换为产品；对于流通性企业来讲，则是设备、人力等资源的投入，转换为对用户的服务。物流活动是伴随企业的"投入—转换—产出"而发生的，相对于投入的是企业外供应或输入物流，相对于转换的是企业内生产或转换物流，相对于产出的是企业外销售物流或企业外生产物流，相对于废旧物回收的是回收物流，相对于废弃物处理的是废弃物流。

在企业物流的几个部分中，生产物流是核心。它和生产同步进行，是企业自身所能控制的、合理化的条件最为成熟的一种物流形式。供应物流和销售物流可以看作是生产物流分别向上或向下的延伸，它们受企业外部环境的影响较大。例如，公共基础设施水平、市场竞争状况、有关政策法规等都会直接影响这些物流活动的绩效。

纵横交错的社会物流网络中，企业物流仅仅是其中的某个节点，它通过生产物流来完成节点内的空间和时间转换过程，通过供应物流和销售物流来实现节点与节点之间的连接。如果供应物流和销售物流不通畅，企业生产就肯定会受到影响，社会物流网络也就难以正常运转。因此，深入研究企业物流是全面认识社会物流的基础。

一、供应物流

（一）供应物流的概念

从传统的角度看，企业的采购与供应是两个既相互联系又相互区别的概念。与此对应，采购物流与供应物流也是两个不同的概念。一般情况下，人们通常把供应商运送物料到企业仓库的物流过程称为企业的采购物流，而把从企业自身仓库领取物料运送到生产车间或零售商店货架的物流过程称为企业的供应物流。随着现代物流管理水平的提高，企业的采购和供应出现了一体化趋势，采购物流直接扩展到了生产企业的车间或流通企业的货架，从而采购物流与供应物流也开始合二为一。但是，习惯上人们总是从生产和销售的角度出发，把此前的这段物流活动统称为供应物流，并将其定义为：提供原材料、零部件或其他物料时所发生的物流活动（GB/T18354—2006）。

所以，供应物流包括原材料、燃料、半成品等一切生产资料的采购、进货、运输、库存、仓储管理、用料管理和供料输送等。它是企业物流系统中相对独立的一个子系统，并且和企业内部的生产、财务等部门以及企业外部的资源、市场等条件密切相关。

（二）供应物流的工作内容

供应物流包括采购、供应、库存管理和仓储管理等一系列活动过程。

（1）采购。采购是供应物流与社会物流的衔接点，它是依据制造企业的生产、供应和采购计划而进行原材料外购的作业过程。其主要任务是负责市场资源、供货厂家、市场变化等信息的采集、评价和反馈。

（2）供应。它是供应物流与生产物流的衔接点，是依据供应计划、消耗定额进行生产资料供给的作业过程。其主要任务是负责原材料消耗的计划与控制。目前，最基本的厂内供应方式主要有两种：一种是用料单位根据自身的实际需要到供应部门领取物料，另一种则是供应部门按时按量向生产部门送发物料。

（3）库存管理。库存管理是供应物流的核心。它首先要依据企业的生产计划制订供应和采购计划，并据此制定原材料的库存控制策略，此外还要定期或不定期地对计划的执行情况进行分析、评价和反馈。

（4）仓储管理。仓储管理是供应物流的转换点，它主要负责生产资料的接货、发货，以及物料的日常保管和养护工作。

二、生产物流

（一）生产物流的概念

生产物流是指企业生产过程发生的涉及原材料、在制品、半成品、产成品等所进行的物流活动（GB/T18354—2006）。从工厂购进原材料入库时起，到产品发送进入成品库为止的期间内发生的所有物流活动都属于生产物流的范畴。生产物流是生产（或制造）性企业物流活动的主体内容。这种物流活动是与整个生产的工艺过程相伴而生的，实际上已经成了生产过程的有机组成部分。企业生产物流的大致流程是：原料、零部件、燃料或其他辅助材料从企业的原材料仓库或企业的大门开始，进入到生产线的开始端，伴随生产过程一个一个环节地流动，在流动的过程中，原材料同时被加工，产生一些废料余料，直到生产加工终结，产品"流"至成品库时便终结了生产物流的过程。

（二）生产物流的类型

企业的生产类型是其产品的种类、产量及其生产的专业化程度在技术和组织中的反映与表现。它在很大程度上决定了企业的生产结构、工艺流程和工艺装备，也决定了企业生产的组织形式、管理方法和与之相匹配的生产物流类型。通常情况下，企业生产的批量越大，产品的种类越少，则生产的专业化程度也就会越高，相应的生产物流过程的稳定性和重复性也就越大。反之，如果企业生产的批量越少，产品的种类越多，则生产的专业化程度也就越低，生产物流过程的稳定性和重复性亦会越小。

1. 按生产的专业化程度分类

（1）单件生产物流。单件生产的产品虽种类繁多，但每次仅生产一件产品，生产重复度低，因此单件生产物流的重复度低，个性化较强。

（2）大量生产物流。大量生产的产品种类单一，产量大，生产重复度高，因此大量生产物流的重复度高，个性化不强。

（3）成批生产物流。介于以上两者之间的是成批生产，即产品种类不单一，生产有一定的重复性。因此成批生产的重复度和个性化介于以上两者之间。成批生产通常又可再分为大批生产、中批生产和小批生产。

2. 按生产的物流特征分类

（1）项目型生产物流。项目型生产物流（固定式生产）的特点是生产过程中物料的流动性不强。它分为两种状态：一种是物料进入生产场地后就被凝固在场地中与生产场地一起形成最终产品，比如住宅、厂房、公路的建设；另一种是物料流入生产场地后，须"滞留"很长时间，直至产品生产完毕后方能离开，比如大型的水电设备、飞机等重型装备的制造。

（2）连续性生产物流。连续型生产物流（流程式生产）的特点是物料流动连续均匀、不能中断，生产出的产品以及使用的设备和工艺流程都是固定且标准化的，各工序之间几乎没有在制品库存。

（3）离散型生产物流。离散型生产物流（加工装配式生产）的特点是各个零部件的加工过程彼此独立，制成的零件必须通过部件组装和总装配等离散的工艺环节之后才能形成最终产品，各个生产环节之间有可能出现一定数量的在制品库存。

可见，生产物流类型与决定生产类型的产品类型、生产批量和生产专业化程度都有密切的联系，并对企业的生产组织形式产生直接的影响。

三、销售物流

销售物流是企业内物流的最后一环，是企业物流与社会物流的一个衔接点。它与企业的销售系统相互配合共同完成产品的销售任务。

（一）销售物流的概念

生产企业、流通企业售出产品或商品的物流过程被称为销售物流，它是物品从生产者或持有者手中转移至用户或消费者手中的物流过程。我国国家标准《物流术语》（GB/T18354—2006）认为，销售物流就是企业在出售商品过程中所发生的物流活动。

（二）销售物流的工作内容

销售活动的主要作用是通过一系列的营销手段来出售产品、满足消费者的需求，最终实现产品的价值和使用价值。销售物流的功能就是配合整个销售系统完成销售任务，其工作内容大致包括如下几个方面。

1. 产品包装

产品包装既可看作是生产物流的终点，也可看作是销售物流的起点。在包装材料和包装容器的选择上，除了要满足物品的防护和销售要求外，还应充分考虑储存、运输等物流环节的方便要求。此外，包装的标准化、轻薄化，以及包装的回收利用等也都是值得关注的问题。

2. 产品储存

适量的产品储存可以解决生产与需求之间的不平衡，减少缺货损失。产品储存包括仓储作业、产品养护和库存控制。企业应改善仓储作业，提高作业质量及作业生产率；使用科学的方法养护产品；使成品库存控制以市场需求为导向；合理控制成品存储量，并以此指导生产活动。

3. 开拓销售渠道

销售物流直接与消费者接触，最容易理解消费者的需求，最容易收集到消费者的意见和建议。因此在销售渠道或销售策略的改进过程中，销售物流人员是最有发言权的群体之一，协助企业开拓销售渠道也是销售物流的重要工作内容。

4. 产品运送

在现代企业竞争中，消费者选择产品的依据已经不仅仅是产品本身的性价比，而是越来越重视服务，服务已经成为企业竞争力的重要组成部分。物流是企业销售行为过程中提供的最主要服务内容，是决定企业营销成败的关键因素之一。

5. 信息处理

销售物流与销售系统的其他部门之间存在大量的信息交流。销售物流的工作内容之一就是广泛地接收各方信息、充分利用信息提升物流效率，并积极主动地对有关信息做出反应，适时发布信息。

四、回收物流与废弃物流

人类社会所需要的各种资源都来自大自然，如食品、服装、建材、金属和塑料制品等，都是由自然界的原材料经过加工制造而成的。在人类社会的经济活动中，物流的主渠道是"生产—流通—消费"。但是在这一过程中，有大量的资源由于损坏变质而完全丧失了使用价值，或者在生产过程中未能形成产品且不具有再利用价值，这类物品通常被称为废弃物品；也有一些物品，虽然也有损坏变质，也部分丧失了使用价值，但仍有一定的重新再利用价值，这类物品一般被称为废旧物品。由于废旧物品最开始也是以废弃物的形态出现的，只有当人们认识到其使用价值，准备对其进行回收加工后，它才变成废旧物品。所以，实践中也常将两者统称为废弃物品。如果按来源进行分类，废旧物或废弃物可以分为三种：（1）生产过程中产生的废旧物或废弃物；（2）流通过程中产生的废旧物或废弃物；（3）消费过程中产生的废旧物或废弃物。

（一）回收物流与废弃物流的概念

由于废旧物与废弃物的使用价值不一样，所以对它们的处理方式也完全不同。一般来说，由于废旧物品具有再利用价值，所以要对其中有再利用价值的部分进行收集、分拣、加工，以使其成为有用的资源重新进入生产或消费领域。与此活动对应的物流就是回收物流。废弃物虽然没有再利用价值，但如果不加处置地任意堆放，肯定会影响企业的正常生产经营活动，或者对环境造成危害。所以，企业也要将废弃物送到指定的地点堆放、掩埋，或者将其进行焚烧，对于有放射性或有毒的废弃物还要采取其他一些特殊的处理方法。对废弃物品的处理活动所对应的物流就是废弃物流。

（二）回收物流与废弃物流的技术特点

回收物流与废弃物流仍然是由运输、储存、装卸、搬运、流通加工和信息等环节组成，其物流技术也是围绕这些环节发展的。但由于回收与废弃物流系统本身的性质不同于其他物流系统，所以它采用的技术手段也有相应的特点。

1. 小型化、专用化的装运设备

回收物流与废弃物流的第一阶段任务是收集废弃物。废弃物的来源分布极为广泛，遍布于每一个工矿企业和家庭，因此应采用"多阶段收集、逐步集中"的方式。废弃物的收集广泛使用各种小型的机动车和非机动车。由于一般废弃物都具有脏臭、污染环境的特点，所以在装运过程中常需要使用专用车辆。

2. 简单的储存包装要求

由于废旧物品与废弃物品最初都是以废弃物的形态出现的，所以一般都只需露天堆放即可。实践中只有少部分经过回收的物品（如废纸等），在堆放时需要有防雨措施或放置在简单库房中。

3. 多样化的流通加工

由于废弃物的种类繁多，且性质各异，故流通加工的方式也多种多样。废弃物流通加工的主要目的是方便流通，它不同于以废弃物为原料的生产加工。例如，利用回收物品作为原材料制造某种产品，应视为生产加工，而不是流通加工。回收与废弃物流工作中常见的流通加工形式有：分拣、分解、分类、压块、捆扎、切断和破碎等。

4. 低水平的成本负担能力

由于回收与废弃物流处理的对象物价值不高，因此流通费用必须保持在低水平。如果废弃物处理费用过高，将加大企业的成本、增加社会福利基金的开支。回收物品成本过高，将导致以回收物品为原材料的生产企业陷入困境，甚至转而寻求其他途径解决原材料问题。

第三节 行 业 物 流

伴随我国物流产业的发展，物流市场逐步细分，出现了大量行业物流。行业物流的发展与行业本身的成熟度密切相关，我国行业物流还处在不断发育之中。因此，不同行业物流之间的差距较大，有的相对比较成熟，有的才刚刚开始起步。

对于行业物流的分类，业内并没有形成统一的分类方法。有人按行业所处的领域不同，将行业物流分为生产领域的行业物流和流通领域的行业物流，但由于供应链理念的普及，物流系统化和一体化观念的形成，很多物流过程是贯穿生产、流通甚至延伸到消费领域的，说明这种分类方法已经有些不合时宜。也有人按物品的不同对行业物流进行分类，比如：汽车物流、家电物流、农产品物流、军事物流、IT 物流、图书物流、烟草物流、金融物流，等等。虽然大多数物品对物流的要求各不相同，但也存在某些物品的物流特征相似或完全相同的情况，这种分类方法并不能突出各行业物流的个性化特征。因此，本节介绍的几种行业物流并不是依据某种特定的分类，而是着眼于行业物流的运作和业态特点，选择国内相对成熟的几种行业物流。

一、零售物流

外部环境的变化使零售业的经营理念和竞争手段都发生了根本性改变。如果离开物流的支持，零售活动就无法真正在市场上取得竞争优势。面对这种形势，我国越来越多的零售企业逐渐认识到物流在企业战略中的重要地位，开始对企业原有的物流系统进行变革，并逐渐进化出家电零售物流、医药零售物流、烟草零售物流、超市零售物流、图书零售物流等形式。

（一）零售物流的含义

按照通常的理解，零售物流就是零售商对商品从供给地到消费者移动的实际流程进行的计划、执行与控制，具体包括商品的采购、运输、储存、流通加工以及相关的信息处理等功能活动。零售业态的三次重大变革，尤其是连锁商店的兴起，对零售物流提出了越来越高的要求。在现代零售体系中，连锁零售的地位日益突出，与之相对应的连锁零售配送也成了零售物流的主体。

（二）零售物流的特点

零售物流是社会物流大系统的支线或末端，是最靠近消费者的物流活动，因此也是零售行业管理与控制的关键。同其他物流活动相比，零售物流的特点如下。

1. 统一采购、统一配送

连锁零售各门店的商品统一由总部采购，然后按照统一的营销策略和各分店对商品品种、规格、包装的要求进行统一配送。这两个统一使得连锁零售实现了大批量进货和整合输送，形成规模效益。

2. 订货的批量小、频率高

为了增加供应链的柔性，零售店的订货批量一般较小，只能通过高频率的配送来满足门店需求。小批量、高频率的订货能够使零售店迅速适应市场变化，降低库存成本。

3. 商品种类多，物流作业形式多样

为了充分满足消费者的需要，零售店往往会同时经营种类繁多的商品，对运输和储存呈现多样化要求。如对于生鲜冷冻食品的卫生和保温要求、对玻璃等易碎物品的防震要求等。

4. 流通加工的地位突出

这是因为：一方面，零售配送中心的集中采购一般都以大包装形式进货，而门店销售时需要拆零；另一方面，为了保证商品质量而必须对农产品、即食食品等进行简单加工。因此零售配送系统要具备拆零、分拣、包装和简单加工等功能。

5. 逆向物流比较普遍

零售经营的特点要求其必须保持较高的商品更新频率，时尚商品或季节性产品往往会有更快的更新速度；同时，零售行业内较高的货损率也会造成退货频率和数量的增大。这些特点都会对零售物流系统提出退换货方面的逆向物流需求。

二、冷链物流

随着人们生活水平的逐步提高和生活方式的不断转变，人们对于冷冻冷藏及生鲜食品的需求大幅度上涨。初级农产品、速冻食品、包装熟食以及奶制品等产品的产量以及流通量都在逐年增加。另一方面，随着人们的食品安全意识、食品质量理念的进一步提高，全社会对生鲜食品的安全和品质提出了更高的要求。因此，与之相关的冷链物流也越来越受到重视。

（一）冷链物流的概念

我国国家标准《物流术语》（GB/18354—2006）首先定义了冷链（Cold Chain）：根据物品特性，为保持其品质而采用的从生产到消费的过程中始终处于低温状态的物流网络。之后，我国另一项国家标准《冷链物流分类与基本要求》（GB/T28577—2012），采纳了以上冷链的定义，并在此基础上定义冷链物流（Cold Chain Logistics）为：以冷冻工艺为基础，以制冷技术为手段，使冷链物品从生产、流通、销售到消费者的各个环节中始终处于规定的温度环境下，以保证冷链物品质量，减少冷链物品损耗的物流活动。

（二）冷链物流的特点

冷链物流由于其特殊的服务对象以及较高的服务要求，与一般物流相比呈现出了以下特点。

1. 设备投资大，资产专用性强

进入冷链物流的物品储运需要冷库，冷库空间需分隔为冷却间、冻结间、冷藏间、冰库和穿堂等，并配以冷冻柜、冷藏柜、冷库机组、制冷压缩机等制冷设备；冷库的运行过程需要保持一定温度和湿度，能源消耗大；冷链运输所需的各种专用冷藏车造价也比常温车辆高很多。因此，与常温物流相比，冷链物流系统的建设投资要大很多，而且大多数设备都是专用资产，容易产生沉淀成本。

2. 技术领域广，人才素质高

冷链物流的技术包括预冷技术、控温技术、低温运输技术，以及在线质量监控技术，等等。运用这些技术不仅要装备现代化的技术设备和信息系统，还需要大量的专业技术人才。冷链物流技术的学科跨度大，从微生物学、生物学到制冷科学，从食品加工工艺到生鲜食品加工中心的规划与设计，从农林牧渔业到信息产业等，学科范围广，对人才的要求高。

3. 作业时效短，质量风险大

农产品、海鲜、生物制剂、血液制品等冷链物品的有效期往往十分短暂，要求冷链物流组织者必须严格遵守时限要求，高效组织物流运作，否则将面临巨大的质量风险。

三、快递

（一）快递的概念

我国物流术语标准并没有对快递进行定义。2011 年 12 月 30 日颁布的《快递服务》系列国家标准包括三部分内容，分别是 GB/T 27917.1—2011《快递服务第 1 部分：基本术语》，GB/T 27917.2—2011《快递服务第 2 部分：组织要求》和 GB/T 27917.3—2011《快递服务第 3 部分：服务环节》。其中《快递服务第 1 部分：基本术语》也没有快递的定义，只是采纳了刚刚更新的 GB/T10757—2011《邮政业术语》中对快递服务的定义，认为快递服务（Express Service, Courier Service）是指在承诺的时限内快速完成的寄递服务。

快递（Express），又称速递或速运，是指快递企业收取寄件人寄交的快件后，按照寄件人的要求，以最快的速度将其运送到另一地点，递交指定的收件人，并掌握运输、派送过程的全部信息，及时向有关各方提供信息查询的"门到门"物流服务。快递的组织方式与一般的航空货运业务十分相似，区别仅在于它延伸和拓展了航空货运业务，成为最快捷、最周到的物流服务形式。

（二）快递的特点

1. 经济适应性

快递业与商业经济的发展紧密相连，它在一定程度上也反映了区域经济的发展水平。20 世纪五六十年代欧美经济的复苏导致了现代快递业的逐步形成；70 年代以后日本经济开始执世界牛耳，其快递业也青出于蓝而胜于蓝；我国自改革开放以来，经济的强劲发展使得快递业在中国大地风起云涌，我国快递业的年增长率远远高于 GDP 的增长率。

2. 快捷安全性

快递业在其发展之初就充分利用了计算机、通信网络以及飞机、专用汽车等高端物流设备。在货源集中地，尤其是区域性的集散地，快递公司通常还设置有专门的中转站，配备大型仓库、信息控制中心、客户服务中心等，这些配置充分保证了快递的快捷性和安全性。

3. 高科技性

要提供"门到门"或"桌到桌"服务，必须能及时准确地接收客户信息，快速处理单证，并实现对快件的全程跟踪。因此，快递企业必须配备先进的计算机和通信网络、飞机、专用车辆以及信息控制中心等。这些装备大多集成了最先进的科技成果，具有明显的高科技特性。

4. 服务性

由于快递业的服务表现形式是"桌到桌"或"门到门"，它需要对快件实行全程跟踪，客户希望能够实时查询快件的情况，所以快递公司必须提供优质服务才能留住客户。

四、应急物流

尽管"和平与发展"是当今世界的主旋律，但各种突发性自然灾害、公共卫生事件等"天灾"，以及由于决策失误、恐怖主义或地区性冲突引起的"人祸"仍时有发生，对人民生命财产、社会经济稳定乃至国家安全都产生了重大威胁。由于绝大多数突发事件都难以预测，为应对这些突发事件所需的各种物资或器材难以及时抵达现场，常常导致各种应急处置的滞后。为了减小突发性事件带来的损害和影响，亟须建立健全应急物流体系，整合优化社会资源，为经济和社会发展提供安全保障。

（一）应急物流的概念

我国国家标准《物流术语》（GB/T18354—2006）对应急物流（Emergency Logistics）的解释为：针对可能出现的突发公共事件已经作好预案，并在事件发生时能够迅速付诸实施的物流活动。国务院发布的《国家突发公共事件总体应急预案》中规定，突发公共事件是指"突然发生，造成或者可能造成重大人员伤亡、财产损失、生态环境破坏和严重社会危害，危及公共安全的紧急事件"。

根据突发公共事件发生的过程、性质和机理，它一般可以分为自然灾害、事故灾害、公共卫生事件和社会安全事件四大类。

（二）应急物流的特点

应急物流就其本质而言，是指在危机发生时进行紧急保障的一种特殊物流活动，与一般物流活动相比，主要具有以下特点。

1. 突发性

由于突发事件的发生往往不可预见或不可完全预见，加之突发事件的持续事件、影响范围和影响强度也难以预测，导致应急物流需求的内容和规模都难以事先确定，这是应急物流区别于一般物流的最明显的特征。因此，应急物流系统必须具备最快捷的反应机制和最可靠的保障能力。由于大多数普通物流系统并不具备这种反应机制和保障能力，所以针对各类突发事件的应急物流系统应运而生。

2. 弱经济性

应急物流需求的最明显特点就是"急"，如果运用常规物流理念按部就班地组织物流活动，肯定无法满足应急物流需求。因此，在重大险情或事故处理过程中，普通物流活动中必须遵循的成本效益原则将很少被顾及，快速可靠成为应急物流系统追求的终极目标。此时的应急物流将呈现出明显的弱经济性。

3. 非常规性

由于应急物流需求的时间约束十分紧迫，普通物流系统难以满足。因此，应急物流应遵循特事特办的原则，尽量缩短中间环节，使整个物流运作流程更为紧凑；同时，应急物流系统的机构设置也应尽可能简单精干，以压缩所有物流环节的时间消耗。应急物流行为表现出很强的非常规性。

4. 事后选择性

由于应急物流的突发性和随机性，决定了应急物流供给不可能像一般企业物流那样根据客户的订单提供服务。应急物流供给必须在物流需求产生后的极短时间内从全社会调集所需的各种应急物资，比如：救灾专用设备、医疗器材、通信装备以及各种生活必需品，等等。应急物流供给具有明显的事后选择性。

5. 社会公益性

应急物流的社会效益高于经济效益，具有明显的社会公益性。为了保证应急救助工作的顺利展开，应急物流系统必须首先依靠政府的行政力量，并充分利用全社会的资源，在统一协调的原则下开展物流运作。

第四节　社　会　物　流

在较为详细地论述了微观的企业物流和中观的行业物流之后，本节将从宏观的层面分析社会物流。按照一般的分类方法，社会物流主要包括区域物流（也称为地区物流）、国内物流（也称为国民经济物流）和国际物流等形式。

一、区域物流

区域物流就是区域之间以及区域内部的物品流动。它是在一定区域的地理环境中，以大中型城市为中心，以区域经济发展规模和范围为基础，区域内外物品从供应地到接受地的实体流动。区域物流活动根据区域内的物流基础设施条件，将多种运输方式及物流节点有机衔接，并通过物流业务活动的有机集成，来提高本区域物流系统的水平和效率，扩大物流活动的规模和范围，辐射其他区域，促进区域经济协调发展，提高区域经济运行质量，增强区域综合经济实力。

区域物流与区域经济是相互依存的统一体。区域经济发展要求有与之相适应的物流服务网络系统，区域物流的存在和发展是以区域经济的存在和发展为前提的，没有区域经济也就没有区域物流。区域物流是区域经济的重要组成部分，区域物流的发展能够为区域经济发展提供畅通、高效的物品实体流动平台，为区域经济顺利发展提供保障。区域内的产业布局、产业结构和产业发展都直接影响区域物流的需求总量和水平，而区域物流又具有能动作用，作为区域经济的基础产业，它的发展有利于促进区域生产力的发展。

作为社会物流的一种形式，区域物流管理的重点应该是针对该区域的特点制定高水平的区域物流规划。区域物流系统是以提高本区域企业物流活动的效率与增进本区域居民的福利为目的的社会物流系统。区域物流规划和管理的基本原则就是要通过一定的分析和评价，在这两个目标之间寻求一种合理的平衡，让以上两方面的目的实现相互协调。全面、系统、科学的区域物流规划至少应该涵盖五个方面：区域物流空间布局规划、区域物流基础设施平台规划、区域物流信息平台规划、区域物流政策平台规划和区域物流产业主体发展规划。

（一）区域物流空间布局规划

按照区域物流空间平台功能及重要性的不同，可将物流结点划分为三个层次，即：物流枢纽城市、物流园区、专业物流中心。

其中，物流枢纽城市是指在区域经济中的经济地位突出，拥有交通、信息网络与技术条件优势，且物流量大、物流企业较为集中、处于枢纽地位的中心城市，它是区域物流的"增长极"；物流园区是指由多家物流企业或与物流相关的企业在空间上集中布局的场所，是具有多功能、高层次、集散功能强、辐射范围广、在区域内有突出地位的社会化物流结点；专业物流中心是指在某专业领域内具有一定综合功能的物流结点。

物流园区和专业物流中心主要依托港口、交通枢纽、开发区和商贸市场等进行建设，应在综合考虑区域产业布局、产业关联度、辐射聚集效应、交通运输条件及与周边区域相互关系等因素的基础上，合理配置资源，科学规划布局，使其不仅能满足本区域内部经济活动的物流需求，同时还能满足区域对外经济交流的物流要求，以形成高效的物流服务网络体系。

（二）区域物流基础设施平台规划

物流基础设施平台需要从基础设施、物流设备和物流标准三方面进行统筹规划、协调发展。需要注意的是，物流基础设施平台的构筑，往往是在现有基础上进行的调整和完善。因此，必须妥善解决既有资源对物流系统的适应性问题，着力提升现有各类基础设施之间的兼容性和协同性，以追求区域物流系统的整体最优。

（三）区域物流信息平台规划

区域物流信息平台包括四个层次的体系结构：物流公共信息系统、物流信息交换系统、物流电子交易系统和物流信息标准化系统。其中，物流公共信息系统发挥着关键性的作用，为其他三个系统提供基础性支持。由于区域物流信息平台要连通跨企业、跨地区、跨行业的物流、商流、信息流和资金流，所以必须具备大跨度的信息实时传输、远程数据访问、数据分布处理等功能。同样，在物流信息平台规划中，也必须处理好新建平台与原有各种信息系统之间的兼容性问题，应建立统一的标准和规范，以对原有功能单一的信息系统进行整合，避免重复建设。

（四）区域物流政策平台规划

由于历史的原因，我国物流业长期处于多元管理状态，部门分割的管理体制把区域之间的横向经济联系纵向切断，严重制约了区域经济的协调发展。物流政策平台建设就是在国家或区域整体规划的框架下，由立法机构或政府部门制定有利于物流业发展的政策法规，比如与物流产业发展密切相关的市场准入政策、土地使用政策、税收政策、融资政策、技术标准和人才政策，等等。物流政策平台规划的目标是为物流业的发展创造一个良好的软环境，以切实保障物流产业的健康稳定发展。

（五）区域物流产业主体发展规划

区域物流产业主体是指区域内从事物流经营活动的企业或组织，它们的成长壮大必然会受区域物流规划的影响或制约；各级政府部门也可以采用经济或政策手段引导或扶持区域物流产业主体的发展。

（1）货主物流企业规划。货主物流企业规划是指规划部门选择区域内一些特大型工业企业及支柱产业中的重要企业并对其物流系统进行的规划，其主要目的是提高这些企业在采购、生产及销售过程中的物流效率，协助它们建立完整的供应链组织。政府可在政策上鼓励企业将非核心业务外包，鼓励大型企业采用社会物流服务。

（2）物流基础设施企业规划。物流基础设施企业规划是指规划部门选择区域内的重要物流园区（中心）并对其进行的综合性物流规划，其目的是为了建设市场化、规范化、社会化的物流基础服务运营商。

（3）物流信息技术企业规划。物流信息技术企业规划是指规划部门选择区域内有信息网络基础和软件开发能力的企业，授权他们对政府公共信息资源进行整体开发；同时通过政策手段，鼓励这些物流信息企业进行商流、物流、信息流集成系统的开发和建设。

（4）物流装备制造企业规划。物流设备制造企业规划是指规划部门选择区域内有完善装备体系、设计开发能力和市场扩展能力的物流装备制造企业，开展新型物流装备的开发和生产。

（5）第三方物流企业规划。第三方物流企业规划是指规划部门选择区域内有实力的运输、仓储、货代、外贸、批发等企业进行引导和扶持，鼓励他们向现代物流企业转型，提升其物流运作的专业化、规范化和标准化水平，并在此基础上培育一批规模化、网络化水平较高的大型骨干第三方物流服务商。

二、国内物流

企业为了追求自身的经济目标，在组织物流活动的过程中，总会因受到"无形之手"的操纵而在一定程度上缺乏理性。主要表现是，单个企业在物流活动中经常缺乏整体观念、全局观念，也没有能力组织公用基础设施的投资建设，没有能力制定和贯彻基础性的技术政策和行业标准。所以，作为国民经济发展的先导基础和重要组成部分的物流，也应该纳入国家的总体规划。我国物流业是社会主义现代化事业的重要组成部分，全国物流系统的发展必须从全局着眼，对于因为部门分割、地区分割所造成的物流障碍应该予以清除。在物流系统的建设投资方面也要从全局考虑，使一些大型物流项目能够尽早建成，尽早为经济建设服务。当前形势下，我国国内物流管理的主要任务有以下几点。

（一）完善物流法律规章

虽然我国的物流法律法规建设在近几年取得了明显的进步，但仍然存在诸多不尽如人意的地方。因此，各级政府应该针对不同地区物流产业发展所处的不同阶段，修订完善与本地区物流运作不相适应的法律法规，维护公平开放的市场秩序。

（二）建立与国际接轨的物流标准体系

标准化对提升物流运作效率、降低物流成本起着至关重要的作用，应该受到高度重视。一方面，要扎扎实实地推进物流术语、物流技术、物流作业、物流数据等方面的标准化工作，强化物流标准化的基础；另一方面也要充分重视各项标准之间的横向协调和衔接，对已有标准进行全面研究梳理，淘汰落后标准，根据行业发展动态和国际标准化趋势调整修订部分标准，以保证我国物流行业的各类标准能够统一协调，并与国际接轨。

（三）培育现代物流企业群体

物流业的发展需要政府、企业及社会各界的广泛关注和重视。各级政府应大力宣传现代物流理念，积极培育现代物流企业，并通过物流基础设施和物流信息平台的建设促进物流企业的发展，引导有实力的物流企业向第三方物流企业转型。同时，引进或学习国际著名物流企业的先进经验，加强企业间合作交流，努力提高我国物流企业的核心竞争力，争取培育出一批国际知名的物流企业。

（四）构建完善的物流教育培训系统

物流业要想得到持续、健康发展，人才是关键。因此，加强各层次物流人才培养是当务之急。国家应当加大物流教育投入，积极引导民间资本，开展多层次、多形式、多渠道的物流教育。建立多层次的物流教育体系，一是加强学历教育，政府应当鼓励各高校按照市场需求进行专业和课程的设置；二是重视继续教育，充分利用科研院所和民办教育机构，对物流从业人员进行继续教育；三是发展物流职业教育，应充分借鉴国外经验，引进先进的物流培训体系，建立物流从业人员资格管理制度。

（五）制定切实可行的物流发展战略

在经济全球化的大背景下，一个国家的物流业竞争力水平，不仅决定其他产业的国际竞争力，而且决定该国对全球经济资源的吸引能力。从这个意义上讲，现代物流业的战略地位不容忽视。为此，政府应该组织企业和有关科研院所对物流产业的战略地位进行全面充分的研究，尽快制定出明确、具体、可行的发展战略。

（六）规划建设完备的物流基础设施

目前，我国东部地区已基本完成物流基础设施的规划，正进入大规模建设实施阶段；中西部地区的物流基础设施规划工作也已全面展开。国内已建、在建和拟建的物流基地、物流园区、物流中心非常之多，为了避免重复建设导致的设施闲置，必须对这些基础设施的功能定位进行全面规划和梳理，杜绝物流基础设施规划建设中的主观随意性。

（七）组建部门间物流协调机制

物流产业所涉及的管理机构至少包括发改委、交通部、民航总局、商务部、海关、工商、税务等十几个部门。为了避免政出多门，确保部门间政策的协调一致，有必要建立起政府部门间的协调机制。可供选择的方案有：一是由政府综合管理部门牵头，负责协调相关部门的政策；二是组成由相关政府部门为成员的部门联席会议或部门间物流政策委员会，专门负责研究、制定和协调物流发展的相关政策，其具体办事机构可由政府综合管理部门来承担。

（八）引导物流行业协会健康发展

中国物流与采购联合会、中国运输协会、中国仓储协会等都是我国物流行业内影响较大的行业协会。政府可根据我国物流业发展的进程及市场的需要，逐步引导物流行业协会联合起来，形成合力，以充分发挥他们在各自领域内的凝聚力，成为企业与政府之间的桥梁和纽带，促进各行业物流管理水平的提高。

三、国际物流

（一）国际物流的含义

国际物流是指跨越不同国家（地区）之间的物流活动（GB/T18354—2006），它是随着世界各国或地区之间进行国际贸易而发生的商品实体从一个国家或地区向另一个国家或地区流转的过程中所发生的物流活动。国际物流是国际贸易的一个必然组成部分，各国之间相互贸易的商品最终必须通过国际物流来完成其实体的位移。国际物流是现代物流系统中的一支新兴力量，也是当代物流研究的重要领域，最近十几年来得到了飞速发展。

对跨国公司来讲，国际物流不仅是其商贸活动的载体，而且也是生产活动本身的必然要求。企业国际化战略的实施，使企业能够在一些国家生产零配件，而在另一些国家组装成部件整机。企业各个生产环节之间一刻也离不开国际物流。

（二）国际物流的特点

1. 国际物流运作的环境存在巨大差异

国际物流跨越国界，在不同国家受制于不同的法律和规章，运作环境的复杂性远高于国内物流；不同国家的经济和科技发展水平会使国际物流处于不同的运作条件下，经常因某个地区无法应用先进技术而使整个国际物流系统的水平下降；不同国家所采用的不同标准，也会造成国际物流"接轨"的困难，使国际物流系统难以建立；此外，不同国家的风俗和人文环境也会使国际物流的运作受到局限。由于物流环境存在差异，所以一笔国际物流业务不得不在几个不同的法律、人文和科技环境中运行，这无疑会大大提升物流系统的复杂性，加大国际物流运作的难度。

物流系统本身的功能要素之间、物流系统与外界环境之间的协调与沟通已经是一件相当复杂的事情，而国际物流还要在此复杂系统之外再考虑不同国家之间的差异。这已不仅仅是扩展了物流的地域和空间，而是呈几何级数地增加了物流系统的影响因素，影响因素增加的直接后果是难度和复杂性的增加以及经营风险的增大。当然，也正因为如此，国际物流一旦采用现代化的系统技术，所产生的效果将比其他物流系统更加显著。

2. 国际物流必须有国际化的信息系统作支撑

国际化的信息系统是国际物流非常重要的支撑手段。建立国际物流信息系统的一个较好方法是与各国海关的公共信息系统联网，以便及时掌握有关港口、机场、联运线路和场站的实际状况，为供应或销售物流的决策提供信息支持。国际物流是最早开发"电子数据交换"（EDI）的领域之一，以 EDI 为基础的国际物流将会对物流的国际化产生重要的影响。

3. 国际物流对标准化的高要求

要使国际物流通畅起来，统一标准是非常重要的，可以说，没有统一的标准，国际物流水平就很难得到提高。在物流信息的传输技术方面，欧洲各国不仅实现了企业内部的标准化，而且实现了企业之间及欧洲统一市场的标准化，这就使欧洲各国之间的系统交流更加简单、有效，有力地促进了欧洲各国之间的物流往来。

（三）国际物流的发展趋势

人们普遍认为，21 世纪的全球经济将会持续高速增长，尤其是发展中国家的经济增长将不可抑制。无疑，与经济全球化相伴产生的物流国际化也将会得到极大发展，发展中国家物流将会迎来最有利的发展机遇。根据国内外物流发展新情况，国际物流的发展趋势可以归纳为如下几个方面。

1. 服务化趋势

经济的服务化发展对物流具有深刻的影响。从经济的服务化发展趋势看，其产生的背景与人均收入水平的提高、劳动时间的缩短、自由时间的增加以及社会信息化发展的程度紧密相连。在这种状况下，不仅企业服务需求有了很大提高，而且面向不同国家的社会服务需求也有更加高度化的发展。物流本身就是直接面向顾客的一项服务性很强的工作，因此物流服务质量以及服务的可信程度直接影响着物流产业的兴衰。另外，随着各类企业对现代物流的重视，在信息技术革命的帮助下，通过企业对现代物流理念的学习和积累，企业全方位地发展现代物流服务已经具备了较为坚实的基础。

2. 信息化趋势

现代社会已经步入了信息时代，物流的信息化是整个社会信息化的必然要求，也是物流得以发展的最基本条件。物流信息化主要表现为物流信息的商品化、物流信息收集的数据库化和代码化、物流信息处理的电子化和计算机化、物流信息传递的标准化和实时化、物流信息储存的数字化等。各种技术与观念在未来的物流活动中将会得到普遍采用，信息化是所有这些技术与观念的基础。没有物流的信息化，任何先进的技术和装备都不可能有效地运用于物流领域。

3. 智能化趋势

智能化是信息化的一种高层次应用，物流作业过程涉及大量的运筹和决策，如库存水平的确定，运输路径的选择，自动导向车的运行轨迹和作业控制，自动分拣机的运行，配送中心经营管理的决策支持等。这些问题都需要借助于大量的技术手段才能解决。在物流的自动化进程中，智能化是不能回避的技术难题。为了提高物流的自动化水平，物流的智能化已经成为一个新的发展趋势。这一趋势对物流从业人员提出了更高的要求，他们不仅要掌握物流业务的基本知识和操作规程，还要具有运用决策、运筹等方面的理论来指导物流运作的能力。

4. 环保化趋势

物流与社会经济的发展是相辅相成的，现代物流一方面促进了国民经济从粗放型向集约型转变，另一方面又逐步成为生活消费高度化发展的支柱。然而，无论是在"大量生产—大量流通—大量消费"的时代，还是在"多样化消费—有限生产—高效率流通"的时代，都需要从环境的角度对物流体系进行改进，即需要形成一个环境共生型的物流管理系统。如今经济发展强调的是"可持续发展"，即经济的发展必须建立在维护地球环境的基础上。因此，为了实现可持续发展，就必须采取各种措施来维护自然环境。而物流活动过程却会对环境产生很多不利的影响，如汽车运输带来的尾气污染环境，物品包装物、衬垫物等会影响卫生及存在火灾隐患等。环境共生型的物流管理就是要改变原来经济发展与物流、生活消费与物流的单向作用关系，在抑制物流对环境造成危害的同时，形成一种能促进经济和生活消费同时健康发展的物流系统，向环保型、循环型物流转变。

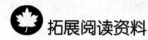 拓展阅读资料

沃尔玛的零售物流

沃尔玛已被公认为世界上最大的零售公司。这家有 40 年历史的企业在全球拥有 4 457 个仓库、3 万个供应商，每年的销售额超过 2 170 亿美元。目前，沃尔玛在美国有 70 个物流配送中心，其面积一般在 10 万平方米左右，可以同时供应七百多家商店。配送中心每周作业量达 120 万箱，每个月自理的货物金额大约在 5 000 万美元，全部作业实现自动化。该公司在高科技和电子技术的运用方面投入了大量资金，如投资 4 亿美元由美国休斯公司发射了一颗商用卫星，实现了全球联网，建成了当今世界公认的最先进的配送中心，实现了高效率、低成本的目标，为沃尔玛实行"天天平价"提供了可靠的后勤保证——在沃尔玛的门店，不会发生缺货情况。

资料来源：黄福华. 现代物流管理[M]. 北京：清华大学出版社，2010.

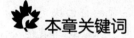 本章关键词

现代物流、企业物流、行业物流、社会物流、区域物流、国际物流

复习思考题

1. 举例说明企业自营物流、外购物流与第三方物流的区别与联系。
2. 怎样认识企业的销售物流及其工作内容？
3. 回收物流与废弃物流的区别在哪里？
4. 回收与废弃物流的技术特点有哪些？

5. 比较零售物流、冷链物流、快递和应急物流的特点。

6. 你曾经接触过的行业物流有哪些？请举例说明。

7. 阐述区域物流规划的内容。

8. 我国国内物流管理的主要任务有哪些？

9. 国际物流的特点有哪些？

10. 简述国际物流的发展趋势。

本篇案例　美国、日本和英国的物流业发展概况

世界上一些发达国家，如美国、日本和英国等，其生产资料市场经过充分发育，现在已形成了适合本国国情的现代化流通体系。

研究其他国家物流的发展状况，可以借鉴其成功的经验，汲取其失败的教训。因排外而失之交臂不可取，因崇外而盲目搬套亦不应该。正确的方法是：立足本国看外国，择其优而用之，博采众长，振兴我国物流事业。

分析国外物流发展方面的经验与特点，应该说各有千秋，典型的是美国和日本。美国强调的是企业的"物流管理"；日本强调的是社会"物流系统"建设；欧洲基本与美国相似。

（一）美国物流业发展概况

20 世纪 70 年代末，美国物流活动的经营环境发生了巨大的变化，特别是 80 年代前后掀起的放松管制浪潮，为物流产业的迅速发展提供了广阔的空间。首先是 1977—1978 年《航空规制缓和法》的制定拉开了规制缓和的序幕，加速了航空产业的竞争，从而对货主和运输产生了巨大影响。紧接着 1980 年通过了汽车运输法案和铁路法案，根据这两项法案，运输公司可以灵活决定运费和服务。到 1984 年随着海运法案的通过，运输市场已全面实现了自由化，这一系列规制缓和不仅带来了运输业的激烈竞争，而且由于运费的自由决定、运输路线、运送计划等自由度的增加，使物流业者能够真正满足顾客需求，并实现与其他公司在物流服务上的差别化。对于货主来讲，可以从发货地到目的地之间自由选择、组合交通工具，实现联合运输。

在物流管理理论上，这一时期随着 MRP、MRPII、MRPIII、DRP、DRPII、看板制以及 Just-in-time 等先进管理方法的开发和在物流管理中的运用，使人们逐渐认识到需要从流通生产的全过程来把握物流管理，而计算机等现代科技的发展，为物流全面管理提供了物质基础和手段。1984 年哥拉罕姆·西尔曼（Graham Scharmann）在《哈佛商业评论》上发表了题为《物流的重大影响》一文，使物流具有的战略意义得到企业高层管理人员的充分重视。最具有历史意义的是 1985 年美国物流管理协会（原"国家实物配送管理委员会"）

正式将名称从 National Council of Physical Distribution Management 改为 National Council of Logistics Management，从而标志着现代物流观念的确立，以及对物流战略管理的统一化。

20 世纪 80 年代中期以后，随着人们对物流管理认识的提高，经济环境、产业结构和科学技术迅猛的发展，物流理论和实践开始向纵深发展。在理论上，人们越来越清楚地认识到物流与经营、生产紧密相连，它已成为支撑企业竞争力的三大支柱之一。1985 年，威廉姆·哈里斯（William D. Harris）和斯托克·吉姆斯（James R. Stock）在密歇根州立大学发表了题目为《市场营销与物流的再结合——历史与未来的展望》的演讲，他们指出从历史上看，物流近代化的标志之一是商流与物流的分离，但是随着 1965 年以西蒙（Simon Leonard S.）为代表的顾客服务研究的兴起，特别是在近 20 年的顾客服务研究中，人们逐渐从理论和实践上认识到现代物流活动对于创造需求具有相当重要的作用。因此，在这一认识条件下，如果再像原来那样制定的营销组合仅仅是产品、价格、促销、渠道等战略，而仍然将物流排除在外，显然不适应时代的发展。因此，非常有必要强调营销与物流的再结合。这一理论对现代物流的本质给予了高度总结，也推动了物流顾客服务战略以及供应链管理战略的研究。

从物流实践来看，20 世纪 80 年代后期电子计算机技术和物流软件发展日益加快，更加推动了现代物流实践的发展，这其中的代表是 EDI 的运用与专家系统的利用。EDI 是一种结构化、标准化的信息传递方法，应用 EDI 时，计算机之间不需要任何书面信息媒介或人力的介入。这种信息传递不仅提高了传递效率和信息的正确性，而且带来了交易方式的变革，为物流纵深化发展带来了契机。此外，专家系统的推广也为物流管理提高了整体水平。现代物流为了保障效率和效果，一方面通过 POS 系统、条形码、EDI 等收集、传递信息，另一方面利用专家系统使物流战略决策实现最优化，从而共同实现商品附加价值。

还值得特别指出的是，作为物流的一项重要内容和推动运输物流发展的政府政策，美国运输部长罗德纳·斯拉特（Rodney E. Slater）提出的《美国运输部 1997—2002 财政年度战略规划》，已成为美国物流现代化发展的指南之一。他在提出此规划时指出，这个规划反映了当时克林顿政府的长期主张，即运输不再只是水泥、沥青和钢铁，最大的挑战是建立一个以国际为所及范围、以多种运输方式的联合运输为形式、以智能为特性，并将自然包含在内的运输系统。

美国作为物流理念的发源地，其物流研究、设计和技术开发一直处于世界前沿，有十分成熟的物流管理经验和发达的现代物流。特别是商贸流通和生产制造企业十分重视现代物流能力的开发。从 20 世纪 50 年代物流发展初期的"实物配送"（Physical Distribution）阶段，到 20 世纪 80 年代的"物流"（Logistics）阶段，再到当今的供应链管理阶段（Supply Chain Management），美国一直将物流战略作为企业商务战略的核心组成部分予以高度重视，因此物流理念在企业中广为普及。对物流设施的建设，主要指仓库和分销中心（也可以说配送中心，即 Distribution Center）以及零售店等，也是企业根据自身物流战略而规划选址并进行建设。相对来说，政府在推动物流发展方面的作用比较小，这与美国"自由经济"和城市布局特点等国情是相符合的。

（二）日本物流业发展概况

作为现代物流发展后起之秀的日本，自从 1963 年从美国引进"物流"概念后，即开始受到企业和政府的高度重视。1970 年分别成立了日本物流管理协会（Japan Logistics Management Association，JLMA）和日本物流管理委员会（Japanese Council of Logistics Management，JCLM），1992 年 6 月 10 日两个组织合并设立日本物流系统协会（Japan Institute of Logistics Systems，JILS），以突出"物流系统"观念，强调从社会角度构筑人性化物流环境，体现可持续发展的理念，延伸内容至与物流相关的交通系统等领域，突出物流作为社会功能（Social Function）系统对循环型社会发展的贡献。这在很大程度上超越了企业的行为空间，因此政府在整个物流发展方面的推动作用十分显著，规划引导力度较大。

1997 年 4 月日本政府出台了第一份物流策略方面的政策文件，即《综合物流施政大纲》，提出在 2001 年前各相关政府部门协调一致，共同完成三大目标：一是向亚洲、太平洋地区提供最便利和高度魅力的物流服务；二是以不妨碍产业布局和竞争力为前提，降低成本，提供物流服务；三是解决好与物流相关的能源问题、环境问题以及交通安全问题。在通过几年努力，三大目标取得一定进展的基础上，2001 年 7 月 6 日日本国会又通过了《新综合物流施政大纲》，指出如何加强国际竞争力，适应世界经济一体化新形势；如何加强环保，构筑循环型社会；如何开发现代信息技术，促进物流事业发展；如何发展物流业，满足国民的需求，与国民生活相和谐等四个问题，确定了今后五年的奋斗目标，即创建符合日本经济社会要求的新物流体系，从提供不亚于国际水平的物流服务目标出发，全方位推进各项施政措施。在物流方面，包括物流费用在内，将构筑具有国际竞争力的物流市场，同时，为了解决日益严重的环境污染等社会问题，满足国民日益增长的物流需求，政府要在提高物流效率，提供方便、快捷的物流服务方面狠下功夫，努力创建一个能减轻环境负担的新的物流体系和可循环型的新社会。

美国和日本在对物流内容把握上的差异，与两国发展物流的背景是紧密相关的。美国发展物流是在 1945 年第二次世界大战结束后，随经济发展需要而建立起发达的交通运输网的基础上起步的（从当初的 Physical Distribution 到后来的 Logistics）；而日本是在 20 世纪 60 年代经济开始腾飞，但交通网络尚未健全并受困于交通供需矛盾的背景下发展物流的。作为现代意义上的物流，只是在信息技术发展提供了技术可能性背景下才发展的，至今其实没有多少年的历史。美国是在 1988 年真正开始走向现代物流的，而日本也是在 1992 年才真正开始的。例如，日本在 1995 年以前，对全国主要制造行业进行的物流成本调查是每 10 年一次，即 1965 年、1975 年、1985 年、1995 年，而 1996 年后开始每年调查一次，所以日本对物流的重视也是近几年的事情。

现代物流的本质，从很大程度上说是一种管理思想、管理理念、管理技术，拥有"第三利润源"的美誉，这只是对生产制造和流通企业而言，所以应该充分重视生产制造和流通企业现代物流管理的发展和普及。当然，在一定环境下物流确实也表现为一种服务产业，而且这种产业的组织形式和商务模式是多样化的，如以运输、仓储等为主的第三方物流（3PL）企业，以为企业提供物流方案设计（如供应链管理方案）为主的第四方物流（4PL）企业。对物流这一本质的把握，对人们制定好区域物流发展规划是非常重要的。

（三）英国物流业发展概况

20世纪60年代末期，英国组建了物流管理中心（Centre of Physical Distribution Management, CPDM）。开始以工业企业高级顾问委员会形式出现，协助企业制定物流人才的培训计划，组织各类物流专业性的会议。到了70年代后期，形势发展迫切需要建立一种专职的管理机构，于是物流协会便应运而生，日常事务仍由管理中心负责办理，并正式加入全英国管理协会。

英国物流协会会员多半是从事出口业务、物资流通、运输的管理人员。该协会积极筹办巡回讲座，以提高物流管理的专业化程度，并为运输、装卸等部门管理者和其余对物资流通有兴趣的人员提供一个相互交流的中心场所。该协会创办发行的《物流管理研究》和《运输管理》，积极报道物流业的信息，交流物流学术研究成果，为英国物流管理的建设与发展做出了积极贡献。

在物流业务建设方面，英国一直在致力于发展综合性的物流体制，全面规划物资的流通业务，强调为用户提供综合性的服务。物流企业不仅向用户提供和联系铁路、公路、水运、空运等交通运输工具，而且向用户出租仓库并提供其他的配套服务。综合物流中心向社会提供以下几类服务：建立送物中心；办理海关手续；提供保税和非保税仓库；货物担保；医疗服务；消防设备；道路和建筑物的维护；铁路专用线；邮政电传系统；代办税收；就业登记；以及具有吃、住、购物等多种功能的服务中心等。

英国多功能综合物流中心的建立，对整个欧洲影响很大。当时面临的主要问题是确立并建立为伦敦和中西部地区服务的物流网点布局。尽管困难很多，但综合物流业务的展开，为英国物流业的繁荣产生了积极的推动作用。

英国加入欧洲共同体，"共同运输政策"对英国物流的现代化建设影响很大，例如英国货运卡车最大载重吨位规定为32.5吨，而共同体规定为44吨。尽管英国已接受40吨作为上限，但却规定了特别的行车路线。这是由于货运卡车对社会环境及自然环境影响很大，对各种古建筑有震动作用，排放大量废气污染大气等。共同体的运输政策还限定连续驾驶时数，规定司机一天最多只能驾驶8小时，连续驾驶4小时必须休息半小时。

英国在物流行业大力推广计算机技术，从计算机应用于运输规划和库存控制算起已有多年历程了。如计算机辅助仓库设计、仓库业务的计算机处理等，为物流业务的现代化揭开了新的一页。

案例讨论

1. 为什么说在物流发展过程中，欧美强调企业的"物流管理"，而日本则强调社会的"物流系统"？

2. 以美国、日本和英国物流产业的发展历程为例，说明物流从"单一的功能要素"到"PD"再到"Logistics"的演进过程。

3. 根据发达国家物流产业的发展经验，你觉得中国的政府和企业分别应在哪些方面加以完善，才能提升我国物流产业的整体水平？

第二篇　物流的基本功能要素

本篇导读

　　如果说第一篇是"远观森林"的话，那么第二篇就是"近看树木"。本篇以我国国家标准《物流术语》（GB/T18354—2006）为依据，分章介绍物流的基本功能要素。考虑到装卸与搬运之间的密切关联，将两者合为一章；考虑到集装化在现代物流系统中的特殊地位，本篇专设一章"集装化与集装单元器具"。

　　虽然每章的内容按照行业特色进行安排，但从总体上看，各章素材都是介绍的多、分析的少，这是"物流学"不同于"物流管理"的一个明确体现。

　　本篇的内容较多，涉及的知识面较广，貌似各章之间的关联度也不大。因此，学习该篇一定要以第一篇的知识为基础，对每个基本功能要素的认识都不能脱离物流这一主题，否则就会"只见树木，不见森林"，学到的只是单一的运输、储存或包装等方面的知识，而不是整体的物流概念。

第三章 包 装

包装是物流的基本功能要素之一。我国国家标准《包装通用术语》（GB/T4122.1—1996）对包装的定义为："所谓包装是指在流通过程中为保护产品、方便储存、促进销售，按一定技术方法而采用的容器、材料及辅助物等的总体名称，也指为了达到上述目的而采用容器、材料和辅助物的过程中施加一定技术方法等的操作活动。"我国 2001 年版和 2006 年版的国家标准《物流术语》都沿用了该定义。从定义可以看出，"包装"一词既可以用作名词，又可以当动词使用。

第一节 包 装 概 述

一、包装的起源与发展

包装是人类生产生活的客观要求，是为了方便物品的输送、保管等而实施的一种作业活动。随着人类社会的进步和生产技术的发展，包装从无到有、从简到繁，如今已经发展成为人们生产生活中不可或缺的一项经济活动内容。

原始社会末期，人们利用大自然提供的天然材料作为最早的包装物。为了把猎获的动物送回住地，人们用天然的藤蔓进行捆扎；在耕作、采集、收获农产品的生产活动中，人们用树皮、竹皮、荷叶等天然物充当包装材料。随着生产技术的进步，人们发明并制作了一些简单的包装工具，如用葫芦做成的瓢、用兽皮制作的袋子、把木头挖空后制成的容器等。很明显，这时的包装材料只限于天然材料或对天然材料略微加工的低水平上。

到了奴隶社会，生产水平有了较大的进步，开始出现用金属制造的容器。我国在秦代以前就出现了用木材制作的木箱、木桶等容器。随着人类社会分工的不断细化，商业活动日益频繁，远距离的运输活动也逐渐发展起来。陆地的商旅、马帮、驼队和海上的商船相继出现，经商的范围日益扩大。因为没有良好的包装就无法保证贸易运输的正常进行，所以大批往来的贸易货物对包装服务提出了旺盛的需求。在这个时期，密封不漏的桶或篓等容器类包装在货物运输中发挥了十分重要的作用。

包装工业开始于 19 世纪末 20 世纪初。工业革命使生产力水平得到大幅度提高，企业需要大批量向外销售产品。同时，生产的发展也使消费者的购买力得到提升，对商品的质量和数量要求亦随之提高。为了保证流通领域的商品安全，使之在从生产者流向消费者的过程中保持卫生、无毒、不污染且保质保量，包装成了必不可少且行之有效的一种手段。

大约在 20 世纪的三四十年代，包装由原来的单纯保护产品的作用逐渐发展到具有推销产品的作用，出现了销售包装。由此，商品包装发展成为独立于商品生产之外的一个新兴工业部门。

新型包装材料、新型包装形式和新型包装技术的出现，为包装工业拓展了新的发展空间。随着物流新技术的不断开发和应用，尤其是物流被当作一个整体受到重视和研究之后，物流对包装又提出了更新、更高的要求。事实已经告诉人们：包装在物流的合理化进程中起着非常重要的作用，它在物流系统中的地位还将随着时代的进步而不断提高。

二、包装的功能

（一）保护功能

包装的保护功能，就是保护物品不受损伤的功能，它体现了包装的最原始目的。包装的保护功能是通过防止外部因素的影响而实现的。一般情况下，包装的保护功能如下。

1. 防止物品的破损变形

为了防止物品的破损变形，包装必须能够承受装卸、运输、储存等物流过程中的各种冲击、振动、颠簸、压缩和摩擦，形成对外力的防护。所以，包装材料或包装容器必须具备相应的强度，以便抵御或减缓这些外力的影响。

2. 防止物品发生化学变化

为防止物品发生受潮、发霉、变质、生锈等化学变化，包装必须在一定程度上起到阻隔水分、潮气、光线以及空气中各种有害气体的作用，以避免外界不良因素的影响。

3. 防止有害生物对物品的影响

鼠虫及其他有害生物对很多物品都有破坏性。如果包装封闭不严，会给细菌、鼠虫造成入侵之机，导致物品腐败变质，老鼠、白蚁等还会直接吞蚀纸张、木材。如果食品受到这些有害物的侵害，则可能造成更大的危害。

4. 防止异物混入、污物污染，以及物品散失

如果没有合适的包装，物品在流通过程中就可能与其他异物相互混杂，从而妨碍其使用效果；如果混入的异物有害有毒，或者难以分离，还会进一步降低物品的价值和使用价值，甚至导致价值和使用价值的彻底丧失。相反，良好的包装不仅可以防止异物混入，防止污物污染，还可以保证物品不至于被丢失或散失，减少流通过程中的浪费。

（二）方便功能

包装具有方便流通、方便消费的功能。合理的包装可以为物流全过程的所有环节提供操作上的方便，从而有助于物流效率的提高和物流成本的降低。包装的方便功能主要体现在以下几个方面。

1. 方便物品的装卸搬运

物品经过适当的包装后可为装卸搬运作业提供方便。包装便于各种装卸搬运机械的使用，有利于提高装卸搬运机械的生产效率。包装的规格尺寸标准化为集合包装提供了条件，从而能极大地提高装卸搬运效率。

2. 方便物品的运输

包装的规格、形状、重量等参数指标与物品运输的效率密切相关。如果包装的尺寸与车辆、船舶、飞机等运输工具的载货空间相吻合，能够极大地方便运输，提高运输效率。

3. 方便物品的储存

因为包装能方便物品的装卸搬运，所以它可以大大提高储存的出入库作业速度。从保管角度看，由于包装能维护物品本身的原始使用价值，可为保管工作提供便利和保障；包装物的各种标记和标志，使仓库管理者易于识别、存取和盘点，有特殊要求的物品容易被引起注意。从物品验收的角度看，易于开包或可以重新打包的包装方式为验收工作提供了方便。此外，包装的集合性和定量性，也会对节约验收时间、加快验收速度起到十分重要的作用。

（三）销售功能

销售功能是指包装能促进物品销售的一种功能。在商业贸易活动中，促进物品销售的手段有很多，其中包装的装潢设计就占有重要的地位。优美的包装能唤起人们的购买欲，包装的外部形态是商品最好的宣传，对顾客的购买动机具有很大的刺激作用。

从以上分析可以看出，除了销售功能是主要为了商流目的外，包装的保护功能和方便功能都是与物流密切相关的。如何改进不合理包装，充分发挥包装的保护与方便作用，是物流合理化的重要工作内容，也正日益受到物流工作者的重视，目前已经成为物流学科内的重要研究方向。

三、包装的分类

由于包装既要适应各种物品在性质上的差异，又要满足不同运输工具的特定要求，所以包装在设计、选料、技法和形态等方面出现了多样化趋势。包装有很多种分类方法，其中较常见的有如下几类。

（一）按包装的功能分类

（1）工业包装。工业包装又称运输包装，是指以满足运输、仓储要求为主要目的的包装（GB/T18354—2006）。这类包装管理的目标就是要在满足物流要求的基础上，使包装费用越低越好，因此本书更倾向于将其称为物流包装。对于普通物品的工业包装，并不是越充分越好，而是要在保证最佳经济效果的基础上，确定程度适当的工业包装。

（2）商业包装。商业包装又称销售包装，是指直接接触商品并随商品进入零售店或与消费者见面的包装（GB/T18354—2006）。这类包装以促进商品销售为主要目的，其主要特点是：外形美观，有必要的装潢，包装单位的规格大小能适应顾客购买批量和商店设施的要求，本书更倾向于将其称为商流包装。

（二）按包装的层次分类

（1）个包装。个包装是指以单个物品为一个销售单位的包装形式。个包装直接与物品接触，在生产过程中与物品装配成一个整体，随同物品一同销售给顾客。因而它又被称为销售包装或小包装。个包装起着直接保护、美化、宣传和促进商品销售的作用。

（2）中包装。中包装又称内包装，是指由若干个单体物品或包装组成的一个小的整体包装。它是介于个包装与外包装之间的中间层次包装，属于物品的内层包装。中包装在销售过程中，一部分随同商品出售，另一部分则在销售中被消耗掉，因而被列为销售包装。在商品流通过程中，中包装不仅起着进一步保护商品、方便储存和促进销售的作用，而且还有利于商品分拨与销售过程中的点数和计量，方便包装组合等。

（3）外包装。外包装又称运输包装或大包装，是指物品的最外层包装。在商品流通过程中，外包装起着保护物品，方便运输、装卸搬运和储存的作用。

（三）按包装的容器质地分类

（1）硬包装。硬包装又称刚性包装，是指充填或取出包装的内装物后，容器形状基本不发生变化，材质坚硬或质地坚牢的包装。这类包装所用的材料大多质地坚牢，能经受外力的冲击，但往往脆性较大。

（2）半硬包装。半硬包装又称半刚性包装，是介于硬包装和软包装之间的包装。

（3）软包装。软包装又称挠性包装，是指包装内的充填物或内装物取出后，容器形状会发生变化，且材质较软的包装。

（四）按包装的使用范围分类

（1）专用包装。专用包装是指专供某种或某类物品使用的一种或一系列的包装。是否采用专用包装往往要根据物品某些特殊的性质来决定，这类包装一般都针对所包装的物品进行专门的设计制造。

（2）通用包装。通用包装是指一种包装能盛装多种物品，能够被广泛使用的包装容器。通用包装一般不进行专门的设计制造，而是根据标准系列尺寸进行制造，这类包装可用于包装各种无特殊要求的或标准规格的物品。

（五）按包装的使用次数分类

（1）一次用包装。一次用包装是指只能使用一次，不再回收复用的包装。它是随同商品一起出售或销售过程中被消耗掉的包装形式。大多数销售包装都属于一次用包装。

（2）多次用包装。多次用包装是指回收后经适当加工整理，仍可重复使用的包装。多次用包装主要是物品的外包装和一部分中包装。

（3）周转用包装。周转用包装是指工厂或商店固定地用于物品的周转活动，不须任何加工整理就可多次重复使用的包装容器。

（六）包装的其他分类方法

（1）按运输方式不同，包装可分为铁路货物包装、卡车货物包装、船舶货物包装、航空货物包装及零担包装和集合包装等。

（2）按包装防护目的不同，包装可分为防潮包装、防锈包装、防霉包装、防震包装、防水包装、遮光包装、防热包装、真空包装和危险品包装等。

（3）按包装操作方法的不同，包装可分为罐装包装、捆扎包装、裹包包装、收缩包装、压缩包装和缠绕包装等。

此外，还可以根据包装内装物的数量、包装组合方式、收货人的不同等对包装进行分类。需要指出的是，以上这些分类方法之间是可以相互重叠的，比如购买袋装茶叶的塑料袋，它既属于商业包装，又属于软包装，而且是一次性使用的防潮包装，有的还可能属于真空包装。

第二节　包　装　材　料

包装材料是指构成包装实体的主要物料。由于包装材料的物理性能和化学性能千差万别，所以包装材料的选择对包装效果的好坏起着非常重要的作用。包装材料的选择，一方面取决于包装材料本身的性能，另一方面还受各种材料加工技术的影响。随着科学技术的进步、新材料和新技术不断出现，包装材料的性能还在不断地完善之中。目前，较常使用的包装材料主要有纸、塑料、木材、金属、玻璃等，其中使用最为广泛的是纸及各种纸制品，其次还有木材、塑料、玻璃、金属等。

一、包装用纸和纸板

纸是在公元前 200 年左右由中国人发明的，而后传至日本和欧美。早期的纸张由于造价昂贵，是不用作包装材料的。大约在 1870 年以后，才有人开始使用纸折叠箱或瓦楞纸箱用于物品的包装。纸作为包装材料不仅能用作外包装、内包装，而且还可以用作销售包装。纸和纸板在现代包装材料中的地位虽有少许起伏，但总体上仍是基本稳定的。

目前，纸和纸板在包装材料中的应用十分广泛。纸属于软性薄片材料，无法形成固定形状的容器，常用作裹包衬垫或袋式包装。纸板属于刚性材料，能形成固定形状的容器。

（一）常用的包装用纸

（1）普通纸张。如牛皮纸、纸袋纸、中性包装纸、玻璃纸、羊皮纸等。

（2）特种纸张。如高级伸缩纸、湿强纸、保光泽纸、防油脂纸、袋泡茶滤纸等。

（3）装潢用纸。如胶版纸、铜版纸、压花纸、表面涂层纸等。

（4）二次加工纸。如石蜡纸、沥青纸、防锈纸、真空镀铝纸等。

（二）常用的包装用纸板

（1）普通纸板。如箱纸板等。

（2）二次加工纸板。如瓦楞纸板等。

（三）纸和纸板用于包装的优缺点

（1）纸和纸板的成型性和折叠性优良，便于加工并能高速连续生产。

（2）纸和纸板容易达到卫生要求。

（3）纸和纸板易于印刷，便于介绍和美化商品。

（4）纸和纸板的价格较低，不论是单位面积价格还是单位容积价格，与其他材料相比都是经济的。

（5）纸和纸板本身重量轻，能降低运输费用。

（6）纸和纸板质地细腻、均匀、耐摩擦、耐冲击、容易黏合，不受温度影响，无毒、无味、易于加工，适用于不同包装的需要。

（7）纸和纸板的废弃物容易处理，可回收复用和再生，不造成公害，节约资源。

但是，纸和纸板也有一些缺点：如受潮后强度下降，气密性、防潮性、透明性差等。

二、塑料

虽然塑料包装的历史还不到 40 年，但由于塑料品种繁多，且具有可塑性，几乎适用于任何形态的包装，再加上塑料又能与很多材料合成复合材料，因此被人们认为是现代包装材料领域的生力军。

（一）常用的塑料包装材料种类

1. 聚乙烯塑料（PE）

聚乙烯塑料按其密度可以划分为高、中、低三种型号。聚乙烯塑料已被广泛用来制造各种瓶、软管、壶、薄膜和黏合剂等。若加入适当的发泡剂，还可以将其加工成为聚乙烯泡沫塑料。

2. 聚氯乙烯塑料（PVC）

聚氯乙烯是由单体氯乙烯加聚而成的高分子聚合物。聚氯乙烯的可塑性强，具有良好的装饰和印刷性能。聚氯乙烯是用途非常广泛的通用热塑性材料，不仅可以制作成各种软的、硬的包装容器，而且还可以加工成聚氯乙烯薄膜，用于各种薄膜包装制品的制作。

3. 聚丙烯（PP）

聚丙烯是以丙烯为单体聚合而成的高分子化合物。聚丙烯和聚乙烯一样，属韧性塑料，可通过吹塑和真空成型来制造瓶子、器皿和包装薄膜，也可以加工成各种打包带与编织袋。将聚丙烯薄膜双向拉伸可以用来包装食品，且成本低于玻璃纸。

4. 聚苯乙烯塑料（PS）

聚苯乙烯塑料由乙烯加聚而成。在常温下，聚苯乙烯高聚物为无定形的玻璃态物质。聚苯乙烯可用作盛装食品或酸、碱类物质的容器。聚苯乙烯泡沫塑料常用作仪器、仪表、电视机和高级电器产品的缓冲包装材料。

5. 聚酯（PET）

聚酯薄膜是一种无色透明又有光泽的薄膜。和其他薄膜相比，聚酯薄膜有较好的韧性与弹性。它的主要缺点是不耐碱，热封性和防止紫外线透过性也较差。包装用的聚酯薄膜，一般不使用单层，而是与聚乙烯、聚丙烯等热合性能较好的树脂共聚，或采用涂层复合薄膜，以便用于制作冷冻食品及须加热杀菌的包装材料。

（二）塑料用于包装的主要优缺点

（1）塑料具有优良的物理机械性能，如有一定的强度、弹性、耐折叠、耐摩擦、抗震动、防潮，还有较好的气体阻漏性等。

（2）塑料的化学稳定性好。耐酸碱、耐化学试剂、耐油脂、防锈蚀、无毒等。

（3）塑料属于轻质材料。比重约为 $1g/cm^3$，约为金属的 1/5、玻璃的 1/2。

（4）塑料的加工成型技术简单，可以制成多种形态的包装。塑料的成型技术有多种，如吹塑、挤压、铸塑、真空、热收缩、拉伸等，利用这些技术可以将其制成薄膜、片材、管材、编织布、无纺布、发泡材料等。

（5）塑料具有优良的透光性和表面光泽度，印刷和装饰性能良好。

当然，塑料作为包装材料也有不少缺点，如强度不如钢铁，耐热性不及玻璃，在外界因素长期作用下容易老化，有些塑料有异味，废弃物难处理、易产生公害等。

目前，塑料包装容器主要有塑料编织袋，塑料周转箱、钙塑箱，塑料打包带、捆扎绳，塑料中空容器，塑料包装薄膜、泡沫塑料等。

三、木材及木制品

木材是一种优良的包装材料，长期被用于各种工业包装之中。但由于木材的过量使用已经对自然环境造成了一定的负面影响，所以木材包装材料正在被其他材料所取代。虽然木材在包装材料中的比重正逐渐下降，但其使用范围仍相当广泛。木材的种类繁多，其用途也各不相同。包装用木材一般分为天然木材和人造板材两大类，其中人造板材又可分为胶合板、纤维板等多种类型。

木材用于包装的主要优点有：

（1）木材具有优良的强度/重量比，有一定的弹性，能承受冲击、振动、重压等外力作用。

（2）木材资源广泛，可以就地取材。

（3）木材加工方便，不需要复杂的机械加工设备。

（4）木材可加工成胶合板，外观好，可减轻包装重量，提高木材的均匀性，因此扩大了木材的应用范围。

但是，木材又存在易吸收水分、易变形开裂、易腐朽、易受白蚁蛀蚀等缺点，加之资源受限、价格增高等因素的影响，木材在包装领域的应用正逐渐受到制约。

四、金属材料

包装所用的金属材料主要有钢材和铝材两种，前者为刚性材料，后者为软性材料。金属包装材料的形态一般为薄板和金属箔、捆扎带、捆扎丝（绳）等。

钢材中常用的有薄钢板（俗称"黑铁皮"）和镀锡低碳薄钢板（俗称"马口铁"）。薄钢板主要用于制作桶状容器。镀锡低碳薄钢板是在薄钢板的两面镀上耐腐蚀的锡层后所形成的一种薄钢板，这种钢板美观、耐腐蚀，且基本无毒、无害，所以经常用于罐装的食品包装。

铝材有纯铝板、合金铝板和铝箔等三种类型。纯铝板经常用于制作桶状包装物，它具有重量轻、耐腐蚀的特点，一般用于盛装酒类物资。合金铝板用作包装材料时要求其表面不能有粗槽、斑瘰、粗细划痕、裂缝、气泡和凹陷等质量缺陷。铝箔多用于复合软包装、硬包装及包装衬里等，也常用于食品、卷烟、药品、化妆品和化学品的包装，特别是广泛用于现代方便食品的包装。

金属材料用于包装的优点有以下几点。

（1）金属材料牢固、不易破碎、不透气、防潮、防光，能有效地保护内装物。

（2）金属有良好的延伸性，容易加工成型，而且技术成熟，钢板镀上锌、锡、铬等具有很好的防锈能力。

（3）金属表面有特殊的光泽，使金属包装容器具有良好的装潢效果。

（4）金属材料易于再生使用。

但是，金属材料在包装上的应用受到成本高、能耗大，在流通中易变形、易生锈等不利因素的限制。

五、玻璃

玻璃材料既可用于工业包装也可用作销售包装。用作工业包装时，玻璃材料主要盛装化工产品，如强酸类物质；其次它还可以被加工成玻璃纤维复合袋，用于盛装化工产品和矿物粉料。用作销售包装时，主要是玻璃瓶和玻璃罐，用来盛装酒、饮料、药品、化学试剂、化妆品和文化用品等。

玻璃用于包装的优点有以下几点。

（1）玻璃的保护性能良好，不透气、不透湿，有紫外线屏蔽性，化学稳定性高，耐风化、不变形、耐热、耐酸、耐磨，无毒无异味，有一定强度，能有效地保存内装物。

（2）玻璃的透明性好，易于造型，具有真实传达商品效果的优点。

（3）玻璃易于加工，可制成各种样式，对产品商品性的适应性强。

（4）随着玻璃的强化、轻量化技术及复合技术的发展，更提高了其对物品包装的适应性，尤其是在一次性使用的包装材料中有较强的竞争力。

（5）玻璃包装容器易于复用、回收，便于洗刷、消毒、灭菌，能保持良好的清洁状态，一般不会造成公害。

（6）玻璃原材料资源丰富，价格便宜且较稳定。

但是，玻璃包装材料存在耐冲击强度低、碰撞时易破碎、自身重量大、运输成本高、能耗大等缺点，这些缺点限制了玻璃材料的更广泛应用。

六、复合材料

复合材料是为了克服单一材料的缺陷，发挥多种材料的优点，将两种或两种以上具有不同性能的材料，通过某种方法复合在一起而形成的一种特殊材料。复合材料在包装领域的应用十分广泛，目前已开发研制出的复合包装材料达三四十种之多，使用较多的是塑料与玻璃复合材料、塑料与金属箔复合材料、塑料与塑料复合材料等。另外还有纸基复合材料、塑料基复合材料、金属基复合材料等。

第三节　包装容器与包装标识

一、包装容器

包装容器是指用于盛装物品的各种容器物。现代包装容器主要有包装袋、包装盒、包装箱、包装瓶和包装罐等五大类。

（一）包装袋

按盛装重量分类，包装袋（Packaging Bag）可分为以下三种。

（1）小型包装袋。该类包装袋也称为普通包装袋，根据需要可用单层材料、多层同质材料或者多层不同材料复合而成，其盛装重量较小。

（2）一般运输包装袋。这类包装袋大多是由植物纤维或合成树脂纤维编织而成，也有的是由几层挠性材料构成的多层包装袋，其盛装重量一般为 50～100 千克。

（3）集装袋。集装袋一般用聚酯纤维编织而成，顶部常装有金属吊架或吊环，以便于起重机的吊装和搬运。集装袋的盛装重量大多在 1 吨以上，卸货时可打开袋底的卸料孔，让货物直接从卸料孔流出，操作起来非常方便。

（二）包装盒

包装盒（Packaging Box）是一种刚性或半刚性容器，容积通常不超过 10 升，呈规则的几何形状，有关闭装置。包装盒通常用纸板、金属、硬质塑料或者复合材料制成。包装盒可以是外形固定的，在使用过程中不能折叠变形；也可以是折叠式，在未盛装物品时，可折叠存放。包装盒适宜于做商流包装、内包装，不适宜于做物流包装。

（三）包装箱

包装箱（Packaging Case）是一种刚性容器，一般呈长方体箱型，容积通常大于 10 升，其材料通常用纸板、木材、金属、硬质塑料或复合材料等。包装箱不仅适宜于做物流包装、外包装，对于大型家电、机电设备等大件物品，也可以充当商流包装。常用包装箱的种类有如下几种。

（1）瓦楞纸箱。是采用具有空心结构的瓦楞纸板，经成型工序制成的包装容器。按外形结构分，瓦楞纸箱大体有折叠式、固定式和异型类。瓦楞纸箱的应用范围十分广泛，几乎包括所有的日用消费品，如水果、蔬菜、副食、针棉织品、玻璃陶瓷、化妆品、药品等，也包括自行车、家用电器、精美家具等中型器具。

（2）木箱。木箱作为传统的工业包装容器，虽在很多场合已逐渐被瓦楞纸箱所取代，但木箱与瓦楞纸箱相比，仍具有一些不可替代的优越性。常见的木箱有木板箱、框板箱和框架箱三种。

（3）塑料箱。塑料箱自重轻，耐蚀性好，可装载多种物品，并可反复使用，较适合短途运输。塑料箱特别适合于那些产销挂钩、快进快出的商品。例如，为饮料、肉食、豆制品、牛奶、糕点、禽蛋等用作周转箱。

（4）集装箱。是一种密封性较好的大型包装箱，按载重量可以分为 5 吨、10 吨、20 吨和 30 吨等多种。集装箱属于大型集合包装。它既可以看作是一种包装容器，也可以看作是运输工具的一部分，被广泛应用于现代物流的各个环节之中。

（四）包装瓶

包装瓶（Packaging Bottle）主要盛装液体和粉状物品。包装瓶的包装量一般不大，适合于盛装需要美化装潢的商品，主要用作商业包装或内包装。包装瓶的制作材料要有较高的抗变能力，对刚性和韧性的要求也较高。包装瓶按其外形的不同可分为圆瓶、方瓶、高瓶、矮瓶、异形瓶等若干种；如果按瓶口与瓶盖的封盖方式分类，有螺纹式、凸耳式、齿冠式、包封式等。

（五）包装罐（桶）

包装罐（桶）（Packaging Tin）是指各处横截面形状大致相同，且颈部较短或根本没有颈部的一种包装容器。包装罐是刚性包装的一种，对包装材料的强度要求较高，所以罐体的抗变形能力也较强，通常还带有可密封的罐盖。包装罐是典型的运输包装，适合于盛装液体、粉状及颗粒状物品，有时也可用作外包装、商业包装和内包装。

包装罐（桶）按容量分有小型包装罐、中型包装罐和集装罐三种；按制造材料分为金属罐和非金属罐两大类。

此外，实践中还可能遇到包装筐、包装篓、包装坛、包装缸、包装包以及包装捆等形态各异的包装容器。

二、包装标记

包装标记就是根据物品本身的特征，按照特定的规则，用文字和阿拉伯数字在包装上标明的记号。按照内容和功能进行分类，包装标记可分为一般包装标记、表示收发货地点和单位的标记及标牌标记三种。

（一）一般包装标记

一般包装标记也称为包装的基本标记。它是指在包装上写明物品的名称、规格、型号、计量单位、重量（毛重、净重、皮重）、长宽高尺寸以及出厂时间等内容的一种标识形式。对于使用时效性较强的物品还要写明储存期或保质期限。有时还要标明"一等品""二等品""优质产品""获××奖产品"等内容，用以说明物品的质量等级。

（二）表示收发货地点和单位的标记

它是标明物品的起运地点和到达地点、说明收发货单位名称的一种文字记号。它标识的主要内容是收发货环节的具体地点（收货人地点、发货人地点、收货到站、到港和发货站、发货港等）和收发货单位的全称。

各种快递或邮件包装上填写的收发货人地址、姓名、邮编、电话号码等，都是属于此类包装标记。此外，在国内或国际贸易中，很多物品包装上也会填写或涂刷表示收发货地点和单位的标记，也有可能使用简称、代码来描述上述信息。这些都属于表示收发货地点和单位的标记。

（三）标牌标记

标牌标记是指用金属或其他硬质材料制成的，用以说明物品性质、特征、规格、质量、产品批号、生产厂家等内容的标识形式。物品包装时再将事先做好的标牌标记钉打或粘贴在物品包装上。

三、包装标志

包装标志是为了标明被包装物的特性、保障物流活动安全，以及为遵循理货分运程序的需要而进行的文字或图像说明。包装标志主要分为指示标志和危险品标志两种。

（一）指示标志

指示标志是针对那些容易破碎、残损或变质的物品，在其包装的特定位置上，用简单的图案和文字表示的提示性标识，如图 3-1 所示。这种标志的主要作用是标明物品的性质或特征，说明作业人员的注意事项，用以指导物品的装卸、堆码和储存作业。

我国国家标准《包装储运图示标志》（GB/T191—2008）规定了 17 种标志的图形符号，这 17 种标志的名称分别是：易碎物品、禁用手钩、向上、怕晒、怕辐射、怕雨、重心、禁止翻滚、此面禁用手推车、禁用叉车、由此夹起、此处不能卡夹、堆码质量极限、堆码层数极限、禁止堆码、由此吊起、温度极限等。同时规定，标志的外框为长方形，其中图形符号为正方形，尺寸一般分为四种，如表 3-1 所示。如果包装尺寸过大或过小，可等比例放大或缩小。标志可采用直接印刷、粘贴、拴挂、钉附及喷涂等方法附着于包装之上，印制标志时，外框线及标志名称都要印上，出口货物可省略中文标志名称和外框线；喷涂时，外框线及标志名称可以省略。

表 3-1　包装储运图示标志的图形符号外框尺寸及标志外框尺寸

序　号	图形符号外框尺寸（mm）	标志外框尺寸（mm）
1	50×50	50×70
2	100×100	100×140
3	150×150	150×210
4	200×200	200×280

（二）危险品标志

危险品标志是用来表示危险品的物理、化学性质，以及危险程度的标志，如图 3-2 所示。它可提醒人们在运输、储存、保管、搬运等活动中引起注意。

我国《危险货物包装标志》国家标准（GB190—2009）规定了危险货物包装图示标志（以下简称标志）的分类图形、尺寸、颜色及使用方法。其中，除了规定危害环境物资和物品标记、方向标记和高温运输标记等 4 种标记图形外，该标准重点针对 9 类危险货物的特征制订了 26 个相应的标签图形，这 26 个标签图形所属的标签名称分别是：爆炸性物质或物品（4 个标签图形）、易燃气体（2 个标签图形）、非易燃无毒气体（2 个标签图形）、毒性气体（1 个标签图形）、易燃液体（2 个标签图形）、易燃固体（1 个标签图形）、易于自燃的物质（1 个标签图形）、遇水放出易燃气体的物质（2 个标签图形）、氧化性物质（1 个标签图形）、有机过氧化物（2 个标签图形）、毒性物质（1 个标签图形）、感染性物质（1 个标签图形）、一级放射性物质（1 个标签图形）、二级放射性物质（1 个标签图形）、三级放射性物质（1 个标签图形）、裂变性物质（1 个标签图形）、腐蚀性物质（1 个标签图形）、杂项危险物质和物品（1 个标签图形）。危险货物包装标志的图形都为正方形，尺寸也分为四种，如表 3-2 所示。

图 3-1　指示标志

图 3-2　危险品标志

表 3-2　危险货物包装标志的图形尺寸

尺 寸 号 别	长（mm）	宽（mm）
1	50	50
2	100	100
3	150	150
4	250	250

注：如遇特大或特小的运输包装件，标志的尺寸可按规定适当扩大或缩小。

需要特别说明的是：与包装储运图示标志不同，绝大多数危险货物包装标志都是彩色的，国标对其图形的各部分着色进行了详细的规定，制作危险货物包装标志时应严格遵照国标的规定着色。

四、制作包装标识的基本要求

本书将包装标记和包装标志统称为包装标识。任何组织或个人在制作包装标识的过程中，都应尽量遵照以下基本要求。

（1）必须遵照国家有关部门的统一规定。我国对物品的包装标识所使用的文字、符号、图形及其使用方法都有统一的规定。

（2）必须简明清晰、易于辨认。包装标识的文字要少，图案要清晰，且应易于制作。标识的文字、字母及数字号码的大小应和标识本身的尺寸相称，笔画粗细亦应适当。

（3）涂刷、拴挂、粘贴标识的部位要适当。所有标识都应处于装卸搬运作业人员容易看见的地方。为防止物流作业过程中某些标识被抹掉或难以辨认，应尽可能在同一包装物的不同部位制作两个或两个以上的相同标识。

（4）包装标识的颜色要醒目。制作标识的颜料应具备耐晒耐热、耐寒耐冻、耐潮耐蚀以及耐摩擦等方面的性能，以保证不发生褪色或脱落现象。

此外，在国际贸易中，由于各国国情和文化上的差异，很多国家还对本国进口商品的包装标识提出了一些特殊要求，比如：由于以色列的国旗图案为六角星，所以阿拉伯国家对印有六角星图案的包装都非常反感和忌讳；加拿大政府规定进口商品标识必须英法文对照；德国的进口商品包装禁用类似纳粹或军团符号的图案，等等。了解有关国家的这些特殊规定，对我国的外贸出口肯定会大有裨益。

第四节　包装技术与包装机械

包装技术是指在包装作业过程中所采用的各种技术和方法的总称。任何一个物品包装件在制作和操作的过程中都存在着特定的技术和方法问题，只有通过对物品包装件合理的技术处理，才能够将物品包装成一个高质量的有机整体。

一、包装作业的技术内容

（一）充填技术

充填就是将物品装入包装容器的作业过程，可以分为装放、填充与灌装三种形式。

（1）装放。装放是按照一定的排列顺序将物品置于包装容器内的操作，装放有一次装放（将成件物品直接放入容器中）和多层装放（将小包装的单位物品再放入大的容器中）之分。装放的具体要求是物品在容器内的有序性。装放按装入容器的不同又可再分为装箱、装盒和装袋等。

（2）填充。填充是指将干燥的粉状、片状或颗粒状物品装入包装容器内的作业过程。填充物品的主要特点是都具有一定的流动性，所以在容器内的空间位置没有任何规律。实践中，填充过程大多与物品的计量工作同步进行。填充的主要包装容器有包装盒、包装袋或包装瓶等。

（3）灌装。灌装是将液体或半液体物品灌入包装容器内的作业过程。灌装物品具有更强的流动性，因而要求其容器不能有任何渗漏，灌装作业经常采用的包装容器有桶、罐、瓶、软管等。灌装的计量方法主要有定位和定量两种：定位灌装是将物品灌到瓶口或容器的某一部位（液体平面保持在一定位置上）；定量灌装是通过定量装置准确地灌入一定容量的液体。

（二）封口和捆扎技术

（1）封口。包装的封口是包装操作的一道重要工序，它直接关系着包装作业的质量与包装的密封性能。不同的包装容器对包装的密封性能要求不同，所采用的封口方法也不同。目前采用的主要封口方法有黏合封口、胶带封口、捆扎封口、铰接封口、装订封口、热熔封口、盖塞封口、焊接封口、压接封口、缝合封口等。根据封口部位的不同，封口方式又可分为顶端封口、侧面封口和底端封口等。

（2）捆扎。捆扎是指将物品或包装件用适当的材料进行扎紧、固定或增强的操作，主要有直接捆扎、夹板捆扎、成件捆扎和密缠捆扎等形式。

（三）裹包技术

裹包是用一层或者多层挠性材料包覆物品或包装件的操作。裹包作业结束后，被包物与包装物呈现的外形通常称包裹。用于裹包的材料主要有纸张、织品、塑料薄膜等。裹包的方法主要有直接裹包、多件裹包、压缩捆包等形式。

（四）加标和检重技术

加标就是将标签粘贴或拴挂在物品或包装件上，标签是包装装潢的标志，因此加标也是很重要的工作。检重是检查包装内容物的重量，目前大多采用电子检重机进行检测。

二、包装的保护技术

（一）缓冲包装技术（或称防震包装技术）

缓冲包装技术又称防震包装技术，是为了减缓内装物受到的冲击和振动，使其免受损伤而采取一定防护措施的包装技术。实践中，常用发泡聚苯乙烯、海绵、木丝、绵纸等缓冲材料包衬内装物，或将内装物用弹簧悬吊在包装容器内进行缓冲。缓冲包装技术在工业包装中的运用十分广泛，是物流领域的重要包装方法之一。按照缓冲程度的不同，缓冲包装技术又可进一步分为全面缓冲、部分缓冲和悬浮式缓冲三种。

（1）全面缓冲是指物品或内包装的整个表面都用缓冲材料衬垫的一种包装方法，比较常见的有压缩包装法、浮动包装法、裹包包装法、模盒包装法和就地发泡包装法等。

（2）部分缓冲是指仅在物品或其内包装的拐角处或者其他局部区域使用缓冲材料进行衬垫的一种包装方法，适用于整体性较好或有内包装容器的物品。它既可以降低包装成本，又能够得到较好的缓冲效果。部分缓冲主要有天地盖、左右套、四棱衬垫、八角衬垫和侧衬垫等几种形式。

（3）悬浮式缓冲是指先将物品置于纸盒中，物品与纸盒的各面之间均采用柔软的泡沫塑料进行衬垫，然后用帆布包裹纸盒，并将其置于胶合板箱内，用弹簧吊于其中，使其悬浮吊起的一种缓冲包装技术。由于弹簧和泡沫塑料同时起到了缓冲作用，所以缓冲效果极佳，如图3-3所示。这种方法适用于那些容易受损，又对安全性要求极高的物品，如精密机电设备、仪器、仪表等。

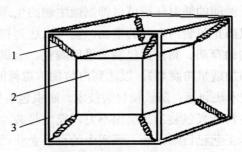

1—弹簧；2—内装物；3—包装容器

图 3-3 悬浮式缓冲包装

（二）防潮包装技术

防潮包装技术就是为了防止潮湿空气侵入包装件影响内装物品质，而采用特定包装材料密封内装物、在包装容器内加入适量干燥剂或将密封容器抽为真空的一种包装技术。根据包装件本身的性质、外部的温湿度条件以及防潮期限的不同，防潮包装可分为三个不同的等级。实践中常见的防潮包装技术如下。

（1）采用透湿度为零或接近于零的金属或非金属材料将内装物包装后进行密封。不加干燥剂的包装可采用真空包装或充气包装，加干燥剂的包装常采用硅胶或蒙脱石作干燥剂。

（2）采用较低透水蒸气性的柔性材料，将物品加干燥剂包装，并密封。具体又可细分为：①单一柔性薄膜加干燥剂包装；②复合薄膜加干燥剂包装；③多层包装，采用不同的较低透水蒸气性材料进行包装。

（三）防锈包装技术

防锈包装技术就是为了防止金属制品表面在流通过程中发生化学变化引起锈蚀，而采取一定防护措施的包装技术。

金属防锈可在其表面涂覆防锈材料，或采用气相缓蚀剂、塑料封存等方法；采用容器包装时，还可在容器内或其周边放入适量的吸潮剂，以吸收包装容器内的残存水汽，使相对湿度下降，从而达到物品防锈的目的。此外，还可以在包装容器内充入氮气或干燥空气后再进行密封，也可以达到金属防锈的目的。

（四）防霉包装技术

防霉包装是为了预防霉菌侵袭，防止内装物长霉而影响产品质量所采取的具有一定防护措施的包装技术。

防霉包装大多采用耐低温包装、防潮包装和高密封包装三种形式。耐低温包装一般采用耐冷耐潮的包装材料。经过耐冷处理过的包装能较长时间地在低温下存放，从而保证包装材料本身不会变质。长时间的低温环境可以抑制微生物的生理活动，达到防止内装物霉变的目的。防潮包装可以防止包装内水分的增加，也可以达到抑制微生物生长和繁殖的目的，从而延长内装物品的储存期。高密封包装是采用陶瓷、金属、玻璃等高密封容器进行真空或其他防腐处理（如加适量防腐剂），以达到内装物防霉目的的一种包装方法。

此外，包装的保护技术还包括：防破损包装技术、防虫包装技术、危险品包装技术等。随着包装技术的进步，各种新兴包装工艺层出不穷，充气包装、真空包装、收缩包装、拉伸包装、脱氧包装的技术工艺已日渐成熟。现实中的很多企业已经成功地将这些新兴工艺运用到产品包装之中，取得了很好的保护效果。

三、包装机械

早期的包装作业主要依靠人力，进入社会化大生产以后，包装作业也在逐步实现机械化，越来越多地依赖于各种包装机械。包装机械的种类有很多，既可以按照包装容器的不同分为装箱机械、装盒机械、装袋机械、装瓶机械、装罐机械、装桶机械，也可以按照包装操作方法的不同分为充填机械、裹包和捆扎机械以及其他各种形式的包装技术机械，实践中最常见的包装机械有如下几类。

（一）充填包装机械

（1）装箱机械。装箱机械以纸箱为主。根据机械工作的程序不同，有的是已装订成型的平叠纸箱，有的则是未装订接口的瓦楞平板，在包装过程中一边包覆物品，一边黏合接口。

（2）装盒机械。装盒机械是将单件或多件物品，用真空喂给机构或其他机械，取出预制纸盒坯，自动打开装入物品后，使纸坯折盒或上胶粘合的机械。装盒机械一般包括纸盒供给、物品输送、装填、折合、成品输出等机构，有的还附设有打印、印刷、封口与检测机构等。

（3）装袋机械。装袋机械的主要结构分为张袋机构、计量装置、充填装置和封袋装置。张袋机构主要是将包装袋口打开，以接受从漏斗里充填进入的物品。装袋机械的封袋装置因包装材料的不同而有所不同，如织袋、纺织纤维等常采用缝封、订封与粘封，而塑料薄膜袋则主要采用热封和粘封的方法。

（4）灌装机械。灌装机械是指灌装液体与半液体物品或液体与固体混合制品的机械，灌装所用容器主要有桶、罐、瓶、听、软管等。按照灌装物品的工艺不同可分为常压灌装机、真空灌装机、加压灌装机等。灌装机械通常与封口机、贴标机等联合使用。

（5）填充机械。填充机械主要指填放干燥粉状、颗粒状物品于盒、瓶、罐中的机械。因被装物品不同，机械的结构也有所不同。对于刚性或半刚性容器（瓶或罐），是由各种推板和链板所构成的传送带自动送入填充装置。填充机包括直接填充机和制袋填充机两种：直接填充机是利用预先成型的纸袋或塑料袋进行填充，也可以直接填充于其他容器；制袋填充机是既要完成袋容器的成型，又要完成将物品填充入容器内的包装机械。

（二）裹包和捆扎机械

充填包装机械是用容器来包装物品的；而裹包、捆扎和加标机械则有所不同，它们是使用某种材料直接对物品进行包装作业的。

（1）裹包机械。裹包机械又可称为挠性材料裹包机械，主要包装用材料为普通纸、蜡纸、牛皮纸或者用纸、铝箔、塑料薄膜等组成的复合材料。裹包机械主要用于包装单件物品，也有少数是用于包装多件物品的。有些纸盒包装外面再加包装纸的，也可用裹包机械来完成。目前市面上常见的裹包机有扭结式包装机、端抑式包装机、枕式包装机、信封式包装机和拉伸式包装机等。

（2）捆扎机械。捆扎机械是用纸、塑料、纺织纤维或金属的绳、带等对纸箱、木箱或包封物品进行捆扎的机械。捆扎机的种类繁多，类型各异，大小也不相同。根据被捆物品的特点和捆扎要求不同可分为带状捆扎机、线状或绳状捆扎机等。捆扎机械除了人工操作的钢皮捆扎机、塑料带捆扎机外，还有各种类型的半自动、全自动捆扎机械。

（3）封条和加标机械。封条机是一种封箱贴条机械，多采用机械气动和电气控制来完成封贴工序，既可用于装箱机流水线的生产使用，又可供人工装箱后的封箱、贴封条的单机使用。

加标机械主要在包装容器上加贴标签。由于标签分为已上胶和未上胶两种类型，所以加标机械各有不同，具体的操作方法也有较大区别。

（4）封口机械。封口机械是用于各种包装容器封口的机械。按封口的工艺形式不同，封口机械可分为玻璃加盖机械、布袋口缝纫机械、封箱机械、各种塑料袋和纸袋封口机械等。

（三）包装技术机械

由于收缩、拉伸和热成型等包装机械的工作状态与所操作的包装材料和包装容器的工艺特性密切相关，所以将此类包装机械统称为包装技术机械。

（1）收缩包装机械。收缩包装机械是采用经过拉伸的热收缩薄膜包装物品，再对薄膜进行适当的加热处理，使薄膜收缩而紧裹物品的包装机械。这种包装机械的最大优点是通用性较强，适合于各种形状的物品，特别是那些不规则形状物品的包装。

（2）热成型包装机械。热成型包装机械（又称为吸塑包装机械）根据成型工艺的不同，可分为泡罩式包装机、贴体包装机、热压成型充填机和真空包装机械等。热成型包装具有透明美观、包装内的物品清晰可见和防潮、隔气、防渗透等方面的优点，因此热成型包装机械的应用范围十分广泛。

（3）拉伸包装机械。拉伸包装机械是依靠机械装置在常温下将弹性塑料薄膜围绕待包装物品进行拉伸和裹紧作业，并在末端进行封合的一种包装机械。这种包装机械一般是为集装在托盘上成堆的包装而设计的，所用的塑料多为聚乙烯薄膜。

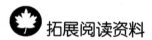 **拓展阅读资料**

包装标识不清引起争议

H 是一家农副产品进出口公司，P 是一家综合物流服务商。2008 年 7 月，H 拟出口黄麻到印度尼西亚，H 将包装完好的货物交付 P，由 P 为 H 提供仓储和运输等服务。黄麻为易燃物，储存和运输的环境条件不得超过 15℃。H 因听说 P 曾多次承运黄麻，既未将此情况书面通知 P，也未在货物外包装上做警示标志。2008 年 8 月 19 日，P 将货物运至其仓库，准备联运，但旺季仓库储物拥挤，室温达到 18℃。次日，货物忽然起火，因救助不及，导致货物损失惨重。经调查，起火原因是因为仓库温度较高导致货物自燃。双方发生争议。

资料来源：汪传雷. 物流案例教程[M]. 合肥：安徽大学出版社，2009.

 **本章关键词**

包装、商业包装、工业包装、包装标记、包装标志、缓冲包装、防潮包装

复习思考题

1. 结合实际说明包装的各项功能。
2. 举例说明各种包装材料的优缺点。
3. 举例说明日常生活中所见的各种包装容器。
4. 制作包装标识的基本要求有哪些?
5. 简要说明包装作业的技术内容。
6. 主要的包装保护技术有哪些?
7. 举例说明几种常见包装机械的功能。

第四章　集装化与集装单元器具

　　虽然集装化与集装单元器具并非物流的基本功能要素，但作为现代物流系统中最常使用的物流作业工具，已经形成了一套完整的技术体系，有必要单独列为一章。通俗地讲，集装化就是包装的扩大化，集装单元器具就是一种特殊的大型包装，而且集装化在物流系统中的作用与包装基本一致，都是为了方便后续的各项物流作业，区别只在于前者比后者"更加方便"而已。因此，作为包装的一种延伸，本章应紧接其后。

　　20 世纪 50 年代以来，科技进步使运输工具出现了大型化和高速化发展趋势，从而对货物的装卸效率提出了更高的要求，加剧了现代运输的高效率与单件装卸的低效率之间的矛盾。与此同时，装卸搬运的机械化以及作业机械的大型化也使传统包装难以充分发挥机械作业的效率，迫切需要采用更大、更结实的包装形态。在以上原因推动下，装卸搬运过程中开始出现货捆、网袋以及与叉车配套使用的托盘，并逐渐衍生出框架、集装箱等多种集装单元器具。

第一节　集　装　化

　　集装化也称为单元化、成组化或组合化，是指将两个或两个以上重量较轻、体积较小的同种或异种物品组合成重量和体积都较大且外形一致的单元体的工作过程。我国国家标准《物流术语》（GB/T18354—2006）对集装化的定义是：用集装单元器具或采用捆扎方法，把物品组成集装单元的物流作业方式。集装化是一种工作思想、工作观念和工作方法的总称，其目的是为了加快装卸、搬运、储存、运输等物流活动的效率。实现集装化的有形手段是集装单元器具。利用集装单元器具可以将一定数量的包装件或产品组合成一个更大的、具有一定规格和强度的单元货件，这些单元货件就称为集装单元。

一、集装化的经济意义

　　由于集装化的最初目的是为了提高装卸搬运效率，所以人们习惯性地将集装单元器具看作是起重机吊钩或叉车货叉的延伸，将其定位为装卸搬运机械的工具。集装箱普及之后，人们又将其看作是载运工具的一部分，是可拆卸和移动的船舱或车厢。另外，从包装的角度看，所有的集装单元器具都理所当然地被看作是一种特殊的包装。因此，对于集装单元器具的定位，不应该仅局限于某种单一认识，而应该着眼于以上多种视角，广义地认识集装化的作用或意义。作为物流组织工艺的一项重大创新，集装化几乎对物流的所有作业环节都可能产生影响，具有十分明显的经济意义。

1. 提高装卸效率

如前所述，集装化的最原始动因就是为了提高装卸效率。随着集装化的进一步推广和普及，许多传统的人力装卸作业不得不退出历史舞台，推动了装卸搬运作业的机械化，大幅度提高了装卸作业效率；另一方面，随着装卸搬运机械的额定功率不断提高，传统包装也越来越不适应机械化作业的要求，需要更加大型化的集装单元，从而促进了集装化的进一步发展。

装卸搬运效率的提高，可以产生一系列的好处：首先是提升了整体的物流作业速度，加快了货物周转；同时，装卸搬运效率的提高也有利于联合运输特别是多式联运的展开，为运输合理化提供了技术保证。

2. 方便码放堆高

集装化的成果是将一定数量的包装件或产品组合成一个更大的、具有一定规格和强度的单元货件。由于这些集装单元的外形更加规整和平直，且都符合统一的尺寸标准，所以更便于其在仓库、船舱和车厢内进行码放，且能堆码至更大的层高，从而大幅度提高仓库的空间利用率和运输工具的载重量利用率。

3. 简化包装作业

由于集装单元器具本身具有一定的结构强度，可以承受或缓冲装卸搬运作业过程所产生的冲击，所以，实施集装化的物品只需进行简单包装甚至根本无须包装。显然，集装化可以简化包装特别是工业包装的作业过程，减少过度包装对环境的负面影响，大幅度节约包装费用。

事实上，由于集装单元器具往往比普通的工业包装具有更高的结构强度，所以集装化在简化包装的同时不仅没有削弱物流过程中的保护功能，反而能增加对物品的保护效果，减少货损货差。同时，由于集装单元器具的容量也比普通包装更大，所以它还可以加快物品的清点速度和不同物流环节之间的交接速度。

二、实施集装化的条件

标准化和批量化是社会化大生产必须遵循的两项基本原则。其中，标准化是生产社会化、机械化和自动化的前提，而批量化则是降低生产成本的最主要途径。集装化是这两项基本原则在物流领域的具体运用。在现代生产系统中，同一产品在本企业甚至全国范围内比较容易实现标准化和批量化。但当成千上万种不同的产品同时进入物流系统时，对物流系统而言，它们就是零星和非标准的。通过集装化手段，可以使物流系统实现标准化和批量化，以使物流系统像生产系统一样实现社会化、机械化和自动化作业，最终达到降低物流成本的目的。因此，要实施集装化至少应该具备以下三个基本条件。

（1）通用化。即集装化要与物流全过程的设备和工艺相适应，不同形式的集装化方式之间、同一方式下不同规格的集装单元器具之间都应该具有一定的通用性，以使集装化作业的各个环节相互衔接、相互协调。

（2）标准化。在实施集装化的过程中，集装化的术语，集装单元器具的外形尺寸和重量规格，集装单元器具的材质、性能、试验方法以及装卸搬运加固规则乃至集装单元的编号和标志等，都必须实现标准化（包括国家标准和国际标准），以便于集装单元在国内和国际间的流通与交换。

（3）系统化。集装化的手段不仅包括集装单元器具，而且包括物流过程中的各种成套设施、设备、工艺等。这些有形要素及其管理方法和理念的总和才是集装化。因此，集装化是一个联系生产与生产、生产与消费的动态系统，实施集装化必须具备系统化条件。

三、集装化的分类

虽然目前对于集装化的分类仍然存在不少分歧，但如果按集装化所使用的单元器具进行分类，基本还是可以统一划分为集装箱化、托盘化、网袋化、货捆化、框架化、滑板化和半挂车化七种形式。

第二节　集　装　箱

一、集装箱的产生和发展

（一）国外集装箱发展的概况

集装箱的历史起源于20世纪初期。1900年英国铁路运输中首先出现了较为简单的集装箱，后来传到美国、德国和法国。1928年，在罗马举行的"世界公路会议"上，就出现了关于在国际交通运输中使用集装箱的论述。两年后，在法国巴黎成立了集装箱运输的国际组织——国际集装箱协会（BIC），负责研究集装箱的标准化问题，以便协调各国之间的集装箱运输工作，还出版了《集装箱》的专业刊物。尽管如此，在以后的十余年时间里，世界集装箱运输的进展并不大。这是由于西方国家公路运输发展迅速、铁路运输的地位相对下降，且公路铁路双方的配合不协调，所以集装箱运输的经济效果并不明显。加之开展集装箱运输所需的物质基础及配套设施远远没有跟上，使得集装箱的优越性不能很好地体现，集装箱运输出现了停滞不前的局面。直到1955年，美国铁路公司将集装箱连同拖挂车装载在铁路平板车上进行运输，出现了所谓的"驮背运输"（Piggyback，又称为"猪驮式"运输）之后，才使铁路的低成本、高速度优势与公路的"门到门"特点有机结合起来，也使集装箱的经济意义重新得以显现。

铁路集装箱运输的兴起，冲击到了海上传统的杂货运输。1956 年 4 月，美国大西洋轮船公司将一艘 T-2 型油船进行了改装，在其甲板上设置了集装箱平台，开始了国内海上集装箱运输。此后，集装箱运输开始进入到一个蓬勃发展阶段。1957 年，美国泛大西洋航运公司又将 6 艘 C-2 型船改装成全集装箱船用于国内的海上运输。1964 年国际标准化组织集装箱技术委员会（ISO/TC104）制定了集装箱外形和总重的第一个国际标准。1966 年，美国海陆航运公司的集装箱船从纽约开往欧洲，开始了国际海上集装箱运输。由于集装箱具有加快装卸速度、提高运载水平等一系列明显的经济效益，所以很快被工业发达国家所接受。20 世纪 70 年代初，第三世界国家也开始发展海上集装箱运输。

1965 年 11 月，英国铁路开行集装箱定期直达列车，吸引了大量货源。集装箱化被誉为铁路"起死回生"的灵丹妙药。同年 12 月，国际铁路联盟成立专门组织，研究铁路、海运使用大型国际标准集装箱的政策措施，并创办了欧洲铁路集装箱公司，于 1968 年 5 月正式营业。这家公司后来发展成为拥有 24 家铁路成员，网络遍及整个欧洲的港口、车站和贸易中心的大型联盟。

20 世纪 70 年代，各国铁路在开行班车、专列、特快列车大量集装箱运输的同时，也通过自办、合营或联办等形式开始了公路、铁路和水运的集装箱联合运输业务，实现了集装箱的联运、直达和"门到门"。20 世纪 80 年代以来，集装箱运输扩展至航空运输领域，由此踏上了一个新的发展阶段。

（二）我国集装箱发展概况

1955 年，我国铁路系统制造了 400 个钢木结构的 3 吨型集装箱，开始在天津、上海等 6 个铁路车站间进行运输，开始了我国集装箱运输的历史。到 1958 年，我国铁路系统已拥有集装箱 5 970 只，18 个主要零担货运车站开办了集装箱运输业务。铁道部和各有关铁路局分别成立了集装箱运输营业总所和分所，各有关车站也成立了集装箱运输营业所，负责组织集装箱运输业务。集装箱运量由 1956 年的 13.4 万吨增加到 1958 年的 55 万吨。但由于当时的人们对集装箱运输的优越性还缺乏认识，再加上场地和装卸机械等配套设备没有跟上，所以 1958 年精简机构时，撤销了集装箱运输的管理机构，使我国的集装箱运输在以后的 20 年间几乎完全处于停滞状态。

1973 年，我国开始了国际集装的海上试运；1974 年南京至南通间开始进行内河集装箱试运，我国水路集装箱运输开始发展；1978 年铁道部为了解决零担运输中的"三害（偷盗、丢失、损坏）"事故，决定加快铁路集装箱运输步伐，制定了集装箱运输发展规划，并开始研制 1 吨和 5 吨型集装箱；1978 年 9 月 26 日，由中国远洋运输总公司的"平乡城"

轮开辟了上海至澳大利亚的第一条国际集装箱航线，揭开了中国海上国际集装箱运输的序幕；1993年12月28日，中国远洋运输总公司集装箱运输总部在北京正式成立。

1980年，中国开始与苏联、欧洲和中东国家联手组织经满洲里的国际铁路联运。以后又开辟了从朝鲜经中国图们、绥芬河到原苏联和由天津经二连浩特到蒙古的国际集装箱过境联运。1990年4月，在国家计委、铁道部、交通部以及上海市、江苏省、浙江省的组织和配合下，进行了以上海港为枢纽的国际集装箱运输系统工业试验。

我国的集装箱制造工业始于1955年，最初是仿制原苏联钢木结构的3吨型集装箱，由铁路系统的工厂进行制造，产量和使用范围都很小，该箱型已于1981年被淘汰。1974年我国开始研制1吨型集装箱，1977年开始研制10吨型集装箱。从历史上看，美国在20世纪60年代执世界集装箱制造工业之牛耳，70年代产销中心转移到日本，80年代韩国取代日本成为新的生产中心。80年代末90年代初，中国凭借充足的出口货源和廉价的劳动力，开始了集装箱制造的热潮，短短几年就由原来的4家企业发展到1996年的40家企业，取代了韩国的霸主地位，成为当今世界最大的集装箱生产国。

二、集装箱的定义及其分类

（一）集装箱的定义

集装箱（Container）亦称"货箱"或"货柜"，是集装单元器具的最主要形式。根据国际标准化组织（International Organization for Standardization，ISO）对集装箱所下的定义与技术要求，我国国家标准《系列1集装箱——分类、尺寸和额定质量》（GB/T1413—1998）中的"集装箱名词、术语"对集装箱进行了界定。根据该标准，集装箱应具备如下特点和技术要求。

（1）具有足够的强度，能长期反复使用。

（2）适于一种或多种运输方式运送货物，途中无须倒装。

（3）设有供快速装卸的装置，便于从一种运输方式转到另一种运输方式。

（4）便于箱内货物装满和卸空。

（5）内容积等于或大于$1m^3$。

而最新修订的国家标准《物流术语》（GB/T18354—2006）对集装箱的定义则比较简单，认为"具有足够的强度，可长期反复使用的适于多种运输工具而且容积在$1m^3$以上（含$1m^3$）的集装单元器具"就是集装箱。

（二）集装箱的分类

随着集装技术的不断进步，集装箱的运用范围更加广泛。为了适应不同货类的物流要求和不同的物流环境，人们研制和开发了各种不同类型的集装箱。这些集装箱在外观、结构、强度、尺寸和造价上各有不同特点。

1. 按集装箱的用途分类

（1）通用集装箱。通用集装箱也称为杂货集装箱，是指具有集装箱的基本结构，不需要调控温度，也不用装备其他特殊设备的普通封闭式集装箱。该类集装箱一般具有全密封的防水功能，适于装载对运输条件无特殊要求的各种干杂货，是使用最广、数量最多的一类集装箱。

（2）专用集装箱。专用集装箱是为了适应特定货物的要求而采用特殊结构或设置专门设备的各类集装箱的总称。常见的专用集装箱有如下几种类型。

① 保温集装箱。为了延缓箱内外的热量交换，在箱体的六个面均设有隔热层的集装箱都称为保温集装箱。它一般可分为以下两类。

第一类：隔热集装箱，是指不设制冷设备或加热设备的保温集装箱。

第二类：冷藏集装箱，是指箱内备有制冷装置，一般具有在设定温度条件下自动控温的功能。

② 通风集装箱。通风集装箱是指具有通风透气功能的集装箱。该类集装箱的内部一般都设有通风装置，如在箱壁上设置通风孔、通风栅栏，甚至整个箱壁采用金属网格制造，有的还设有排风扇。通风集装箱适宜于装载初加工皮货、带根的蔬菜或植物，以及其他具有通风要求的杂货。

③ 罐式集装箱。罐式集装箱是一种全密封的大型容器，由罐体和框架组成。适宜于装载化工原料、油类等液态或气态物品，也可以装载加压干散货物。货物一般由罐体顶部的装货孔装入，由罐体底部的卸货孔流出，有时也可从顶部的装货孔吸出。

④ 动物集装箱。动物集装箱是一种专供装运牲畜的集装箱。为了保证良好的通风，箱壁通常采用金属丝网制造，侧壁下方设有清扫口和排水口，箱壁上还设有喂食装置。

⑤ 汽车集装箱。汽车集装箱是为装运小轿车而专门设计制造的集装箱。成品小轿车可直接装于车内，由专用支撑进行紧固。有的汽车集装箱内还配有手动葫芦，以便将紧固好的小轿车连同支撑一起上移，便于箱内装载两层小轿车。

⑥ 干散货集装箱。干散货集装箱一般用钢板、铝板或铝合金制造，属无压容器，它适于装载散装固体货物，如粮食、化肥、砂石、化工产品等粉状或颗粒状物品。

⑦ 挂式集装箱。挂式集装箱一般专用于装挂服装，成套服装直接吊挂于集装箱内，不会折皱。这种集装箱既可节省包装材料，又有利于保持服装式样，故也称之为服装专用集装箱。

此外，专用集装箱还有平板玻璃集装箱、机械及零部件专用集装箱、石棉及其他纤维材料集装箱、铝材铜材及其他贵重金属专用集装箱等。由于篇幅所限，此处不再赘述。

2. 按集装箱制作的材质分类

由于集装箱在物流过程中会经常受到各种外力的作用，所以集装箱的制造材料要有足够的刚度和强度。同时，为了降低成本，提高耐用性，集装箱应尽量采用重量轻、强度高、维修保养方便的材料进行制造。目前，市面上使用的集装箱按其主体材料的不同可以分为以下几类。

（1）钢质集装箱。钢质集装箱是指由钢材或不锈钢焊接而成的集装箱。它具有强度大、结构牢固、水密性好等优点，其缺点是耐腐蚀性较差。如果采用不锈钢作材料，则耐腐蚀性会增强，外观也较漂亮，但造价会大幅度增加。钢质集装箱是目前使用量最大的一类集装箱。

（2）铝合金集装箱。铝合金集装箱的主要部位是用铝合金铆接而成，它具有重量轻、美观、抗腐蚀等优点。由于铝合金集装箱的重量轻，所以目前主要应用于航空货运领域。

（3）玻璃钢质集装箱。玻璃钢质集装箱是由玻璃纤维和树脂混合，加适量的加强塑料后，胶附于胶合板两面而制成的集装箱。它具有强度高、刚性好、隔热性、耐腐蚀性好的优点。其缺点是重量较大，塑料老化问题不容易解决。

3. 按集装箱的箱体构造分类

由于普通集装箱的空箱与重箱的体积相同，集装箱的返空运输往往会造成大量的运力浪费。为了节约返空运力，或者为了满足部分特殊货物的装箱需求，人们设计建造了一些特殊构造的集装箱。

（1）折叠式集装箱。折叠式集装箱是指箱体的四个侧壁和顶板在空箱状态时可以折叠平放到台座上的集装箱。当需要装运货物时，将侧壁和顶板重新支装起来又可形成长方体的箱容。这类集装箱适用于无回头货的单程运输，返程时进行折叠可大大节约回空运力。

（2）拆解式集装箱。拆解式集装箱是指箱体的四个侧壁、顶板和台座在空箱状态时可以拆解开来的集装箱。当需要装运货物时，将侧壁、顶板和台座重新组装即可，其优缺点与折叠式集装箱类似。

（3）台架式集装箱。台架式集装箱是指只有台座和角柱，只有部分或完全没有侧板的集装箱。由于没有侧板的遮拦阻挡，可以从上面及四周方便地进行装卸作业。

（4）抽屉式集装箱。抽屉式集装箱是指箱内空间由一定尺寸的抽屉组成的集装箱。装卸货物时，打开箱门便可抽出抽屉进行装取。这类集装箱一般属于小型集装箱，主要用于装运精密仪器仪表、武器弹药及其他贵重物品。

（5）隔板集装箱。隔板集装箱是指箱内空间被若干规则的隔板分割的集装箱。这些隔板可以进行拆拼组合。这类集装箱适宜于装运需分隔存放的物品。

此外，作为箱体构造的一个方面，集装箱还可以按照开门位置的不同进行分类，具体可分为侧开门、前开门、前后双开门和顶开门四种形式。其中，侧开门、前开门和前后双开门的集装箱能够方便叉车及其他作业车辆进入箱内进行装卸或堆码作业，顶开门的集装箱比较适宜于用吊车进行装卸箱作业。

4. 按集装箱的规格尺寸分类

为了方便集装箱的流通，ISO 和我国的有关部门制定了一系列有关集装箱的技术标准。根据国际标准化组织集装箱技术委员会（ISO/TC104）制定的国际标准和我国原有的国家标准《货物集装箱外部尺寸和额定重量》（GB1413—78），我国于 1998 年重新修订了集装箱的外部尺寸和最大总重量国家标准（GB/T1413—1998），如表 4-1 所示。

表 4-1　集装箱的外部尺寸和最大总重量

分　类	型　号	高度 H（mm）	宽度 W（mm）	长度 L（mm）	最大总重量（kg）	备　注
ISO 箱系列 1	1AAA	2 896	2 438	12 192	30 480	GB1413—1998 ISO668—1995
	1AA	2 591	2 438	12 192	30 480	
	1A	2 438	2 438	12 192	30 480	
	1AX	<2 438	2 438	12 192	30 480	
	1BBB	2 896	2 438	9 125	25 400	
	1BB	2 591	2 438	9 125	25 400	
	1B	2 438	2 438	9 125	25 400	
	1BX	<2 438	2 438	9 125	25 400	
	1CC	2 591	2 438	6 058	24 000	
	1C	2 438	2 438	6 058	24 000	
	1CX	<2 438	2 438	6 058	24 000	
	1D	2 438	2 438	2 991	10 160	
	1DX	<2 438	2 438	2 991	10 160	
ISO 箱系列 2（方案）	2AAA	2 896	2 595	14 935	30 480	
	2AA	2 591	2 595	14 935	30 480	
	2CCC	2 896	2 595	7 430	30 480	
	2CC	2 591	2 595	7 430	30 480	
我国铁路行业标准集装箱	10D	2 650	2 500	3 070	10 000	TB2114—1990 GB3218—1982
	5D	2 438	2 438	1 800	5 000	
	1D	900	1 300	1 300	1 000	

根据以上国家标准，通用集装箱的最小内部尺寸如表 4-2 所示。

表 4-2　通用集装箱的最小内部尺寸

分　类	型　号	高度 H（mm）	宽度 W（mm）	长度 L（mm）	门口高度 （mm）	门口宽度 （mm）
ISO 箱系列 1	1AAA	2 655	2 330	11 988	2 261	2 286
	1AA	2 340	2 330	11 988	2 261	2 286
	1A	2 197	2 330	11 988	2 134	2 286
	1AX	<2 197	2 330	11 988	2 261	2 286
	1BBB	2 655	2 330	8 931	2 261	2 286
	1BB	2 340	2 330	8 931	2 134	2 286
	1B	2 197	2 330	8 931		2 286
	1BX	<2 197	2 330	8 931	2 261	2 286
	1CC	2 340	2 330	5 867	2 134	2 286
	1C	2 197	2 330	5 867		2 286
	1CX	<2 197	2 330	5 867	2 134	2 286
	1D	2 197	2 330	2 802		2 286
	1DX	<2 197	2 330	2 802		2 286
ISO 箱系列 2 （方案）	2AAA	2 655	2 460	14 765	Ho—330	≥2 460
	2AA	2 350	2 460	14 765	Ho—330	≥2 460
	2CCC	2 655	2 460	7 264	Ho—330	≥2 460
	2CC	2 350	2 460	7 264	Ho—330	≥2 460
我国铁路行业 标准集装箱	10D	2 396	2 400	2 920	2 266	2 438
	05D	2 213	2 354	1 826	2 213	2 354
	01D	1 144	1 246	830	1 144	1 246

随着国际贸易中轻泡货比重的不断增加，加之发达国家公路建设水平和拖车能力的不断提高，集装箱也越造越大，出现了长度为 45 英尺、53 英尺甚至更大体量的集装箱。近年来，越来越多的 45 英尺集装箱通过海运进入我国，迫使我国不得不于 2008 年对原有集装箱标准进行了补充和修改。但由于国际和国内标准都没有为长度超过 40 英尺的集装箱预留英文字母代码，所以只能破坏原有的代码排序规则，将长度为 45 英尺的集装箱设定为 E 系列，在 1998 年版的国标中增设了 1EE 和 1EEE 两个箱型。

需要指出的是，ISO 系列中的 1CC 箱型，是钢制通用集装箱中最典型的一种类型。在集装箱数量统计中所使用的换算单位 TEU（标准箱），指的就是 1CC 箱型，TEU 就是英文词组 Twenty-foot Equivalent Unit 的缩写。但是在实践中，人们常将所有长度为 20 英尺的集装箱都统计为一个 TEU，而不论其高度上的差异。对于其他型号的集装箱，也不论高度差异，直接将其长度除以 20 英尺，所得即为该箱型的换算单位数。

三、集装箱的结构与标记

（一）集装箱的主要结构

集装箱通常都呈规则的长方体形状。通用集装箱一般都由两个侧壁、一个端壁、一个箱顶、一个箱底和一对箱门组成。其他类型的集装箱根据功能要求的不同，结构上也有不同程度的变化。下面仅以如图 4-1 所示的通用集装箱为例，说明集装箱的主要结构。

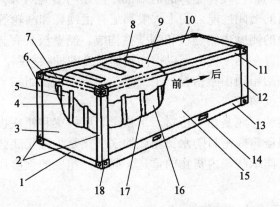

1—下横梁；2—角柱；3—端壁；4—端柱；5—端壁板；
6—端框架；7—上横梁；8—顶梁；9—顶板；10—箱顶；11—上桁材；
12—角柱；13—下桁材；14—叉槽；15—侧壁；16—侧壁板；17—侧壁柱；18—角件

(a)

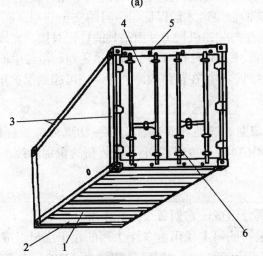

1—下底梁；2—箱底；3—侧框架；4—箱门；5—门锁凸轮；6—门锁杆

(b)

图 4-1 集装箱的主要结构

（1）框架。集装箱的框架包括前端部框架、后端部框架和两侧的侧框架。框架是承受外力最大的构件，当集装箱承载最大重量被吊起时，其框架必须能保证箱体不发生永久变形。因此，集装箱前后端部的框架，通常都采用高强度的钢材制作，抗拉强度通常应大于 50kg/mm^2。

（2）端壁。集装箱的端壁一般设在箱体的前端部，由端壁板和端柱组成。端壁镶嵌在前端部的框架上，具有较好的密封性。

（3）箱门。集装箱的箱门设在箱体的后端部，两扇门多为对分开启，用铰链与后角柱连接，具有防风、防雨的密闭性能。门上一般都配有由锁杆和凸轮等构成的门锁。

（4）侧壁。集装箱的侧壁由侧壁板和侧壁柱构成。侧壁板具有一定的强度和水密性。侧壁柱是以一定间距配置在侧壁板上用以提高箱体强度的柱状材料。

（5）箱顶。集装箱的箱顶由上桁材、上横梁、顶梁和顶板组成。为了防止漏水，集装箱的顶板大多由一张整板构成。

（6）箱底。集装箱的箱底是由下桁材、下横梁、底横梁和箱底板组成的。制造过程中常采用填料粘缝，以保证箱底密封防水。箱底的底横梁是加强箱底强度的主要材料，它与箱底板结合在一起，共同承载箱内货物的重量。同时，箱底的强度还要能够承受叉车进箱作业时的集中负载。

（二）集装箱的重要构件——角件

在集装箱每个箱角上都设有一个三面有孔的金属构件，这就是角件。集装箱作业中出现的任何载荷，都是由角件来承受或通过它来传递的。角件是集装箱的一个十分关键的构件，所以它必须具有足够的强度，才能保证集装箱的安全装卸、固定和运输。

在起吊集装箱时，角件与装卸机械上专用吊具的转锁对接，完成起吊装卸任务。在船舱内、甲板上或者平板运输车上，角件都可用于箱与箱之间、箱与甲板之间或箱与平板车之间的连接。在集装箱设计中把它安排在箱体的最外缘，还可起到保护集装箱其他部件的作用。

（三）集装箱的标记

为了方便集装箱的识别、流通和管理，简化各物流环节的交接手续，我国国家标准 GB/T1836—1997（idt ISO6346：1995）规定了集装箱的识别系统、尺寸和箱型代码、作业标记的相应标准。

1. 识别系统

识别系统由以下几部分组成，它们必须同时使用。

（1）箱主代码：集装箱的箱主代码由 3 个大写的拉丁字母组成。为了避免箱主代码出现重复，该代码在正式使用前都必须到国际集装箱局（BIC）登记注册，国际集装箱局每半年公布一次在册的箱主代码一览表。

（2）设备识别码：设备识别码由 1 个大写拉丁字母表示，一般用 U 表示所有的集装箱；用 J 表示集装箱所配置的挂装设备；用 Z 表示集装箱拖挂车或底盘挂车。

（3）箱号：集装箱的箱号也称为顺序号，一般由 6 位阿拉伯数字组成，如果不足 6 位，则应在前面置 0 以补足 6 位。

（4）校验码：校验码也称核对数字，它一般紧接于箱号之后，用一加方框的阿拉伯数字表示，用以检验箱主代码和箱号传递的准确性。

2. 尺寸和箱型代码

（1）集装箱的尺寸（指外部尺寸）代码必须用两位数字表示：第一位用数字或拉丁字母表示箱长，第二位用数字或拉丁字母表示箱宽和箱高。

（2）集装箱的箱型及其特征由两位字母表示：第一位由 1 个拉丁字母表示箱型，第二位由 1 个数字表示该箱型的特征。

3. 作业标记

（1）最大总重量和空箱重量。

（2）可择性作业标记：除包括最大总重量和空箱重量外，还有净货载（NET）、超高标记等。

根据有关标准的规定，箱主代码、设备识别码、箱号和校验码的字体高度不得小于 100 毫米；最大总重量和空箱重量的字体高度不得小于 50 毫米；且所有字体的宽度和笔画粗细应均匀，其颜色应与箱体颜色有明显的差别。

第三节　托　盘

一、托盘的概念

托盘是指在运输、搬运和存储过程中，将物品规整为货物单元时，作为承载面并包括承载面上辅助结构件的装置（GB/T18354—2006）。它既可以看作是装卸工具、储存工具、运输工具，又可以看作是一种特殊的包装形式。托盘具有和集装箱类似的作用，能把零散的物品组成一个较大的整体，以利于物品的装卸和运输。通俗地讲，托盘就像放着茶壶和茶碗的一个茶盘，可以将数量众多的物品一次性全部端走。

20 世纪 30 年代叉车出现之后，托盘首先在工业领域得到运用和推广，成为叉车的一种附属工具，与叉车配套使用，以实现装卸搬运作业的机械化。有时，托盘也可用于散装原材料、半成品和产成品的临时性堆放和运输。如今，托盘的应用范围已经从企业、车站、港口拓展到物流的所有环节之中。从生产线上将物品码上托盘时开始，到物品售给消费者或供给新的生产线使用为止，托盘要经过包装、装卸搬运、储存、运输等多个环节，贯穿于物流的全过程。在物流发达国家，托盘的保有量往往数以亿计。

托盘的出现促进了集装箱和其他集装单元器具的发展，使集装化技术的多样化优势得到发挥。例如，托盘与集装箱之间就有很强的互补性，同集装箱相比，托盘的优势主要体现在以下几个方面。

（1）自重小。因为托盘大多采用轻质材料制成，其相对自重远小于集装箱，所以用托盘进行装卸搬运或运输所花费的无效劳动较少。

（2）返空容易。由于托盘造价不高，很容易实行相互替代；而集装箱由于价值较大，拥有者一般不会轻易交换其所有权。所以，托盘无须像集装箱那样频繁地返空。即使出现返空，托盘也不会像集装箱那样浪费过多的运输能力。

（3）装卸简单。集装箱在进行装卸作业时，操作人员或机械必须进入箱内，作业难度较大；而托盘的装卸不受空间限制，装盘之后再通过捆扎、紧固等技术作业同样可以达到要求。

（4）装载量适中。托盘的装载量虽然不及集装箱，但也比一般的包装组合要大得多，而且它对装卸搬运机械的要求不高，具有更强的适应性。

托盘的主要缺点是：保护性比集装箱差，不宜露天存放，需要有仓库设施与之配套。

二、托盘的分类

（一）按托盘的实际操作和运用分类

（1）双向叉入型托盘，又称两个方向通路的托盘。指叉车的货叉可以从前面和后面两个方向进出的托盘，如图 4-2（a）所示。此类托盘又可细分为单面用托盘和双面用托盘。

（2）四向叉入型托盘，又称四个方向通路的托盘。指叉车的货叉可以从托盘的前后左右四个方向进出的托盘，如图 4-2（b）所示。这种类型的托盘同样也可细分为单面用托盘和双面用托盘。

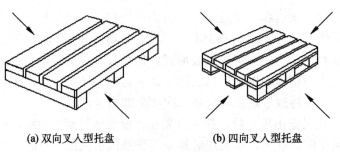

(a) 双向叉入型托盘　　　　　　(b) 四向叉入型托盘

图 4-2　托盘的分类

（二）按托盘的材质分类

虽然早期的托盘多是以木材为原料制成，但环保观念普及后，木材日渐变得稀缺和昂贵，导致木托盘的制造成本增加。近几十年来，随着材料技术的进步，塑料、铝合金等轻质材料的使用日渐增多，托盘的制作原料也有了更多选择，所以木制托盘所占的比重逐渐下降，其他材质的托盘则越来越多。

根据所使用材质的不同，目前较常见的托盘有木托盘、钢托盘、铝合金托盘、胶合板托盘、塑料托盘、复合材料托盘等。

（三）按托盘的负载重量分类

托盘在设计和使用中要考虑到它的负载，故可根据负载重量分为 0.5 吨托盘、1 吨托盘、2 吨托盘等。随着叉车额定功率的提高和托盘材质的改善，托盘的负载重量也有可能进一步提高。

（四）按托盘的结构分类

（1）平托盘，即平板式托盘。该类托盘是使用最为广泛的一种托盘，人们通常所说的托盘一般都是指平托盘。

（2）箱式托盘。是指在盘面上带有箱式容器的托盘。箱式托盘的构造特点是，托盘至少在三个面上有垂直的侧板，有的还采用完全封闭的容器，也有的采用条状或网状的货箱。箱式托盘有固定式、折叠式和可卸式等多种细类。由于四周栏板的不同，箱式托盘又有各种不同的叫法，例如，四周栏板为栅栏式的箱式托盘常被称为笼式托盘或集装笼。如图 4-3 所示即为最普通的箱式托盘。

（3）立柱式托盘。这种托盘没有侧板，但往往在托盘的四角设有立柱，如图 4-4 所示，有的还在立柱与立柱之间设置水平的横梁，形成门框型结构。柱式托盘的柱子一般都用钢材制成，分为固定式和可卸式两种。

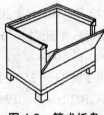

图 4-3　箱式托盘

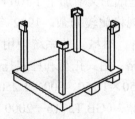

图 4-4　立柱式托盘

三、托盘的规格

托盘的规格通常是指托盘的长度与宽度尺寸，一般用"宽×长"来表示。因为托盘的长度和宽度及其相乘所得的面积，既会影响堆码其上的物品数量，又会影响运输工具或仓库堆场的利用率，所以这些要素之间在尺寸上如何配合一直是物流标准化研究的重要内容。

瑞典早在 1947 年托盘发展的初期，就制定了 800mm×1 200mm 的托盘尺寸标准。此后，瑞典的包装尺寸、仓库尺寸、货架尺寸以及铁路和公路车辆的尺寸都主动与 800mm×1 200mm 的托盘标准相配套，为其国内物流的合理化创造了有利条件。此后，随着托盘在世界范围的不断普及，欧洲各国之间又缺乏协调，托盘的使用者各自为政，致使托盘的尺寸出现混乱，不同国家之间的托盘流通出现困难。为了实现托盘联营，各国政府、商会、铁路联盟等经过长达 9 年的讨论与磋商，才最终达成统一采用 800mm×1 200mm 规格的协议。

国际标准化组织十分重视托盘规格的标准问题，并多次提出建议规格。

- 1961 年（ISO/R198）提出采用 800×1 200、800×1 000、1 000×1 200 三个尺寸标准（注：单位均为 mm，下同）。
- 1963 年（ISO/R329）建议在上述基础上增加 1 200×1 600、1 200×1 800 两个规格尺寸。
- 针对 1 200mm 系列托盘已在国际上广泛使用，但又与国际标准集装箱配套有困难的情况，加之美、英、日等国再三倡议采用 1 100mm 系列标准，所以国际标准化组织托盘委员会（ISO/TC51）于 1971 年提出：保留 1 200mm 系列的同时，增加 800×1 100、900×1 100 和 1 100×1 100 三种规格的托盘。
- 1988 年（ISO/TC51）为了防止托盘规格增加，引起世界物流系统的混乱，把 1961 年（ISO/R198）推荐采用的三个规格、1963 年（ISO/R329）增加采用的两个规格，以及 1971 年增加的三个规格，一起整合为四个规格：800×1 200、1 000×1 200、1 016×1 219 和 1 140×1 140。
- 2003 年，在难以协调世界各国物流标准利益的情况下，国际标准化组织在保持原有四种规格的基础上又增加了 1 100×1 100 和 1 067×1 067 两种规格。

我国托盘的规格比较繁杂。1982 年颁布的国家标准是：800×1 200、800×1 100 和 1 000×1 200 三种。机械工业系统使用 JB3003—81 规定，平托盘规格为：825×1 100、545×825 两个规格；箱式托盘和柱式托盘为：800×1 000 和 500×800。我国铁路使用的托盘规格主要有：850×1 250、900×1 250、950×1 250 和 1 000×1 250 四个规格。此外，我国还有：《托盘术语》（GB/T3716—2000）、《托盘包装》（GB/T16470—1996）、《塑料平托盘》（GB/T15234—1994）、《联运通用平托盘试验方法》（GB/T4996—1996）、《联运通用平托盘性能要求》（GB/T4995—1996）等国家标准。

为了推进我国的标准化事业，国内专家曾在 1996 年首次对托盘尺寸标准进行了统一修订，等效采用国际标准化组织 1988 年推荐使用的四种规格。在此后近 10 年的实践中发现，尽管我国使用的托盘规格还较多，但多数还是集中在 1 000×1 200 和 1 100×1 100 两种规格上。加之 2003 年国际标准化组织又增加了两种规格，降低了我国托盘标准的适应性，迫使我国不得不重新对国内标准进行修订。

2006 年，在中国物流与采购联合会托盘专业委员会的主持下，由交通部、铁道部、全国包装标准委等多家研究机构的专家共同组成课题组，在充分借鉴国际经验和广泛听取托盘专家意见基础上，最终选定了 1 000×1 200 和 1 100×1 100 两种规格作为我国托盘国家标准，并向企业优先推荐使用前者，以实现逐步过渡到一种托盘规格的理想目标。该方案于 2007 年 10 月 11 日得到国家质量监督检验检疫总局和国家标准化管理委员会的批准，并从 2008 年 3 月 1 日起正式在全国范围内实施。

四、托盘的码放

在托盘上码放同一形状的立体包装物品，可以采用多种交错咬合的办法进行码垛，以保证托盘货垛有足够的稳定性。码放良好的托盘货垛，甚至可以不再需要其他方式的加固即可进入物流作业过程。物品在托盘上码放的形式有很多，其中最常见的有四种，如图 4-5 所示。

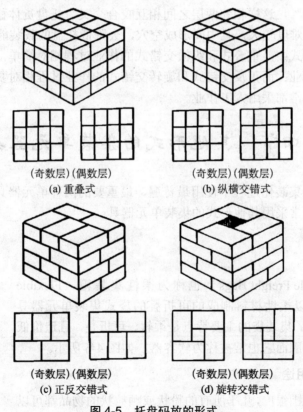

(奇数层)(偶数层)　　　　　(奇数层)(偶数层)
　(a) 重叠式　　　　　　　　　(b) 纵横交错式

(奇数层)(偶数层)　　　　　(奇数层)(偶数层)
　(c) 正反交错式　　　　　　　(d) 旋转交错式

图 4-5　托盘码放的形式

（1）重叠式。如图 4-5（a）所示，即各层码放方式相同，上下对应。这种形式的优点是：工人操作速度快；缺点是：各层之间缺少咬合，稳定性较差，容易发生塌垛。在物品本身底面积较大时，可采用这种形式进行码放。一般情况下，重叠式码放再配以各种紧固措施则不但能保持货垛的稳固，而且还可以发挥其高效省力的优点。

（2）纵横交错式。如图 4-5（b）所示，即相邻两层物品的码放方向相互交错 90°，一层呈横向放置，另一层则呈纵向放置。一般是装完一层之后，利用转向器将托盘旋转 90°再装另一层。这样码放的各层之间有一定的咬合效果，但咬合强度不高。这种码放的装盘作业过程也较简单，如果配以托盘转向器，则工人只需用同一装盘动作便可实现纵横交错的效果，劳动强度和重叠式相似。

（3）正反交错式。如图 4-5（c）所示，即在同一层中，不同列的物品相互垂直，而相邻两层的物品码放形式则相互交错 180°。这种方式类似于建房砌砖的方式，不同层之间的咬合强度较高；其缺点是：操作较为麻烦。

（4）旋转交错式。如图 4-5（d）所示，即第一层相邻的两个包装体都互为 90°，两层间的码放又相差 180°，这样相邻两层之间相互咬合交叉，托盘货体稳定性较高，不易塌垛。其缺点是：码放难度较大，且中间形成空穴，会降低托盘的载装能力。

以上几种码放形式中，重叠式和纵横交错式的作业过程相对简单，比较适宜于采用自动装盘机进行装盘作业；而正反交错式和旋转交错式的作业过程相对复杂，采用自动装盘机有一定的难度，通常都采用人工作业。

第四节　其他形式的集装单元器具

集装箱和托盘是集装化过程中使用最普遍、最重要的两种单元器具。除此之外，人们还根据实际需要，经常采用其他形式的集装单元器具。

一、集装袋

集装袋（Flexible Freight Bags）也称为柔性集装箱（Flexible Container），是一种以柔性材料制成的可折叠的袋式集装单元器具（GB/T18354—2006）。集装袋的主要特点是柔软、可折叠，且造价低廉，便于回收复用，因而它也常被称为软容器，如图 4-6 所示。

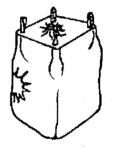

图 4-6　集装袋

（一）集装袋的用途

集装袋的使用范围很广，几乎所有的粉状或颗粒状的物品都可以使用集装袋完成流通任务。如果按物品类型进行展开，集装袋的用途主要体现在下述几个方面。

（1）盛装食品。可用于盛装面粉、食糖、淀粉、食盐、大米、玉米、豆类等。

（2）盛装矿砂。可用于集装白云石烧结块、重烧菱苦土、萤石粉、水泥、黏土、石膏等。

（3）盛装化工原料和产品。可用于盛装硫酸铵、尿素、硝酸铵、化肥、纯碱、芒硝、染料及高分子塑料树脂等。

（二）集装袋的类型

（1）按袋形分主要有圆筒形和方形两种，其中以圆筒形集装袋居多，方形集装袋较少。方形集装袋的底边长大多为 890mm。

（2）按吊袋位置和装卸方式分，可分为顶部吊袋式、底部吊袋式、侧面吊袋式、叉车式（无吊袋）和托盘式等。顶部吊袋式集装袋仅有由袋口充当的一根吊袋；底部吊袋式集装袋由四根吊袋一直延伸到袋子的底部；侧面吊袋式的吊袋分布于集装袋两侧，一般也有四根。

（3）按制造材料分，可分为胶布集装袋、树脂加工布袋和交织布袋等。此外，还有用各种皮革或复合材料制成的集装袋。

（4）按有无卸料口分，可分为有卸料口和无卸料口集装袋两种。

其他的还有按使用次数或制作方法的分类，在此不再详述。

（三）集装袋的操作过程

1. 装料

将集装袋口对准灌装料漏斗口，一般采用人工接通，有时用绳子临时扎紧，以免粉尘或颗粒滑出，完成充满集装袋的任务。

2. 运输

根据集装袋的类型和种类，选用吊车、叉车、传动带进行装卸，采用卡车、船舶等运输工具进行运输，完成物品的空间转移。

3. 卸料

运输物品到达目的地以后，用吊车或叉车将集装袋吊起，对准料槽的进料口及其他堆放容器的口，打开集装袋底的卸料口的绳索，袋内的物品很快即可卸完。

4. 回收

能多次性反复使用的集装袋卸完货物后，进行空袋回收。

集装袋的出现和使用，是粉粒状物品运输方法的一次革命。采用集装袋代替纸袋、塑料袋及其他粉粒包装物，极大地提高了装卸、运输效率，节约了原材料，降低了包装费用和人工费用。

二、货捆

货捆也是集装化的一种形式。它是采用各种材料的绳索，将物品进行多种形式的捆扎，使若干单件物品汇集成一个单元的集装化方法。货捆化的物品可以更好地利用运输工具，提高运输能力利用率，更好地利用仓库堆场，提高仓容利用率。

货捆主要适用于木材、钢材等长件物品。例如，主要木材出口国的木材流通就大多采用货捆方式。苏联在木材流通中采用半刚性吊索将木材捆成货捆，在整个运输过程中不解捆。他们所采用的半钢性吊索由交通部门统一制造维修，归铁路部门所有，货主租用。美国的货捆则采用了"活捆"的方式，既利用了货捆化的好处，提高了船舶装卸效率，又克服了"死捆"降低舱容利用率的缺点。

如图 4-7 所示是长形圆钢捆扎成集装货件的情形。当货件小于 6m 时，一般采用双捆方法，在离货件两端部 1.5m 处分别用金属线捆绑两扎。当材料长度大于 6m 时，则需采用三根捆绑线，两端的捆绑线一般距离货件端部 0.3～0.5m。对于钢板、钢带等，可采用钢质包皮包装成捆，根据包装后的长度来确定捆绑道数和位置。金属管材的集装，一般是先把管材码放在钢丝（或其他捆扎物）上，然后收紧钢丝，形成端面呈圆形或梯形的集装单元。

我国流通领域内经常采用自货预垫或绳索预垫等简易方法，以实现"三材"的货捆化。自货预垫是指装车前用货物本身（主要是木材、毛竹等）在车船底板和货层之间进行预垫，在车厢的两侧进行预隔（将货物与车帮隔开），以便卸车时套索。绳索预垫是指装车前将带套扣的绳索预垫在货物下，卸车时吊钩吊住套扣即可将货物直接吊下。这两种方法虽然都十分简单，但对提高物流效率却具有十分明显的效果。

三、框架

对于易变形的长件物品可以采用集装框实现集装化，而对于玻璃、陶瓷等易碎物品则可采用集装架实现集装化。这两种形式的集装单元器具统称为框架，框架也是集装化的一种重要手段。由于集装框和集装架都属于专用的集装单元器具，所以在实际运用中经常要进行回收再利用。

有些框架对物品的适应性较强，如门字形框架几乎可用于所有的长形材料。如图 4-8 所示是用门字形框架集装钢管的情形，这种门字形集装框架是用较小的钢管制作的卡箍和木条构成；而有些框架则专用性很强，只适用于某种特定形状的物品。对于一些外观特殊的物品，若要进行框架集装，则往往需要专门设计框架，以适应其特殊的要求。

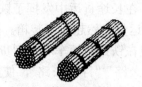
图4-7　长形圆钢的捆扎

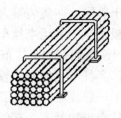
图4-8　门字形框架

四、滑板

滑板又称薄板托盘或滑片，是托盘的一种变形体。从外形上看，它就是与托盘尺寸一致的、带翼板（勾舌、卷边）的平板，如图 4-9 所示。与托盘一样，滑板也可用以承放物品组成装卸单元。与滑板相匹配的装卸搬运机械是带推拉器的叉车。取货时，先用推拉器的钳口夹住滑板的壁板，同时将叉车的货叉向前伸，以便把滑板货体拉到货叉上；卸货时，只需对准货位，用推拉器将滑板货体推出货叉即可。

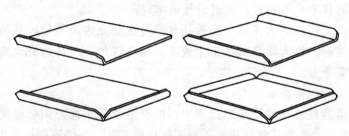
图 4-9　各种形状的滑板

滑板既具有托盘的优点，又克服了托盘材料消耗大、流通周转繁杂、自重大、占用作业场地多的缺陷。但是，由于与滑板匹配的带推拉器的叉车本身比较笨重，机动性差，效率低，因而制约了滑板的应用。对于纸箱装食品、纺织品等包装一致且比重较小的货物，很容易通过滑板实现集装化。

五、半挂车

半挂车相当于一种带轮的大型集装箱，按照 ISO 的定义，半挂车不属于集装箱的范畴。对铁路来说，半挂车经常是平板车的运输对象；对于水运来说，半挂车经常是滚装船的运输对象；而对于公路运输来说，半挂车本身就是一种运输工具，它既可以单独由牵引车牵引，又可以组合成车列由牵引车牵引进行运输。显然，在铁路和水运方式下，半挂车起着集装的作用，是一种集装单元器具。

半挂车产生于美国。在集装箱大发展以前的 20 世纪 50 年代，铁路为了与公路运输竞争，发展了在平板货车上装运半挂车的运输形式，在长途货运中发挥了铁路与公路各自的优势。目前，美国铁路拥有的半挂车数和其完成的运量仍然超过集装箱。在加拿大、欧洲、澳大利亚等国家，半挂车也得到了较快的发展。现在铁路平板车和大型货船不仅装运半挂车，而且连牵引车一起装运，形成了所谓的"滚动公路""浮动公路"，使"公""铁""水"三种运输方式的结合更加紧密，有效促进了物流的合理化。

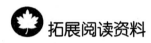 **拓展阅读资料**

中国托盘行业存在的问题

（1）使用方式落后，不能完全发挥托盘的优点

托盘本身是为配合高效物流而诞生的一种集装化物流器具，可以说托盘是贯穿现代物流系统各个环节的连接点。但是在我们实际使用中由于规格不统一，造成托盘不能在物流作业链中流通使用，仅局限于企业内部。

（2）受托盘周转方式的制约，流通过程成本过高

从调研中可以发现，绝大多数企业的托盘都是在企业内部周转，从而使企业的产品经过多次人工搬运装卸，极大地降低了工作效率，相应增加了产品的流通成本，从而降低了产品在市场中的竞争力。

（3）难以与国际规格接轨

由于目前托盘的规格标准不统一，使中国的托盘使用不能与国际运输器具如国际通用的集装箱等相匹配。企业为了能适应相关的国际运输工具，不得不向托盘生产企业订购与本企业周转使用规格不一致的托盘，从而增加了企业的出口成本，降低了产品的国际竞争力。

资料来源：http://ishare.iask.sina.com.cn/f/34042963.html?retcode=0

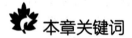 **本章关键词**

集装化、集装单元器具、集装箱、托盘、货捆、框架

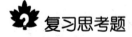 **复习思考题**

1. 简述集装化的经济意义以及实施的基本条件。

2. 按照用途和规格尺寸的不同，集装箱是如何进行分类的？常用的统计单位 TEU 是什么意思？

3. 说明集装箱的主要结构。

4. 集装箱的标记由哪几部分构成？各代表什么意义？

5. 简述托盘的分类。

6. 简要介绍国际标准化组织（ISO）提出的托盘规格标准和我国颁布或使用的托盘规格类型。

7. 举例说明其他集装单元器具的用途及其操作方法。

第五章 装卸搬运

装卸搬运是随着运输、储存等物流活动的出现而产生的一种必不可少的物流功能要素。它的最基本工作内容包括装车（船）、卸车（船）、入库、出库、堆垛、拆垛等。装卸搬运已经渗透到了物流领域的各个方面，它伴随着物流活动的全过程，是联系物流其他功能要素的最关键要素。装卸搬运作为现代物流的核心要素之一，对于提高物流效率、降低物流成本、改善物流服务质量，都具有十分重要的意义。

第一节 装卸搬运概述

在同一地域或地点（如工厂、车站、码头、机场、仓库、货场等）范围内，以改变物品的存放地点或支承状态为目的的活动称为装卸（Loading and Unloading）。我国国家标准《物流术语》（GB/T18354—2006）对装卸的定义是：物品在指定地点以人力或机械载入或卸出运输工具的作业过程。在同一地域或地点范围内，以改变物品的空间位置（通常指短距离的空间位移）为目的的活动称为搬运（Handling/Carrying）。国标对搬运的定义是：在同一场所内，对物品进行空间移动的作业过程。由于这两类物流活动经常相伴而生，且作业设备通常也难以区分，所以人们习惯于将二者统称为装卸搬运，有时也简单地用"装卸"或"搬运"表示"装卸搬运"的内涵。当然，若要强调物品存放状态的改变，就称"装卸"；若要强调物品空间位置的改变，就称"搬运"。

一、装卸搬运的地位与作用

在物流作业过程中，装卸搬运是不断出现和重复进行的，它出现的频率通常都会高于物流的其他功能要素。而且，由于装卸搬运会花费较多的作业时间，所以装卸搬运的效率往往成为决定物流整体效率的关键。同时，由于装卸搬运也会消耗大量的人力、物力和财力，其成本在物流总成本中占有相当大的比重，所以装卸搬运合理化也是降低物流总成本的重要手段。在整个物流大系统中，装卸搬运的地位主要体现在以下两个方面。

（一）装卸搬运是连接物流各环节的桥梁

物流的各个环节（功能）之间或者同一环节的不同阶段之间，都必须有装卸搬运作业进行衔接。例如，运输过程完成之后，货物要进入仓库之前，就必须进行装卸搬运。正是装卸搬运把"物"运动的各个阶段连接成为连续的"流"，使物流过程真正浑然一体。

　　装卸搬运衔接各种不同的运输方式，使多式联运得以实现。通常，经过多式联运进行运输的物品，至少要经历四次以上的装卸搬运作业，有时甚至要经过多达几十次的装卸搬运才能最终到达目的地。因此，装卸搬运是多式联运得以展开的前提基础。

（二）装卸搬运是生产和流通过程的重要组成部分

　　实际上，采掘行业的生产过程，本质上就是装卸搬运过程；即便是在加工或流通行业内，装卸搬运也是生产过程不可或缺的重要组成要素之一。美国有关人士曾经指出，当前美国产品的全部生产时间只有 5%用于加工制造，而 95%的时间都是在装卸搬运、储存和运输等物流过程中消耗掉的。据统计，在运输的全部作业过程中，装卸搬运所占时间约为一半。在我国，机械加工企业每生产 1 吨成品，大约需要进行 252 吨次的装卸搬运。据估计，我国机械加工行业用于装卸搬运的成本约为加工总成本的 15.5%。因此，组织好装卸搬运工作的重要作用在于以下几点。

　　（1）加速车船周转，提高港、站、库的利用效率。

　　（2）加快物品送达速度，减少流动资金占用。

　　（3）预防各种事故的发生，减少货损货差。

　　总之，改善装卸搬运系统能显著提高物流活动的经济效益和社会效益，使装卸搬运系统在提高本身效益的同时，能够为整个生产系统赢得更大的经济效益。

二、装卸搬运的特点

　　装卸搬运是贯穿所有物流活动始终，出现频次最高的物流基本功能要素，同生产或流通领域的其他活动相比，装卸搬运具有以下特点。

（一）装卸搬运具有伴生性和起讫性

　　装卸搬运是伴随生产与流通的其他活动而发生的。无论是生产领域的加工、组装、检测，还是流通领域的包装、运输、储存，一般都以装卸搬运作为起始和终结。所以说，无论是在生产还是在流通领域，装卸搬运都是不可缺少，且与其他相关活动密不可分的，具有明显的"伴生性"和"起讫性"特点。

　　正是装卸搬运的这种伴生性和起讫性特点，导致了它经常被人们所忽视，而只被看作是其他活动过程的一部分。例如，汽车运输和仓库储存都需要伴生性和起讫性的装卸搬运，但实际上人们常将其理解为汽车运输或仓库储存活动的一部分，而不是一项独立的作业活动。

（二）装卸搬运具有保障性和服务性

　　装卸搬运既不改变作业对象的物理或化学性质，又不参与零部件的组装或机器设备的拆解；既不消耗作业对象，也不排放废弃物；既不产生有形的产品，也不改变作业对象的使用价值。装卸搬运只改变作业对象的支承状态或空间位置，主要为生产或流通领域的其他作业提供"保障性"和"服务性"的劳务服务。

装卸搬运的这种保障性和服务性，不能理解为附属性和被动性。事实上，装卸搬运经常对其他物流活动起着决定性作用，装卸搬运的质量和效率直接影响其他物流活动的速度和水平。例如，装车不当会导致运输事故的发生，卸车不当也会引起车辆延误或仓储堆码环节发生问题。

（三）装卸搬运具有复杂性和延展性

通常认为，装卸搬运只改变物品的存放状态或空间位置，是一种比较单纯的作业活动。但由于装卸搬运经常与运输、存储等环节相伴生，往往还要同时完成堆码、装载、加固、计量、取样、检验和分拣等作业，因此其作业过程是相当复杂的。同时，这些作业也可以看作是装卸搬运的分支或附属活动，它们延展了其"改变物品存放状态或空间位置"的内涵，使装卸搬运具有了一定程度的延展性。

根据装卸搬运的复杂性和延展性特点，人们在组织装卸搬运时，应该使其对这些附属作业具有相应的适应能力。

三、装卸搬运的分类

（一）按装卸搬运作业的场所分类

根据装卸搬运作业场所的不同，流通领域的装卸搬运基本可分为车船装卸搬运、港站装卸搬运和库场装卸搬运三大类。

（1）车船装卸搬运是指在载运工具之间进行的装卸、换装和搬运作业，主要包括汽车在铁路货场和站台旁的装卸搬运、铁路车辆在货场及站台的装卸搬运、装卸搬运时进行的加固作业，以及清扫车辆、揭盖篷布、移动车辆、检斤计量等辅助作业。

（2）港站装卸搬运是指在港口码头、车站、机场进行的各种装卸搬运作业，主要包括码头前沿与后方之间的搬运、港站堆场的堆码、拆垛、分拣、理货、配货、中转作业等。

（3）库场装卸搬运通常是指在货主的仓库或储运公司的仓库、堆场、货物集散点、物流中心等处进行的装卸搬运作业。库场装卸搬运经常伴随物品的出库、入库和维护保养活动，其操作内容多以堆垛、上架、取货为主。

在实际运作中，这三类作业往往是相互衔接、难以割裂的。例如码头前沿的船舶装卸作业与港口和船舶都有联系，而这两者分别对应着港站装卸搬运和车船装卸搬运，所以作业的内容和方式肯定十分复杂，在具体组织实施的过程中，必须认真对待。

（二）按装卸搬运作业的内容分类

根据装卸搬运作业内容的不同，装卸搬运可分为堆码拆取作业、分拣配货作业和挪动移位作业（即狭义的装卸搬运作业）等形式。

（1）堆码拆取作业包括车厢内、船舱内、仓库内的码垛和拆垛作业，按规定位置、形状和其他要求放置或取出成件包装物品的作业，也包括按规定的位置、形状和其他要求堆存和取出散堆物品的作业等。

（2）分拣配货作业包括将物品按品类、到站、货主等不同特征进行分类的作业；按去向、品类构成等原则要求，将已分类的物品集合为车辆、集装箱、托盘等装货单元的作业等。

（3）挪动移位作业即狭义的装卸搬运作业，包括单纯地改变物品的支承状态（如从汽车车厢上将物品挪动到站台上）的作业，显著地（距离稍远）改变物品空间位置的作业等。

（三）按装卸搬运的机械及其作业方式分类

根据装卸搬运机械及其作业方式的不同，装卸搬运可分为"吊上吊下"、"叉上叉下"、"滚上滚下"、"移上移下"及"散装散卸"等方式。

（1）吊上吊下方式，是利用各种起重机械从物品上部起吊，依靠起吊装置的垂直移动实现装卸，并在吊车运行或回转的范围内实现搬运（包括连同集装器具一起搬运）。

（2）叉上叉下方式，是叉车从物品底部托起物品，并依靠叉车的运动进行物品位移，位移完全依靠叉车本身的运行，物品可不经中途落地直接放置到目的地。

（3）滚上滚下方式，主要是指在港口对船舶所装载的物品进行水平装卸搬运的一种作业方式。在装货港，用拖车将半挂车或平车拖上船舶，完成装货作业。待载货车辆（包括汽车）连同物品一起由船舶运到目的港后，再用拖车将半挂车或平车拖下船舶，完成卸货作业。

（4）移上移下方式，是将两个载运工具（如火车与汽车）进行对接，把物品从一个载运工具水平或上下移动到另一个载运工具上的作业方式。

（5）散装散卸方式，是指对散状物品不加包装地直接进行装卸搬运的作业方式。在采用散装散卸方式时，物品在从起始点到终止点的整个过程中不再落地，它是将物品的装卸与搬运作业连为一体的作业方式。

（四）按装卸搬运的作业特点分类

根据作业特点的不同，装卸搬运可分为连续装卸搬运与间歇装卸搬运两大类。

（1）连续装卸搬运，是指采用皮带机等连续作业机械，对大批量的同种散状物品或小型件杂货进行不间断输送的作业方式。在采用连续装卸搬运时，作业过程中间不停顿、散货之间无间隔、小型件杂货之间的间隔也基本一致。连续装卸搬运适用于批量较大、作业对象无固定形状或难以形成大包的情形。

（2）间歇装卸搬运，是指作业过程包括重程和空程两个部分的作业方式。间歇装卸搬运有较强的机动性，广泛适用于批量不大的各类物品，对于大件或包装物品尤其适合，如果配以抓斗或集装袋等辅助工具，也可以对散状物品进行装卸搬运。

第二节 装卸搬运的技术装备

基于装卸搬运特殊的地位与作用，人们一直致力于装卸搬运效率的提高。同其他所有社会化大生产一样，机械化和自动化是提高装卸搬运效率的最有效手段。装卸搬运的各种技术装备是组织装卸搬运工作的物质基础，除了常规通用的装卸搬运机械，针对散装和一些特殊物品的装卸搬运要求，人们还开发了很多个性化的特殊设施或设备。本书将装卸搬运过程中所使用的各种机械、设施或设备的总和统称为装卸搬运的技术装备。

一、主要的装卸搬运机械

装卸搬运机械是指用来对物品进行装卸或搬运的各种机械、设备和工具的总称。按照用途或结构特点的不同，装卸搬运机械可分为起重机械、装卸搬运车辆和连续输送机械三大类。

（一）起重机械

起重机械是指依靠人力或机器动力使物品做上下、左右、前后等间歇性、周期性运动的转载机械。主要用于起重、运输、装卸、机器安装等作业领域。

1. 轻小型起重机

轻小型起重机是指仅有一个升降机构的起重机。如滑车、手动或电动葫芦等。其中，电动葫芦配有小车，也可以沿轨道运行。

2. 门式起重机

门式起重机又称龙门起重机，是一种桁架结构的起重机械，有轨道式和轮胎式两类，如图 5-1 所示。轨道式龙门起重机的支脚沿轨道运动。轮胎式龙门起重机则不受轨道限制，运动范围较大。门式起重机的起吊机构在梁架上运动可完成起吊和纵横两个方向的移动作业。

门式起重机起重量较大，其起重能力通常可达 300 吨以上。起重机可在重载状态下运动，同时完成装卸和搬运两项作业。有的门式起重机有较长的悬臂，伸离支脚轨道范围覆盖火车、汽车或船舶装卸区。门式起重机适宜于在转运中心、港口及车站使用。

3. 桥式起重机

桥式起重机又称梁式起重机或天车，与门式起重机原理基本相同，所不同的是门式起重机的两端有高支腿，直接在地面上行走；而桥式起重机的支腿很短或根本没有支腿，行走的轨道要架设在建筑物的立柱上，如图 5-2 所示。桥式起重机可以节省支脚所占的地面面积，且造价低廉，特别适宜于在仓库或厂房内使用。

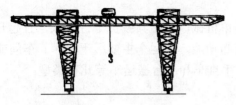

图 5-1　门式起重机

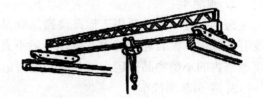

图 5-2　桥式起重机

4. 臂架式（旋转式）起重机

臂架式（旋转式）起重机是一种可在环形场地及其空间作业的起重机。主要由可以旋转和变幅的臂架支撑，完成起重作业。常用的类型有港口码头常用的岸壁起重机，建筑工地常用的塔式起重机，以及汽车起重机、履带式起重机和船吊（浮吊）等。

门座式起重机通常简称为门机或门吊，是港口码头、造船厂或其他露天作业场所经常使用的一种大型臂架式（旋转式）起重机。它的底座由四根粗壮的支撑腿构成，形成四扇高大的门框。门式底座上面安装的起重臂架不仅可以 360°水平旋转，而且还可以上下俯仰以调节旋转半径。作为码头岸壁起重机使用时，起重臂架一边覆盖船舱，另一边覆盖码头前沿，通过起重臂架的旋转和俯仰实现船舶与码头之间的物品装卸，如果配上抓斗，还可以用于矿石、煤炭等散装物品的装卸。

5. 堆垛起重机

堆垛起重机是指可以在自动化仓库的高层货架之间或高层码垛货场完成取送、堆垛、分拣等作业的起重机。其突出的特点是在可以升降的载货台上装有可以伸缩的货叉机构，能方便地在指定的货格或位置上放取单元化物品。

（二）装卸搬运车辆

装卸搬运车辆是指通过可自由运行的车辆与装卸机构相配合，来完成以水平运动为主的搬运、装卸、码垛、拆垛任务的一种装卸搬运机械。其中，也有部分装卸搬运车辆没有装卸机构，不具备装卸功能。主要的装卸搬运车辆有叉车、搬运车、牵引车和挂车等。

1. 叉车

叉车又名叉式装卸车、叉式搬运车、叉式举货车等，它以货叉作为主要的取物装置，依靠液压起升机构完成物品的托取、装卸、码垛、拆垛等作业任务，由轮胎运行机构实现物品的水平移动。叉车是物流领域最常用的装卸搬运机具，由于作业环境和作业要求的不同，叉车有很多不同的类型。根据动力来源的不同，叉车可分为内燃式叉车、电动式叉车和手动式叉车；根据结构的不同，叉车可分为平衡重式叉车、前移式叉车和侧叉式叉车；根据功能的不同，叉车可分为集装箱叉车、拣选叉车和堆垛叉车等。

2. 搬运车

搬运车是一种主要用于短距离搬运物品的简单机械，由于其载货平台很低，且起升高度有限或根本没有起升能力，所以一般不具备装卸功能。搬运车主要用于仓库、车间或物流据点内的小型物品搬运，可分为托盘搬运车、手推车和平台搬运车等几种类型。

3. 牵引车和挂车

牵引车是指具有机动牵引能力，但本身不能载货的车辆。牵引车根据动力来源的不同，可分为内燃牵引车和电动牵引车；根据动力大小可分为普通牵引车和集装箱牵引车。挂车则是指没有动力装置，专门用于装载货物的平台式车辆，它必须由牵引车牵引才能运行。当牵引车与一个或多个挂车配合使用时，就构成了牵引列车，可进行较长距离的物品搬运，具有较高的效率和较好的经济性。

4. 自动导引搬运车

自动导引搬运车简称 AGV（Automated Guided Vehicle），是指具有电磁或光学导引装置，能够按照预先设定的导引线路行走，具有自动行驶和停车装置、安全保护装置以及各种移载功能的运输小车。自动导引搬运车主要用于运送外形标准的模具或原材料，由于运送物品的重量一般较大，所以需配备功率较大的移载装置。自动导引搬运车最初主要应用于装配生产作业线，目前在邮政、烟草、电子等行业的仓库内都有广泛应用。

5. 码垛机器人

机器人是一种通过大量的信息系统编程使之能完成类似于人的一个动作或一系列动作的机器。在物流领域，机器人主要用于物品的分类或码垛。码垛机器人能自动地将不同外形尺寸的包装物品整齐地码放到托盘上，适宜于在高温、有毒的环境中代替人工作业，不仅能保护物流作业人员的身体免受伤害，而且还具有作业速度快、操作准确性高的优点。

（三）连续输送机械

连续输送机械是沿着一定的线路从装货点到卸货点连续均匀输送散状或小包装的件杂货物的机械设备。按照安装方式的不同，连续输送机械可分为固定式和移动式两大类。固定式输送机是指整个设备固定安装在一个地方，不能移动，主要用于专用码头、仓库和车间等作业量稳定的场合；移动式输送机是指整个设备安装在车轮上，可以移动，具有机动性强、利用率高的优点，主要适用于各种中小型的仓库和堆场作业。典型的连续输送机械主要有以下几种。

1. 带式输送机

带式输送机是一种利用输送带，既作为牵引构件，又作为承载构件的连续输送机械，一般用于水平或较小倾角的物品输送。整个输送带都支承在托辊上，并且绕过驱动滚筒和张紧滚筒，可以连续装载散状或小包装的件杂货物。

2. 斗式提升机

斗式提升机是垂直提升散碎物品的连续输送机械。它的牵引件可以是橡胶带或链条，在牵引件上按一定的间距固定着很多料斗，由驱动装置带动牵引件回转，料斗从提升机的底部刮起物料，随牵引件上升到顶部后，绕过链轮或者卸料滚筒，物料即从料斗内卸出。

3. 悬挂输送机

悬挂输送机是指将装载物品的吊具通过滑架悬挂在架空轨道上，滑架受牵引构件（链条等）的牵引，沿架空轨道悬空输送物品的机械。它可以输送装入容器的成件物品，也常用于工厂内部的成品或半成品输送。

4. 埋刮板输送机

埋刮板输送机是指在牵引构件（链条或钢丝绳等）上固定刮板，牵引构件和刮板受驱动构件的牵引沿着封闭的料槽运动而输送散装物品的机械。它一般用于水平方向或30°倾角范围内的倾斜输送。

5. 螺旋输送机

螺旋输送机是指将带有螺旋叶片的转轴装在封闭的料槽内旋转，利用螺旋面的推力使散状物品沿着轴线方向移动的一种连续输送机械。

6. 辊式输送机

辊式输送机由许多定向排列的辊柱组成，辊柱可以在动力驱动下不停地旋转，以带动上置物品的移动，也可以在无动力的情况下，由人力或物品的自重带动物品在其上移动。

7. 滚轮式输送机

滚轮式输送机与辊式输送机的原理基本相似，所不同的是滚轮式输送机采用的不是辊柱而是一个个小轮子，其外观如同算盘一样，所以也称为算盘式输送机。

8. 振动输送机

振动输送机是利用某一形式的激振器（机械式或电磁式）使运料槽体沿某一方向产生振动，从而将物品由一端运送至另一端的输送设备。

9. 气力输送装置

气力输送装置是指沿一定的管线路径，借助于气流（通常采用空气流）的裹挟作用，对散状、颗粒状或粉状物品进行输送的设备。气力输送装置结构简单，能有效保护环境，被广泛应用于粮食、水泥等物资的装卸搬运。

二、散装物品的装卸搬运

由于散装物品具有可流动性，所以人们经常利用物品的自重，使用泵、铲、传送带等机具进行装卸搬运作业。为了进一步方便销售和运输，有时必须确定在物流系统的某一环节将散装物品装入较小的容器内，也有时同一批货物中有一部分进行袋装，而另一部分进行散装。例如，在船舶运输中，常将袋装的大米放在散装大米的顶部，以使装载保持稳定。

（一）散装物品的专用装卸搬运设备

不同的散装物品有着不同的装卸搬运特点，装卸搬运设备的结构也不同。若使用风动设备或泥浆喷射系统进行装卸搬运，还需将散装物品的颗粒研磨成统一大小的粉末。常见的散装装卸搬运设备有以下几种。

1. 装载机

装载机是以装载货物为主要目的，将物品由货场取出，通过运输系统装车或装船的组合机械。典型的装载机有装车机、装船机等。

2. 卸载机

卸载机是以卸载物品为主要目的，将物品从车或船中取出，运往货场或仓库的组合机械。典型的卸载机有链斗式卸车机、螺旋卸车机等。

3. 翻车机

翻车机是使货车翻转倾倒，以便将物品卸入地下输送系统的一种大型机械设备。翻车机一般需要有重车推入和空车牵出等辅助装置的配合才能使用。

4. 堆取料机

堆取料机是既能从货场上挖取散状物品输送到指定地点，又能将散料物品通过输送系统送入货场堆放的大型机械。按照其功能可分为取料机、堆料机和堆取料机三种。

（二）典型的散装物品装卸搬运系统

1. 泥浆喷射系统

泥浆喷射系统是将固体材料粉碎成一定大小的颗粒，然后与水混合形成流态的泥状物质，用动力泵加压，通过管道进行输送。待货物到达目的地后，再通过一定的方法将水沥出，使水和固体颗粒相分离。

火车也可用来输送这种泥状物。例如，瓷土（一种用作造纸原料的黏土）开采后通过加水和脱水过程，就可使之与混合在一起的沙子相分离；分离后的黏土再经过一系列的机械操作处理，其湿度可减少到 35%左右，形成一种较重的胶质膏状物质，达到造纸车间所要求的稠度，即可用火车运送到造纸厂。在运输的瓷土中固然包含相当多的水分，但与在采石场将水分全部除去后送达造纸车间再加水所支出的费用相比，还是节省得多。

2. 干散货物的装卸搬运系统

干散货物的装卸搬运系统一般是很大的，它们很多都是为了适应特殊需要而进行专门设计和安装的。下面列举几个例子，以说明干散货物装卸搬运系统的构造和功能。

运煤货车是固定编组的单元重载列车。卸车时，车辆不摘钩，整列车行驶到卸车地点。当一辆货车停在圆筒旋转范围内的精确位置时，通过圆筒和货车车体的"咬合"，圆筒旋转180°，货车车体随之旋转倾斜将煤倒出。而后回转圆筒，车体恢复原位、脱扣，车列向前移动。重复上述过程直到最后一节车辆卸空。这种卸车专用设备称为翻车机系统，它每卸一辆货车仅需时90秒。通常运煤车的每车可载重120吨，整列车由110辆货车组成，翻车机系统的作业效果十分明显。

美国明尼苏达州苏必略湖西端有一个很大的铁矿石中转站，该中转站的主要任务是将铁路运来的矿石装船。由于每年完成的装卸作业量相当大，所以配备有大量的专用设备。为了方便作业，铁矿石在运到中转站之前都已被加工成小球状。矿石在卸货站台通过翻车机系统进行卸货，然后被输送到指定的堆存场地进行储存，直至最后通过传送带被装上船舶为止。由于当地的航道每年有四个月冰封期不能航行，所以该中转站必须拥有足够大的堆存场所，以调节运输能力的季节性不平衡。据估计，该堆场可以存储约200万吨的铁矿石（相当于装20 000辆货车），基本能够满足中转运输的需要。

美国西雅图港的散装货物（谷物）装卸系统是另一种较有代表性的干散货装卸搬运系统。这个系统通过铁路和卡车两种方式运入和收到谷物。所有卸车、入库、装船等作业过程都通过自动化专用设备完成。其中特别值得一提的有两点：第一，为防止空气污染，该系统装置了灰尘收集和灰尘抑制系统；第二，大多数卡车运到的谷物都从农场直接运入，先要进行货样检验，根据评定的品级再确定其价格，而从铁路接收到的谷物早已在最初装车地点检验定级了。

三、特殊物品的装卸搬运

对经常反复发生的装卸搬运系统进行分析是十分有必要的，其目标通常都是为了谋求更低的装卸搬运费用和更高的装卸搬运效率。但是，在某些特殊的领域经常存在一些特殊的装卸搬运要求，要满足这些特殊要求就必须建立一些特殊的装卸搬运系统。因此，必须对一些特殊的装卸搬运系统进行分析。

特殊的装卸搬运要求往往是由于物品本身的特殊性所引起的，这些物品的特殊性主要包括超长、超宽、超重、危险品、放射性等。对这类物品进行装卸搬运或运输时，对场地、车辆及加固方法的选择都有很多特殊的要求，需要进行专门的研究。例如，将大型发电机组运送到大坝，或将油田成套设备和管件材料运送到新油田等。这些物品一般都需要先在工厂进行组装，以便调试并确定其性能和质量，然后拆散分解，分批运输，到达目的地后再重新组装。因此，如果能够采用特殊的装卸搬运或运输方式，避免分解和再组装的重复工作，就可产生十分明显的经济效益。研究特殊物品的装卸搬运和运输系统也具有重大的经济意义。

1970 年，日本一家企业为其位于亚马孙河谷的新建工厂定造了成套的纸浆加工设备，该设备在日本制造，为了将其运送到目的地，该企业的做法是：在日本造船厂专门设计和修造了两艘大型驳船，然后将纸浆加工设备和配套的动力装置，按总重量均匀地分别安装在两艘驳船上，用拖轮拖运到巴西嘉利河的厂址附近，然后将该厂址筑坝围堰引水。蓄水前，设备安装所在地已预先设置好了多排木桩，以承载设备。当驳船驶入坝区内停靠在木桩附近以后，再将堤坝完全封闭筑高，然后抽水灌注，使驳船随着坝内水位的上升而升高，直至将其搁置在木桩的顶部。随即拆坝放水，使两艘驳船稳稳地停放于相应的木桩上端。去掉驳船两边的门窗或其他隔板，其底座就成了工厂灌注混凝土基础的底板。据估计，这样要比将设备解体装船运到巴西再重新安装，节省建设费用约 20%，工期可缩短约两年时间。

第三节　集装箱的装卸搬运

从传统的眼光看，集装箱也可以算作一种特殊物品。但随着集装箱的日渐普及，几乎在所有的物流系统中都可以看到集装箱，它的特殊性正在逐渐消失。另一方面，在集装化出现之前，装卸搬运领域就已经在广泛使用机械作业，集装化装卸搬运机械大都是在原有常规通用机械的基础上升级改造而成，在结构原理上并无本质不同，也并不属于上节特殊物品装卸搬运的范畴。

集装箱出现之后，由于其旺盛的生命力而迅速得到普及，但作为一种最大的集装单元器具，采用常规通用的装卸机械很难充分发挥其应有的效率优势，因而催生了各种针对集装箱的专用装卸搬运机械。装卸搬运机械与其作业对象之间的相互推动，导致了装卸搬运领域乃至是整个物流领域的一场革命。

众所周知，集装箱装卸搬运最集中的场所是码头，所以集装箱码头的装卸搬运机械是最典型的集装箱装卸搬运机械。很多堆场、车站所使用的装卸搬运装备都参照集装箱码头的标准进行设计或制造，有的甚至直接采用集装箱码头的各种专用机械。因此，本节所介绍的各种装卸搬运机械，大多可以在集装箱码头见其踪影。

一、岸边集装箱装卸桥

岸边集装箱装卸桥，经常简称或俗称为"集装箱装卸桥""装卸桥""岸桥""塔桥""桥""塔"等，是集装箱码头前沿装卸集装箱船舶的专用装卸设备。它是由金属框架结构、机房、司机室、大车行走机构、小车行走机构、起升机构、仰俯机构和吊具等组成。大车沿着与岸线平行的轨道行走，起重行走小车沿桥架的轨道吊运集装箱，进行装卸船作业。为了便于船舶靠近码头，桥架伸出码头的前大梁可以仰俯。装卸桥一般配备具有自动快速扣紧功能的集装箱专用吊具，对于高速型的岸边集装箱装卸桥，通常还装有吊具减摇装置，以保证装卸作业的稳定和安全。

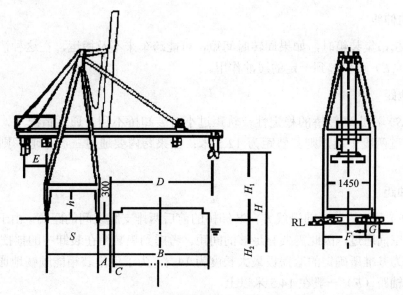

图 5-3　岸边集装箱装卸桥的外形结构示意图

岸边集装箱装卸桥的外形结构如图 5-3 所示。考察一台岸边集装箱装卸桥的技术性能，往往需要了解如下几种性能指标。

（一）起重量

起重量（Q）为额定起重量和吊具重量之和。对于专用集装箱码头，额定起重量一般按照 ISO 的 A 系列集装箱的最大总重 30.5 吨考虑。目前，世界 70% 以上的岸边集装箱装卸桥的起重能力都是 40.5 吨或 37.5 吨，个别还超过 45 吨。

（二）起升高度

集装箱装卸桥的起升高度（H）一般要视集装箱船的船型和装载量而定。它具体又可分为以下两个指标。

（1）H_1 是由最高潮时吊卸甲板堆积集装箱所需的最大高度来决定。

（2）H_2 是由最低潮时能吊走舱底最下面一层集装箱所需的高度来决定。

在考虑装卸桥起升高度（H）时，还要考虑到船舶有 ±1 米的纵倾和 3° 的横倾，同时还要考虑吊具的高度。

（三）外伸距

装卸桥的外伸距（D）是吊具的中心到码头前沿边的最大距离，这个值通常根据停靠码头的集装箱船的型宽来决定。装卸桥海侧门腿至码头前沿线的距离 A 要视码头的结构而定，一般为 2.5～4 米。

（四）内伸距

从船上起吊集装箱时，如果周转时间短，可能跨车来不及搬运，在这种情况下，装卸桥的内伸距（E）可以起到一定的缓冲作用。

（五）轨距

轨距（S）决定装卸桥的稳定性，轨距过小对装卸桥不利。通常情况下，如果装卸桥的跨内要通过两股车道，则其轨距为 12.5 米；如果跨内要通过三股车道，则轨距一般为 16 米。

（六）轴距

轴距（F）是指沿码头前沿线方向装卸桥的前后两排支腿之间的距离。由于集装箱要由两腿之间的空间通过，因此需要有足够的间距。考虑到集装箱在装卸中的摇摆，以及以 40 英尺集装箱为基准所确定的舱盖板最大长度为 14 米，为了使集装箱能顺畅地通过装卸桥的两腿之间，轴距（F）一般在 14.5 米以上。

（七）门架内净空高度

装卸桥的门架内净空高度（h）是指沿码头前沿线方向上的门架垂直高度，如果考虑要通过两层集装箱的跨车，其高度需在 8 米以上，若要通过三层集装箱跨车则至少需要 9 米以上的净空高度。

（八）起重机的工作速度

岸边集装箱装卸桥的起升速度，早期一般为重载 30 米/分钟，空载 50～70 米/分钟，生产率为 20 箱/小时。目前已提高到：满载 50～55 米/分钟，空载 120～150 米/分钟，生产率 30～35 箱/小时。

小车走行速度，早期一般为 120～125 米/分钟，现已提高到 175 米/分钟。一般小车走行速度多为 140 米/分钟。大车行走速度不要求很快，一般为 25～45 米/分钟即可。

二、其他集装箱专用装卸搬运机械

（一）集装箱跨（运）车

集装箱跨（运）车是在码头前沿和堆场之间搬运集装箱的专用无轴车辆，如图 5-4 所示。它是以门字形车架跨在集装箱上，由装有集装箱吊具的液压升降系统吊起集装箱，通过车辆运行进行搬运，并可将集装箱堆码 2～3 层。跨（运）车机动性强、适用范围广，可灵活地适应作业量的变动。但集装箱跨（运）车大量使用液压构建，机构比较复杂，维修成本大，且对操作工人的技术要求高，整体可靠性较差。

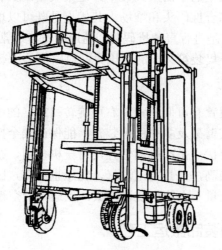

图 5-4　集装箱跨（运）车

（二）轮胎式龙门起重机

轮胎式龙门起重机是集装箱码头货场进行堆码作业的专用机械。同跨（运）车相比，轮胎式龙门起重机的场地利用率高，且安全可靠，对司机的技术要求较低。与轨道式龙门起重机相比，轮胎式龙门起重机可以方便地从一个堆场转移到另一个堆场，机动性强，机械利用率高。

（三）轨道式龙门起重机

轨道式龙门起重机是集装箱堆场进行装卸、搬运、堆码作业的专用机械。轨道式龙门起重机的主要机构与岸边装卸桥基本相同，但没有岸边装卸桥前大梁的仰俯机构，悬臂也较小。除小车行走机构与起升机构外，一般还有旋转机构，能更方便地进行堆场上集装箱的装卸、搬运、堆垛作业。轨道式龙门起重机比轮胎式龙门起重机的跨度大，堆码的层数也比较多（可多达 5～6 层），可以更充分地利用堆场面积。同时，轨道式龙门起重机的结构较为简单，操作方便，易于维修，有利于实现单机自动化控制。

（四）集装箱牵引车和挂车

集装箱牵引车和挂车用于港口码头、铁路货站与集装箱堆场之间的运输。它还适用于码头、货站到用户的"门到门"运输。集装箱牵引车和挂车与集装箱起重机配合使用，可以很方便地进行搬运作业，且疏运能力较强。

（五）集装箱叉车

集装箱叉车大多属于大型的平衡重式叉车，是集装箱码头和堆场的常用设备。它主要用在集装箱吞吐量不大的综合性码头和堆场。其优点是既可以堆码集装箱，又可以完成短距离的搬运任务。它的缺点是进行直角堆码时，通道的宽度通常要在 14 米以上，因而影响了堆场面积的利用率。此外集装箱叉车的轮压大，对路面的承载能力要求较高。

（六）集装箱正面吊

正面吊的结构特点是设置有可伸缩和左右可旋转 120° 的吊具，便于在堆场吊装和搬运；设置有可变幅的伸缩式臂架及多种保护装置，能保证安全操作；可加装吊钩，吊装其他重大件货物。该机的主要优点是：机动性强，可一机多用，既可做吊装作业，又可短距离搬运，一般可吊装四层箱高，并且稳定性好，轮压也不高，因此是一种比较理想的堆场装卸搬运机械，适用于吞吐量不大的集装箱码头，也适用于空箱作业。

三、集装箱专用码头的装卸搬运工艺

（一）吊装方式

在专用集装箱码头前沿一般都配备有岸边集装箱起重机，进行船舶的集装箱装卸作业。

完成集装箱吊装作业的集装箱起重机一般都配备专用的集装箱吊具。它是专用于吊运集装箱的吊具，通过吊具上的转锁对准集装箱顶部或底部的四个角配件孔，旋转锁扣之后即可提取吊运集装箱。集装箱吊具主要有固定式和伸缩式两种。固定式吊具是指长短尺寸固定的吊具，它只能用于吊运某一种尺寸型号的集装箱；伸缩式吊具则是为适应集装箱的不同尺寸要求，可以进行长短伸缩的一种吊具，这类吊具的适用面较广，可以吊运多种甚至所有类型的集装箱。

集装箱吊装方式按货场上使用机械类型的不同可以分为跨车方式、轮胎式龙门起重机方式、有轨式龙门起重机方式和底盘车方式四种。

（1）跨车方式。即岸边集装箱起重机将船上的集装箱卸到岸边，然后用跨车把集装箱搬运到货场堆码或装车运出。装船过程与此相反。

（2）轮胎式龙门起重机方式。即岸边集装箱起重机把集装箱从船上卸到岸边的拖挂车上，然后拖到货场，用轮胎式龙门起重机堆码或装车运出。装船过程与此相反。

（3）有轨式龙门起重机方式。即有轨式龙门起重机的悬臂伸到岸边集装箱起重机后伸臂的下方，接力式地直接将集装箱转运到货场堆码或装车送出。装船过程与此相反。

（4）底盘车方式。即岸边集装箱起重机把集装箱从船上卸到岸边的底盘车（挂车）上，由牵引车拖到货场储存或直接拖上公路，运送到目的地。装船过程与此相反。

（二）滚装方式

滚装方式是将集装箱放置在底盘车（挂车）上，由牵引车拖带挂车通过与船艏门、艉门或舷门铰接的跳板，进入船舱，牵引车与挂车脱钩实现装船。或者将集装箱直接码放在船舱内，船舶到港后，叉车和牵引车列驶入船舱，用叉车把集装箱放在挂车上，由牵引列车拖带到码头货场，或者仅用叉车通过跳板装卸集装箱。

滚装方式比吊装方式的装卸搬运速度快，且港口不必装备昂贵的大型专用设备。但滚装船的造价比一般集装箱船高出约 10%，其载重量利用率仅为一般集装箱船的 50% 左右，而且，采用滚装方式时，码头堆场的面积利用率也很低，所以这种方式目前使用得并不广泛。

第四节　装卸搬运工作组织

装卸搬运工作组织是提高装卸搬运效率、促进物流合理化的重要一环，具体包括装卸搬运作业方式的选择、装卸搬运机械设备的配置、装卸搬运组织系统的设计与人员配备、装卸搬运作业原则的确定与装卸搬运合理化措施的制定等。但由于很多问题的解决需要较深的管理或技术基础，所以本节仅就其中的部分内容展开分析。

一、装卸搬运作业方式的选择

（一）单件装卸搬运

单件装卸搬运是指对非集装化的件杂货物，按单件逐个进行装卸搬运的作业方法。单件装卸搬运对机械装备和工作条件的要求不高，不受固定设施、设备和地域的局限，所以机动性较强。

单件装卸搬运可采用人力、半机械化或机械化作业方式。由于需要对每件物品逐一进行处理，所以装卸搬运的速度较慢，容易出现货损货差。单件装卸搬运的主要作业对象是杂货、多品种少批量的包装货以及单件的大型笨重物品。

（二）集装化装卸搬运

集装化装卸搬运是采用集装单元器具将小件或散装物品集并成一定质量或体积的组合件，以便利用机械进行作业的装卸搬运方式。

集装化装卸搬运的速度较快，作业时不需要逐个接触货体，因而货损、货差小。集装化装卸搬运的作业对象范围较广，一般除特大、特重、特长和粉、粒、液、气态物品外，都可以采用集装化装卸搬运。有时，将粉、粒、液、气态物品进行特殊包装后，也可以采用集装化装卸搬运，特大、特重或特长的物品，经适当分解处理后，也可采用集装作业。集装化装卸搬运作业主要有以下几种。

1. 托盘装卸搬运

利用叉车对托盘货载进行装卸搬运，属于"叉上叉下"的作业方式。叉车本身拥有行车机构，在装卸的同时可以完成短距离的搬运，托盘货载无须落地过渡。托盘装卸搬运常需叉车与其他工属具进行配合，才能有效完成装卸搬运任务。例如，由于货叉的前伸距离有限，有时需要托盘搬运车或托盘移动器来短距离水平移动托盘；由于货叉的最大起升高度有限，有时还需与升降机、电梯、巷道起重机等设备配套，才能满足托盘的垂直位移要求。

2. 集装箱装卸搬运

集装箱装卸搬运主要采用港口岸壁起重机、龙门起重机、桁车等垂直起吊设备进行"吊上吊下"式的装卸，同时完成小范围的搬运。如果需要搬运的距离超出了起重机的作业范围，则还需与搬运车辆相配合。小型集装箱也可以和托盘一样采用叉车进行装卸搬运。港口装卸的过程中，如果利用叉车或半挂车，还可以进行"滚上滚下"式的装卸搬运。

3. 货捆装卸搬运

货捆装卸搬运主要采用起重机或叉车进行装卸搬运，短尺寸的货捆可采用一般叉车进行装卸搬运，长尺寸的货捆则经常采用侧式叉车进行装卸搬运。货捆装卸搬运适用于长尺寸物品、块条状物品或强度较高无须保护的物品。

4. 集装网、集装袋装卸搬运

集装网、集装袋装卸搬运主要采用吊车进行"吊上吊下"式作业，也可与各种搬运车配合进行吊车无法完成的搬运任务。

集装网、集装袋装卸搬运与货捆装卸搬运有一个共同的优点，就是集装单元器具本身的重量轻，而且可折叠，因而装卸搬运过程中的无效作业量小，装卸搬运效率高。同时，这几类集装单元器具还具有成本低、易返运的优点。

5. 半挂车装卸搬运

半挂车装卸搬运是利用半挂车的可行走机构，连同货载一起拖运到火车车皮或船舱内的装卸搬运方式，也就是所谓的"滚上滚下"装卸搬运，属于水平装卸搬运形式的一种。

其他集装装卸搬运方式还有滑板装卸搬运、框架装卸搬运、集装罐装卸搬运等。

（三）散装作业

散装作业是指对大批量粉状或粒状物品进行无包装装卸搬运的作业方法。散装作业可连续进行，也可以采用间歇方式。散装作业一般都需依靠机械设备，但在特定情况下，且批量不大时，也可采用人力进行装卸搬运。散装作业的方法主要有以下几种。

1. 气力输送装卸搬运

气力输送装卸搬运的主要设备是管道及气力输送设备，以气流运动裹挟粉状或粒状物沿管道运动。气力输送装卸搬运的密封性好，装卸搬运能力强，容易实现机械化、自动化。

2. 重力装卸搬运

重力装卸搬运是利用散货本身的重量进行装卸搬运的一种方法，这种方法必须与其他方法进行配合才能完成。因为重力装卸搬运首先要将散货提升到一定高度，具有一定的势能之后，才能利用本身的重力进行下一步的装卸搬运。

3. 机械装卸搬运

机械装卸搬运是利用能承载粉状或粒状物品的各种机械进行装卸搬运作业的方法，这种装卸搬运方法主要有两种具体实现形式。

（1）用吊车、叉车配以不同的工属具，或采用专门的装载机械，通过抓、铲、舀等动作来完成特定的装卸搬运任务。

（2）用皮带机、刮板机等输送设备，进行一定距离的输送作业，并与其他设备配合完成物品的装卸搬运任务。

二、装卸搬运的作业原则

在物流作业活动中，组织装卸搬运工作应遵循以下基本原则。

（一）有效作业原则

有效作业原则要求所进行的装卸搬运作业是必不可少的，尽量减少和避免不必要的装卸搬运，只做有用功，不做无用功。

（二）集中作业原则

包括作业场地的集中和作业对象的集中两种。前者是指在有条件的情况下，应把作业量较小的分散的作业场地适当集中，以利于装卸搬运设备的配置及使用，以便提高机械化作业水平，合理组织作业流程，提高作业效率；后者是指把分散零星的物品汇集成较大的集装单元，以提高作业效率。

（三）简化流程原则

简化装卸搬运流程包括两个方面：一是尽量实现作业流程在时间和空间上的连续性，二是尽量提高物品放置的活载程度。物品放置时被移动的难易程度，称为活载程度，亦称活载性或活性。日本物流专家元藤健民教授把物品放置的活载程度分为 0、1、2、3、4 五个等级，并将该数值称为物品的活性指数，如图 5-5 所示。

（四）安全作业原则

装卸搬运作业过程中的不安全因素比较多。作为装卸搬运作业应遵循的基本原则，组织者必须确保作业过程的安全（包括人身安全、设备安全），尽量减少事故的发生。

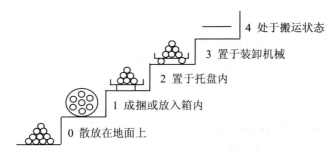

图 5-5　物品放置状态的活性示意图

（五）系统优化原则

装卸搬运作业组织的出发点是实现装卸搬运的合理化，而其合理化的目标是系统的整体优化。所以，组织者要充分发挥系统中各要素的功能，从作业质量、效率、安全性和经济性等方面对装卸搬运系统进行综合评价。

三、装卸搬运的合理化措施

装卸搬运必然要消耗劳动，包括活劳动和物化劳动。这些劳动消耗要以价值形态追加到装卸搬运的对象中，从而增加产品的物流成本。因此，应科学合理地组织装卸搬运工作，尽量减少用于装卸搬运的劳动消耗。实践中，最基本的装卸搬运合理化措施主要包括以下几个方面。

（一）防止无效的装卸搬运

无效装卸搬运，就是指用于物品必要的装卸搬运劳动之外的多余劳动。防止无效的装卸搬运可从以下几方面入手。

1. 减少装卸搬运次数

装卸搬运次数的减少意味着物流作业量的减少，也就意味着劳动消耗的节约和物流费用的节省。同时，物流过程中的货损主要发生在装卸搬运环节，所以减少装卸搬运次数，还能减少物品的损耗，加快物流的速度，减少场地的占用和装卸事故的发生。实际中影响装卸搬运次数的因素主要有：

（1）物流设施和设备。厂房或库房等建筑物的结构类型、结构特点及建筑参数都对装卸搬运次数有直接的影响。因此，厂房或库房等建筑物尺寸应当与装卸搬运机械相适应，以便于装卸搬运与运输设备自由进出，或者直接在车间或库房内进行作业，以减少二次作业。

物流设备的类型与配套，对装卸搬运的次数也会产生影响。如叉车配以托盘出入车间或仓库的作业过程，就是将装卸和搬运两类作业合并完成，减少了作业次数。又如将电子秤安装在起重机上，可以在装卸作业的同时完成检重作业，省去了单独的检重作业环节，也可以达到减少装卸次数的目的。

（2）装卸搬运作业的组织调度工作。在物流设施、设备一定的情况下，装卸搬运作业的组织调度水平是影响作业次数的最主要因素。联运作业过程中，如果物品能够不落地的一次性完成运输方式和运输工具的转换，就是一种较理想的作业方式。对物流据点而言，要尽量组织一次性作业，使物品不落地、作业无间歇。

2. 消除多余包装

包装本身的重量或体积都会消耗装卸搬运的劳动量。如果包装过大或过重，就会过多地、反复地消耗额外劳动。因此，消除多余包装可以减少无效劳动的消耗，降低物流总成本。

3. 去除无效物质

进入物流过程的物品，有时混杂着没有使用价值或对用户来讲使用价值不对路的各种掺杂物，如煤炭中的矸石、矿石中的表面水分、石灰中未烧熟的石灰及过烧石灰等。反复装卸搬运的过程，实际上是这些无效物质在反复消耗劳动的过程。因而要尽量减少物流过程中的无效物质，减少无效装卸搬运。

（二）充分利用物品自重进行少消耗的装卸搬运

在装卸搬运时应适当地利用物品本身的重量，将其重力转变为促使物品移动的动力。例如，从卡车、铁路车厢卸货时，可利用车厢与地面或小搬运车之间的高度差，通过溜槽、溜板之类的简单工具，依靠物品本身的重量，从高处滑到低处，完成物品的装卸搬运作业。

在装卸搬运作业时尽量削弱或消除重力的不利影响，也可以减轻体力劳动及其他劳动消耗。例如，在甲乙两种运输工具之间进行换装作业时，可将两种运输工具进行对接，通过物品的平移，将其从甲工具转移到乙工具上，这也能有效地消除重力的不利影响，实现作业的合理化。人力装卸搬运时如果能配合简单的机具，做到"持物不步行"，也可以大大减轻劳动量，做到装卸搬运的合理化。

（三）充分利用机械设备的作业能力，实现"规模装卸搬运"

规模效益是人所共知的。装卸搬运作业过程中也存在明显的规模效益，当一次装卸搬运量或连续装卸搬运量达到能充分发挥机械设备最优效率的水准时，可以使平均成本达到最低。追求规模效益的方法，主要是通过各种集装化手段来提高一次操作的最合理作业量，从而达到降低单位作业成本的目的。另外，散装作业则经常采用连续作业的方式来实现其规模效益。

（四）尽量避免物品活性指数的降低

被装卸搬运物品的放置状态，关系着装卸搬运的作业效率。为了便于装卸搬运，人们总是期望物品处于最容易被移动的状态。从图 5-3 中可以看出，活性指数越高，物品越容易被移动，活性指数能够真实地反映物品被装卸搬运的难易程度。需要指出的是，活性指数在不同的领域出现的频率是很不均衡的。例如，活性指数为 4 表示物品放置在移动的输送设备上，活性指数为 3 表示物品放置在搬运车上。这两种情形在工厂的生产物流系统中经常出现，但在各类仓库中则比较少见；而置于托盘上活性指数为 2 的物品，在仓库系统中就比较常见。

（五）尽量优化、缩短搬运距离

在工厂，由于生产工艺的要求，原材料、半成品和产成品总要发生一定距离的水平位移。在物流据点，由于收发保管作业的要求，物品也要发生一定距离的水平位移。这种位移通过搬运实现。从合理搬运的角度看，其搬运距离越短越好。影响搬运距离的因素主要包括工厂和物流据点的平面布局与作业组织工作水平等。

1. 工厂、物流据点的平面布局对搬运距离的影响

如果车间、库房、堆场、铁路专用线、主要通路的位置和相互关系处理得好，物流顺畅、便捷，就会缩短总的搬运距离，否则就会加大搬运距离。

2. 作业组织工作水平对搬运距离的影响

在平面布局一定的情况下，组织工作水平的高低是决定搬运距离的主要因素。如对库房、堆场的合理分配，对物品在库房内、堆场内的合理布置，对收货、发货时专用线轨道及货位的合理确定，都能缩短搬运距离。

 拓展阅读资料

从数据看装卸搬运的地位

在我国，铁路运输在始发和到达站的装卸搬运作业费大致占总运费的 20%。据研究，火车货运应以 500 公里为分界点，当运距超过 500 公里时，货物在途运输时间多于起止点的装卸时间；但当运距小于 500 公里时，货物的装卸时间就会超过货物在途的运输时间。水路运输的装卸费更是占到总运费的 40%左右，比如美国与日本之间的远洋船舶运输，一个往返航次约需 25 天时间，其中航行时间约 13 天，装卸时间约 12 天。

资料来源：黄福华. 现代物流管理[M]. 北京：清华大学出版社，2010.

本章关键词

装卸、搬运、吊上吊下、滚上滚下、叉车、起重机、装卸桥

复习思考题

1. 结合实际说明装卸与搬运的区别与联系。
2. 结合实际说明装卸搬运的特点。
3. 简述装卸搬运的各种分类。
4. 分别说明起重机械、装卸搬运车辆、连续输送机械的具体类型和功能特点。
5. 岸边集装箱装卸桥的主要技术参数有哪些？各代表什么含义？
6. 集装箱的装卸搬运有哪几种方式？具体的操作方法有哪些？
7. 阐述装卸搬运的各种作业方法以及装卸搬运工作中应遵循的基本原则。
8. 如何提高装卸搬运的合理化程度？

第六章　运　　输

物流实现物品空间位移的主要手段就是运输。不论是从成本、收入还是价值增值的角度来考察，运输都是物流系统中的最核心功能要素。在现代物流观念诞生之前，不少人将运输等同于物流，甚至直至今天，持此观点者仍不乏其人。其中的原因之一就是物流过程中的很大部分活动内容是由运输来完成的，运输是物流的最主要功能要素之一。

第一节　运　输　概　述

运输是指对旅客或货物的载运与输送，有时也专指对货物的载运与输送。它是在不同地域范围之间（如两个城市、两个工厂之间），以改变物品的空间位置为目的，对物品进行空间位移的活动。与搬运不同，运输的活动范围一般较大，而搬运往往发生在同一区域之内。我国国家标准《物流术语》（GB/T18354—2006）对运输的解释是：用专用运输设备将物品从一个地点向另一地点运送。其中包括集货、分配、搬运、中转、装入、卸下、分散等一系列操作。

一、运输的地位和作用

（一）运输是物流的最核心功能要素

物流是物品实体的物理性运动，这种运动不仅改变了物品的时间状态，同时也改变了物品的空间状态。运输主要承担改变物品空间状态的任务，是改变物品空间状态的主要手段；运输与装卸搬运、配送等活动相结合，就可以圆满完成改变物品空间状态的全部任务。

（二）运输是社会物质生产的必要条件

运输是国民经济的基础和先行官，马克思将运输称为"第四个物质生产部门"，是生产过程的继续，这个"继续"虽然以生产过程为前提，但如果没有它，生产过程则不能最终完成。虽然运输这种生产活动和一般的生产活动有所不同，它不创造新的物质产品、不增加社会产品数量、不赋予产品以新的使用价值，而只改变其所在的空间位置。但这一变动能使生产继续下去，使社会再生产不断推进，并且是一个价值不断增值的过程，所以可将其看成一个物质生产部门。

（三）运输是空间价值的主要创造者

由于空间场所的不同，同种物品的使用价值实现程度往往不同，导致其价值的实现程度也不同。由于空间场所的改变可以最大限度地发挥物品的使用价值，从而最大限度地提高投入产出比，因而将其称为"空间价值"。通过运输，将物品运送到空间效用最高的地方，能够充分发挥物品的潜力，实现资源的优化配置。从这个意义来讲，物流也相当于通过运输提高了物品的使用价值。

（四）运输是"第三个利润源"的主要源泉

首先，运输是运动中的活动，它和静止的储存不同，要靠大量的动力消耗才能实现，且运输又承担大跨度的空间转移任务，所以活动的时间长、距离远、消耗大。正因为运输消耗的绝对数量大，所以其节约的潜力也就大。其次，从作业量上看，由于运输总里程远，运输总量大，通过体制改革和运输合理化可大大缩短运输的吨公里数，从而获得比较大的节约。最后，从费用上看，运输在物流总成本中占有很大的比例。有研究表明，运输费用占全部物流总费用的近 50%，有些产品的运费甚至超过了生产成本，所以，节约的潜力非常大。

二、运输生产的特征

（一）运输生产是在流通过程中完成的

运输表现为产品的生产过程在流通领域的继续。对于工农业生产部门而言，当其产品进入流通领域之日起，就已经完成了生产任务，而运输则在流通领域继续从事着产品生产，它表现为一切经济部门生产过程的延续。由于运输业不断为企业生产提供原料、材料、燃料和半成品，以保证企业不间断地从事生产，因此它对于充分发挥生产资金的作用和加速流通资金的周转也有着十分重要的作用。

（二）运输不产生新的实物形态产品

运输不改变劳动对象的属性和外观，而只是改变它们的空间位置。运输参与社会总产品的生产，但社会总产品的数量并不会因运输而增大。运输生产所创造的价值，是附加于劳动对象上的，对具体的货物而言，运输产品附加于产品的总成本之中，属于流通成本的范畴。

（三）运输产品采用特殊的计量方法

运输生产的劳动产品是将运输量和运输距离进行复合来进行计量的。运输产量的大小直接决定着运输能力和运输费用的消耗。

（四）运输的劳动对象十分复杂

从作业的对象来看，运输生产"加工"的产品种类之多、性质之复杂是其他生产部门所无法比拟的。由于运输的大多数劳动对象并不属于运输企业，运输生产的组织者对劳动对象没有支配和选择的权力。所以，在运输生产力的三要素中，有一个要素不在运输组织者的掌控之下，这个不能掌控的生产力要素就是劳动对象，同时也是服务对象。运输生产力要素的这种特殊性进一步增加了运输计划与管理的复杂性，加大了运输组织的难度。

三、运输的分类

运输在物流系统中的特殊地位及其悠久的发展历史决定了运输系统本身构成的复杂性，长期以来，形成了很多不同的分类方法，其中最主要的有以下几种。

（一）按运输设备与运输工具分类

按照运输设备与运输工具的不同，运输可以分为公路运输、铁路运输、水路运输、航空运输和管道运输等五种形式。由于本章的后续内容将按此分类展开，这里就不再赘述。

（二）按运输的范畴分类

1. 干线运输

干线运输是指利用道路的主干线路，或者固定的远洋航线进行大批量、长距离运输的一种形式。干线运输因为其运输距离长，运力集中，使得大量的货物能够迅速地进行大跨度的位移。干线运输是运输活动存在的主要形式。在我国，铁路担负着国内干线运输的主要任务。各种物资的调运、货物的配送，一直都由铁路来完成。随着我国铁路网络建设的不断完善，长距离干线运输的效益越来越明显。

通常情况下，干线运输要比使用相同运输工具的其他运输形式快得多，成本也会更低，是长距离运输的主要形式。当然，仅有干线运输还不足以形成完整的运输网络，合理的运输离不开其他辅助的运输手段。

2. 支线运输

支线运输是相对于干线运输而言的，是以干线运输为基础，对干线运输起辅助作用的一种运输形式。支线运输作为运输干线与收发货地点之间的补充运输，主要承担运输链中从供应商到运输干线上的集结点以及从干线上的集结点到配送站之间的运输任务。例如，京哈线、京广线是我国南北交通的最主要干线，与其相连的沈大铁路、石太铁路等就可以认为是为其服务的支线铁路。事实上，在沈阳和大连、石家庄和太原之间都有高速公路相连，这些高速公路也都可以看作是为干线运输提供补充服务的支线。

当然，干线与支线是相对的。如果将以上几条支线运输线路，放到一个相对较小的范围，如一个省或邻近的一两个省，它们又可以被看成是运输干线。一般来讲，支线运距相对于干线要短一些，运输量也要小一些。同时，支线的建设水平往往也低于干线，运输工具也相对差一些。所以，支线运输的速度一般较慢，相同运距所花费的时间可能会更长，这些都是运输合理布局的必然要求。

3. 二次运输

二次运输也是一种补充性的运输方式。它是指经过干线与支线运输到站的货物，还需要再从车站运至仓库、工厂或集贸市场等指定交货地点的运输。一般情况下，二次运输的运输路程短、运输数量小。但由于该种运输形式主要用于满足单个客户的需要，缺乏规模效应，所以其单位运输成本往往还会高于干线与支线运输的单位成本。

4. 厂内运输

厂内运输只存在于大型或超大型工业企业中。在这些企业内部，为了克服不同生产环节之间的空间差异而进行的运输称为厂内运输。场内运输通常会发生在车间与车间之间或者车间与仓库之间。而在一般中小型企业内部以及大型企业的仓库内部发生的该类活动，都不能称为"运输"，而只能称作"搬运"。

（三）按运输的作用分类

1. 集货运输

集货运输是为了将分散的货物进行汇集而进行的一种运输形式。承运人根据自己的业务覆盖范围，集中、汇总所承运的货物，然后再由干线与支线完成长距离、大批量的运输任务，以充分发挥运输的规模效应。因此，集货运输也是干线与支线运输的一种重要补充运输。

2. 疏货运输

疏货运输的运输方向与集货运输相反。它是为了将集中运达的货物分送到不同的收货点而进行的一种运输形式。配送运输是疏货运输的典型形式，它是由配送经营者按用户的要求，从配送据点出发，将配好的货物分别送到各个需求点的运输形式。同干线与支线运输相比，配送运输的运距较短、运量较小、单位成本也会较高。

（四）按运输的协作程度分类

1. 一般运输

一般运输主要是指在运输的全部过程中，单一地采用同种运输工具，或是孤立地采用不同种运输工具，在运输过程中没有形成有机协作整体的运输形式。应该看到，在某些专业领域，或在短距离运输中，此种运输形式还是比较常见，也有存在价值的。但从长远看，此类运输形式显然与社会化大生产的客观要求相背离，所以其在社会总运量中的比重还会不断降低。

2. 联合运输

联合运输简称联运，是指由两种或两种以上运输方式，或者同一运输方式的几个不同运输企业，遵照统一的规章或协议，联合完成某项运输任务的组织形式。其中由两种或两种以上运输方式完成的联运称为多式联运，主要有公铁联运、水铁联运、水公联运等；由同一运输方式完成的联运有铁路联运、江海联运等。

多式联运是国际运输中常用的组织形式。《联合国国际货物多式联运公约》（1980）对国际多式联运的定义是："国际多式联运是指按照多式联运合同，以至少两种不同的运输方式，由多式联运经营人将货物从一国境内承运货物的地点，运送至另一国境内指定交付货物的地点。"

（五）按运输中途是否换载分类

1. 直达运输

直达运输是指物品由发运地到接收地，中途不需要中转的运输（GB/T18354—2006）。直达运输降低了货物因多次转运换装而灭失的风险，提高了运输速度。对于承运人来说，直达运输也能使其在较短的时间内完成运输任务，达到提高运输效率、加快运输工具周转的目的。

2. 中转运输

中转运输是指物品由发运地到接收地，中途经过至少一次落地并换装的运输（GB/T18354—2006）。货物在运输过程中，需要在途中的车站、港口、仓库等地进行转运换装。中转运输的转运换装既包括同种运输工具不同运输线路之间的转运换装，也包括不同运输工具之间的转运换装。

中转运输是干线与支线运输之间有效衔接的桥梁。通过中转运输，可以将运输化整为零或化零为整，达到方便用户、提高效率的目的。在运输过程中，中转作业可以充分发挥不同运输工具在不同路段上的运输优势，实现运输的节约和增效。当然，中转运输也有一定的缺陷，主要就是中转换装会占用大量的作业时间，花费大量的物流费用，导致物流时间的延长和成本的增加。

直达运输与中转运输，很难笼统地断定孰优孰劣，它们二者在不同的情况下具有各自不同的优势。因此，人们在选择运输方式时，一定要具体问题具体分析，采用总体经济效益为评价指标，合理地进行分析、评价和选择。

第二节　铁　路　运　输

铁路运输是指使用铁路列车运送旅客或货物的一种运输方式。一般来讲，铁路运输的运输距离较长、运输数量较大，在干线运输中起着主力军的作用。我国在没有水运条件的地区，大多依靠铁路进行大批量、长距离的客货运输。

一、铁路运输的技术经济特点

（一）运量较大，运价较低

铁路机车的牵引力大，适宜承担大运量、长距离的运输任务。复线铁路每昼夜的货物列车通过数量可达百余对，因而每年单方向的货物运输能力就可过亿吨。由于列车运行阻力小，能源消耗少，所以运营成本较低，运价相对便宜。在中、长途运输中，铁路运价往往还不到公路运价的一半。

（二）安全可靠

铁路运输组织具有高度的计划性，列车必须按照事前制定的计划行驶，因此可以对列车运行进行自动控制，实现车辆自动驾驶。目前，已有许多国家的铁路系统安装了列车自动停车系统、自动控制系统、自动操纵系统以及灾害防护和故障报警系统，有效地防止了列车运行事故的发生。如果按货物周转量进行平均，铁路运输的事故率在所有运输方式中最低。

（三）环境污染少

运输工具所产生的噪声和尾气都有可能对周边环境形成巨大伤害。同公路运输和航空运输相比，铁路运输对环境和生态的影响相对较小，特别是电气化铁路，影响程度会更低。

（四）受天气影响小

铁路列车沿固定的轨道运行，因此只要铁轨没有垮塌变形或被掩埋，任何恶劣天气都不会影响到列车的运行。铁路运输是最可靠的运输方式。

（五）难以提供"门到门"服务

由于列车只能沿着固定的轨道行驶，对于大多数没有专用铁路线的客户而言，就无法直接将货物运抵仓库，需要使用汽车进行二次运输，这无疑会增加货主的工作量，并导致物流总成本的上升。因此，一般的中短途运输不宜采用铁路运输。

（六）货损货差率较高

由于铁路运输难以提供"门到门"服务，所运货物往往需要经过多次中转才能到达最终目的地。中转换装不仅延误时间，还会增加货损货差的风险，所以很多货主都不敢将贵重物品或易碎物品交由铁路承运。以铁路为核心的集装箱多式联运正是为了改善这一状况而采取的措施。

二、铁路运输的主要技术装备

铁路运输的各种技术装备是组织运输生产的物质基础。它可以分为固定部分和活动部分两大类。固定装备主要包括线路、车站、信号与通信设备以及电气化铁路的供电系统等。活动装备主要有机车、车辆等。

（一）固定装备

1. 线路

铁路线路承载机车、车辆和整列列车的重量，并且引导它们的运行方向，是铁路运输的最重要物质基础。铁路线路由路基、轨道和桥隧等建筑物组成，其中轨道又由钢轨、联结零件、轨枕、道床、防爬设施以及道岔组成。按照每米钢轨质量的不同，钢轨有 38 千克、43 千克、50 千克、60 千克和 70 千克等种类。

2. 车站

车站是运输生产的主要基地，是办理货物运输业务，编组和解体列车，组织列车始发、到达、交会、通过等作业的基层单位。车站按业务性质可分为客运站、货运站、客货运站；按照技术作业等级可分为编组站、区段站、中间站等。

（1）编组站就是办理大量货物列车编组、解体和其他技术作业的铁路车站。这类车站一般设置在大量车流集散地，以及港口或若干铁路线路的衔接处。

（2）区段站一般设置在铁路牵引区段的分界处，主要是办理列车机车换挂、技术检查以及区段零担摘挂列车、小运转列车的改编等作业的铁路车站。

（3）中间站一般设置在铁路区段内各居民点，主要是办理列车会让和越行、停站和通过，以及客货运输业务和零担摘挂列车调车作业等的铁路车站。

3. 信号与通信设备

铁路信号设备是对铁路信号、连锁、闭塞、机车信号及自动停车装置、道口自动信号等设备的总称。它是确保铁路行车安全和高效运行所必需的主要技术装备之一。铁路通信设备的作用是确保铁路运输系统各有关单位或部门的通信畅通，使整个运输系统连成一体，以便迅速准确地调度列车、组织运输。

（二）活动装备

1. 机车

机车是牵引或推送车辆运行于铁路线路上，本身不能承载货物的动力装备。主要有蒸汽机车、内燃机车和电力机车等类型。

（1）蒸汽机车是以蒸汽机产生动力，并通过摇杆和连杆装置驱动车轮的机车。我国铁路系统曾经生产和使用过的建设型、人民型、前进型、胜利型、解放型、上游型、工建型、红旗型、跃进型、蓉建型和星火型等都属于蒸汽机车。

（2）内燃机车是以内燃机产生动力，并通过传动装置驱动车轮的机车。我国生产的东风系列、东方红系列以及工矿系列机车都属于内燃机车。

（3）电力机车是指由牵引电动机驱动车轮的机车。电力机车所需电能由电气化铁路供电系统的接触网或第三轨供给。我国的韶山系列机车就属于电力机车，此外，铁路客运中的动车和高铁所使用的机车也都属于电力机车。

2. 车辆

铁路车辆是指由机车牵引运行的铁路载运工具，按用途可分为客车、货车和特种用途车。其中铁路货车是物流领域的常用装备，通常按照结构和所运货物种类的不同，它又可以进一步分为敞车、棚车、平车、罐车和保温车等五大类。

（1）敞车。敞车没有车顶，但车体四周有较高的端墙与侧墙，与底板共同构成装货空间。主要用于装运煤炭、矿石、黄沙、木材和钢材等不怕日晒雨淋的货物，盖上防水篷布后也可以代替棚车装运一些怕湿的货物。

（2）棚车。棚车拥有车顶、侧墙和端墙，并设有窗户和可滑动的车门。主要承运粮食、日用品等怕湿怕晒的货物或较贵重的物品，有时也可以运送人员和活的牲畜。

（3）平车。平车没有车顶、一般也没有端墙和侧墙，有的虽然有端墙和侧墙，但都是可以拆放的。平车属于单纯的底架承载结构，可以装运大型建筑材料、压延钢材、汽车、拖拉机以及军用装备；低边平车也可以装运矿石、煤炭等物资。

（4）罐车。罐车的外形似一卧放的圆筒。罐体既是装货容器，又是主要的承载部件。主要用于装运液体、液化气体或粉末状货物。

（5）保温车。保温车的外形结构类似于棚车，也是整体承载结构，车体设有隔热层以满足货物保温的需要。主要有加冰冷藏车、机械冷藏车和冷冻冷藏车等几种类型。

除了以上五种基本类型外，还有一些根据特殊需要而制造的专用铁路货运车辆，如漏斗车、家畜车、长大货物车、木材专用车、甘蔗专用车和鱼苗车等。

三、铁路货物运输的组织方法

（一）整车运输

整车运输是指根据被运输物品在数量、形状等方面的特点，选择合适的车辆类型，以车厢为单位组织运输的方式。由于不同车辆的规格尺寸和装载量各不相同，所以必须根据所运物品的具体情况，认真选用货运车辆的类型和吨位。

（二）零担运输

零担运输亦称为小件货物运输，是指当单个货主的货物数量较少，不足以形成整车运输时，承运人将众多的小批量货物集并起来，统一进行运输的组织形式。由于零担货物的集并需要花费大量的时间和费用，所以与整车运输相比，零担运输的单位运价也较高。

（三）混装运输

混装运输是小件物品在运输过程中常用的一种装载形式。一般对于同一卸货地点的若干小件物品可以合装在同一个车厢内进行运输。多票不同的物品合装在同一个集装箱内进行运输也属于混装运输。

（四）集装箱运输

集装箱运输是指采用集装箱装载货物，再通过铁路列车进行运输的组织方式。这种运输方式既可以利用铁路运输装载量大的优点，又可以发挥集装箱装卸效率高的优势，并可与其他运输方式相结合，方便实现多式联运。

第三节　公　路　运　输

公路运输是指使用人力车、畜力车或各种机动车辆在公路上运送旅客或货物的运输组织方式。它一般承担距离较近或批量较小的运输任务，有时也在水路或铁路难以到达的地区从事必要的运输任务。

一、公路运输的技术经济特点

（一）机动灵活，可提供"门到门"服务

公路运输不仅可以独立提供"门到门"的直达运输服务，也常常充当其他运输方式的接驳工具，具有机动灵活的特点。公路运输调度组织方便，受时间、线路、站点等因素的影响小，对于突发性的运输任务，只要车况允许，就可以随时出发，开往任何目的地。特别是水路或铁路没有覆盖的区域，公路运输具有独特的优势。

（二）全程速度较快，对包装要求低

公路运输能提供"门到门"运输服务，免除了中转换装时间，可大幅度提高全程运输速度，特别适宜承运急需货物或限时货物，在短途运输中的快速性优势尤其明显。随着高速公路网络的不断完善，我国公路运输的平均速度还在不断加快。同时，由于"门到门"服务不需要中途换装，所以对货物的包装要求也不高，有助于客户节约包装费用。

（三）原始投资小，资金周转快

从事公路运输服务，只需要拥有汽车和停车场所即可。每辆货运汽车的价格从十几万到几十万不等，与铁路运输和水路运输的巨额投资相比，公路运输的原始投资要小得多。由于原始投资小，所以资金回收周期短，更容易实施技术改造或技术更新。

（四）载运量小，运输成本高

货运汽车的载货能力一般为 5～10 吨，集装箱运输汽车的载运能力稍大，多为 30 吨左右。同火车数千吨的载运能力和船舶数万吨的运输能力相比，汽车的运输能力显然小多了。而且由于汽车运输的单位能耗大、人工成本高，所以公路运输成本通常是火车的 2 倍以上。但在短途运输中，由于可以减少中转成本，公路运输的总成本也可能低于铁路。

（五）安全性较差

汽车在公路上行驶的轨迹和速度完全由司机控制，司机的疏忽大意很容易造成交通事故。而且随着公路交通量的增大，各种道路的交通状况日趋复杂，公路运输的不确定性因素不断增多，导致交通事故频发，公路运输成为安全性最差的一种运输方式。

二、公路运输的主要技术装备

（一）公路

公路是一种线性的工程构造物。它要长期承受各种车辆及其载货的重复作用，并经受各种自然因素的侵袭。因此，公路不仅要具有缓和的纵向坡度和平顺的线性，而且要有稳定坚实的路基、平整耐磨的路面以及其他必要的防护设施。公路的基本构成包括路基、路面、桥涵、隧道以及各种防护工程。为了适应行车安全的要求，公路还应设置行车标志、加油站、路用房屋、通信设施、附属工厂及绿化带等。

根据交通量的大小及其使用性质的不同，公路可分为高速公路、一级公路、二级公路、三级公路和四级公路五个等级。

（二）汽车

公路运输车辆包括人力车、畜力车和各种机动车辆。在公路运输已经相对发达的今天，汽车是公路运输的最主要车辆类型。物流领域使用的汽车种类有很多，其中最主要的有以下几种。

1. 普通货车

普通货车按载货量的不同可分为轻型、中型和重型三种；按有无车厢板分为平板车、标准挡板车和高挡板车。

（1）轻型货车。一般载货吨位在 2 吨以下，多为低货台，人力装卸较方便，主要用于城市内的集货和配送运输。

（2）中型货车。一般载货吨位在 2～8 吨，主要用于城市内运输，在我国的城市之间和乡村地区使用也较多。

（3）重型货车。一般载货吨位在 8 吨以上，货台较高，主要用于长途干线或建筑工地的运输。

2. 厢式货车

厢式货车具有载货车厢，具备防雨保护功能，可防止货物的被盗与散失，安全性较好，但由于其自重较大，所以载重能力利用率较低。厢式货车有以下两种不同的分类。

（1）按货厢高度分为低货厢和高货厢两种。低货厢的货台在车轮位置有凸起，对装车有影响；高货厢的底座为平板，虽不太适合于人力装卸，但在车上堆垛比较方便。

（2）按开门方式分为后开门式、前开门式、两侧开门式、侧后双开门式、顶开门式和翼式等多种类型。后开门式适宜于后部装卸，方便手车和手推车等进入车厢内部，车尾与站台接靠，占用站台位置较少，有利于多车同时装卸；侧开门式适宜于用叉车在侧面进行装卸，或者在火车站台与火车车辆平行停放进行装卸换装；顶开式适宜于吊车装卸；翼式适宜于两侧同时装卸。

3. 专用车辆

专用车辆是指仅适用于装运某种特定货物的车辆。它的通用性较差，往往只能单程装运，因此单位运输成本较高。如散装水泥车、油罐车、轿车运输车、挂肉车、混凝土搅拌车、垃圾车和洒水车等。

4. 自卸车

自卸车是指在没有外部装卸设备的条件下，可以依靠自身装置进行装卸的车辆。如装有随车吊的货车、尾部带升降板的尾板车、翻卸车等都属于自卸车。

5. 牵引车和挂车

牵引车又称拖车，是专门用以拖挂或牵引挂车的动力装置。牵引车可以分为全挂式和半挂式两种。挂车本身没有发动机，它是通过杆式或架式拖带装置，由牵引车或其他的汽车牵引的载货装备。挂车有全挂车、半挂车、轴式挂车（无车厢的挂车，俗称拖架）以及重载挂车等类型。牵引车和挂车组合在一起便形成了汽车列车。

三、公路货物运输的组织方法

（一）多班运输

多班运输是指在一昼夜时间内车辆工作超过一个工作班以上的货运形式。采用多班运输是增加车辆工作时间，提高车辆生产率的有效措施。例如，实行双班运输，车辆的生产率可比单班提高 60%～70%，同时也可提高劳动生产率、降低运输成本。

（二）定时运输

定时运输是指车辆按运行计划所拟定的行车时刻表进行运行，行车时刻表一般规定，汽车从车场开出的时间、每个班次到达和开出货运站的时间，以及装卸工作时间等内容。

（三）定点运输

定点运输是指针对特定的发货点派出相对固定的车队，专门完成固定货运任务的运输组织形式。定点运输既适用于装卸地点都比较集中固定的货运任务，也适用于装货地点集中而卸货地点分散的固定性货运任务。

（四）直达联运

直达联运是指以车站、港口和物资供需单位为中心，按照运输合理化组织的要求，通过各种运输工具把产供销各部门联系起来组成"一条龙运输"，以便快速地把货物从生产地运到消费地的运输组织形式。

（五）零担货物集中运输

零担货物运输一般是指一次托运量在 3 吨以下或不满一整车的小批量货物运输，而零担货物集中运输则是指用定点定线的城市间货运班车，将沿线零担货物集中起来进行运输的一种组织形式。其特点是：收发货单位数量多，地点分散，且不固定；货物种类繁杂，批量较小，且不稳定。

（六）拖挂运输

拖挂运输是指利用由牵引车和挂车组成的汽车列车进行运营的一种运输组织形式。比较常见的搭配是由载货汽车和全挂车两部分组成的汽车列车。通常讲的拖挂运输是指牵引车与挂车不分离，共同完成运行和装卸作业，这种形式又称为定挂运输；如果根据不同的装卸和运行条件，载货汽车或牵引车不固定挂车，而是按照一定的计划更换挂车拖带运行，则叫作甩挂运输。

第四节 水 路 运 输

水路运输是指使用各种机动或非机动船舶在通航水域运送旅客或货物的一种运输方式。由于水路运输的运输能力大、单位成本低，所以发展很快。20 世纪 80 年代以来，我国水路运输的周转量一直处于各种运输方式之首，水运是当之无愧的干线运输主力。

一、水路运输的技术经济特点

（一）运输能力大

海上航运利用天然航道，基本不受水深的限制，因此运输能力大。在远洋运输中，超级油轮的最大载重能力曾达到过 55 万吨，矿石船的最大载重能力达 35 万吨，集装箱船的最大载重能力也早已超过 10 万吨。

内河航运虽然受航道水深的限制，影响了其运输能力的进一步扩大，但同其他运输方式相比，内河航运的运输能力仍然是十分可观的。目前，美国最大的内河顶推船队运载能力已经达到 5 万～6 万吨，我国大型顶推船队的运载能力也已达 3 万吨，相当于普通铁路列车的 10 倍。

（二）总体投资大，单位投资小

航运企业订造或购买船舶所需投资巨大，目前一条 10 000TEU 的大型集装箱船造价约为 1 亿美元；同时，码头建设的投资也十分惊人，国内建设一个集装箱专用泊位所需投资动辄就是数十亿元人民币。但是，由于海上航运大多利用天然航道，除了极少数特殊航道需要疏浚外，基本不用进行投资。虽然内河航道时常需要进行疏浚维护，但同公路和铁路相比，其维护成本要低得多。加之水路运输的能力远高于其他运输方式，所以均摊之后的单位投资相对较小。

（三）单位运输成本低

由于水路运输的单位投资小，所以单位运量承担的投资成本较低。同时，由于船舶行驶速度慢，受到的阻力小，使用的燃料价格低；加之船舶自重与货物重量之比小，船舶的装载能力大，船员劳动生产率高，所以水路运输的单位运输成本远低于公路和铁路。据测定，美国沿海运输的平均成本只及铁路的 1/8，密西西比河干线的平均运输成本也只有铁路的 2/5。

（四）运输速度慢

由于船舶的体积大，高速行驶的阻力很大，所以船舶行驶的速度一般都较低。另外，由于船舶的装载量大，在港装卸时间长，也会延长货物在港等待的时间。此外，遇到台风、海啸等恶劣海况，船舶还不得不进港避风。以上这些原因导致水路运输的周期长且不确定，因此短途运输业务一般不适宜采用水路运输。

（五）运输风险较大

船舶在海上航行，难免会遇到台风、海啸等恶劣海况，此时，船载货物就有可能受到海水浸湿，或者被打入大海。有时，为了保证船舶及大多数货物的安全，甚至不得不主动抛弃部分货物。在内河航运中，也会时常遇到因水位下降引起的航道阻塞，导致货物长时间滞留而无法交付。当然，随着技术的进步，水路运输的安全性正在不断提高，运输风险也在不断降低。

二、水路运输的主要技术装备

（一）船舶

船舶是水路运输的主要运输工具，按照用途的不同，可以分为民用船舶和军用船舶两大类。其中民用船舶又可分为运输船舶、渔业船舶、港口作业船舶、水上施工船舶、港航监督船舶、海事救助与打捞船舶等。物流领域常用的船舶有以下几种。

1. 客货船

客货船以载运旅客为主、兼运一定数量的货物。由于经营环境和技术要求的不同，客货船的结构和外观特征多种多样。

2. 杂货船

杂货船一般是指以杂货为主要装运对象，经常性地航行于较繁忙航线的货运船舶。

3. 散货船

散货船是指专供运输煤炭、粮谷、矿砂等无包装大宗货物的船舶。散货船的运载能力很大，且通常是单向运输。

4. 冷藏船

冷藏船是利用冷藏设备使货舱保持一定低温，以便运输易腐货物的船舶。由于冷藏货物批量较小，所以这种船舶的吨位较小，一般在数百至数千吨之间；航速较高，一般时速在 20 千米左右。

5. 油船

油船又称油轮，是指专门用来装运散装石油及其制品的船舶。油船的装卸是通过油泵和输油管道完成的，故油船码头的设施比较简单；油船上也不需设置吊货杆或其他起货设备。

6. 液化气船

液化气船是指专门用来装运液化天然气体（LNG）或液化石油气（LPG）的船舶。专门装运液化天然气的船舶称为液化天然气船；专门装运液化石油气的船舶称为液化石油气船。

7. 滚装船

滚装船是以车辆为装载单元的运输船舶。装船时，载货车辆或商品汽车要么由牵引车拖带，要么直接被开进船舱。所以，滚装船一般在其舭部、艏部或舯部设有可供车辆行驶的跳板与码头相连。

8. 载驳船

载驳船是以载货驳船为装载单元的运输船舶。载驳船的运输方式是：先将货物装在统一规格的货驳内，然后再将货驳装上母船，由母船运到中转港后，卸下货驳，再用拖船或推船把成组的货驳拖带或顶推到目的港卸货。

9. 集装箱船

集装箱船是指专门用来装运规格统一的标准集装箱的船舶。由于采用集装箱可以大幅度提高船舶的装卸效率，缩短船舶在港停留时间，所以集装箱船往往具有较高的运输效率。

10. 顶推（拖带）船队

驳船是指专供装载货物，本身没有动力装置的船舶；而推（拖）船则是指专门为驳船提供动力，本身没有货舱，不能装载货物的船舶。由一艘推船顶推一艘或多艘驳船时组成的船队称为顶推船队；由一艘拖船拖带一艘或多艘驳船时组成的船队称为拖带船队。

（二）港口

港口是指拥有一定水域和陆域面积，具备必要的生产和生活设施，用于船舶出入和停泊、方便旅客和货物集散的场所。它是水上与陆地运输的重要联系枢纽，是船舶装卸、修理或货物集散的重要基地。

1. 按港口的用途分类

（1）商港。是指主要用于普通旅客上下和普通货物装卸的港口，人们平时所说的港口一般都是指商港。如我国的上海港、大连港、广州港、深圳港等都属于商港。

（2）渔港。是指专为渔船提供服务的港口。如舟山群岛的沈家门港就属于渔港。

（3）军港。是指专供军用舰船使用的港口。如我国的旅顺港就属于军港。

（4）工业港。是指固定为某一工业企业服务的港口。如宝钢港、甘井子港武钢工业港等。

（5）避风港。是指在风浪较大时供船舶临时避风用的港口，一般只有一些简单的系泊设备。

2. 按港口的位置分类

（1）海港。是指在地理、水文和气象条件等方面具有海洋性质，专为海船提供服务的港口。它又可细分为海湾港（如大连港、青岛港、盐田港、横滨港、神户港）、海峡港（如湛江港、中国香港维多利亚港、新加坡港）、河口港（如上海港、广州港、鹿特丹港、纽约港）。

（2）河港。是指位于江河沿岸，具有河流水文特征的港口。如我国长江沿岸的重庆港、武汉港、南京港；珠江水系的梧州港、贵港港等。

（3）湖港。是指位于湖泊或水库岸边的港口。北美洲五大湖区的港口是世界上最典型的湖港。

3. 按港口的使用目的分类

（1）存储港。存储港一般地处水陆联络的枢纽位置，同时又是工商业的中心。这类港口的设施完备，便于进出口货物和转口货物的存储、转运。如伦敦、纽约、上海等港口。

（2）转运港。转运港大多位于水陆交通的衔接处。它一面将陆路货物转由海路运出，一面将海运货物疏散，转由陆路运入。港口本身对货物的需要不多，如鹿特丹、中国香港等港口。

（3）经过港。经过港一般地处航运要塞，为往来船舶必经之地，如有必要，船舶可作短暂停留以便补充给养的港口。

4. 按国家的政策分类

（1）国内港。是指为国内贸易服务，专供本国船舶出入的港口。除特殊情况外，外籍船舶不得出入。

（2）国际港。又称开放港，是指为国际贸易服务，依照条约或法律对外开放的港口。任何航行于国际航线的外籍船舶，只要手续齐全，均可进出，但在港期间必须接受当地航政部门和海关的监督。我国 14 个对外开放城市的港口均属于国际港。

（3）自由港。允许所有进出港口的货物在港内进行储存、加工、整理、装配、制造之后再转运到境外，并可免征关税的港口。经过自由港进出的货物只有在转入内地时才会收取一定的关税。

三、水路货物运输的组织方法

（一）国际航运

国际航运的经营方式主要有班轮运输和租船运输两大类。前者又称定期船运输，后者又称不定期船运输。

1. 班轮运输

它是指船舶在固定的航线上，以既定的港口顺序，按照事先公布的船期表航行的水上运输经营方式（GB/T18354—2006）。班轮运输具有"三定"的特点，即固定航线、固定港口、固定船期。

2. 租船运输

它是指船舶出租人把船舶租给承租人，根据租船合同的规定或承租人的安排来运输货物的运输方式（GB/T18354—2006）。这种组织形式没有固定的船期表、航线或港口。国际上通用的租船方式主要有航次租船、期租船和光租船三种。租船运输以承运价值较低的大宗货物为主，如粮食、矿砂、煤炭、石油等，而且一般都是整船装运。据统计，国际海上货物运输总量中，租船运输量约占 4/5。

（二）国内航运

1. 航线营运方式

航线营运方式也称航线形式，是指在固定的港口之间，为完成特定的运输任务，选配符合具体条件且数量一定的船舶组织运输的生产活动。与班轮运输不同的是，航线营运方式只规定计划期内的发船次数，一般不对外公布船期表，它的航线距离较短，船舶挂靠的港口也多位于某一相对集中的行区内。

2. 航次营运方式

航次营运方式是指船舶的运行没有固定的出发港和目的港，船舶仅为完成某一特定的运输任务而按照预先安排的航次计划进行营运。其特点是机动灵活，在沿海和内河运输中是一种不可缺少的运输组织形式。

3. 客货船营运方式

它是一种将旅客和货物同船进行运输的组织形式，其最显著的特点是需要准点发船。

第五节　航　空　运　输

目前，航空货运量约占全球货运总量的 2%，但其承运货物的价值却已经超过了全球贸易额的 40%，而且这一比重还在增加。可以说航空运输是五种基本运输方式中最具发展潜力的一种。

一、航空运输的技术经济特点

（一）运输速度快

与其他运输方式相比，速度快无疑是航空运输最大的特点和优势。民用货机的巡航速度可达 900 千米/小时，是公路和铁路运输的 5～10 倍，是水路运输的 20～30 倍。

（二）运输线路基本不受限制

航空运输线路基本不受山川河流和地形地貌的影响，只要有机场及相应的安全保障设施即可开辟航线。如果用直升机从事货物运输，机动性会更强。在自然灾害及其他紧急救援过程中，如果其他运输方式不能到达，采用飞机空投的方式可以很快完成运输任务。

（三）运输服务安全可靠

由于科技进步和适航标准的提高，航空运输的安全性已显著增加，成为最可靠的运输方式之一。目前，航空运输货物在途中受到的震动和撞击均小于其他运输方式。尤其当飞机在 1 万米以上的高空飞行时，由于不受低空气流的影响，更能发挥航空运输的安全性优势。

（四）科技含量高

航空运输的主要载运工具是飞机。当今世界的波音、空客等类型的飞机都是高科技与先进制造工艺的结晶。此外，航空领域的通信导航、气象预报、航空管制和机场建设等无处不体现出高科技的特征。

（五）运输成本高

载运工具高速行驶时的阻力会急剧增加，所以飞机的燃油消耗量很大，加之航空燃油的质量标准高，进一步增大了航空运输的运营成本。同时，在所有运输方式中，飞机自重与货物重量之比最大，所以单位运输成本也最大。过高的价格抑制了航空货运需求的增长，使其运量在所有运输方式中一直处于最低水平。

二、航空运输的主要技术装备

（一）飞机

物流领域使用的航空运输设备主要有客货机和货机两类。客货机以运送旅客为主，运送货物为辅；货机则专门用于装运各种货物。世界主要的飞机机型有：波音系列（B-）、麦道系列（MD-）、空中客车系列（A-）、图系列（TU-）等。我国设计制造的飞机机型主要有：运系列（YN-）、安（AN4）以及雅克（YK2）等。现役货机多由客机改装而来，目前世界上最大的货机是 B747F，该货机可载货 100 吨，拥有 56 立方米的载货容积或 29TEU 的航空集装箱箱位。

（二）机场

机场又称航空港、空港，是指专供飞机起飞、降落、维修和保养的设施，也是办理各种客货运输业务的场所，是航空运输的网络节点。它一般由飞行区、客货运输服务区和机务维修区三部分组成。

按照装备情况的不同，航空港可分为基本航空港和中途航空港两大类。前者配备有为货运及其所属机群服务的各种设施和设备，后者则只供飞机作短时间停留或者上下旅客及装卸货物之用。

（三）航空线

航空线简称航线，是指在一定方向上，沿着规定高度的地球表面，连接两个或两个以上城市，供飞机飞行的空中交通线。航线可分为国际航线和国内航线两大类，其中国内航线又可分为国内干线和地方航线。

三、航空货物运输的组织方法

（一）班机运输

班机是指在固定航线上定期飞行的飞机。班机运输有固定的始发港、目的港和中途港。按照业务对象的不同，班机运输可分为客运航班和货运航班，客运航班一般采用客货混合型飞机执行飞行任务，在搭载旅客的同时运送小部分货物；货运班机一般采用全货机执行飞行任务，它只承载货物运输。

（二）包机运输

当货物的批量比较大、班机运输不能满足需求时，则采用包机运输。包机运输可分为整包机和部分包机两大类。由于包机运输可以由承租人自行设定航程的起止港和中途港，所以灵活性较高，但由于各国政府为了保护本国航空公司的利益常对外国航空公司的包机运输业务设置障碍，大大增加了包机运输的营运成本。

（三）集中托运

集中托运是指集中托运人将若干批单独发运的货物汇总，组成一个整批向航空公司办理托运手续，采用一份航空运单集中发运到同一目的港，由集中托运人在目的港的代理人收货，再根据集中托运人签发的航空分运单分拨给各实际收货人的运输组织方式。它是目前航空货物运输中采用最多的一种组织形式。

（四）航空快递

航空快递是指具有独立法人资格的企业将进出境的货物从发货人所在地通过自身或代理的网络运达收货人的一种快速运输方式，是目前的航空货运中最快捷的一种运输组织方式。它不同于航空邮寄或航空货运，而由一个专门经营该业务的企业与航空公司合作，派专人以最快的速度在货主、机场和用户之间进行货物运送。

第六节　管　道　运　输

管道运输是使用管道输送液态或固态流体货物的一种运输方式。它适用于货类单一、批量稳定的货物运输，常承担石油、液化气或浆化煤炭等流体货物的运输任务。

一、管道运输的技术经济特点

（一）运输能力较大

管道运输利用固定的管道进行不间断的货物输送，且一般不产生空驶，所以具有较大的运输能力。比如：用直径 720mm 的管道输送原油，年输送能力可达 2 000 万吨，相当于一条铁路的运输量；直径 1 220mm 管道的年输送能力可以达到 1 亿吨以上。

（二）对环境影响小

管道运输系统中，除首末站及中间站会占用一些土地外，其余的输送管道都埋于地下，很少占用土地。此外，管道运输产生的噪声和废气污染都很少，密闭于管道中的油气也很难挥发散失或燃烧爆炸。所以管道运输对环境的影响很小。

（三）运营成本低

管道可以直接穿越江河湖海，甚至翻越高山，横跨沙漠。其运输路径很少走弯路，能有效缩短运输里程。同时，为管道输送提供动力的增压站设备比较单一，易于实现集中控制，甚至实行完全无人值守，且能耗水平低。管道运输的这一系列优势大大降低了其平均运营成本。

（四）适用范围有限

管道运输系统本身的结构特点，决定了其适用范围的有限性。一般情况下，管道运输只适用于长期稳定且量大的货物运输任务。如果运输的数量太小或者货物的类型变化太多，管道运输的优越性就难以发挥出来。

二、管道运输的主要技术装备

（一）管道

管道运输系统中的管道主要是指用于长距离输送货物的管线，它也经常被简称为长输管道，主要由干管、阀室等装置组成。长输管道一般每隔一定距离就设置一个阀门，阀门可设在地下阀井或地上的阀室内，大型穿（跨）越结构物两端也应设置阀门，以便发生事故时可以及时截断管内流体，防止事故的扩大。为了防止土壤对管线的腐蚀，管线外部都涂有防腐绝缘材料，并常采用阴极保护等防护措施。

（二）管道站

管道站俗称输油（气）站，是对管道沿线各类作业场站的统称，其主要作用是为管道内的流体货物增加输送压力，或者通过加热来增加货物的可流动性。按照功能和位置的不同，管道站可以分为首站（起点站）、末站（终点站）和中间站。

1. 首站

首站是长输管道的起点，通常位于油（气）田、炼油厂或港口的附近。其主要任务是接受流态货物，经过计量或加热作业之后，通过加压使其输进管道进行输送。首站还经常负责发送清管器、检测货物质量，有的还兼顾完成原油脱盐脱水、添加试剂等预处理工作。

2. 末站

末站位于管道的终点，往往是收货单位的油（气）库、转运油（气）库或煤炭堆场。末站的主要作用是接受管道输送来的货物，经检验计量后转向其他运输方式或直接输送给用户。

3. 中间站

中间站位于管道沿线，每隔 60～70 千米设置一个。中间站的主要类型有：只给管道内的流态货物增加输送压力的泵站，只对货物进行加热处理的加热站，或者是两种功能兼而有之的热泵站。

三、管道货物运输的形式

管道运输通常以所输送的货物名称命名。如输送原油的管道就称为原油管道；输送成品油的管道就称为成品油管道；此外还有天然气管道、煤浆管道等。

（一）原油管道

油田开采出来的原油经过油气分离、脱水、脱沉淀处理，并经过一定的稳定之后即可进入管道。用管道输送原油时，应针对所输原油的不同特性（如比重、黏稠度、易凝状况等），采用不同的输送工艺。

原油管道输送工艺可分为加热输送和不加热输送两种。稀质的原油（如中东原油）采用不加热输送；而我国开采的原油都属于易凝高粘原油，需采用加热输送。

（二）成品油管道

成品油管道一般同时连通多个炼油厂，以便将它们的产品汇入同一管道，再向沿线的各地城乡供应油品。因此，成品油管道多集中在工业发达地区。

成品油管道的特点在于，其输送的对象为众多不同品质的油品，如煤油、汽油、柴油、航空煤油以及其他种类的油品。这些油品在输送的过程中要求顺序输送，而且必须严格区分，以保证油品质量。所以，成品油管道运输管理复杂性远远超过原油管道。与原油管道不同的是，成品油管道一般都实行常温输送，不存在沿途加热的问题，这是其相对简单的一面。

（三）天然气管道

天然气管道是将天然气（包括油田生产的伴生气）从开采地或处理厂送到城市配气中心或企业用户的管道。天然气管道与煤气或石油气的区别在于：煤气或石油气是用煤炭或石油做原料转化而成的气态燃料，起输压力比较低；而天然气则是从气田中抽出，本身具有较高的压力，可以直接进行长距离输送的气态燃料。早期天然气的输送完全依靠天然气井的压力，现在由于输送距离较长、输送量也较大，所以普遍都设有增压站。天然气管道的增压站通常都以天然气作燃料，通过燃气机或燃气轮机，来驱动各种增压用的压缩机。

（四）煤浆管道

煤浆管道是固体浆液管道的一种。它是指将固态的煤炭破碎成粉粒状后再与适量的水混合配制成浆液态流体，经管道增压进行长距离输送的一种运输方法。固体浆液管道除用于煤浆输送外，也可用于赤铁矿、铝矾土或石灰石等物资的运输。

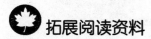

拓展阅读资料

上海通用的"循环取货"

上海通用汽车的零部件总量超过了 5 400 多种，来自于 180 家供应商，这相当于一个中型超市的单品数。有的零件根据体积或数量的不同，并不一定正好能装满一卡车。供应商为了节省成本，经常是装满一车才送货。这样不仅造成了运输、库存高，占地面积大，而且也影响了对客户的服务速度。

针对这些用量很少的零部件，为了不浪费运输车辆的运能，充分节约运输成本，上海通用使用了"循环取货"的形式。每天早晨，上海通用的汽车从厂家出发，到第一个供应商那里装上准备好的原材料，然后到第二家、第三家，依此类推，直到装上所有的材料，然后再返回。这样做的好处是，省去了所有供应商空车返回的浪费，充分节约运输成本。上海通用通过循环取货的方式，零部件运输成本每年可以节约 300 万元人民币，下降了 30% 以上。

资料来源：http://www.chinacpx.com/zixun/list.asp?id=5678.html

本章关键词

运输、干线运输、支线运输、铁路、公路、水路、航空、管道

复习思考题

1. 如何理解运输在物流系统中的地位和作用？
2. 简要说明运输的各种分类。
3. 说明铁路运输的主要技术经济特点及其运输组织方法。
4. 简要说明铁路运输的主要技术装备。
5. 说明公路运输的主要技术经济特点及其运输组织方法。
6. 简要说明最常见的汽车类型。
7. 说明水路运输的主要技术经济特点及其运输组织方法。
8. 说明水路运输的主要技术装备有哪些。
9. 简要说明航空运输的主要技术经济特点。
10. 简要说明管道运输的主要技术经济特点。

第七章 储 存

当人类在生产消费活动中出现富余产品时，就出现了储存。储存是现代物流系统中最关键的功能要素之一，没有储存社会流通就难以进行。所以储存与运输被人们并称为"物流的支柱"。

第一节 储存概述

一、储存的概念

如果说运输是以改变物品的空间位置为主要目的的活动，则储存就是以改变物品的时间状态为主要目的的物流活动。我国国家标准 GB/T4122.1—1996 中 4.2 对储存的定义十分简单，认为储存就是"保护、管理、贮藏物品"。

在物流学科中，经常会见到库存、储备及储存等几个概念，而且很容易混淆。其实，这三个概念虽有一定的共同之处，但仍有十分明显的区别。认识这个区别，既有助于人们进一步理解"储存"的含义，也有利于今后对"零库存"概念的把握。

（一）库存

库存有广义与狭义之分，狭义的库存是指仓库中处于停滞状态的物品。理解这一概念必须明确两点：第一，物品所停滞的位置，不是在车间内的生产线上，也不是在汽车站或火车站之类的其他位置，而是在仓库中；第二，物品的停滞可能由任何原因引起，而不一定具有特定的目的。广义的库存是指处于储存状态的物品，它的停滞也可能由任何原因引起，但其停滞的位置则不局限于仓库，而有可能是加工制造或物流领域的任何地点。

（二）储备

储备是指储存起来以备急需的物品，有时也指这种有目的的储存行为。储备的目的是为了保证社会再生产的连续有效进行。它是一种能动的储存形式，经常发生于生产与再生产之间或者生产与消费之间。马克思说："任何商品，只要它不是从生产领域直接进入生产消费或个人消费，因而在这个间歇期间处在市场上它就是商品储备的要素。"（《马克思恩格斯全集》第 24 卷，第 161 页）

储备和库存的区别在于：第一，狭义的库存概念明确了物品的停滞位置，而储备停滞的位置范围要比库存广得多。虽然广义的库存并不局限其停滞位置，但在实践中却较少使用。第二，储备是有目的的能动行为，而库存则既有可能是有目的的，也有可能是没有目的的。第三，库存一般只能当名词使用，而储备既可以当名词，又可以当动词使用。

（三）储存

储存是包括库存和储备在内的、一切社会形态都存在的经济现象。马克思指出："产品储存是一切社会形态所共有的，即使它不具有商品储备这种属于流通过程的产品存在形式，情况也是如此。"（《资本论》第 2 卷，第 140 页）。在任何社会形态中，不论是什么类型的物品，也不论什么原因导致其停滞，物品在没有进入生产或消费活动之前或者这些活动结束之后，都会存放起来，这就是储存。储存不一定在仓库中，也不一定具有明确的目的，它可能存在于任何位置，也可能永远进入不了生产和消费。但是，在大多数情况下，人们对储存和储备这两个概念是不作明确区分的。

二、储存的作用

储存对于调节生产与消费之间的矛盾、促进商品生产的发展和流通产业的进步都具有十分重要的意义。从物流的角度看，储存的作用主要表现在如下几个方面。

（一）储存创造时间价值

社会经济生活中，许多物品的生产与消费之间客观地存在着时间差异，需要通过物流的储存或运输等功能去产生这种时间差，从而使商品在更高价值的时间去实现其价值，这一过程中所产生的商品价值的增量即为物流所创造的时间价值。此外，文物和某些酒类的价值还会随着时间的延续而增值。为使这类商品的生产与需求之间的时间差加大而进行的储存亦会创造时间价值。

（二）储存具有"蓄水池"式的调节作用

社会化大生产的形式是多种多样的。物资的供给与需求之间既存在广泛的联系又存在相当复杂的矛盾。例如，有些产品的生产是均衡进行的，而其消费又不均衡；有些产品的生产很不均衡，而其消费却又是连续均衡的。要协调好商品生产与消费之间的这些矛盾，就必须依赖于储存，利用其"蓄水池"式的调节作用来平衡商品供需之间的差异。

（三）储存可以降低成本

现代物流系统中的仓库已不仅仅是"储存和保管物品的场所"，而且还具有促使物品更快、更有效流动的功能。现代储存要求缩短物品的进货与发货周期，压缩物品的在库停留时间，甚至会要求进入仓库的货物经过快速分货、加工或配货之后立即出库，实行所谓的"零库存"管理。所以，储存的合理化可以有效地缩短物品的储存时间，减少资金占用，加速资金周转。同时，它也可以节约物品的储存费用，降低企业的物流成本。

（四）储存能够保护物品的价值和使用价值

处于储存状态的物品看上去似乎静止不变，但实际上由于受内外因素的双重影响，它们时刻都处于运动变化之中。这种变化从隐蔽到明显、从量变到质变，往往需要经过较长的时间之后才会表现出来。但是，物品的变化是有规律的，储存可以在认识和掌握这些规律的基础上，灵活有效地运用这些规律，并采用相应的技术和组织措施，削弱和抑制外界因素的影响，最大限度地减缓储存物品的变化，以保证其价值和使用价值的稳定。

三、储存的分类

由于在物流实践中，人们常将库存、储备和储存等概念混为一谈，所以对储存的分类也难以进行统一和规范。目前与此有关的一些分类，有的称为库存，有的称为储备，也有的称为储存。

（一）按照储存在社会再生产中的作用分类

1. 生产储备

生产储备是指生产性企业为了保证生产的连续正常进行，或者调节生产与销售之间的矛盾而保有的物资准备。生产储备大多与流通领域相分离，处于生产企业内部，会占用生产企业的流动资金，由生产企业承担与其有关的一切损失和风险。这种储备可进一步分为原材料燃料及零部件储备、半成品储备、产成品储备等。其中，原材料储备的数量变动有较强的规律性，容易实行严格的控制和核定；而半成品和产成品储备的数量受市场影响较大，控制的难度也相应提高。

2. 消费储备

消费储备是指消费者为了保证消费的需要而持有的一定数量的物资准备。这种储备大多处于消费者的掌控之下，脱离了流通领域，但又没有真正进入消费过程。在生产和流通都比较发达的地区，消费者无须保有太多的消费储备，加之一般消费者本身的消费数量有限，所以很少有专门为了消费储备而设置的仓库。

3. 流通储备

流通储备是指为了保证社会再生产的正常进行而停留于流通领域的各种物资准备。流通储备有广义与狭义之分，广义的流通储备是指从国民经济的总体来看，处于整个流通领域内的各类物资准备的总和，它对整个国民经济的健康稳定发展具有不可替代的作用，其总量必须与国民生产总值、国民收入等宏观经济指标保持恰当的比例。狭义的流通储备是指流通企业为了保证市场供给、完成销售任务而必须持有的一定数量的物资准备，实践中多以库存的形式存在。

4. 国家储备

国家储备是指有关部门出于国家安全或经济战略的目的，而针对某些特殊物资建立的物资准备。国家储备有的存放于专门建设的国家储备仓库中，也有的保留于一般的生产与流通领域内。它一般分为国家的当年储备、国家的战略储备和国家的防灾保险储备等几种类型。

（二）按照储存的集中程度分类

1. 集中储存

集中储存是指将原本分散的众多小额储存集中起来，采用大型仓储设施和装卸搬运设备，集中进行存放、管理和作业的储存方式。集中储存可以充分发挥储存作业的规模效应，采用先进的技术手段，既可降低储存的平均成本，又可提高储存的作业效率。更为重要的是，由于集中储存将众多的分散储存集中起来，可以有效地提高储存的供给调节能力，从而可以在保证供给水平不变的前提下，使总的存货数量大幅度降低，有利于企业压缩存货规模，减少资金积压。

2. 分散储存

分散储存是指储存的地点比较分散，而每个储存点的储存数量相对较小的一种储存方式。由于储存点比较分散，离消费者的距离较近，容易与消费者进行沟通，也能很快地满足消费者的需求。但分散储存会使库存物品分散在不同的储存点，致使每个储存点的供给能力都十分有限。所以，为了保障供给，经营者往往不得不增加每个储存点的储存量，导致储存总量的增加，最终扩大企业在储存物品上的资金占用。

3. 零库存

零库存是指在社会再生产循环过程中，其中的某一个或某几个环节不再保有库存的一种经营形式，它是现代企业管理所追求的库存状况的最高境界。必须指出的是，实施零库存管理必须以相应的管理体制和外围环境为前提，盲目地实行零库存不仅不会带来任何效益，而且还有可能因为供应不足而使生产或销售中断，往往得不偿失。

（三）按照储存的目的分类

1. 经常储备

为了满足日常的生产和销售需要而建立的储备称为经常储备。经常储备要定期或根据特定的规则经常性地进行采购，当一批订货到达时，储备的数量达到最高值，此后随着生产或销售的消耗储备数量逐渐减少，直至下批订货到达。

2. 保险储备

为了应对各种意外原因导致的物资供应中断而建立的储备称为保险储备。这些意外原因主要包括：前一阶段的经常储备已经耗尽，而由于运输延误，下一批订货却不能按时到达；或者虽然到货，但由于品种、规格或质量不符而不能投入使用；或者储备的消耗速度出现意料之外的增加；或者出现了紧急外援等。

3. 季节储备

为了克服某些物资供应的季节性影响而建立的储备称为季节储备。季节性影响主要是由于物资的生产、流通或消费存在季节性的不平衡所致。

（四）按照储存的位置分类

1. 仓库储存

仓库储存是指存在于各种仓库、料棚和堆场中的储存，是一种最正式的储存方式。

2. 车间储存

车间储存是指存在于生产车间内的储存，是一种非正式的储存方式。

3. 场站储存

场站储存是指存在于车站、货场、港口等换载场所的储存，大多属于暂存性质，具有一定的附属性和服务性。

第二节　储　存　技　术

储存技术是指为了安全合理地完成储存任务而采用的各种技术方法的总称。实际上，在储存活动中可能用到的各种技术不胜枚举，本节只介绍一些最常见的，也是储存活动中最有自身特色的技术方法。

一、物品的检验技术

物品的检验贯穿于储存工作的全过程，至少包括物品入库时的检验、保管期间的抽验、发货阶段的复验、盘点检查中的查验等。物品检验的工作内容主要包括物品数量的检验、物品质量的检验以及物品的盘点和检查等。

（一）物品数量的检验

物品数量的检验是物流各环节之间进行物品交接时或物流作业过程中，为了确认物品数量而进行的数量清点或计量。按照物品的性质和包装不同，数量检验通常可分为计件、检斤、检尺三种形式。

1. 计件

计件就是以件为单位，逐一清点全部物品数量的检验方法。对于统一的包装物品，需重点检查包装的外表状况，只需保证所有包装外表状况良好即可，一般不用拆包清点检查；

但对于一些特殊的进出口物品，则应根据贸易合同或国际惯例来决定是否需要拆包清点。随着条码和射频识别技术的普及，越来越多的物品计件工作已经不再需要人工，而是由自动识别设备完成。

2. 检斤

检斤就是以重量单位为尺度，对物品进行称重计量的一种数量检验方法。根据物品批量的不同，检斤的重量单位可能是克、千克或吨，所使用的称重设备可能是天平、案秤、台秤、汽车衡、轨道衡以及各种自动计量设备，等等。

3. 检尺

检尺就是以体积单位为尺度，对物品进行体积丈量的一种数量检验方法。检尺的体积单位多为立方米。对于体积不一致的批量物品，往往需对每件物品分别丈量，再进行累加求和。对于按理论重量进行计量的物品，往往需先对其进行检尺，然后再根据体积换算成相应的理论重量。

在数量检验之前，应根据物品来源、包装好坏或有关规定，先确定检验方式是抽验还是全验。一般情况下，数量检验都应实施全验，即按件数全部进行点数，按重量全部检斤，按体积全部检尺，按理论重量计量的全部检尺后再换算为理论重量。

（二）物品质量的检验

物品质量的检验主要包括外观检验、尺寸精度检验、机械物理性能检验和化学成分检验四个方面的内容。通常情况下，物流作业人员一般只需作外观检验和尺寸精度检验。对于特定物品或在特定场合下，如需进行机械物理性能检验或化学成分检验时，则可由物流作业人员取样，委托专业检验机构进行检验。

1. 物品的外观检验

外观检验是指通过人的感觉器官，直接观察物品包装或物品外观，以判别物品质量的一种检验方法。外观检验的内容包括：检查物品包装的牢固程度；检查物品有无撞击、变形、破碎等损伤；检查物品是否被雨、雪、油等污染，有无潮湿、霉腐、生虫等。外观有缺陷的物品，可能会影响其质量，所以，对外观有严重缺陷的物品，要单独存放，防止混杂，等待处理。已经通过外观检验的物品，都应该填写"检验记录单"。

2. 物品的尺寸精度检验

进行尺寸精度检验的物品，主要是各种金属型材、部分机电产品和少数建筑材料。不同型材的尺寸精度检验的重点不同，比如椭圆材主要检验直径和圆度；管材主要检验壁厚和内径；板材主要检验厚度及其均匀度等。对部分机电产品的检验，一般请用料单位派员进行操作。尺寸精度检验是一项技术性强，很费时间的工作，全部检验工作量大，并且有些物品的质量特性只能通过破坏性的检验手段才能测知，因此，一般采用抽验的方式进行。

3. 物品的理化检验

理化检验是针对物品的内在质量或物理化学性质所进行的检验。理化检验对技术条件和操作人员的要求都较高，一般物流系统很难具备这些条件，所以大多委托专业的检验机构进行检验。

（三）物品的盘点和检查

1. 物品的保管损耗

在储存过程中出现的物品损耗，有些是可以避免的，有些则是难以避免的。那些难以避免的损耗就称之为自然损耗。在一定时期内，保管某种物品所允许发生的最大损耗称为物品的保管损耗。物品在储存过程中发生的挥发、升华、飞散、风化、潮解、漏损或换装倒桶过程中发生的自然减量，都属于保管损耗。

2. 物品盘点与检查的内容

物品的盘点与检查是为了能及时掌握库存物品的变化情况，避免发生物资短缺或者长期积压，保证卡、账、物相符的重要手段。盘点与检查的主要内容包括查规格、点数量、查质量、查有无超过保管期或长期积压情况、查保管条件、查安全等。

3. 盘点形式

（1）永续盘点。又称动态盘点，即保管员每天对有收发状态的物品盘点一次，以便及时发现问题，防止收发差错。

（2）循环盘点。即保管员对自己所保管的物品，根据其性质特点，区分轻重缓急，做出月度盘点计划，然后按计划逐日轮番盘点。

（3）定期盘点。即指在月末、季末、年中或年末按计划进行的对物品的全面清查。

（4）重点盘点。即指根据季节变化或工作需要，为某种特定目的而进行的盘点工作。

二、物品的堆码苫垫技术

（一）物品的堆码技术

由于物品的性质各不相同，外形多种多样，所以堆码时应采用不同的堆码方式，形成不同的垛形。下面介绍几种最常见的堆码垛形。

（1）重叠式。重叠式堆码就是逐件逐层地向上重叠码高，其特点是货垛各层的排列方式一致。尤其适宜于钢板、箱装材料等质地坚硬、占地面积较大且不会倾翻的物品。在堆码时可逢 5 或逢 10 交错，以便于清点记数。

（2）纵横交错式。对于外形狭长且规格一致的物品或其箱装件，可以将上一层物品横放在下一层物品上面，纵横交错地向上码放，形成方正的垛形，这样的堆码方法就称为纵横交错式的堆码方法。

（3）仰伏相间式。为了使货垛稳定，堆垛作业中常将一层物品仰放、另一层物品伏放，也可以伏放几层之后再仰放一层或仰伏相间成组以便相互紧扣，这样的堆码方法称为仰伏相间式堆码方法。

（4）衬垫式。在每层或每隔两层物品之间夹进木板之类的衬垫物，以使货垛的横断面保持平整，物品间互相牵制，这样可以增强货垛的稳定性。该种堆码方法称为衬垫式方式，比较适宜于四方整齐的裸装物品的堆码。

（5）串联式。利用物品本身所具有的缝隙或孔洞，用绳子或其他工具把它们按一定数量串联起来，再逐层向上堆码的方式，称为串联式方式，如图7-1所示。

（6）栽柱式。就是在货垛的两旁，各栽上2～3根木质或钢质的桩柱，将物品平铺于两排桩柱之间，每隔一层或几层再用铁丝将两侧对应的桩柱拉紧，以防桩柱和货垛倒塌。

（7）压缝式。就是先将垛底排列成正方形、长方形或环形，然后沿脊背压缝上码。由正方形或长方形垛底堆码成的货垛，其外形呈金字塔形或屋脊形；由环形垛底堆码成的货垛，其外形呈圆柱形，如图7-2所示。

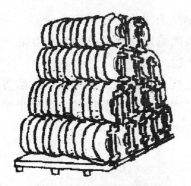

图7-1 串联式堆码垛型

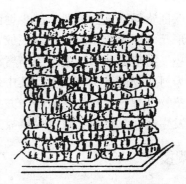

图7-2 环形压缝式堆码垛型

除了上面介绍的几种基本垛型外，还有许多其他的特殊垛型，如鱼鳞式，比较适宜于盘条类的圆圈型物品堆码；通风式，则比较适宜于木材等有通风需要的物品堆码等。

需要指出的是，虽然托盘的码放也经常采用以上的某些垛型，但由于托盘盘面的面积相对较小，且大多比较方正，所以对其垛型的稳定性要求更高，一般不适宜码放长大件等不规则物品。

在物品堆码作业的过程中，常常运用"五五化"方法。所谓"五五化"，即指以五为基本计量单位，根据物品的不同形状，码成各种垛形，其总数均是五的倍数。"五五化"只提出了数量控制的方法，并没有垛形的限制，凡适合"五五化"方法的垛形均可考虑采用。

（二）物品的苫盖技术

为了使存放于堆场或库房的物品免受雨雪浸湿、日光曝晒或者其他类型的危害，而在其上加盖一定防护物的行为，称为物品的苫盖。加盖在物品上面的防护物称为苫盖物，有时也简称为苫盖。

实践中常用的苫盖物有芦席、油布、铁皮、苫布、油毡等。无论使用何种苫盖物，苫顶都应保持平整，以防雨后积水。苫盖过程中应注意不要将垛底的垫木、石墩露在苫盖物外面，以防雨水渗入。同时，苫盖物下端应保留一定的通风间隙，以利于空气流通。

近几年，许多库场开始采用料棚对物品进行苫盖，取得了较好的作业效果。料棚又称为货棚，是一种半封闭的顶棚状装置或建筑。它对物品的防护作用虽然不及正式建筑的库房，但比露天堆场要好得多，且由于其造价低、建设周期短，所以颇受欢迎。按照结构特点和作业方法的不同，料棚可分为固定式料棚和活动式料棚两大类，其中，固定式料棚的立柱和顶棚都不可移动，是一种半永久性建筑；活动式料棚没有固定的基础和立柱，顶棚和立柱都可以根据需要进行伸缩或移动。采用活动料棚，不仅可以迅速地对物品进行苫盖，而且通风效果好，便于机械化作业。

（三）物品的衬垫技术

为了保证货垛底部的通风，减少地面潮气对物品的影响，在堆垛作业前，应根据预先设想的垛形尺寸和负重情况，在垛底放上适当的隔离物以使物品与地面相互隔开的作业行为称为衬垫。衬垫作业中所采用的隔离物称为衬垫物。

可作为衬垫物的种类有很多，其中最常见的是枕木、垫板、水泥块、石墩等。无论采用什么衬垫物，都一定要注意放平，并且应保护好地基，露天的场地一定要平整夯实，防止堆码后发生地面下沉而导致倒垛事故的发生。

三、货架技术

货架是指用立柱、隔板或横梁等组成的立体储存物品的设施（GB/T18354—2006）。它在仓库中被广泛应用。货架的种类很多，其技术也在不断发展。这里着重介绍几种被广泛使用的、适宜于存放多种物品的通用货架，以及部分功能独特、适应性强的新型货架。

（一）通用货架

通用货架是指可用于存放多种不同形状的物品、使用范围相对较大的货架类型。最常见的通用货架有以下几种。

（1）层架。是仓库使用最广泛的货架形式。它由框架和层板构成，具有结构简单、适用性强、便于收发作业等优点。

（2）层格架。在层架的基础上，每层再用隔板分隔成若干个层格，就是层格架。层格的大小应根据存放物品的大小来确定。层格架可以使储存物品相互分开不致混淆，但储存能力较小，主要适用于规格复杂多样、必须相互隔开的物品。

（3）抽屉式和柜式货架。这两种均为封闭式货架。其结构与层格架相似，只是在层格中有抽屉，外面装有柜门密封。这类货架多用于存放精密仪器、刃具、量具等怕灰尘的物品。

上述几种货架一般都限于存放体积较小的物品。对于一些笨重的长大件，如金属型材、管材等，则常选用下列长型物品货架。

（4）U 型架。是一种最简单的上开式货架，因其形状呈 U 形而得名。人们常根据物品的长短，选择若干个 U 型货架合成一组来储存物品。

（5）栅架。也是一种上开式货架，一般有固定式和活动式两种，常采用铁木结构，如图 7-3 所示。

（6）悬臂架。悬臂架是一种边开式货架，分为单面式和双面式两种。仓库多采用双面式结构。如果使用单面式结构时，则常将其背靠仓库的墙壁进行布置。这种货架可用来储存各种中、小型的狭长金属材料，如图 7-4 所示。

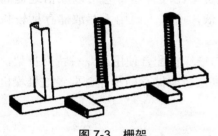
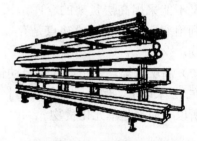

图 7-3　栅架　　　　　　　　　　　图 7-4　悬臂架

此外，还有一些为适应某些物品的特殊形状或性能要求而设计的特殊货架，如存放金属板材的三脚架、存放汽车轮胎的轮胎架以及存放气体钢瓶的钢筒架等。

（二）几种典型的新型货架

（1）重力式货架。是指层板的前后两侧有一定的高度差，以便利用货物的自重使其沿层板向前滑动的货架。重力式货架的前后深度比普通层架或层格架都要大得多，层板大多由具有一定坡度的滑道、滚轮组成，以方便货物的前移。重力式货架主要应用于各类转运中心的拣选作业或储存量较大的作业场合。

（2）调节式货架。根据货架调节部位的不同，调节式货架又可分为层架调节货架和单元调节货架。层架调节货架在其外形结构不变的情况下，可根据储存物的外形尺寸，调整货架的层距。单元调节货架由几个基本标准单元组合而成，其高低可根据需要进行调整。在需要增加储存空间时，可以把单元叠加上去；当改变储存条件时，又能立即移动，重新布置和分组。

（3）装配式货架。又称为组合式货架。它是指根据实际需要，用立柱、搁板、联结板等标准配件组装成的一种货架。

（4）旋转式货架。这种货架的外形呈圆筒状，由于货架的每一层皆能围绕主轴转动，故也称之为转动式货架。旋转式货架可分为垂直旋转式、多层水平旋转式和整体水平旋转式等多种类型，它们都由轨道、支架、货盘、驱动及控制装置组成。由于货架本身可以转动，能够有效节省存取物品的行程和时间。同时，与普通的固定式货架相比，它还可以节省 30%～50% 的占地面积。

（5）移动式货架。也称为活动货架，是指在底部装有轮子，可以依靠人力或电力驱动沿轨道移动的货架。这种货架克服了普通固定货架每列都必须预留通道的弊病，在多排货架中间只需预留一条通道即可，可以大大提高仓库的面积利用率。

（6）阁楼式货架。是指在两层或两层以上的楼面堆叠而成的阁楼中布置的货架。其中，有的阁楼式货架是由底层的货架承重，在其上部搭置楼板，形成一层新的楼面后再布置货架；有的是由专门的立柱承重，在其上部搭置楼板形成库面后再布置货架。对于净空高度较大又不能采用高层货架的仓库，采用阁楼式货架比较合适，它可以成倍地提高仓库的面积利用率。这类货架的缺点是存取作业效率低，所以主要用于存放储存期较长的中小件货物。

（7）高层货架。是指在高层自动化仓库内与堆垛机配合使用的一种特殊货架，其高度一般在 12 米以上，有的甚至高达几十米。由于高层货架储存的物品都要经过堆垛机进行存取，所以一般都是单元化货物。

四、库房的温湿度控制技术

由于各种物品内在特性的不同，它们对储存的温湿度环境要求也有所不同。如果库房内的温湿度状况达不到要求，就会引起或加速物品质量的下降。因此，库房的温湿度控制技术是储存工作中最常用的技术之一。

（一）温湿度的观测

温湿度的观测是了解温湿度状况的最主要方法，一般多采用干湿球温度计进行测量。干湿球温度计由一只干球温度计和一只湿球温度计组成，干球温度计可直接测量温度。湿球温度计的球部被湿纱布包裹，由于水分的蒸发带走部分热量，所以湿球温度计显示的温度会低于干球温度计。空气越干燥，水分蒸发得越快，带走的热量越多，两个温度计所显示的温度差就越大，反之亦然。所以，根据两个温度计的度数，从"温湿度查对表"中就可查出相应的湿度值。此外，有的库房也采用毛发湿度表或通风干湿表来测定空气湿度。

为了准确地测定库房的温湿度，通常要根据库房的面积大小、物品的性质特点以及季节气候的变化情况，确定安放温湿度计的地方和数量。通常每日上、下午各观测 1 次，并将记录结果作为调节库房温湿度的依据和研究温湿度变化规律的可靠资料。

（二）仓库温湿度的控制和调节方法

当仓库内的温湿度适宜于物品的保管时，人们就要力图保持这种有利的环境。反之，当温湿度不适宜于所存物品的储存和保管时，就要考虑进行库房温湿度的调节。常用的调节方法有以下几种。

1. 通风

通风就是根据空气流动的规律性，有计划地组织库内外的空气交换，以达到调节库内温湿度的目的。通风操作简单，对降低库内温湿度都可以起到一定的作用，同时还能排除库房内的污浊空气，是最常使用的温湿度调节方法之一。通风可采用自然通风、机械通风或两者相结合的方式进行。

2. 吸潮

吸潮是利用吸潮设备或吸潮剂吸附空气中的水蒸气，以达到降低空气湿度的目的。常用的吸潮设备就是空气去湿机；常用的吸潮剂有生石灰、氯化钙、硅胶等。

3. 空调器调节

空调器调节分为中央空调和库房独立空调两种形式。在仓库较多且相对集中的库区可采用中央空调，而一般较分散的仓库则多使用独立空调。无论采用哪种空调调节形式，其成本都比较高，所以此方法多运用于价值较高、对温湿度要求较苛刻的物品储存仓库。

4. 密封

密封是指采用一定的方式将物品尽可能地封闭起来，以防止或减弱外部环境的不利影响，达到安全储存的目的的行为。密封经常与通风或吸潮等方式配合进行，主要的种类有货架密封、货垛密封、库内小室密封或整库密封等。

第三节　仓库与仓储业务

仓库是指保管、储存物品的建筑物和场所的总称，它既包括具有封闭式建筑物的库房，又包括半封闭的料棚或货棚，还包括完全开放式的露天堆场或货场。在实践中，人们也常用仓库代指库房，将堆（货）场和料（货）棚独立于仓库之外。本节除了少数分类外，大多从广义上理解仓库的概念。

一、仓库的分类

仓库是物品最主要的储存地，也是物流活动的中转站和物流资源的调度中心。如果从不同的角度出发，根据仓库的不同特征和标志，把某些具有共性的仓库归结在一起，就形成了仓库的不同分类。这里介绍几种最常用的分类方法。

（一）按照仓库的功能分类

（1）储存仓库。储存仓库的功能更多侧重于物品储存，主要用于存储未来需要的物品，多设在生产企业或进出口企业比较集中的地区。这类仓库一般规模比较大，存储物品的数量比较多，出入库频率比较低。

（2）流通仓库。流通仓库的功能更多地偏重于物品的流通，其特点是物品的保管期较短，物品的出入库频率比较高。为了方便流通，流通仓库内还可能进行备货、定价以及再包装等流通加工作业，或者进行适当的库存管理和配送业务。

（3）保税仓库。保税仓库是为适应国际贸易的需要，在本国国土之上、海关关境之外设立的仓库，外国货物可以免税进出，无须办理入关申报手续，并且可以在库区对货物进行加工、储存、包装等作业处理。

（4）海关监管仓库。海关监管仓库主要用于存放已经进境而收货人未及时提取的物品，或者由于无证到货、单证不齐、手续不完备以及其他原因导致海关不予放行，需要暂存等候处置的物品。海关监管仓库可能由海关自行建设和管理，也可能由仓储企业向海关申请，取得经营资质后在海关的监管下开展业务。

（二）按照储存物品种类的多少分类

（1）通用仓库。通用仓库又称综合性仓库，是指可以同时储存多种不同属性物品的仓库。这类仓库大多只备有装卸搬运、商品养护和安全方面的一般设备，适用于对储存条件无特殊要求的普通物品。由于这类仓库的适应性较强，利用率较高，所以在流通仓库中比较常见。

（2）专用仓库。专用仓库也称专业性仓库，是指在一定时期内，只能储存某一类或少数几类物品的仓库，常见的有金属材料仓库、机电设备仓库等。由于专用仓库储存的物品种类比较单一，所以容易实现仓库作业的机械化和自动化。

（三）按照储存物品的保管条件分类

（1）普通仓库。是指用于储存一些在保管条件上没有特殊要求的物品的仓库。

（2）保温仓库。是指装备有采暖设备，能保持一定温度的仓库。

（3）恒温恒湿仓库。是指不仅能保持一定的温度，而且还能根据需要保持一定空气湿度的仓库。

（4）冷藏仓库。是指装备有制冷设备，能保持一定的低温环境，用于储存具有冷藏要求的物品的仓库。

（5）特种仓库。是指用以存放易燃、易爆、有毒或有腐蚀性物品，需要一些特殊的设施设备或防护措施的仓库。

（四）按照仓库的建筑类型分类

（1）平库。是指砖木结构的普通平房式仓库。这类仓库的高度多在 5 米以下，一般采用直接堆码或普通货架储存物品。

（2）楼库。是指二层或二层以上的楼房式仓库。楼库的各层之间常以升降机之类的垂直输送机械相联系，也有的以坡道相互沟通，称为坡道仓库。

（3）筒仓库。是指用于储存散装的颗粒状或液体状货物的储罐类仓库。这类仓库的主体就是容器型的储物罐，所以也称为罐式仓库。常见的有球罐库、柱罐库等。

（4）高层货架仓库。又称为立体仓库，是指以高层货架为储存支承物的仓库。由于高层货架的高度远远超过普通房屋的建筑层高，所以高层货架仓库必须按其货架的高度标准进行专门设计和建设。同样由于货架高度的问题，物品进出货架的作业过程必须依赖专用机械，由人工或电脑控制操作。如果物品进出货架的作业过程采用了自动控制的巷道堆垛机，并在出入库或其他作业环节都采用了配套的自动化作业设备，那么该高层货架仓库就可称为自动化立体仓库，简称自动化仓库。

自动化仓库也称自动存取系统（Automatic Storage & Retrieval System，AS/RS），是指由高层货架、巷道堆垛起重机、入出库输送机系统、自动化控制系统、计算机仓库管理系统及其周边设备组成的，可对集装单元物品实现机械化自动存取和控制作业的仓库（GB/T18354—2006）。它是在生产技术水平不断提高的背景下，为了配合生产的自动化而出现的一种崭新的物流技术。自动化仓库最初主要用于制造企业内部的原材料或产成品的存取作业，是制造企业自动生产线的一部分。随着流通技术的进步，自动化仓库逐渐进入流通领域，成为物流企业的仓储设施。

二、仓储业务的受理

此外，如果按照所有权性质的不同，仓库还可以分为自营仓库和公共仓库两大类。其中，自营仓库是指由企业或各类组织自营自管，为自身提供储存服务的仓库（GB/T18354—2006），不存在业务受理的问题。而公共仓库面向社会提供物品储存服务，并收取费用（GB/T18354—2006）。所以，它必须通过一定的方式接受来自其他企业的储存任务，这便是仓储业务的受理。具体的受理形式主要有以下几种。

（一）计划委托储存

货主单位以自己的采购计划、生产计划或销售计划等业务计划为依据，提前向仓储企业提出申请，委托仓储企业在未来某个时期内代为储存一定数量的某种货物。仓储企业则根据自身的储存能力和货主单位的要求，决定是否接受申请。这种储存业务的受理方式就是计划委托储存。

计划委托储存的业务关系确定后，仓储企业应与货主单位或其他对口送货部门保持密切的联系，以便根据既定的计划有条不紊地组织货物的入库、保管和出库作业。在实践中，采用计划委托储存方式受理业务的，大多属于货主单位的系统内或企业内附属仓库。

（二）合同协议储存

合同协议储存是货主与仓储企业之间依据平等自愿、互惠互利的原则，通过签订保储保管服务合同或协议，来建立长期业务关系的储存业务受理形式。根据协议规范的内容不同，合同协议储存又有三种主要形式。

（1）定品名、定数量，储存点由保管方统一安排。

（2）定库房、定面积、定货物大类，进、出、存操作由保管方承担，即"包仓代管"。

（3）定库房、定面积、定货物大类，进、出、存由存货方自理，即"包仓自管"。

（三）临时委托储存

仓储企业接受社会上的零星储存业务时，通常采取临时委托的办法。即由货主单位向仓储部门提出临时委托储存的申请，在仓库认为可以接受的条件下，填具委托储存申请单，并根据仓库的出入库手续制度，组织货物入库后，由仓库开具储存凭证。对于这类储存业务，仓储企业一般采取"逐笔清"的处理办法，即每接受一批储存货物，就根据该批货物的出入库批次和数量、一次结算保管费、装卸费和劳动服务费等。

三、储存物品的计量

储存物品的数量是储存业务量的主要衡量指标，也是仓储业务收费的基本依据。在具体的业务实践中，对于储存物品的计量，常根据物品本身的性质和状况采用不同的计量方法，形成了所谓的"综合吨"和"折吨"两类基本的计量方式。

（一）综合吨

储存物品的计量单位，一般采用"综合吨"，有时也称为"储存吨"。由于储存物品的密度或积载因素不同，有的物品体积小重量大，有的物品体积大重量小。为了公平地进行计量，实际所采用的计量单位常分为重量吨和体积吨两种。

（1）重量吨。又称实重吨，是指物品的毛重达到 1 000 千克以上，而体积（包括外包装）不足 2 立方米时，以物品的重量单位进行计量的"吨"数。

（2）体积吨。又称尺码吨，是指物品的体积超过 2 立方米，而毛重不足 1 000 千克时，物品以每 2 立方米折算为 1 个计量单位的"吨"数。

综合吨（储存吨）就是将重量吨和体积吨综合起来考察，遵照"择大计算"原则确定的重量吨或体积吨。

（二）特定情况下的折吨

在某些特殊情况下，对储存物品的计量既不能采用重量吨，又不能采用体积吨，而是要根据特定的单位进行折算，以确定其最终的计量吨。这就是所谓的折吨。常用的折吨方法有：

（1）按货物实际占用面积折吨。由于物品本身的原因不能进行堆码时，物品就会占用较多的仓库面积。此时，如果按体积吨或重量吨计量都对仓储企业不公平，所以就经常按物品实际占用的仓库面积进行折吨。导致物品不堆垛的原因有很多，例如，因物品不能受压，只能平摊；物品的外形不规则，难以堆高；或者由于物品的数量与单证不符，需要重新点数验收等。

（2）零星折吨。一般情况下，储存物品的批量越小，其仓容利用率就越低。为了合理补偿这种因批量过小而造成的仓储资源浪费，同时也为了方便仓储业务量的计算，可以规定一个起点重量，亦称"最低起租重量"，并规定每批货物的计费吨数不得低于规定的起点重量。例如，以 0.5 吨为起点重量，则每批货物结存量不足 0.5 吨时一律按 0.5 吨计算，如果超过 0.5 吨，就按实际吨数计算。

（3）拆零折吨。开展拆零发货业务的单位，除了可规定起点重量外，还可根据所拆包装箱的毛重、体积或箱装细数，计算细数单位。再以起点重量为依据，根据细数单位确定拆零折吨方案。其中，箱装细数有可能是"个""双""十个""打"等。细数单位的计算公式为：

$$细数单位 = \frac{每箱毛重（或体积 / 2）}{箱装细数}$$

第四节　物　流　园　区

我国国家标准《物流术语》（GB/T18354—2006）界定的两个与储存有关的大型物流基础设施分别是物流中心和物流园区。其中对物流中心的界定是：物流中心是从事物流活动且具有完善信息网络的场所或组织。物流中心应基本符合下列要求：主要面向社会提供公共物流服务；物流功能健全；集聚辐射范围大；存储、吞吐能力强；对下游配送中心客户提供物流服务。国标对物流园区的定义是：为了实现物流设施集约化和物流运作共同化，或者出于城市物流基础设施空间布局合理化的目的而在城市周边等各区域，集中建设的物流设施群与众多物流业者在地域上的物理集结地。

国标对物流中心的界定采用了"主要""全""大""强"等模糊不清的形容词，却并没有明确全到什么程度、大到什么程度、强到什么程度才算物流中心，所以，虽然定义物流中心的字数更多，但反而意思更不明了。相反，国标对物流园区的定义则简单明了，易于掌握和领会。实践中，我国各地规划建设的此类物流基础设施也更多地称为物流园区而不是物流中心，因此，本节将重点阐述物流园区的概念、功能、分类与开发建设模式。

一、物流园区的概念

物流园区（Logistics Park）的形式及概念起源于日本。20 世纪 60 年代日本对全国的物流体系进行了规划，将全国分成 8 个物流区域，并在每个区域中建设物流设施，从而形成了物流团地，也就是我们现在所说的物流园区。其后，由于这种模式取得了极大的经济效益，因此迅速地传到欧洲。目前，由于各国建设物流园区的目的和思路不同，对于物流园区并没有一个统一的概念。

日本政府将物流团地（Distribution Park）表述为：有效综合物流资源，实行物流现代化作业，减少重复运输，实现设施共享，建立一体化、标准化的中心节点。日本建立物流团地的主要目的是为了缓解城市交通的巨大压力。

德国政府把物流园区称为货运村（Freight Village），认为其是一种拥有独立入驻企业，与交通设施相连接的物流经济区，是货运站和物流中心发展的高级阶段。与日本不同的是，德国建设货运村主要是为了经济和运输的平衡合理发展。德国对货运村的表述基本上反映了欧洲地区对物流园区的要求和理解。

目前，国内对物流园区的理解一般认为，物流园区是指在几种运输方式衔接地形成的物流节点活动的空间集聚体，是在政府规划指导下多种现代物流设施设备和多家物流组织机构在空间上集中布局的大型场所，是具有一定规模和多种服务功能的新型物流业务载体。它按照专业化、规模化的原则组织物流活动，园区内各经营主体通过共享相关基础设施和配套服务设施，发挥整体优势和互补优势，进而实现物流集聚的集约化、规模化效应，促进载体城市的可持续发展。

二、物流园区的功能

物流园区的功能可分为宏观的经济功能和微观的业务功能。其中宏观的经济功能主要是指物流园区所具有的对物流过程和系统的优化，以及对经济发展的推动作用。例如，对社会资源的优化配置；对经济功能的开发和提升；对产业链的优化以及对区域经济的促进等。

物流园区的微观业务功能主要包括物流园区的传统物流功能、增值功能和辅助功能。其中，物流园区的传统物流功能是物流活动通常所具有的功能，主要包括：

（1）运输功能。有竞争优势的物流园区是一个覆盖一定经济区域的网络，物流园区自身需要拥有或租赁一定的运输工具，利用其有利的运输方式，按客户要求组织运输，用合适的运输方式在规定的时间内将物品运送至指定的地点。

（2）储存功能。客户往往需要通过储存环节保证市场分销活动的开展并降低库存占有的资金，园区需要拥有一定的储存设施以发挥其集中储存能力。因此物流园区应根据实际物流需求，相应地建设普通仓库、专用仓库、标准仓库甚至自动化立体仓库，并配备高效率的分拣、传送、储存、拣选设备。

（3）装卸搬运功能。为了加快商品流通速度，提高装卸搬运效率，减少作业过程中物品破损率，物流园区一般应配备专业化的装卸、搬运、码垛等专用机械设备。

（4）包装功能。在一般意义上，包装是指为运输、配送和销售服务而在物品之外添加或更换包装物的活动。而物流园区的包装功能主要是对销售包装进行组合、拼配、加固，以形成适于配送或满足客户要求的组合包装单元。

（5）流通加工。为了方便生产或销售，物流园区常常与固定的制造商或分销商进行长期合作，为其完成一些基本的加工作业，如贴标签、制作并粘贴条形码、产品分类、产品组合等。此外，随着市场需求差异化的不断增强，物流园区的该项功能正在日益延伸并发挥着越来越重要的作用。

（6）信息处理功能。物流过程中的信息处理，主要是运用计算机及其配套管理系统，对物流信息进行收集、整理、分析与加工等。通过该功能，物流园区可掌握物流作业的详细情况，并向客户提供充分的交易信息、仓储信息、运输信息、市场信息等方面的服务。

从一些发达国家的物流园区具体运作情况来看，物流园区一般还具有下面的物流增值或辅助功能。

（1）结算功能。此功能是物流功能的延伸，包括物流费用的结算以及在人事代理和配送的情况下替货主向收货人结算账款等。

（2）需求预测功能。根据物品进货出货信息，物流园区可以对该物品在未来一段时间内的市场需求进行预测，为客户的生产活动提供相应的参考。

（3）物流教育与培训。该功能主要是指向客户提供物流教育与培训，有利于提高客户的物流管理水平，乃至确立物流作业标准等。此外，根据需要，还可以在物流园区内设置海关、检验检疫、工商、税收、保险等相关机构；或为相关客户提供住宿、餐饮、邮政、汽车维修、购物、娱乐等配套服务，这些都属于物流园区的辅助功能。

（4）物流系统设计咨询功能。物流园区可以作为物流专家，为客户进行物流系统和供应链的设计与管理，以及对供应商、分销商等的评价与选择。该功能要求物流园区具备较高的综合素质，但同时也是提升园区竞争力的一项增值服务。

作为物流活动相对集中的区域，物流园区在外在形态上有相似之处，但由于区位条件、区域经济状况等的差异，园区的功能也各不相同。一个物流园区不可能同时具备所有的功能，应在综合考虑各种因素的基础上，确定其核心功能和辅助功能。

三、物流园区的分类

国内对于物流园区的分类很不统一，比如，有人将物流园区分为综合型物流园区和专业型物流园区两大类，其中专业型物流园区又可进一步细分为贸易型物流园区、枢纽型物流园区、配送中心型物流园区和整合型物流园区；也有人将物流园区分为六种类型，分别是：自用型物流园区、定向服务型物流园区、陆路交通枢纽型物流园区、产业集聚型物流园区、功能提升型物流园区和综合服务型物流园区；还有人将物流园区分为区域物流组织型园区、商贸型物流园区、运输枢纽型物流园区和综合型物流园区，等等。

由于以上几种分类相互交叉，容易混淆，且严谨性不足，所以本书仅选择最后一种比较精炼的分类，按物流园区的功能进行展开。

（1）区域物流组织型园区

其功能是满足所在区域的物流组织与管理需要，这种类型的物流园区也是能够为大多数人接受的物流园区。如港口物流园区、陆路口岸物流园区、综合物流园区等，均属于这种类型。

（2）商贸型物流园区

商贸物流园区在功能上主要是为所在区域或特定商品的贸易活动创造集中交易和区域运输或城市配送服务条件。商贸流通物流园区大多位于传统的优势商品集散地，对扩大交易规模和交易成本具有重要作用。

（3）运输枢纽型物流园区

物流园区作为物流相对集中的区域，从运输组织与服务的角度，可以实现规模化运输，反过来，进行规模化运输组织也就为物流组织与管理活动的集中创造了基础条件。因此，建设专门的运输枢纽型的物流园区，形成区域运输组织功能也是物流园区的重要类型之一。这些物流园区的主要功能是提供铁路、水运、空运和公路运输的组织与服务。

（4）综合型物流园区

所谓综合型物流园区是物流园区兼具区域物流组织、商贸流通、运输枢纽和为工业企业进行配套等多种功能，但这种综合不一定是所有功能的综合，往往是上述诸多功能的不同组合。

四、物流园区的开发建设模式

根据国内外与物流园区功能相同或相当的物流基础设施开发建设的经验，各国物流园区的开发建设一般离不开政府和物流企业这两大主体，它们将在物流园区的开发和建设中各尽所职，各取所需。因而物流园区在开发建设模式上主要也可分为两大类：一类是以政府为主导的自上而下的模式，比如经济开发区模式、工业地产商模式；另一类是以物流企业为主的自下而上的模式。此外，还有在结合以上两大类模式基础上发展的综合运作模式。

（一）经济开发区模式

物流园区的经济开发区模式，是指政府将物流园区作为一个类似于目前的工业开发区、经济开发区或高新技术开发区的项目进行有组织的开发和建设。由于物流园区具有物流组织管理功能和经济发展功能的双重特性，因此，以经济开发区模式建设的物流园区，实际上就是一种全新的经济开发区，可以有效促进区域经济增长方式的改变。

（二）工业地产商模式

物流园区开发的工业地产商模式，是指将物流园区作为工业地产项目，通过政府给予开发者适当的土地政策、税收政策和市政配套措施，由工业地产商主持进行物流园区的道路、仓库和其他物流基础设施及基础性装备的投资和建设，并以租赁、转让或合资、合作经营的方式对物流园区的相关设施进行经营和管理的一种开发模式。

（三）主体企业引导模式

物流园区开发的主体企业引导模式，是指由政府选择部分在物流和供应链管理领域具有竞争优势的企业，在指定区域内率先进行物流基础设施的开发和建设，并通过它们的示范效应和相应的政策引导，逐步实现物流产业的集聚，从而实现物流园区开发和建设目的的开发模式。

（四）综合运作模式

由于物流园区项目一般具有较大的建设规模，且涉及的经营范围较广，既要求在土地、税收等政策上的支持，也需要在投资方面能跟上开发建设步伐，还要求在经营运作上具备相应的能力。因此，单纯采用某一种开发模式，往往很难达到目的，通常须将经济开发区模式、工业地产商模式、主体企业引导模式等几种方式进行结合，取长补短，进行综合运用。

（五）BOT 模式

BOT 是英文单词 Build（建造）、Operate（经营）、Transfer（转让）的首字母缩写，它是指在一定的政策优惠条件下，政府授权特定的开发商进行规划和建设，并给予其一定年限的独立经营权，在年限到期后将经营权无偿让渡给政府的开发模式。

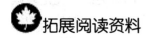拓展阅读资料

海尔的自动化仓库

海尔建立了两座我国规模最大、自动化水平最高的现代化、智能化立体仓库，仓库使用面积仅有 2.54 万平方米。其中一座坐落在海尔开发区工业园中，面积 1.92 万平方米，设置了 1.8 万个货位，满足了企业全部原材料和制成品配送的需求，其仓储功能相当于一个 30 万平方米的仓库。这个立体仓库与海尔的商流、信息流、资金流、工作流联网，进行同步数据传输，采用世界上最先进的激光导引无人驾驶运输车系统、机器人技术、巷道堆垛机、通信传感技术等，整个仓库空无一人。

自动堆垛机把原材料和制成品举上 7 层楼高的货位，自动穿梭车则把货位上的货物搬下来，一一放在激光导引无人驾驶运输车上，运输车井然有序地按照指令再把货物送到机器人面前，机器人叉起托盘，把货物装上外运的载重运输车上，运输车开向出库大门，仓库中物的流动过程结束。整个仓库实现了对物品的统一编码，使用了条形码技术、自动扫描技术和标准化的包装，没有一道环节会使流动的过程梗塞。

资料来源：http://www.gzjay.com/Article/wlgy/wlgy01/200606/13551.html

本章关键词

储存、库存、储备、苫盖、衬垫、自动化仓库、物流园区

复习思考题

1. 举例说明储存的作用有哪些。
2. 主要的储存技术有哪些？它们各自的工作内容和作用是怎样的？
3. 举例说明几种常见的堆码方法。
4. 联系实际说明常见的通用货架和新型货架类型。
5. 说明仓库的不同类别及其特点。
6. 仓储业务通常有哪几种受理形式？
7. 举例说明你所熟悉的物流园区及其功能。
8. 举例说明不同类型的物流园区在功能上有何不同。
9. 简述物流园区的开发建设模式。

第八章 流通加工

流通加工是一种特殊的物流功能要素。一般来说，加工是指改变物品的形状和性质以形成一定产品的活动；而流通则是指改变物品存在的空间状态与时间状态的过程，流通与加工原本是两个相互独立的概念。但如果将它们二者结合起来，就可以组成一个全新的物流功能要素——流通加工。流通加工是生产加工在流通领域的延续，它既可以看作是一种特殊的加工形式，属于加工的范畴，也可以看成是流通领域为了更好地提供服务而在职能方面的拓展。

第一节 流通加工概述

一、流通加工的概念

（一）流通加工的含义

流通加工是为了提高物流速度和物资的利用率，在物品进入流通领域后，按客户要求进行的加工。也就是在物品从生产者向消费者流动的过程中，为了促进销售、维护产品质量、提高物流效率而采取的使物品发生物理和化学变化的一种物流功能。

如果从物流运作的角度来看，流通加工就是为了弥补生产加工的不足，更有效地满足用户或本企业的需要，使产需双方更好地衔接，而在物流过程中进行的加工活动。我国国家标准《物流术语》（GB/T18354—2006）对流通加工的定义是：根据顾客的需要，在流通过程中对产品实施的简单加工作业活动（如包装、分割、计量、分拣、刷标志、拴标签、组装等）的总称。

（二）流通加工与生产加工的区别

流通加工和一般的生产加工在加工方法、加工组织、生产管理等方面并无显著区别，二者的区别主要体现在以下几个方面。

1. 加工对象的不同

流通加工的对象是已经进入流通领域的商品，具有商品的属性。而生产加工的对象一般是某种最终产品形成之前的原材料、零部件或半成品等。

2. 加工程度的不同

流通加工一般属于简单加工，其加工程度是浅层的，如板材的裁剪、玻璃的开片等。

而生产加工的复杂程度和加工深度要远远高于流通加工。应当说明的是，随着流通加工产业水平的不断进步，流通加工的深度也有逐渐提高的趋势。

3. 加工目的的不同

生产加工的目的在于创造价值及使用价值，而流通加工的目的则在于完善物品的使用价值，并在这种完善中形成产品的附加价值。

4. 加工责任人的不同

流通加工的组织者是从事流通工作的人，能密切结合流通的需要进行必要的加工活动。而生产加工的责任人和组织者则是生产企业的员工。

（三）流通加工的类型

根据功能和目的的不同，流通加工可分为生产性流通加工和营销服务性流通加工两大类，前者主要服务于专业化程度较高的生产性企业，后者则主要服务于最终消费者。

1. 生产性流通加工

随着社会分工的不断细化，每个企业的专业化特点更加突出。为了将有限的资源专注于自身的核心业务，很多专业化程度较高的企业更愿意将一些与核心业务关联不大的简单加工业务外包。如果物流企业承接了这些简单的加工业务，并在物流作业中的某个特定环节完成加工，就属于流通加工。

比如家电生产和船舶制造是两个完全不同的行业，但它们都需要钢材作为原材料，钢铁生产企业是它们共同的原材料供应商。但钢铁生产企业的规模化和专业化特征，决定了其产品不可能同时满足家电生产和船舶制造企业各自对原材料的个性化要求。因此，作为供需之间的物流企业，就可以承接钢铁公司的这些延伸加工任务，形成生产性流通加工。此外，诸如木材的集中下料、玻璃的集中套裁、水泥的流通加工以及配煤加工等都属于生产性流通加工。

2. 营销服务性流通加工

随着人们生活水平的不断提高，普通消费者对消费的方便性要求越来越高。比如，为了提高零售食品采购的方便性，很多超市将蔬菜、水果或各种肉食进行分割、洗净、包装；为了促销，商家往往会在店铺内进行促销套装等，这些都属于营销服务性的流通加工。随着市场竞争的日趋激烈、商品促销活动的日渐增加，营销服务性流通加工出现的频率肯定会越来越高。

二、流通加工的地位与作用

（一）流通加工的地位

1. 流通加工能有效地完善流通过程

在实现时间和空间效用方面，流通加工确实不能与运输和储存相提并论；流通加工并不是所有物流业务中都必然出现的活动内容，其普遍性也不如运输和储存。所以，人们一般不把流通加工当作物流的主要功能要素，但是这种观点并不能说明流通加工不重要。相反，因为流通加工能够起到运输或储存等其他功能要素所无法起到的作用，所以也是物流系统中不可缺少的一个重要环节。

2. 流通加工是物流系统中的重要利润源

流通加工是一种低投入高产出的加工方式，它往往通过简单的加工作业就可获得丰厚的利润。例如，流通加工通过改变商品的装潢，可使商品的档次大幅度跃升，有利于其价值的充分实现。有资料表明，合理的流通加工还可以使物品的利用率提高 20%～50%，这是其他一般手段所难以企及的。事实上，根据我国近年来的实际情况，流通加工为流通企业提供的利润并不一定少于运输或储存，流通加工已经成了物流系统中的重要利润源。

3. 流通加工也是国民经济体系中的重要加工形式

在整个国民经济体系中，流通加工作为一种加工形式也是必不可少的。它对于国民经济的健康发展、产业结构的优化提升，以及社会分工的合理细化都具有十分重要的意义。

（二）流通加工的作用

流通加工在物流系统中的作用，主要体现为它对物流服务功能的延伸和增强，具体表现在以下几个方面。

1. 弥补生产加工的不足

流通加工实际上是生产加工的延续和深化，它对于弥补生产加工的不足具有十分重要的意义。由于现实的生产系统中存在很多限制性因素，抑制了生产功能的进一步深化，使许多产品在生产领域的加工只能达到某个特定的程度。例如，钢铁厂的大规模生产只能以标准规格为依据组织生产，以使产品具有较强的通用性，同时也可保证生产系统本身的效率和效益；如果要在木材的生产地将其变成成材或制成木制品的话，往往会导致运输组织的极大困难，所以木材产地的加工一般只能将其加工成圆木或板方材，进一步的下料或切裁加工则须由流通加工来完成。

2. 满足需求的多样化要求

生产企业为了保证高效率的生产，必须采用大批量的生产方式。但通过大批量生产方式生产出来的标准化产品往往难以满足消费者的个性化需求。在没有流通加工业务之前，经常是消费者自己设置加工环节来解决这一矛盾，这是生产企业和消费者都不愿看到的事情。为了既满足消费者对产品的多样化需要，又保证高效率的大批量生产，将生产出来的标准产品进行多样化改制就显得十分必要。例如，根据消费者需要的特定型号和尺寸，对其所需钢材进行裁剪和预处理。这种流通加工形式的最大好处就是加工目的更接近于消费，可以使消费者感到更加省力、省时和方便。

3. 保护物品的使用价值

物流的整个过程中都存在对物品的保护问题，流通加工能防止物品在运输、储存、装卸搬运、包装等作业过程中遭受损失，使其使用价值得到顺利实现。一般来说，以保护物品为主要目的的流通加工，并不改变物品的外观或性质特征，加工的深度和水平与被加工对象的性质密切相关。这种类型的流通加工主要通过稳固、改装、冷冻、保鲜等手段来完成。

4. 提高物流的作业效率

有些物品由于本身具有某种特殊的形态，而致使物流作业的效率低下，甚至难以进行物流操作。如鲜鱼鲜肉的装卸和储存，超大设备的装卸搬运，气体货物的装卸与运输等。在对这类物品进行物流作业之前，首先应对其进行适当的流通加工以弥补其形态缺陷。如鲜鱼鲜肉的冷冻，超大设备的解体，气体货物的液化等。这类流通加工的目的只是为了暂时改变物品的物理状态以方便物流作业，物流作业过程结束后仍能恢复其物理原状，而且一般不会改变其化学性质。

5. 促进产品的市场销售

在企业竞争日趋激烈的环境下，市场营销成了企业经营战略的最核心内容之一。事实上，在促进产品的市场销售方面，流通加工也可以起到不可替代的作用。例如，将散装或超大包装的物品分装成适宜于销售的小包装，将以保护产品为目的的运输包装改换成以促进销售为目的的装潢性包装，将零配件组装成产成品，将蔬菜或鱼肉洗净切块等形式的流通加工，都可以起到吸引消费者、刺激消费的作用。这种类型的流通加工一般也不改变物品本身的性质，大多只是进行简单的改装，也有部分属于组装、分块等深加工内容。

6. 提高原材料的利用率

利用流通领域的集中加工代替各使用部门的分散加工，可以大幅度提高物资的利用率，具有明显的经济效益。例如，原材料准备过程中的集中套裁可以有效减少原材料的消耗数量，提高加工质量。同时，对于加工后的余料还可使其得到更合理的利用。又如，钢材的集中下料，就可通过合理下料、搭配套裁、减少边角余料等办法，来达到提高加工效率、降低加工费用的目的。

7. 衔接物流的各个环节

现代化大生产的相对集中和个性化消费的相对分散，导致了生产与物流的大批量高效率特征与消费的多品种少批量要求之间的矛盾。为了解决这类矛盾，可以在生产与消费之间的流通环节设置流通加工点，以该流通加工点为中介，在生产与流通加工点之间采用大批量高效率的定点输送方式，而在流通加工点至用户之间则采用多品种少批量的灵活输送方式。例如，散装水泥的中转仓库就担负着流通加工的任务，通过将大批量的散装水泥转化为较小的批量，可以有效地促进物流作业的合理化。

8. 形成新的利润增长点

大多数生产企业的初级加工规模有限，也不愿投入更为专业化的技术装备，所以往往加工效率低下。流通加工企业可以通过集中加工的方法，以一家流通加工企业代替若干生产企业的初级加工工序，以解决单个企业初级加工效率不高的弊端。显然，流通加工通过专业化设备提高劳动生产率、原材料利用率和加工设备利用率，可以获得丰厚的直接经济效益。同时它还可以通过规模化加工有效地提高加工效益，缩短生产时间，减少全社会的加工费用，产生间接的经济效益。

9. 促进生产与流通的一体化

生产企业与流通企业通过联合而统筹规划的流通加工形式，称为"生产—流通—体化"的流通加工形式。在此形式下，生产企业要涉足流通，流通企业要涉足生产，双方通过对生产和流通加工作业进行合理的分工、规划、组织、统筹和安排，可以充分发挥企业集团的技术经济优势，促使生产与流通企业实行一体化运作，有利于企业产品结构的调整。

第二节　流通加工形式

目前，世界各地的许多物流中心或仓库都开展了流通加工业务，日本、美国等物流发达国家的流通加工服务更为普遍。有关资料显示，日本东京、大阪、名古屋等地的物流公司中，有一半以上都开展流通加工业务，且规模都相当可观。当然，不同的物流作业对象和作业方式所需要的流通加工形式各不相同，流通加工的个性化特征十分明显。下面仅结合我国的具体实际，介绍几种典型物品的流通加工方法及其意义。

一、水泥的流通加工

在需要长途调入水泥的地区，如果需求数量大且相对稳定，则不需直接调入大量的成品水泥，而是将块状或颗粒状的半成品熟料运进，在需求地的流通加工点进行细磨，并根据客户的使用要求和当地的资源状况掺入适当的混合材料或添加剂，制成不同品种及标号的水泥。这种流通加工是水泥流通加工的重要形式之一，在国外已经相当普及。在需要长距离输送供应水泥的情况下，以块状或颗粒状的熟料代替粉状的水泥进行输送，具有很多突出的优势。

（一）减少无效运输，节省运力

据估计，调运普通水泥和矿渣水泥的过程中，约有 30% 以上的运力消耗在矿渣或其他各种添加物上。我国水泥需求量大的地区大多工业基础较好，拥有大量的工业废渣。如果到使用地再对熟料进行细磨，可以根据当地的资源条件选择合适的混合材料，这样就可以节约消耗在混合材料上的运力和运费。

（二）降低水泥的流通损耗

水泥的水硬性只有在充分细磨之后才会表现出来，未经细磨的水泥熟料具有较好的抗潮湿性能。所以熟料输送可以基本消除由于受潮而造成的损失。此外，块状或颗粒状的熟料也不像粉状水泥那样易于散失。

（三）提高运输效率，降低运输成本

如果采用输送熟料的形式输送水泥，既可以充分利用站、场、仓库现有的装卸设备，又可以利用普通车皮进行运输，与散装水泥方式相比，具有更好的技术经济效果，更适合于我国的具体国情。

（四）减少高标低用，满足多样化需求

我国大中型水泥厂生产的水泥，平均标号都在逐年提高，但实际上大多数用户所需的水泥都是低标号的。目前，我国的大部分施工现场都不具备添加混合材料以降低水泥标号的技术力量或设备，经常不得不使用高标号水泥，造成很大的资源浪费。如果以熟料形态进行长距离输送，在使用地再粉碎细磨，就可根据当地的实际需要，确定掺加混合材料的数量，生产更多的廉价低标号水泥，更大限度地满足客户需求。

（五）促进水泥的规模流通

采用长途熟料输送的方式，有利于在水泥厂与有限的熟料粉碎工厂之间形成固定的直达渠道，实现物流经济效益的提高。同时，用户也无须集中到水泥厂进行采购，而是直接向当地的熟料粉碎工厂订货，因而更容易沟通产需关系。显然，这种方式对于加强水泥流通的计划性、简化流通手续、保障物资供应都具有十分明显的优越性。

二、商品混凝土的流通加工

在传统的流通方式中，水泥的零售一般都是以粉状水泥供给用户，由用户在建筑工地现场拌制成混凝土之后才能使用。而现在已有很多是先将粉状水泥输送到使用地的流通加工点（或称集中搅拌混凝土工厂、生混凝土工厂），在那里搅拌成生混凝土，然后供给各个工地或小型构件厂使用。这是商品混凝土流通加工的一种主要方式。它也具有很好的技术经济效果，受到了发达国家的普遍重视。这种流通加工形式的主要优点是：

（一）提高劳动生产率，保障混凝土的质量

把混凝土的加工从小规模的分散状态，改变为大规模的集中形式，既可以充分利用现代科学技术组织社会化的大生产，又可以发挥现代技术和管理的优势，大幅度提高劳动生产效率和混凝土的质量。集中搅拌可以采取准确的计量手段和最佳的生产工艺，根据不同需要使用不同的添加剂或混合材料，拌制不同性能的混凝土，在提高混凝土质量、减少水

泥消耗量、提高劳动生产率等方面，具有社会化大生产的一切优点。

（二）降低消耗，利于环保

在相同的生产能力下，实行集中搅拌可以较大幅度地降低单位产量所需的设备投资、管理费用、人力及电力消耗等。同时，集中搅拌的生产量大，可以采取措施回收使用废水，减少洗机废水的污染，利于环境保护。此外，由于集中搅拌的设备固定不动，还可以避免因经常拆建所造成的设备损坏，延长设备的使用寿命。

（三）促进水泥流通的合理化

采用集中搅拌的流通加工方式，可以促使集中搅拌站（厂）与水泥厂（或水泥库）之间形成固定的供应渠道，这些渠道的数目大大少于分散方式的渠道数目，在有限的流通渠道之间采用高效率大批量的输送形式，有利于提高水泥的散装率。同时，在集中搅拌场所内，还可以附设熟料粉碎设备，直接使用熟料，实现熟料粉碎与拌制生混凝土两种流通加工的结合。

此外，采用集中搅拌混凝土的方式，也有利于新技术的推广应用，简化工地的材料管理工作，节约施工用地。

三、钢板的流通加工

剪板加工是指在固定地点设置剪板机，提供剪板服务的过程；下料加工则是指设置各种切割设备，将大规格钢板裁小或切裁成毛坯，以方便用户的服务过程。在钢材的流通实践中，热连轧钢板或钢带、热轧厚钢板等板材的最大交货长度通常可以达到 7～12 米，有的甚至是成卷交货。对于钢板消耗量较大的大中型企业，可能设置专门的剪板或下料加工设备，按生产所需适时进行剪板或下料作业。但对于钢材消耗量不大的中小型企业而言，如果单独设置剪板或下料设备，不仅设备的闲置时间长，人力资源浪费大，而且难以推行先进的加工工艺，生产效率低下。所以，在流通领域设置钢板的剪板或下料加工点可以有效地克服上述矛盾，为客户提供更满意的服务。钢板的剪板或下料加工的优点主要体现在以下几个方面。

（一）简化客户的生产环节

钢板的流通加工可以帮助客户简化生产环节，使其将精力集中于关键的加工过程，提高企业的生产技术和管理水平。

（二）提高加工的效率和效益

集中加工既可以保证生产的批量及作业的连续性，又可以使用专门的技术或先进的设备，大幅度提高加工的效率和效益。

（三）提高加工精度，减少边角废料

由于加工精度高，所以它既可以减少边角废料的数量，利于原材料的节约，又可以减少后续精加工的切削量，提高精加工的生产效率。

（四）保证加工对象的质量稳定

由于专业化的加工工艺多种多样，用户可以根据实际需要进行选择，以保证加工后的钢材金相组织较少发生变化。这种类型的流通加工可以有效保证加工对象的质量。

事实上，流通实践中的各种圆钢、型钢、线材的集中下料以及线材的冷拉加工等都与钢板的这种流通加工方法相类似。

四、木材的流通加工

（一）磨制木屑压缩输送

这是一种为了提高流通（运输）效率而进行的流通加工。由于木材的比重小，往往使车船满舱而不能满载，同时，装车、捆扎也比较困难。从林区外送的原木中，有相当一部分是造纸材料，美国采取在林木生产地就地将原木磨成木屑，然后采取压缩方法，使之成为容重较大、容易装运的形状，然后运至靠近消费地的造纸厂，取得了较好的经济效果。采取这种办法比直接运送原木节约一半的运费。

（二）木材的集中下料

这种流通加工形式就是在流通加工点将原木锯裁成各种规格的锯材，同时将碎木、碎屑集中加工成各种规格的板材，甚至还可以进行打眼、凿孔等初级加工。用户直接使用原木，不但加工复杂、加工场地大、设备多，更严重的是资源浪费大，木材平均利用率不到 50%，平均出材率不到 40%。如果按用户要求实行集中下料，则可以使原木的利用率提高到 95%，出材率提高到 72%左右，具有相当明显的经济效果。

五、煤炭及其他燃料的流通加工

（一）除矸加工

除矸加工是以提高煤炭纯度为目的的加工形式。矸石有一定发热量，煤炭混入一些矸石是允许的，也是较经济的。但在运力十分紧张的地区，要求充分利用运力，多运"纯物质"，少运矸石。在这种情况下，可以采用除矸的流通加工排除矸石。

（二）为管道输送煤浆进行的加工

煤炭的运输主要采用容器载运的方式，运输中损失浪费较大，又容易发生火灾。管道

运输是近代刚刚兴起的一种先进物流技术，在流通的起始环节将煤炭磨成细粉，再用水调和成浆状，使之具备流动性，就可以像其他液体一样利用管道进行输送。这种输送方式连续稳定，而且速度也较快，是一种比较经济的运输方式。

（三）配煤加工

在使用地区设置集中加工点，将各种煤炭或其他发热物质，按不同配方进行掺配搅拌，加工出各种不同发热量的燃料，这一过程称为配煤加工。配煤加工可以按需要的发热量生产和供应燃料，防止热能的浪费或发热量的不足。工业用煤经过配煤加工后，还可以起到便于计量控制和稳定生产的作用，在经济及技术上都具有一定的价值。

（四）天然气、石油气的液化加工

由于气体的输送和保存都比较困难，所以过去的天然气或石油气一般都是就地使用，如果出现过剩也只能就地燃烧，既造成资源浪费又导致环境污染。虽然天然气和石油气都可以采用管道进行输送，但由于管道的投资大，且输送距离有限，所以运用并不广泛。但如果在产出地将天然气或石油气压缩到临界压力以上，使之由气体变成液体，就可以采用容器进行装运，使用时的机动性也会大大增强，这是目前较常使用的一种气体货物流通方式。

六、平板玻璃的流通加工

平板玻璃的"集中套裁，开片供应"也是一种重要的流通加工方式。采用这种流通加工方式时，应在城镇或其他用户集中区设立若干个玻璃套裁中心，以便直接面对用户并按用户提供的图纸对平板玻璃进行开片加工。这种流通加工还可以促使工厂与套裁中心之间形成规模较大且数量稳定的平板玻璃"输送干线"，以及套裁中心与用户之间形成小批量多批次的"二次输送"路线。这种流通加工方式的好处是：

（一）简化平板玻璃的生产工序，提高生产效率

平板玻璃的流通加工有利于玻璃生产厂家简化产品规格，实行大批量生产。平板玻璃的集中套裁不但能提高工厂的生产效率，而且还能简化工厂的切裁、包装等工序，使其集中力量解决生产问题。此外，集中套裁还可以广泛采用专用设备进行裁制，废弃玻璃相对较少，且易于集中处理。

（二）促进平板玻璃包装方式的变革

从工厂向套裁中心输送平板玻璃时，如果能形成固定渠道，则可以大规模利用集装工具。这样既可以大量节约包装用木材，又可以防止流通过程中的玻璃破损。

（三）提高平板玻璃的利用率

据统计，如果不实行集中套裁，平板玻璃的利用率为 62%～65%，而如果实行"集中套裁，开片供应"，则其利用率可以提高到 90%以上。

七、生鲜食品的流通加工

（一）冷冻加工

为了解决鲜肉、鲜鱼在流通过程中的保鲜及装卸搬运问题，经常采用低温冻结的方式对其进行加工。这种流通加工也适用于某些液态商品的流通。

（二）分选加工

农副产品的离散度较大，为了获得特定规格的产品，经常采用人工或机械分选的方式对其进行加工。这种流通加工称为分选加工，广泛应用于瓜果、蔬菜、粮食及棉毛原料的流通过程。

（三）精制加工

精制加工是指在农、牧、副、渔等产品的生产地或销售地设置加工点，以去除其无用部分，甚至进行切分、洗净、分装的加工作业。这种加工不但可以大大方便购买者，而且还可对加工的淘汰物进行综合利用。例如，鲜鱼的精制加工所剔除的内脏可以制成药物或饲料，鱼鳞可以制成高级黏合剂，头尾可以制成鱼粉等；蔬菜加工的剩余物可以制成饲料或肥料等。

（四）分装加工

大多数生鲜食品的零售批量都较小，而为了保证高效输送，出厂包装一般都较大，有的甚至采用了集合包装。为了便于销售，在销售地按所要求的零售批量重新进行包装，即大包装改小、散装改小包、运输包装改销售包装，这种类型的作业过程称为分装加工。

八、机械产品及零配件的流通加工

（一）组装加工

自行车等机电设备的物流困难，主要是由于包装的低效率引起的。因为对这些物品直接进行物流包装的成本十分昂贵，且装卸搬运麻烦，运输装载率低，流通损失严重。所以，为了提高这类物品的物流效率，降低流通总费用，可以对其半成品（部件）实行高容量的包装之后出厂，在消费地再由流通部门拆箱进行组装，组装完成之后即可进行销售。这种流通加工方式在我国已被广泛采用。

（二）石棉橡胶板的开张成型加工

石棉橡胶板是机械、热力或化工装备中经常使用的一种密封材料，单张厚度一般为3毫米左右，单张尺寸有的长达4米，在储运过程中极易发生折角损失。石棉橡胶板的开张成型加工，就是按用户所需垫塞物的尺寸进行裁制。这种流通加工不但可以方便物流的作业及用户的使用，而且还可以通过集中套裁来减少边角余料损失，提高材料的利用率。这种套裁流通加工的地点一般都设在用户集中地，由供应部门组织加工作业。

第三节　流通加工的合理化

历史经验告诉人们，企业是否应该开展流通加工业务，或者选择何种形式的流通加工方法，都必须事先进行科学的分析和论证。流通加工环节的设立可能产生正反两方面的效果：一方面，它可能有效地弥补生产加工的不足；另一方面，它也可能对整个物流作业过程产生负面影响。组织者必须对流通加工的正负效应进行充分的权衡和比较，并以此为依据进行选择和取舍。

一、不合理流通加工的几种主要形式

（一）流通加工地点选择的不合理

流通加工地点的选择是影响整个流通加工过程的重要因素。通常情况下，为了衔接大批量生产与多样化需求而设置的流通加工地点多选择在需求地附近，因为只有这样才能同时发挥大批量干线运输与多品种末端配送的物流优势。在此情况下，如果将流通加工点设置在生产地附近，就显然是不合理的，其不合理性主要表现为：

第一，多品种小批量商品大量地出现在生产地附近，无疑会增加产品长距离运输的复杂性和组织难度，导致流通活动过程的不合理。

第二，在生产地附近增加一个流通加工环节，会无端地增加近距离装卸搬运、运输和储存等一系列物流活动。所以，在此情况下，不如由原来的生产加工单位直接完成这种加工任务，而无须设置另外的流通加工环节。

另外，为了提高物流的作业效率而设置的流通加工点应设置在生产地附近，使产品在进入社会物流之前进行流通加工，因为如果将其设置在消费地附近，及主要的物流作业完成之后，则不但不能为物流作业提供方便，反而会在流通过程中增加中转环节，所以也是不合理的。

当然，即使流通加工的地点选择在生产地或需求地的决策正确，也并不代表流通加工地点的选择就一定合理，因为还存在流通加工地点在更小地域范围内的选址问题。如果决策失误，仍然会导致很多的不合理现象。这些不合理现象主要表现为交通不便，流通加工与生产企业或用户之间距离较远，受地价等因素的影响导致流通加工点的投资过高，加工点周边的社会及自然环境条件不良等。

（二）流通加工方式选择不当

流通加工方式涉及流通加工的对象、流通加工的工艺、流通加工的技术、流通加工的加工程度等内容。确定流通加工方式时需要考虑的最主要问题是如何将流通加工与生产加工进行合理分工。如果分工不合理，导致本来应由生产加工完成的任务却错误地由流通加工来完成，或本应由流通加工完成的任务却错误地由生产过程来完成，都是不科学的。

流通加工不是对生产加工的简单代替，而是对生产加工的一种补充和完善。所以，一般而言，如果加工的工艺过于复杂或技术要求过高，或者加工任务可以由生产环节延伸后轻易完成的，都不宜再设置流通加工点。需要特别强调的是，流通加工尤其不应与生产环节争夺技术要求高、经济效益好的加工内容，更不宜利用特定时期内的市场压力使生产者只从事初级加工或前期加工，而由流通企业完成深加工或最终装配任务。事实上，如果流通加工的方式选择不当，很容易出现流通加工与生产环节争夺利益的不合理局面。

（三）流通加工的作用不大，形成多余环节

有的流通加工工序过于简单，或者对生产及消费者作用都不明显。这种类型的流通加工对产品的品种、规格、质量和包装状况的改变效果都不大，相反却会增加流通环节的复杂性，这均属于不合理的流通加工。

（四）流通加工成本过高，效益不好

流通加工之所以有生命力，重要的原因之一是它有较好的产出投入效果，并能有效地补充和完善生产加工的不足。如果流通加工的成本过高，就难以实现流通加工环节本身的经济目标。因此，除了极个别政策要求必不可少的流通加工类型即便亏损也须坚持外，其他投入产出效果差的流通加工环节都属于不合理的流通加工，都应该及时转行或取消。

二、流通加工合理化的主要措施

流通加工合理化是指通过流通加工资源的最优配置，使流通加工活动本身至少具有存在的价值，进而实现整个物流系统效率和效益的最大化过程。为了避免不合理流通加工的出现，决策者应该对诸如是否应设置流通加工环节、在什么地点设置流通加工点、选择什么类型的加工工艺、采用什么样的技术装备等问题，进行正确的决策。目前，我国的物流工作者在这些方面已经积累了一些经验，取得了不少成果，综合起来就是，在流通加工合

理化的过程中应该实现以下几方面的结合。

（一）加工与配送相结合

加工与配送相结合就是将流通加工点设置在配送节点内，一方面可以按配送的需要进行加工，另一方面，加工又可以成为配送业务中的分货、拣货或配货作业的一环，加工后的物品直接投入配货作业。加工与配送结合后，就无须额外设置单独的加工环节，使流通加工有别于生产加工，将加工与中转流通巧妙地结合在一起。同时，由于配送之前有加工，可使配送服务的水平大幅度提高。这种结合是当前流通加工合理化中采用最多的方式之一，在煤炭、水泥等物品的流通中被广泛采用。

（二）加工与配套相结合

在对配套要求较高的物品流通中，可以采用加工与配套相结合的方式来实现流通加工的合理化。一般情况下，设备配套的主体来自各个生产单位，但是，现有的生产单位有时无法提供完整的配套，必须通过流通加工点生产部分零配件才能最终完成配套。所以，加工与配套相结合可以有效地促进配套工作，强化流通的桥梁与纽带作用。

（三）加工与运输相结合

流通加工能有效衔接干线与支线运输，促进两种运输形式的有机结合。在支线转干线运输或干线转支线运输的物流节点内，物品本来就是必须停顿的。如果在此环节设置流通加工点，则可以分别按照干线或支线运输的合理化要求进行适当加工，加工完成之后再进行中转作业，这种加工会同时提高中转及运输的作业效率。

（四）加工与商流相结合

通过流通加工来促进销售，提高商流的合理化程度，也是流通加工合理化考虑的方向之一。流通加工与配送的结合，可以提高配送水平、强化销售，是加工与商流相结合的成功例证之一。

此外，通过简单地改变包装，形成方便的购买形态；通过组装加工解除用户使用前进行组装或调试的麻烦等，都是有效促进商流的例子。

（五）加工与节约相结合

节约能源、节约设备、节约人力、节约耗费等都是流通加工合理化需要考虑的重要问题。对流通加工合理化的最终评价，应看其能否实现社会效益和企业经济效益的双重满意。与一般的生产性企业不同的是，流通加工企业应该更加重视自身业务的社会效益，如果为了追求自身的局部利益而从事不合理的流通加工业务，甚至与生产企业争利，那么企业就违背了流通加工活动的初衷，或者其本身已经不属于流通加工的范畴了。

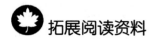

拓展阅读资料

阿迪达斯的流通加工

阿迪达斯公司在美国有一家超级市场，设立了组合式鞋店，摆着不是做好了的鞋，而是做鞋用的半成品，款式花色多样，有 6 种鞋跟，8 种鞋底，均为塑料制造的，鞋面的颜色以黑、白为主，搭带的颜色有 80 种，款式有百余种，顾客进来可任意挑选自己所喜欢的各个部位，交给职员当场进行组合。只要 10 分钟，一双崭新的鞋便唾手可得。

这家鞋店昼夜营业，职员技术熟练，鞋子的售价与成批制造的价格差不多，有的还稍便宜些。所以顾客络绎不绝，销售金额比邻近的鞋店多 10 倍。

资料来源：http://news.clb.org.cn/2009-09-16/22960.html

本章关键词

流通加工、生产加工、商品混凝土、平板玻璃、生鲜食品、流通加工合理化

复习思考题

1. 谈谈流通加工与生产加工的区别。
2. 结合实际说明流通加工的地位和作用。
3. 举例说明你所见到的流通加工实例。
4. 不合理流通加工的主要形式有哪些？
5. 简要说明流通加工合理化的主要措施。

第九章 物 流 信 息

物流信息是指组织物流活动所必需的，或者物流活动中所生成的各种有关信息。它与运输、保管、装卸、包装等职能结合在一起，共同保证物流活动的顺畅进行。作为物流系统中的一个特殊子系统，物流信息的职能总是伴随其他物流职能的运行而产生，又不断对其他物流职能以及整个物流活动起支撑保障作用。我国国家标准《物流术语》（GB/T18354—2006）对物流信息的定义是：反映物流各种活动内容的知识、资料、图像、数据、文件的总称。

第一节 物流信息概述

一、信息及其属性

从广义上讲，信息是事物存在方式和运动状态的反映，即信息是对世界一切事物及事物运动变化状态的客观描述，是对客观事物之间相互作用、相互联系的反映，是客观事物的表征。从狭义上讲，信息是指反映事物存在和运动差异的、对解决问题有用的、可以被理解的、可以被接收的、新的情报与消息的总称，是信息资源的客观性与信息接收者的主观认识的统一。

信息科学中经常用到的另一个概念就是数据，它在人们头脑中总是与数字联系在一起的。事实上，在计算机领域，数据（Data）不仅指这些数值化的数字，而且包括文字、图像、声音等形式的资料，与信息的外延基本相同。但从更大的领域范围来看，人们常把数据理解为原始资料或事实记录，而把信息理解为经过加工整理后所得到的有用数据，认为数据的外延大于信息。也有人认为，数据是保存于某种介质中的信息，认为数据的外延小于信息，而将经过加工整理后的信息或数据称为情报。

以上认识都有一定的道理，只不过它们是来自不同领域人们的不同观点，加之人们对各种概念的广义理解与狭义理解相互混杂，导致了各种不同概念之间的外延相互交错。作为基本概念的统一，本书从广义上理解信息，认为信息是一切消息、数据和情报的统一；数据是存储于特定介质中的信息，外延小于信息；而数字是一种数值化的数据，是一种特殊的数据；以信息为基础经过加工整理后所得到的有特定用途的信息称为情报。

信息普遍存在于自然界、人类社会和思维认识过程中，是人们生产、生活中相互交流的一种客观存在，它和材料、能源一起被称为现代科学的三大支柱，越来越引起人们的关注。把信息看作是"第二类资源"（第一类资源是物质资源）和"无形的财富"的"资源论"

认为，在相同技术水平和装备能力的前提下，信息对企业的经营成败具有"决定作用"。未来的社会将是信息的社会，对信息的掌握与开发程度将是衡量一个国家综合实力的一项重要指标，谁掌握并利用了更多信息，谁就掌握了发展的主动权。根据多年来的研究成果，人们一般认为，信息具有以下基本属性。

（一）普遍性

既然信息是事物存在和运动状态的反映，那么，信息将伴随着自然界、人类社会以及人类思维而普遍存在，并随事物的运动而运动，即信息无处不在、无时不有，没有无信息的真空存在。

（二）中介性

信息首先是物质及其运动变化状态的表征，但又不是物质本身。信息同时又来源于精神世界，如人的思维状况就是一种信息，人们思考问题的方法、思想、意志、情绪等，都是各种各样的信息，但信息又不限于精神领域，同时精神世界产生的各种信息具有一定的独立性，可以保持、复制或重现。信息普遍存在于物质世界和精神世界之中，具有中介性，是沟通人类主观世界和客观世界的桥梁和工具。

（三）知识性

信息之所以能成为一种社会资源为人类所用，就在于它具有知识性。信息的有用性使得人类不断接收信息，增长知识，从而达到认识世界、改造世界的目的。信息所含知识量的多少直接决定了它对人类社会的价值大小。

（四）时效性

信息既然是事物存在方式和运动状态的反映，那么，随着客观事物的不断变化，信息也必然会发生变化。因此，信息只有在一定的时间、地点、条件下才有存在的价值。

（五）对物质载体的依附性

信息不能单独存在于某种物质外壳之外，必须借助于某种物质载体才能存在、存储和传递。

（六）可传递性

信息一方面依附于一定的物质载体，借助于一定的信道进行传递；另一方面人们要获得、感受或接收信息，也必须依赖于信息的传递。

（七）可处理性

信息是事物存在方式和运动状态的反映，但它有时也可能是错误的或表象的反映。人类要正确地利用它，就必须对其进行收集、加工整理、抽象概括，通过整理筛选、去粗取精、去伪存真、由此及彼、由表及里等手段,对信息进行加工转化,以方便人们使用。

(八)可共享性

可共享性是指,信息经过传播扩散后可供各种不同领域的人们共同分享使用。

二、物流信息的概念与特征

(一)物流信息的概念

物流信息首先是反映物流领域各种活动状态、特征的信息,是对物流活动的运动变化、相互作用、相互联系的真实反映,包含知识、资料、情报、图像、数据、文件、语言和声音等各种形式。它随着从生产到消费的物流活动的产生而产生,与物流的各种活动如运输、保管、装卸、包装及配送等有机地结合在一起,是整个物流活动顺利进行所不可缺少的条件。例如,运输活动要根据供需数量和运输条件等信息确定合理的运输线路、选择合适的运输工具、确定经济运送批量等。装卸活动要根据运送货数量、种类、到货方式,以及包装情况等信息才能确定合理的组织方式、装卸设备、装卸次序等。同时,物流信息还包括物流活动与其他活动进行联系时所必需的各种信息,如商品交易信息、市场信息等,这些信息在整个物流链上流动,反映供应链上的生产厂家、批发商、零售商直至最终消费者之间的关系,是供应链协调一致、有效控制和快速反应的重要保证。所以,物流信息一般由以下两部分组成。

1. 物流系统内信息

物流系统内信息是指伴随物流活动的产生而产生的信息,具体包括物品流转信息、物流作业层信息、物流控制层信息和物流管理层信息等几个方面。

2. 物流系统外信息

物流系统外信息是指在物流系统外发生的与物流活动有关的各种信息,具体包括供货人信息、顾客信息、订货合同信息、交通运输信息、政策法规信息等。

(二)物流信息的功能

物流信息不仅作用于物流,也作用于商流,是流通过程中不可缺少的管理及决策依据。物流和信息的关系如此密切,物流从一般活动成为系统活动也有赖于信息的作用。如果没有信息,物流就只是一个单向的活动,只有依靠信息的反馈,物流才能成为一个具有反馈能力的,包括了输入、转换、输出和反馈功能的现代系统。从某种意义上说,物流信息是现代物流系统的重要支撑要素之一,因此信息处理功能就成了物流不可替代的基本功能之一。它与物流的其他功能有很大的差异,是物流其他功能实现最大价值所必须依赖的基础性功能,具体表现在:物流的每一个基本功能都与信息功能有联系,它们的顺利实现都需要信息功能的支持;整个物流系统的组织程度和有序程度靠物流信息来保障;物流系统通过信息与外界相联系，通过信息与外界互动；物流的信息功能是提升整个物流活动效率的关键因素之一。因此，物流信息具有如下几方面的功能：

（1）沟通联系功能。现代物流系统是由多个行业、多个部门以及众多企业构成的大经济系统，系统内部正是依靠各种物流信息建立起了立体多维的联系，沟通生产商、销售商、物流服务商和消费者，以满足各方的需要。可以说，物流信息是沟通物流活动各环节之间联系的桥梁。

（2）引导协调功能。物流信息随着物流、资金流的流动及物流活动当事人的行为等信息载体进入物流系统中，同时信息的反馈也随着信息载体反馈到物流系统的各个环节，依靠物流信息及其反馈作用可以引导物流活动的优化，协调物资结构、平衡供需，协调人、物、资金等物流资源的配置，从而促进物流资源的整合和合理使用。

（3）管理控制功能。通过运用现代信息技术如移动通信、互联网、电子数据交换、全球定位系统等可以实现物流活动的电子化、自动化和智能化，通过对货物和运输车辆的实时跟踪、库存自动补货等，可以对物流运行全过程、物流服务质量和物流成本进行管理控制。

（4）辅助决策功能。物流信息是制定决策方案的重要基础和关键依据，物流管理决策过程本身就是对物流信息进行深加工的过程，是对物流活动的发展变化规律认识的过程。物流信息可以协助物流管理者鉴别、评估物流战略或可选方案，如车辆调度、库存管理、流程设计及收益分析等都是在物流信息的帮助下才能做出科学的决策。作为对决策分析的延伸，通过对物流信息进一步的提炼和挖掘，还可以为物流活动的长期发展方向和经营战略进行规划和安排。

（三）物流信息的经济特征

（1）物流信息具有价值和使用价值。物流信息是物流工作者劳动服务的成果，因而具有价值；它又能够满足信息需求者的某种特定需要，因而具有使用价值。物流企业不应只把物流活动当作企业的利润之源，还应该通过合理利用物流信息增加物流价值。

（2）物流信息是一项生产要素。物流信息可以作为一项生产要素投入到物流生产中，以代替成本日益增长的劳动力。物流业是一个规模产业、范围产业和速度产业，其收益水平取决于物流量的大小和整合水平，取决于物流业务功能和服务区域的覆盖率，也取决于物流作业周转运行的速度和质量，而这三者都可以通过引入信息技术机制而得到大幅度改善，从而提高企业对物流的整合力、控制力和推动力。

（3）物流信息是一种交易机制。物流企业可以充分借助于信息网络进行交易以节约交易费用，而不用一味地扩大企业规模，试图通过市场的内部化来降低成本。目前很多先进物流企业的规模并不大，拥有的仓库、车辆和设备都很少，但却拥有先进的物流信息系统，掌握了大量的物流信息，一旦有物流需求，就能够像在自己企业内部一样迅速调集各方资源，按最优物流方案满足客户需求，并且能及时收集物流运作过程中产生的各种信息，经过整理、分析、储存以充实自己的决策信息库，用以指导下一次物流运作。显然，物流信息作为一种交易机制，可以有效减少获取信息和分析信息的成本。

（4）物流信息能降低物流代理费用。根据委托代理理论，物流信息还可以降低物流代理费用。很多企业寻求物流外包，物流信息在其中起到了关键性作用。完善的信息系统能够实时协调和监控第三方物流企业的物流活动，降低物流风险。同时，第三方物流企业利用信息技术同客户信息系统相连，不仅实现了物流信息的高度共享，也降低了自身的运作风险。

三、物流信息的分类

前文在阐述物流信息的概念时已指出，物流信息一般由物流系统内信息和物流系统外信息两大部分组成。如果从分类的需要看，物流信息就可以分为物流系统内信息和物流系统外信息。除了来自于概念的这种分类方法外，现实中的物流信息还有很多不同的分类。

（一）按物流信息沟通联络的方式分类

1. 口头信息

口头信息是指通过面对面的口头交谈而进行传递的信息。这类信息可以直接而迅速地传播，与其他传播方式相比速度较快。但它在传播过程中也容易掺和进传播者的主观理解而产生信息失真。物流活动中的各种现场调查和研究，是获得口头信息的最简单方法。

2. 书面信息

书面信息是指为了保证物流信息的客观性，便于重复说明和反复检查，而用书面文字进行描述的一种信息类型。各种物流环节中出现的数据报表、文字说明和技术资料等都属于这类信息。

（二）按照物流信息的变动度分类

1. 固定信息

所谓固定与流动信息，事实上也是相对的。固定信息只是通常具备相对稳定的特点。下述三种形式的信息都属于物流固定信息。

（1）物流生产标准信息。这种信息是以指标定额为主体的信息，如各种物流活动的劳动定额、物品消耗定额、固定资金的折旧等。

（2）物流计划信息。这种信息是指物流活动中，与计划完成的各类物流任务有关的信息，如物品年计划吞吐量、计划运输量等。

（3）物流查询信息。这种信息是指在一个较长的时期内很少发生变更的信息。如国家和各主要部门颁布的技术标准，物流企业内的职工人事制度、工资制度、财务制度等。

2. 变动信息

与固定信息相反，变动信息是指物流系统中经常发生变动的信息。这类信息以物流活动过程中的各类作业统计信息为基础。例如某一时刻物流任务的实际进度、计划完成情况、各项指标的对比关系等。

（三）按照物流信息的作用分类

1. 驱动信息

驱动信息是指决定物流活动是否进行或如何进行的信息。因为商流是物流的前提，贸易合同中确定的买方、卖方、交易对象、交易方式等信息决定了物流活动的区间范围、组织方式，所以很多商流信息实质上就成了物流的驱动信息。

2. 控制信息

为了保证物流活动的各环节相互协调，或者为了实现物流与商流的一体化运作，在物流作业过程中，管理者要根据各作业环节的实时动态，对运输、储存、装卸搬运等作业过程发出控制性指令，这些控制性指令在物流系统内各部门间传输，成为控制信息。

3. 绩效信息

绩效信息主要反映物流作业所产生的实际效果，比如是否按客户要求将指定的物品送达指定地点，相应的时间、频率、成本如何，客户的满意度如何等。

4. 决策信息

通过对以上三类信息的统计分析，可以产生出大量有价值的信息。根据这些信息，可以对特定的物流活动过程或物流项目进行评估，以帮助决策者选择服务对象、优化服务方案、降低物流成本。这方面的信息就是物流的决策信息。

除以上划分外，还有人按照物流信息的地位不同将其划分为战略信息、战术信息和作业信息；按加工程度的不同将其划分为原始信息、加工信息；按要素领域的不同将其划分为运输信息、储存信息、装卸搬运信息等。

第二节　物流信息技术

物流信息技术是物流各环节中应用的信息技术，包括计算机、网络、信息分类编码、自动识别、电子数据交换、全球定位系统、地理信息系统等技术（GB/T18354—2006）。物流信息技术是物流现代化的重要技术基础，也是物流技术领域发展最快的研究方向之一。

一、条码

条码（Bar Code）是由一组规则排列的条、空及其对应字符组成的，用以表示一定信息的标识（GB/T18354—2006）。条码技术适应了物流规模化和高速化的要求，通过快速采集信息，解决了数据录入和数据采集的"瓶颈"问题，为人们提供了一种对物品进行快速标识和描述的方法，大幅度提高了物流作业效率。条码技术与自动识别技术、POS 系统（销售时点系统）、EDI 系统（电子数据交换系统）等现代技术手段相结合，可以帮助企业随时了解有关产品在供应链上的位置，以便即时做出反应。

条码有一维条码和二维条码两种，常用的有 Code 39、CODABAR、Code 128、交错式25 码、EAN、UPC 等。现在的流通领域多以 EAN-13 码作为商品条码。有些商店为了标示及标价的方便，也常使用自己的店内码。有些物流（配送）中心，为了方便物流作业及储位管理，也经常自行定义物流条码。这些条码虽然在特定企业内部使用比较方便，但难以在更广的范围内进行通用，所以其价值仍是有限的。为了提高全社会的物流效率，方便不同物流（配送）中心或商店之间的商品流通，日本等发达国家正在着手制定标准化的物流条码。

目前在欧美等发达国家兴起的 ECR（有效的客户反应系统）、QR（快速响应系统）、ACEP（自动连续补货）等供应链管理策略，都离不开条码技术的支持。条码技术是完善POS 系统、EDI 系统、电子商务、供应链管理的技术基础，是实现物流管理现代化、提高企业管理水平和增强企业竞争能力的重要工具。物流条码是条码中的一个重要组成部分，它不仅在国际范围内提供了一套可靠的代码标识体系，而且为贸易环节提供了通用语言，为 EDI 和电子商务奠定了基础。因此，物流条码的标准化在推动各行业的信息化与现代化进程以及供应链管理的过程中将起到不可估量的作用。

二、射频识别

射频识别（Radio Frequency Identification，RFID）是通过射频信号识别目标对象并获取相关数据信息的一种非接触式的自动识别技术（GB/T18354—2006）。射频识别的最大优点在于非接触式数据采集，由于不受光学视线的制约，所以对识别环境条件的要求低，识别距离也远大于光学识别系统；同时，射频识别卡具有可读写能力，且有一定智能，可携带大量数据，难以伪造。

由于识别过程无须人工参与，所以容易实现自动化，且不会对识别对象造成损坏；射频读写器可识别高速运动的物品，并可同时识别多个射频识别卡，操作方便快捷；短距离射频识别卡不怕油渍、灰尘污染，可以在恶劣环境条件中替代条码，用于车间流水线对加工对象的跟踪；长距离射频产品多用于货物跟踪定位、车辆身份认证和路桥自动收费，等等。

由于射频识别卡具有可读写能力，对于需要频繁改变数据内容的场合尤为适用。例如，在货物的远程跟踪系统中，安装在车站、码头、机场、仓库以及公路或铁路关键点的射频读写器，可以自动读取所经过的货物或集装单元器具上的射频识别卡，并连同自身的位置信息一起上传至系统信息网络，可供货物的供需方、物流组织者及其他关系方对货物状态进行实时跟踪或控制。

便携式数据终端（PDT）是一种最典型的射频识别产品，它由一个扫描器、一个带存储器的微型计算机，以及显示器和键盘组成。在只读存储器中装有常驻内存的操作系统，用于控制数据的采集和传送。通过扫描器或键盘采集的物品信息，可通过射频通信方式实时传送到主计算机。便携式数据终端可广泛运用于物品出入库作业、物品在库的库存管理、配送中心的分拣作业等物流活动过程，可以大大提高物流作业效率，降低物流作业成本。

三、电子数据交换

国际标准化组织（ISO）将电子数据交换技术（Eleetronic Data Iwterdvange，EDI）定义为"将商业或行政事务处理按照一个公认的标准，形成结构化的事务处理或信息数据格式，从计算机到计算机的数据传输"。我国国家标准《物流术语》（GB/T18354—2006）将EDI 定义为：采用标准化的格式，利用计算机网络进行业务数据的传输和处理。EDI 是信息进行交换和处理的网络化、智能化、自动化系统，是将远程通信、计算机及数据库三者有机结合在一个系统中，实现数据交换、数据共享的一种信息系统。EDI 将传统的通过邮件、快递或传真等方法所进行的两个组织之间的信息交流，转化为用电子数据来实现两个组织之间的信息交换。通过 EDI，信息传递的速度已大大高于传统方法进行的信息传递的速度，实现了不同企业之间或者企业与相关政府部门之间的信息实时传递。

构成 EDI 系统的三个要素是 EDI 软硬件、通信网络以及数据标准化。一个部门或企业若要实现 EDI，首先必须有一套计算机数据处理系统；其次，为使本企业内部数据比较容易地转换为 EDI 标准格式，需要采用 EDI 标准；最后，通信环境的优劣也是关系到 EDI成败的重要因素之一。

EDI 标准是整个 EDI 系统中最关键的部分，由于 EDI 是按事先商定的报文格式进行数据传输和信息交换的，因此制定统一的 EDI 标准至关重要。世界各国在开发 EDI 的过程中得出一条重要经验，就是必须把 EDI 标准放在首要位置。EDI 标准的主要分类有：基础标准、代码标准、报文标准、单证标准、管理标准、应用标准、通信标准和安全保密标准等。

四、地理信息系统

地理信息系统（Geographical Information System，GIS）是多种学科交叉的产物，它是由计算机软硬件环境、地理空间数据、系统维护和使用人员四部分组成的空间信息系统，可对整个或部分地球表层（包括大气层）空间中有关地理分布数据进行采集、储存、管理、运算、分析显示和描述（GB/T18354—2006）。地理信息系统的基本功能是将表格型数据（无论它来自数据库、电子表格文件还是直接在程序中输入）转换为地理图形显示，然后对显示结果进行浏览、操作和分析。其显示范围可以从洲际地图到非常详细的街区地图，显示对象包括人口、销售情况、运输线路以及其他各类所需内容等。

过去，GIS 往往被认为是一项专门技术，其应用主要限于测绘、制图、资源和环境管理等领域。随着技术的进步和社会需求的增大，GIS 的应用日趋广泛，它不但在资源和环境管理与规划中得到成功应用，而且也成了设施管理和工程建设的重要工具，同时还进入了军事战略分析、商业策划和文化教育，乃至人们的日常生活领域之中。GIS 和数据库、信息处理、通信技术一样，已经成为信息技术的重要组成部分。GIS 的应用和集成需要其他技术，同时，其他信息技术的应用也需要 GIS。GIS 应用于物流分析，主要是指利用 GIS 强大的地理数据功能来完善物流分析技术。

国内外很多企业都已开发出了利用 GIS 为物流活动提供专门分析的工具软件。完整的 GIS 物流分析软件集成了设施定位模型、车辆路线模型、网络物流模型、分配集合模型和空间查询模型等。

（1）设施定位模型。用于确定一个或多个设施的位置，在物流系统中，如何根据供求的实际需要并结合经济效益等原则，在既定区域内确定仓库数量、仓库位置和规模以及仓库之间的物流关系等，都可运用此模型简单地实现。

（2）车辆路线模型。用于解决一个起始点、多个终点的货物运输中，如何降低物流作业费用，并保证服务质量的问题，包括决定使用多少辆车、每辆车的路径最优化等。

（3）网络物流模型。用于最有效地进行货物路径分配，即物流网点的布局问题。

（4）分配集合模型。根据各要素的相似点把同一层上的所有或部分要素分为几个组，以确定服务范围和销售市场范围等。

（5）空间查询模型。如可以查询以某一商业网点为圆心某半径内配送点的数目，以此判断哪一个配送中心距离最近，为安排配送做准备。

我国 GIS 技术起步较晚，发展尚不充分。但 GIS 应用领域非常广泛，发展势头很好，应用前景也非常广阔。

五、全球定位系统

目前，全世界已经建成或正在建设的卫星定位系统有四套，分别是美国的全球定位系统 GPS、俄罗斯的格洛纳斯 GLONASS、欧洲的伽利略系统以及中国的北斗系统。由于我国的北斗系统正处于建设推广阶段，所以国内物流信息领域大都采用美国的全球定位系统 GPS。

全球定位系统（Global Positioning System，GPS）是由美国建设和控制的一组卫星所组成的、24 小时提供高精度的全球范围的定位和导航信息的系统（GB/T18354—2006）。该系统利用距地面约 12 000 千米的多颗卫星对地面目标进行精确测量、定位和导航，具有在海、陆、空进行全方位实时三维导航与定位的能力。

我国测绘等部门使用 GPS 的经验表明，GPS 以全天候、高精度、自动化、高效益等特点，赢得了广大测绘工作者的信赖，并成功地应用于大地测量、工程测量、航空摄影测量、载运工具导航和管制、地壳运动监测、工程变形监测、资源勘察、地球动力学等多种学科，给测绘领域带来了一场深刻的技术革命。

在物流领域，GPS 可以应用于汽车的自动定位、跟踪调度和陆地救援，用于内河及远洋船队最佳航程和安全航线的测定、航向的适时调度、监测及水上救援，用于空中交通管制、精密进场着陆、航路导航和监视，用于铁路的运输管理以及军事物流等。

六、物联网

物联网的概念最早于 1999 年由美国提出，即通过射频识别（RFID）、红外感应器、全球定位系统、激光扫描器、气体感应器等信息传感设备，按约定的协议，把任何物品与互联网连接起来，进行信息交换和通信，以实现智能化识别、定位、跟踪、监控和管理的一种网络。简而言之，物联网就是"物物相连的互联网"。

物联网在物流行业的集成应用主要有如下几个方面。

（1）产品的智能可追溯网络系统。目前在农产品、食品、医药、烟草等行业领域，产品追溯体系发挥着货物跟踪、识别、查询、信息采集和管理等方面的巨大作用，已经有很多成功的应用。

（2）物流过程的可视化智能管理网络系统。这是基于卫星定位技术、RFID 技术、传感器技术等多种技术于一体，在物流活动过程中实现车辆定位、运输物品监控、在线调度与配送的智能管理系统，目前应用层次还不深，有待进一步发展。

（3）智能化的企业物流配送中心建设。基于传感、RFID、声、光、机、电、移动计算等各项先进技术建立全自动化的物流配送中心。借助配送中心智能控制、自动化操作，可以实现商流、物流、信息流、资金流的全面协同。

此外，基于智能配货的物流网络化公共信息平台建设，物流作业中智能手持终端产品的网络化应用等，也是目前很多地区推动的物联网在物流领域的应用模式。

在物流行业内，物联网在物品可追溯领域的技术与政策等条件已经成熟，应该全面推进；在可视化与智能化物流管理领域应该开展试点，力争取得突破，产生示范效应；在智能物流中心建设方面需要进一步强化物联网理念，推动物流与生产的联动；在智能配货的信息化平台建设方面应该统一规划，全力推进。

七、云计算与大数据

云计算的最终目标是将计算、服务和应用作为一种公共设施提供给公众，使人们能够像使用水、电、煤气和电话那样使用计算机资源。用户从"购买产品"转变到"购买服务"，他们不再直接面对复杂的硬件和软件，而是最终的服务。企业不需要拥有硬件设施，也不再为机房支付设备供电、空调制冷、专人维护等费用，并且不需要等待漫长的供货周期、项目实施等冗长的时间，只需要把钱支付给云计算服务提供商，人们将会得到需要的服务。

而大数据的目的是充分挖掘海量数据中的有效信息，发现数据中的价值，其处理对象是各种数据。大数据使得企业从"业务驱动"转变为"数据驱动"，从而改变了企业的业务架构。因此，云计算和大数据实际上是工具与用途的关系，即云计算为大数据提供强大的存储和计算能力，可以更迅速地处理大数据的丰富信息，并更方便地提供服务；而来自大数据的业务需求，能为云计算的落地找到更多更有价值的用武之地。

物流云计算服务平台是面向各类物流企业、物流枢纽中心及各类综合型企业的物流部门的完整解决方案，它依靠大数据及强大的云计算能力来满足物流行业的各环节所需要的信息化要求。物流云计算服务平台一般分为物流公共信息平台、物流管理平台及物流园区管理平台三种类型。其中，物流公共信息平台针对的是客户服务层，它拥有强大的信息获取能力；物流管理平台针对的是用户作业层，它可以大幅度提高物流及其相关企业的工作效率，甚至可以拓展出更大范围的业务领域；物流园区管理平台针对的是决策管理层，它可以帮助物流枢纽中心、物流园区等管理辖区内的入驻企业，帮助它们进行规划和布局。

第三节　物流信息系统

利用有关的信息技术和手段对物流信息进行管理时所形成的一套相对独立的系统，称为物流信息系统（Logistics Information System，LIS）。它是物流信息化的具体实现形式，其基础是物流信息的收集与整理工作的自动化，其目的是促进物流业务的自动化，其最高境界是为物流管理提供辅助决策，以实现物流管理的科学化和合理化。

一、物流信息系统的概念

物流信息系统与物流作业系统一样都是物流系统的子系统，是指由人员、设备和程序组成的、为物流管理者完成计划、实施、控制等职能提供相关信息的交互系统。

在企业的整个生产经营活动过程中，物流信息系统与各种作业活动密切相关，具有有效管理物流作业系统的职能。如果按垂直方向进行划分，物流信息系统可以划分为三个层次，即管理层、控制层与作业层。管理层位于物流信息系统的最高层，主要进行物流战略的制定和经营方针的决策；控制层位于物流信息系统的中间，主要的职能是库存管理与配送管理等；作业层位于物流信息系统的低层，主要职能是接受顾客订单、出入库作业、仓库运营、配送工具安排等具体物流活动。图 9-1 反映的是物流信息系统的层次和基本流程。

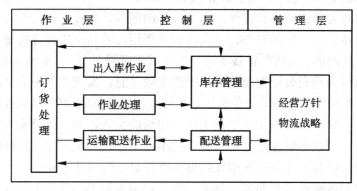

图 9-1 物流信息系统的层次与流程

二、物流信息系统的类型

（一）按系统的结构分类

（1）单功能系统。该类系统通常只能完成物流某个单一功能内的信息管理工作，如合同管理系统、物资分配系统等。

（2）多功能系统。该类系统能够完成一个部门或一个企业内全部的物流功能所需的信息管理工作，如仓库管理系统、运输管理系统等。

（二）按系统的功能性质分类

（1）操作型系统。它是按照某个固定模式对数据进行处理和加工的系统，其输入、输出和处理的方式均是不可改变的。

（2）决策型系统。能根据输入数据的不同，运用知识库提供的方法，对数据进行不同方式的加工和处理，并为用户提供决策的依据。

（三）按系统的配置分类

（1）单机系统。信息系统仅能在一台计算机上运行，虽然可以有多个终端，但主机只有一个。

（2）网络系统。信息系统使用多台计算机，相互间以通信网连接起来，使各计算机之间实现资源共享。

（四）按系统的开放程度分类

（1）企业物流信息系统。它是指制造或流通企业为了满足自身物流管理的需要而开发的信息系统。企业物流信息系统通常是企业信息系统或供应链信息系统的一个子系统，嵌合在一个更大的信息系统之中。

（2）第三方物流信息系统。它是指第三方物流企业为了增强与客户的信息沟通、方便物流资源的调度与集成、提高物流服务质量，建立以本企业为中心的信息平台，并通过网络与政府、客户、合作伙伴实现部分信息共享的信息系统。

（3）公共物流信息系统。它是指为了提高政府工作效率或促进本地区物流产业的发展，而由政府牵头建立的物流信息系统。

三、物流信息系统的构成

物流信息系统的核心功能部分主要包括客户服务系统、物流资源调度系统、数码仓库应用系统、数码配送应用系统、实时信息采集系统五大部分。

（一）客户服务系统

根据实际运作的需要，客户可以通过 Internet 实现网上数据/订单的实时查询，对物品进行实时跟踪，还可以在网上进行订单操作。

（二）物流资源调度系统

物流资源调度系统负责处理客户的请求，平衡系统的仓储和运力资源，向数码仓库应用系统和数码配送应用系统发出指令，调度全国性或区域性的物流资源，完成各项物流任务。物流资源调度系统是整个数码物流体系的总控制台。

（三）数码仓库应用系统

数码仓库应用系统面向仓库作业管理，可以帮助操作人员进行物品进出库以及在库管理。一般的数码仓库应用系统都会严格遵循业已成熟的仓库管理原则，例如，储位分配的基本原则、产品同一性原则、产品类似性原则、产品互补性原则、先进先出原则、物品堆码原则、产品尺寸原则、重量特征原则和产品特性原则等，同时运用码单详细记录在库物品的明细状况。数码仓库应用系统通过对仓库储位资源和作业设备的有效管理，来提高工作仓库作业的效率和准确性。

（四）数码配送应用系统

数码配送应用系统面向配送和运输业务，主要包括货物配载、运输管理、运输跟踪三大部分功能。该系统根据物流资源调度系统发出的指令，结合运力资源的载重能力和容积能力等信息，自动进行货物配载，以提高车辆利用率；同时，该系统还可以自动优化运输线路、降低运输成本；运输跟踪功能主要是运用 GPS/GIS 技术，对配送车辆和车载货物的动态进行跟踪，并将有关动态信息及时反馈到物流信息系统内，以便有关操作人员或顾客进行跟踪查询。

（五）实时信息采集系统

实时信息采集系统主要包括条码、GPS/GIS、RFID 系统等。该系统运用先进的技术设备自动采集物流各环节产生的信息，能够提高数据信息采集的准确度和效率，从而支持物流信息系统高效地运行。

四、物流信息系统的功能

物流信息系统作为整个物流系统的指挥和控制系统，必须具备多个子系统并具备多项基本功能，典型的物流信息系统所必备的基本功能如下。

（一）正确掌握订货信息并进行传送

订货信息是企业从外部得到的重要情报，是物流信息系统的入口。根据订货信息，企业能准确地掌握畅销商品和滞销商品的需求规律。物流信息系统提供充分可靠的订货信息，可以使企业在如下业务中获得便利。

1. 出库业务

承担出库业务的部门或员工通过物流信息系统获取从客户端传来的订货信息，根据订货信息进行库存确认，并判断何种物品在何时出库较为适宜。

如果事先能够得到订货信息，企业就能有计划地进行各阶段物流资源的调度。例如，服装行业季节性较强，如果能够事前召开订货会，提前接受预约订货并对出库业务的负荷能力进行预先调整，就能有准备地应对高峰时的业务量。

零售行业的季节性往往是可以预知的，但如果订货信息不明确，也可能出现企业安排出库人员过剩的情况。当然，在节假日突发性需求较多时，企业仅以自身能力为限安排最大出库量，对于难以满足的需求以后再进行补充，也是一种可行的方案。

2. 营销业务

有必要通过物流信息系统掌握订货信息的还有营销部门。营销部门承担着整个企业的产品销售任务，是帮助企业实现销售目标的重要部门。营销部门除了要掌握销售实绩外，还要经常确认并统计目前的订单情况。为了掌握畅销商品和滞销商品的销售规律，营销部门还必须了解接受订货的时间序列信息，为今后产品生产和销售计划的制定提供依据。为了更详细地掌握市场状况，营销部门还必须统计不同地区的订单信息，以便更有针对性地开发各区域市场。

3. 生产计划

制造企业的订货信息是生产计划的基础信息。掌握了每种商品的订货状况就可以掌握市场的动向，并在制订生产计划时作为主要因素加以考虑。

（二）正确掌握物品的动态信息并进行传送

正确掌握物品的动态信息是物流信息系统最基本的功能之一。接受客户订单之后，企业应对订单进行归类统计，并对库存进行确认。在满足订单的过程中，企业要通过装卸、搬运、储存、运输、配送等作业环节将物品送到客户手中。在此过程中，物流信息系统可以帮助企业适时掌握物品的动态信息。

1. 物品在储存环节的动态信息

在自动化仓库中，计算机系统首先根据订货信息发出配货指令，自动化仓库中的巷道机根据指令从货架取出一定数量的物品，通过分拣系统进行分拣后，自动进行包装和搬运作业，最后通过配送车辆送往各个客户。

在普通仓库中，工作人员将以订单为依据事先制定配货清单和配货指示书，并根据配货指示书提供的信息，一边在库内进行现场配货，一边在指示书上相应的位置进行标注确认。整个配货作业完成之后，再以配货指示书为依据将有关信息输入电脑，作为出库信息的确认。

物流信息系统提供的物品动态信息，能使物流工作人员实时掌握订货信息、物品的实际库存情况以及每一个环节的作业进度，从而帮助企业灵活应对订货的变更或终止，是影响顾客服务水平的重要因素。

2. 物品在运输业务中的动态信息

随着配送业务逐步走向成熟，配送的形态也出现了多样化。配送物品到达目的地之前一般都会经过若干个中继站，这些中继站往往就成为物品动态信息的重要参照系。运输企业经常采用简单明了的方法记录物品已经经过的站名、即将到达的站名，通过这种方式可以很方便地知晓物品目前所处的位置区间，是物品在运输业务中获取动态信息的最便捷方式。

一般情况下，送货单上都记载有"物品追踪编号"，以方便动态信息的查询。客户也可以根据这个编号，实时掌握物品通过了什么地方、即将到达何处。

3. 物品在出入库业务中的动态信息

物品在出入库作业过程以及不同仓库之间的流动过程中，同步地掌握与实际作业进度一致的动态信息是非常必要的。但物品出入库作业信息记录的详细程度及其更新频率的确定又是一个值得认真对待的问题。如物品在库内的短距离移动并没有对仓库整体的动态构成影响，如果工作人员还将此信息输入物流信息系统，也许只会浪费时间和精力，没有任何实际价值。因此，在开发物流信息系统时，系统设计人员应充分了解现场作业的实际情况，明确物流作业过程中的哪些信息是必需的，哪些信息的价值不大或根本没有必要。

（三）为顾客提供信息服务

物流信息系统提供的信息不只是为企业内部服务，为企业外的顾客提供信息服务也是现代商业竞争的有力武器。一般来说，物流信息系统可以为顾客提供的信息内容包括：到货信息、订货信息、物品动态信息、市场状况信息等。

1. 为零售商店提供的信息

为顾客提供订单物品的到货时间，是顾客服务的重要内容之一。现实中的零售商店一般不会保有大量库存，为防止缺货的发生，物流信息系统应该在充分掌握零售商店各商品存货水平的基础上，为零售商店提供实时的订单商品到达信息。零售商店充分掌握到货信息也可以使其有充分的信心对消费者进行承诺，以防销售机会的丧失。当缺货现象出现时，零售商可能向供应商询问到货时间，如果不能得到及时回答，零售店就有可能向消费者推荐其他类似商品。因此，供应商通过物流信息系统为零售商店提供良好的信息服务，可以有效防止销售机会的丧失。

2. 为消费者提供的信息

如果到货信息发生了变化，零售商店可以通过物流信息系统及时了解到，并迅速与消费者进行沟通，可以提高企业与顾客之间的信赖程度。因此，物流信息系统为消费者提供的信息也很重要。同时，通过物流信息系统对顾客的各种询问进行及时答复也是物流信息系统的重要功能。因此，物流信息系统应该在正确掌握订单状况及物品动态情况的基础上，建立方便顾客使用的查询系统。

3. 各方共享的信息

生产厂家将有关的市场信息与企业内部的生产或库存信息进行对比，再将这些资料与各地区的销售状况结合起来进行分析，就能够明确各地区的销售特征和销售趋势。如果厂家将这些信息通过物流信息系统提供给各中间商和零售商店，就可以使它们全面系统地了解当前的市场状况，有针对性地寻找解决办法，同时也容易拉近厂家与各合作伙伴之间的关系，强化自己的销售网络。

（四）控制各项作业计划的实施

1. 为确定各项指标定额提供依据

物流计划是基于企业的物流战略和计划期内的企业目标所做的具体实施计划，任何企业都希望能够按照既定计划完成相应的业务工作，但现实往往不能如愿。在很多情况下，物流是为销售服务的。销售系统有相应的销售目标和实施计划，所以，相应的物流也要有其具体的实施计划。制定计划时必然要设定很多指标定额来衡量物流作业的效率，如运输装载率定额、库存周转率定额、缺货率定额、装卸劳动生产率定额等。将这些指标定额与实际状况进行对比，是改进物流作业效率的重要依据。显然，如果没有物流信息系统提供的基础资料，要制定客观合理的指标定额是不现实的。

2. 收集整理基础数据

物流信息系统应该建立基础数据自动收集机制。虽然各项作业计划的制定需要加入制定人的主观意志，但制定计划所需要的原始数据还是可以通过系统自动进行收集的。物流信息系统能够提供的基础数据可能包括：回答"5W1H"——即物流系统的目的（Why，为什么）、对象（What，是什么）、地点（Where，在何处做）、时间（When，何时做）、人（Who，由谁来做）、方法（How，怎么做）。人们根据这六个疑问代词或副词英文首字母，将以上六个问题简称为"5W1H"——所需的各种原始资料以及物流作业各阶段的过程信息等。这些基础数据储存在系统物流之中，管理人员可以在需要时调用所需数据进行各项分析研究。

3. 解决信息领域的"二律背反"问题

物流系统内广泛地存在"二律背反"现象，物流信息系统内也是如此。因此，物流信息系统的设计要充分考虑这一因素，既要注意物流信息系统基本功能与辅助功能的平衡，又要注意物流信息系统成本与效益的统一。良好的物流信息系统应该为信息领域的"二律背反"提供有效的解决方案。

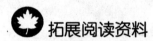 拓展阅读资料

安得物流的 GPS 车辆定位系统

随着物流业的逐渐发展，物流量的日益增多，对物流过程中车辆和货物的监控管理和合理调度就成为物流业货物运输管理系统中的重要问题。安得物流也遇到了同样的问题。为有效解决货物运输过程中出现的监控不到位的问题，安得物流引进了 GPS 车辆定位系统。GPS 车辆定位系统可以解决物流过程中的以下问题。

（1）车辆跟踪。即利用 GPS 和电子地图可实时显示出车辆的实际位置，对物流车辆和货物进行有效的跟踪。

（2）路线的规划导航。即驾驶员根据自己的目的地设计起点和终点等，系统根据车辆运行途径和方向在电子地图上设计路线，从而大大提高运输效率。

（3）信息查询。即根据公司信息中心的监控显示，对所有车辆的位置、行程进行实时监控查询，确保货物在途安全。

（4）紧急救援。即通过定位和监控管理系统可以对遇有险情或发生事故的车辆进行紧急援助，并及时规划出最优援助方案，将事故损失降至最低。

有了 GPS 定位加上信息中心的实时监控，安得物流真正实现了"物畅其流，掌控自如"。目前，安得物流所有的高端冷藏车辆除装载有 GPS 定位装备之外，同时还设有温控装备，

对车辆的油、温度、速度、维修、运行线路等全面监控，全面提高了服务质量。

资料来源：http://www.annto.com

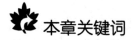 **本章关键词**

物流信息、条码、地理信息系统、全球定位系统、物联网、物流信息系统

复习思考题

1. 请说明物流信息具有哪几方面的功能。
2. 物流信息的经济特征表现在哪些方面？
3. 结合实际说明物流信息是如何发挥作用的？
4. 举例说明物流信息的种类以及各自的特点。
5. 比较条码与射频识别技术的优缺点。
6. 电子数据交换与互联网之间的区别在哪里？
7. 举例说明地理信息系统与全球定位系统之间的关联运用。
8. 畅想物联网与云计算技术成熟普及之后的物流作业方式会发生怎样的变化。
9. 结合实际说明物流信息系统的功能有哪些？

第十章　配　　送

作为一种特殊的综合物流活动形式，配送几乎包括了物流的全部职能。在某种程度上讲，配送是物流的一个缩影，或是在特定范围内全部物流功能的体现。我国国家标准《物流术语》（GB/T18354—2006）将配送定义为：在经济合理区域范围内，根据客户要求，对物品进行拣选、加工、包装、分割、组配等作业，并按时送达指定地点的物流活动。

第一节　配送的概念与作用

一、配送的概念

通俗地讲，配送可以描述为：按用户的订货要求，以现代化的作业方式，在配送中心或其他物流据点进行物品配备，以合理的方式送交用户，并实现资源的最终配置的经济活动。这个概念说明了以下几方面的内容。

（1）配送是按用户的订货要求进行的。配送活动是以用户为出发点，具有明显的服务性；配送活动中用户总是处于主导地位，配送组织者必须树立"用户第一""质量第一"的观念。

（2）配送的实质是送货。配送是一种送货方式，但它与一般的送货又有区别。一般的送货多属于偶然性的行为；而配送则是一种有固定组织、固定渠道、固定装备设施、固定管理和技术力量、固定制度规范的流通组织形式。

（3）配送是一种中转形式。配送是从物流据点至用户的一种特殊送货形式，它更多地表现为一种中转型送货，而不是从工厂至用户的直达送货；而且，配送是用户"需要什么送什么"，而不是"有什么送什么"。

（4）配送是"配"与"送"的有机结合。配送可以利用有效的分拣和配货功能，使送货总量达到一定规模，以利用规模优势取得较低的送货成本。

（5）配送强调作业方式的合理性。配送者必须以用户的要求为依据来追求作业的合理性，并以此为基础来实现双方都有利可图的商业目的。

（6）配送是一种重要的资源配置手段。在社会再生产的循环过程中，配送处于流通领域内比较靠近客户的那一段，因而它对资源的配置往往是最终配置。在市场经济环境下，配送的这种资源配置功能具有重要的战略意义。

配送是由运输派生出来的一种物流功能，是一种相对短距离的运输。与运输或者物流的其他功能要素相比较，配送具有以下特点。

（1）配送的输送距离较短。它一般位于物流系统的最末端，处于支线运输、二次运输或末端运输的位置，是送到最终消费者的物流活动。

（2）配送活动也包含其他的一些物流功能要素。配送经常也要进行装卸搬运、储存、包装等活动，是多种物流功能的组合。

（3）配送是物流系统的一个缩影。从活动内容和功能特点来看，配送也可以看成是某个小范围内的物流系统。

配送是物流系统中一种特殊的、综合的活动形式，是商流与物流的紧密结合，既包含了商流活动与物流活动，也包含了物流系统中的其他功能要素。

从物流角度看，配送几乎包括了所有的物流功能要素，是物流的一个缩影或在某个小的范围内物流全部活动的体现。配送集包装、装卸搬运、运输、储存等功能于一身，某些特殊的配送活动还要以加工功能为支撑，所包含的活动内容更加广泛。但是，配送活动的主要作业内容又与其他物流活动有所不同，分拣配货是组织配送活动的独特要求，是配送活动中最有特色的活动内容。

从商流角度看，配送与其他物流活动的不同之处在于：其他物流活动往往是"商物分离"的产物；而配送则是"商物合一"的产物，它本身就是一种商业形式。在配送活动的具体实施过程中，虽然也可能出现"商物分离"，但从长远来看，商流和物流的结合已经成为一种趋势，是配送经营成功的一条重要经验。

二、配送的分类

作为一种流通组织形式，配送集商流与物流于一身。但由于配送的主体、对象、客户和环境的不同，它也可以按照不同的标准进行分类。

（一）按配送的组织者分类

1. 配送中心配送

这类配送活动的组织者是配送中心，一般规模较大，拥有配套的设施、设备等条件。配送中心配送的专业性较强，一般都与用户建立有相对稳定的协作关系，配送设施与工艺都是按照用户的要求专门设计的，所以配送中心配送具有配送能力强、配送品种多、配送数量大等特点，是配送活动的最主要形式。但由于这类配送业务的服务对象固定，所以灵活性和机动性较差。而且由于规模大、投资多，中小型配送经营者往往难以承担，从而抑制了这类配送活动的进一步发展。

2. 仓库配送

仓库配送是指以仓库为据点，由仓库经营者组织的配送。它一般是在保留仓库储存保管功能的基础上，增加部分配送职能；或对仓库进行适当改造，使其成为专业配送中心。由于仓库建设往往无法满足专业化配送的要求，所以仓库配送的规模一般较小，效率也不会很高，常用于满足投资小、见效快的中等规模配送需求。

3. 商店配送

商店配送的组织者一般是商业或物资系统的门市网点。它是指除了自身日常的零售业务外，商店还将本店经营的商品按用户的要求配齐，或代用户外订外购一部分本店平时不经营的商品后，再与本店的商品搭配，一齐送达用户的业务形式。因此，从某种意义上讲，商店配送也是一种销售配送。连锁商店配送是商店配送的一种主要形式，它又分为两种情况：一种是专门成立为连锁商店服务的配送企业，这种配送企业除主要承担连锁商店的配送任务外，还兼有为其他用户提供服务的职能；另一种是存在于连锁商店内的配送组织，其主要任务是服务于自身的连锁经营，不为其他的用户提供配送服务。

4. 生产企业配送

对于新鲜的牛奶、面包或蛋糕等保质期较短的商品，为了减少流通环节，压缩流通时间，生产企业经常以自身的车间或成品仓库为据点，直接面向客户进行配送。这就是生产企业配送。这种类型的配送业务大多由生产企业自己完成，也有少数由第三方物流企业完成。

（二）按配送物品的种类及数量分类

1. 单（少）品种大批量配送

这类配送的特点是，客户所需的物品品种较少甚至是单一的品种，但所需物品的批量较大。由于这类配送活动的品种单一、批量大，可以实现整车运输，有利于车辆满载或采用大吨位车辆进行运送。

2. 多品种少批量配送

这类配送的特点是，用户所需物品的数量不大，但品种较多，因此在进行配送时，组织者要先根据用户的要求，将所需的各种物品配备齐全后，再凑成整车装运送达客户。

3. 成套配套配送

这类配送的特点是，用户所需的物品必须是成套的。例如，装配性的生产企业，为生产某种整机产品，需要多种不同的零部件。所以，配送组织者就要将所需的全部零部件配齐，并按客户的生产节奏定时送达，以便生产企业将成套零部件送入生产线装配整机产品。

（三）按配送的时机分类

1. 定时配送

定时配送是指按规定的时间间隔进行的配送，每次配送的品种和数量可按计划执行，也可以事前以商定的联络方式进行通知。它还可以细分为日配送和"准时—看板"方式配送等形式。

2. 定量配送

定量配送是指按规定的批量在一个指定的时间范围内进行的配送。这种配送方式由于配送的数量比较固定，所以备货工作较为简单，实践中还可以与客户进行协商，以托盘、集装箱或车辆为单位进行计量。

3. 定时定量配送

定时定量配送是指按照规定的时间和数量进行的配送，它同时兼有定时配送和定量配送的特点，要求有较高的配送管理水平。

4. 定时定线配送

定时定线配送是指在规定的运行路线上，按照事先制订的到达时间表进行运作的配送。采用这种配送方式，客户就可按照预定的时间到预定的地点去接货。这种配送方式可以为众多的中小型客户提供极大的方便。

5. 即时配送

即时配送是指根据客户临时确定的配送时间和数量，随即进行的配送，是一种灵活性要求很高的应急配送方式。采用这种方式，客户可以将安全储备降低为零，以即时配送代替安全储备，实现零库存经营。

（四）按配送的目的分类

1. 销售配送

销售配送的主体是销售企业，它常被销售企业作为销售战略措施的一部分加以利用，所以也称为促销型配送。这种配送的对象和客户一般都是不固定的，配送对象和用户的确定主要取决于市场状况，因此，配送的随机性较强。大部分商店的送货上门服务就属于这种类型的配送。

2. 供应配送

供应配送是指用户为了自己的供应需要而采用的配送。它往往是由用户或用户集团组建的配送据点集中组织大批量进货，然后向本企业或企业集团内的若干企业进行配送。商业系统内的连锁商店就广泛采用这种配送方式。这种方式既可以保证企业的供应能力和供应水平，又可以通过批量进货获取价格折扣，降低供应成本。

3. 销售与供应一体化配送

对于用户及其所需物品基本固定的配送业务，销售企业在进行销售的同时，还可以为用户提供有计划地供应服务。在此过程中，销售者既是配送活动的组织者，同时又是用户的供应代理人。这种配送形式有利于形成稳定的供需关系，有利于采用先进的计划技术和手段，有利于保持流通渠道的稳定等。

4. 代存代供配送

代存代供配送是指客户把属于自己的物品委托给配送企业进行代存代供，甚至委托其代为订货，然后由配送企业组织对自己进行配送。这种配送形式的特点是，物品的所有权不发生变化，变化的只是物品的时空位置，配送企业仅从代存代供业务中获取服务费，而不能直接获取商业差价。

除了以上几种分类外，实践中也可以按配送主体所处的行业不同，将其分为制造业配送、农业配送、商业配送和物流企业配送；按配送的专业化程度不同，将其分为综合配送和专业配送；按流通加工的地位不同，将其分为加工配送和集疏配送；按配送的集中度不同，将其分为集中配送和分散配送，等等。

三、配送的作用

（一）改善末端物流效益，优化整个物流系统

第二次世界大战后，由于大吨位、高效率运输工具的出现，使铁路、海运甚至公路的干线运输成本都得到了大幅度降低。但是，干线运输也离不开支线运输的短距离输送。长期以来，支线运输一直是物流过程中的一个薄弱环节，这个环节具有许多与干线运输不同的特点，对灵活性、适应性和服务性的要求都较高，这些要求又往往会导致运力利用不合理或运输成本过高。

而配送可以在一定的范围内将各种支线运输需求集中起来，它既可以通过增大订货批量来降低进货成本，又可以通过将多种物品集中在一起进行配送以降低运输成本。这两方面的好处可以大大改善末端物流的经济效益，完善和优化整个物流系统。

（二）推进集中库存，压缩存货水平

如果通过高水平的配送来进行供应，则生产企业就可以完全依赖于准时配送，而不需要保有自己的库存。或者只需保有少量的安全储备而不必保有经常储备。配送可以使企业从库存的包袱中解脱出来，实行"零库存"经营，将大量的存货积压资金释放出来，改善企业的财务状况。同时，集中库存也可以使流通领域的库存总量远低于分散库存的存货总量，在增加库存调节能力的同时，也可提高全社会的经济效益。此外，集中库存还可以利用其规模优势，使单位存货成本下降。

（三）降低采购频次，简化客户工作

采用配送方式，客户只需向一处订购，或与一个进货单位联系就可订购到以往需要去许多地方才能订到的物品，只需组织对一个配送单位的接货便可代替现有的高频率接货，因而大大减轻了客户的工作量和负担，也节省了事务开支。

（四）减少缺货风险，提高供应保障能力

如果生产企业通过自己保有的库存来维持生产，由于受库存成本的制约，其供应保障

能力很难得到提高。而如果采用配送方式，因为配送中心的储备量肯定比任何企业都大，所以其供应保障能力肯定最强。

第二节　配送中心及其功能

一、配送中心的含义

物流活动主要发生于两类场所——物流线路（铁路、公路或航线等）和物流结点（车站、港口、仓库等）。配送中心是物流结点的一种重要形式，是专门用于配送业务的物流结点。配送中心适应了物流合理化、生产社会化和市场扩大化的需求，是物流领域内社会分工的产物。它集储存、加工、集货、分货、装运、情报等多项功能于一体，通过集约化经营取得规模效益。

我国国家标准《物流术语》（GB/T18354—2006）对配送中心的定义是：从事配送业务且具有完善信息网络的场所或组织。应基本符合下列要求：主要为特定客户或末端客户提供服务；配送功能健全；辐射范围小；提供高频率、小批量、多批次配送服务。

李京文等在《物流学及其应用》一书中对配送中心的定义是：配送中心是从事货物配备（集货、加工、分货、拣货、配货）和组织对用户的送货，以高水平实现销售或供应的现代流通设施。该定义的要点主要有以下几个方面。

（1）"货物配备"就是配送中心按照客户企业的要求，对货物的数量、品种、规格、质量等进行的配备。这是配送中心最主要、最独特的工作，全部都由配送中心自己来完成。

（2）"组织送货"就是配送中心按照客户企业的要求，组织货物定时、定点、定量地送抵用户的作业。由于送货方式较多，有的由配送中心自行承担，有的利用社会运输力量完成，有的由用户自提，因此就送货而言，配送中心是组织者而不是承担者。

（3）定义强调了配送活动和销售供应等经营活动的结合，配送成为经营的一种手段，由此排除了它是单纯物流活动的看法。

（4）定义强调配送中心是"现代流通设施"，其目的是为了同仓库、商贸中心等传统流通设施相区别。配送中心以现代装备和工艺为基础，是集商流、物流、信息流于一身的全功能流通设施。

现代配送中心与普通的仓库或传统的批发零售企业相比，存在着质的不同。一般而言，仓库仅仅用于储存物品，而配送中心不仅能够用于储存物品，而且还可以用于物品的集中与组配，具有多样化的功能。与传统的批发零售企业相比，配送中心的服务内容已经由商物分离的阶段发展到了商流、物流与信息流有机结合的阶段；作业形式已经由相互分离的多环节转变成了一体化的无缝连接；服务关系已经由层层买断的临时关系发展到了长期稳定的协作关系。

二、配送中心的功能

从世界各国的发展历程来看，欧美日等发达国家的配送中心基本上都是在仓储、运输、批发等传统企业的基础上发展起来的。因此，配送中心不仅具有储存、集散、衔接等传统的物流功能，而且还在不断强化其分拣、加工和信息等方面的功能。

（一）储存功能

配送中心必须按照客户的要求，将其所需要的物品在规定的时间送到指定的地点，以满足生产和消费需要。因此，配送中心必须储备一定数量的物品。储存在配送运行过程中还能创造时间效用，配送中心通过集中物品，形成储备来保证配送服务所需要的货源。

（二）集散功能

配送中心凭借自身拥有的物流设施和设备将分散的物品集中起来，经过分拣、配装、输送给多家客户。集散功能是流通型物流结点的一项基本功能，通过集散物品来调节生产与消费，实现资源的有效配置。

（三）分拣功能

配送中心必须依据客户对物品品种、规格、数量等方面的不同要求，从储备的物品中通过拣选、分货等作业完成配货工作，为配送运输做好准备，以满足不同客户的需要。这是配送中心与普通仓库以及一般送货形态的最主要区别。

（四）加工功能

配送中心为促进销售，便利物流或提高原材料的利用率，按用户的要求并根据合理配送的原则而对物品进行下料、打孔、解体、分装、贴标签、组装等初加工活动，因而使配送中心具备一定的加工能力。加工功能不仅提高了配送中心的经营和服务水平，也有利于提高资源利用率。

（五）衔接功能

配送中心是重要的流通结点，衔接着生产与消费，它不仅通过集货和储存平衡供求，而且能有效地协调产销在时间或空间上的分离。配送中心的衔接功能必须通过其他功能来实现。

（六）信息功能

配送中心不仅能够实现物的流通，而且也能够通过信息情报来协调各环节的作业，或者协调生产与消费。配送信息随着物流活动的开展而产生，特别是多品种少批量生产和多频度少批量配送，不仅使信息量增加，而且对信息处理的速度和准确性也提出了更高的要求。

三、配送中心的内部结构

配送中心的内部结构和一般仓库有明显不同，它的内部结构必须充分体现其职能的要求，具有与商品流通相适应的装卸搬运、储存保管等作业功能，同时还应易于管理，能灵活应付作业量的变化。配送中心的内部区域一般划分为以下几个部分。

（一）接货区

该区域主要用于完成接货及入库前的各种准备工作。例如，接货、卸货、清点、检验、分类等。接货区的主要设施有进货铁路或公路、装卸货站台、暂存验收检查区等。

（二）储存区

该区域主要用于储存或分类储存进入配送中心的各类物品。与不断有物品出入的接货区相比，储存区一般面积较大，通常可以占到整个配送中心总面积的一半左右，在某些特殊类型的配送中心（如水泥、煤炭配送中心）内，甚至还会超过总面积的一半。

（三）分拣备货区

该区域主要用于分货、拣货和配货作业，这些作业的目的大多是为送货工作做准备。这类区域面积的大小随配送中心的不同而有较大变化，如提供多用户、多品种、少批量、多批次（如中、小、件、杂货）配送服务的配送中心，由于其分货、拣货和配货工作较复杂，所以该区域所占面积较大；但在大多数储存型配送中心内，该区域的面积则相对较小。

（四）分放配装区

该区域主要用于存放已经配好，等待外运的物品。由于存放于该区域的物品已经经过了分拣或组配作业，只需确定送货方式后即可发运，所以一般都只是暂存暂放，停留时间短、周转速度快，占用面积小。在这个区域中，企业按用户需要，将配好的货暂放暂存等待外运，或根据每个用户货堆状况决定配车方式、配装方式，然后直接装车或运到发货站台装车。该区域对物品是暂存，时间短，暂存周转快，所占面积相对较小。

（五）外运发货区

该区域主要用于将准备好的物品装入外运车辆并组织发运。该区的结构特点与接货区相类似，主要设施有站台、外运线路等。有的配送中心还将外运发货区与分放配装区联为一体，以便将分好的物品直接通过传送装置输送到装货场地。

（六）加工区

有些配送中心还设有加工区，主要用于对某些物品进行分装、包装、切裁、下料、混配等流通加工作业。如果设置了加工区，则其在配送中心内所占的面积一般都较大，但具体加工设备的配置则随加工种类的不同而有较大的区别。

（七）办公区（管理指挥区）

该区域既可集中设置于配送中心的某一位置，也可分散设置于配送中心的不同区域，主要作为日常经营事务的处理场所、内部运作指挥场所或信息收集与发布场所等。

四、配送中心的分类

由于配送组织者的业务背景和客户要求的不同，配送中心的功能、构成和营运方式多种多样。实践中，人们对配送中心有很多种不同的分类方法，这里仅介绍几种比较典型的配送中心分类，并简要说明其功能和运作特点。

（一）按配送中心承担的流通职能分类

1. 供应配送中心

供应配送中心是指专门为某个或某些用户（如联营商店、联合公司）提供供应服务的配送中心。如为大型联营超市提供供应服务的配送中心，代替零部件加工企业为总装厂提供送货服务的零配件配送中心等。

2. 销售配送中心

销售配送中心是指以产品销售为目的、以配送服务为手段的一种配送中心。这种配送中心大致可以分为三种类型：第一种是生产企业用以将自身产品直接销售给消费者的配送中心，这种配送中心在国外十分普遍；第二种是流通企业为了促进销售、提高服务水平而建立的配送中心，我国目前拟建的配送中心大多都属于这种类型；第三种是流通企业和生产企业联合的协作性配送中心。综合国内外的发展趋势，销售配送中心已经成为配送中心发展的主要方向。

（二）按配送中心覆盖的区域范围分类

1. 城市配送中心

城市配送中心是指以某个城市的区域范围作为配送范围的配送中心。由于城市的区域范围一般都处于汽车运输的经济里程之内，采用汽车进行配送可以直接送达最终用户。同时，由于运距短、反应速度快，所以这类配送中心还经常与零售经营相结合，在多品种、少批量、多用户的配送业务方面具有一定的优势。

2. 区域配送中心

区域配送中心是指以较强的辐射能力和库存准备为前提，在某个较大的区域范围内从事配送业务的配送中心。这类配送中心不仅自身的规模大，而且用户及其需求批量也都较大。配送的目的地既可能是下一级的城市配送中心，也可能是各类批发商、企业用户、营业所或商店，它虽然也可能从事部分零星配送业务，但在业务总量中所占比重一般都较小。

（三）按配送中心的业务特点分类

1. 储存型配送中心

储存型配送中心是指有很强储存能力的配送中心。一般来讲，在买方市场环境下，企业的成品销售需要有较大的库存作支持；而在卖方市场环境下，企业的原材料及零部件供应亦需要有较大的库存作支持；同时，在较大范围内组织配送也需要有较大库存作支持。所以，这就是储存型配送中心普遍存在的原因。我国已经建成的配送中心大多数都采用集中库存的形式，多属于储存型配送中心。

2. 流通型配送中心

流通型配送中心是指基本没有长期储存的功能，而仅以暂存或随进随出的方式组织配货或送货业务的配送中心。这类配送中心的典型运作特点是，大量物品整批进库，经过组合搭配之后以小批量形态零星出库。配送中心内常配备有大型分拣机，进库物品直接进入分拣传送带，通过分拣后再分送到各用户货位或配送汽车上，物品在配送中心内仅作短时间停留。

3. 加工型配送中心

加工型配送中心是指以流通加工为主要业务内容的配送中心。从节约资源、提高效率和满足需求的角度看，流通加工在配送业务中的地位正在不断提高。但由于我国的流通加工和配送中心业务都处于起步阶段，二者的结合才刚刚开始，所以成功的加工型配送中心并不多见。

（四）按配送中心的专业化程度分类

1. 专业配送中心

专业配送中心的含义大体包含两个层次：第一层含义是指配送的对象、配送的技术属于某一专业领域，在某个专业范围内具有一定的综合性，能综合该领域内的多种物品进行配送。我国石家庄、上海等地的制造企业建设的配送中心就大多属于这种类型。专业配送中心的第二层含义是，配送中心仅以配送服务作为自己的专业职能，基本不从事其他的经营性业务。

2. 柔性配送中心

柔性配送中心在某种程度上与第二种类型的专业配送中心相对立。它一般不以专业的配送服务作为自己的唯一发展方向，而是根据客户及其服务需求的变化，适时调整自己的经营内容和服务方式。柔性配送中心是为了适应精益化生产的需要而产生的，它对各种不同客户的要求具有很强的适应能力，能根据环境条件的变化，随时调整配送模式，甚至改变自己的市场定位。

除了以上几种分类外，实践中还有一些其他的分类，比如按照配送中心的经营主体不同分为制造商配送中心、批发商配送中心、零售商配送中心和专业物流配送中心；按配送中心的资产性质不同分为自有型配送中心、合作型配送中心、公共型配送中心、合同制配送中心；按照配送物品的不同分为食品配送中心、家电配送中心、图书配送中心，等等。

<h2 style="text-align:center">第三节 配送作业的程序与方法</h2>

配送作业的过程可以简单地描述为：根据客户的要求，在配送中心或其他物流据点内进行物品配备，并以最合理的方式送交客户。因此，配送一般要包含进货、储存、补货、分拣、配装、送货、配送加工等作业环节。

一、进货

配送的第一个作业环节就是进货，根据作业先后次序的不同，进货作业又可以进一步划分为订货、接货和验收等三项基本活动。

（一）订货

订货一般包括以下五个方面的内容：向供应商发出订单，以确定商品的品种、数量；与供应商沟通确定商品的发货日期；尽可能准确地预测送货车辆的到达时间，协调出入车辆的交通问题；为方便装卸搬运作业，为出入车辆准备停车位置；预先计划物品的临时存放位置等。

配送中心或其他配送节点收到并汇总客户的订单后，应该首先确定配送物品的种类和数量，然后查询现有库存能否满足配送需要。如果存货数量低于某一特定的水平，则必须及时向供应商发出订单。有的配送中心也有可能根据预测的需求情况提前订货。对于不负责订货的配送中心，其进货工作就从接货开始。

（二）接货

当供应商根据订单组织供货后，配送中心就必须及时组织人力、物力接收货物，有时还需要到港站码头去接货。接货的主要工作内容包括卸货搬运、拆装、物品编码与分类等。

（三）货物的验收

所谓货物的验收，就是指对物品的质量和数量进行检查。验收的内容主要包括质量和数量两个方面。其中对质量的检查就是对物品的物理或化学性质进行查对；在进行数量检查时，首先要核对物品的编号，然后按订购合同的规定对物品的包装、长短、大小和重量进行检查。验收合格的物品即可办理登账、信息录入及物品入库等相关手续，组织货物入库。

二、储存

配送系统中的存货可分为两大类：一类是需要在配送系统中储存一定时间的物品；另一类则是通过型物品。通过型物品无须在配送据点内进行储存，只需经过短暂的分拣或配货作业之后即可直接进入配装与出货阶段。对于需要在配送据点内进行储存的物品，所采用的储存作业方法、储位管理方式等都与一般的储存基本相似，由于相关内容已在储存功能要素中进行过介绍，所以这里不再赘述。

三、补货

补货是指当拣货区的存货水平低于设定标准时，将储存于保管区的物品搬运到拣货区的行为。补货作业的目标是确保物品能够保质、保量、按时送达指定的拣货区域。补货作业过程中要进行的主要决策内容包括补货的基本方式、补货的时机等。

（一）补货的基本方式

1. 整箱补货

整箱补货是指从货架保管区以整箱为单位搬运到拣货区的补货方式。这种补货方式的保管区多为货架储放区，动管分拣区多为两面开放式的流动分拣区。补货作业时，工作人员先到货架保管区取出货箱，再用手推车将货箱搬运至拣货区。整箱补货方式适用于体积小，且少量多样出货的物品。

2. 托盘补货

托盘补货是指以托盘为单位进行的补货作业过程。这种补货方式的保管区既可能是高层货架储放区，也可能是一般的地板堆放区。动管区则既有可能是货架动管区，也可能是地板动管区。搬运过程既可以通过堆垛机完成，也可以采用其他的搬运设备。这种补货方式适用于体积大或出货量多的物品。

3. 货架上层至货架下层的补货方式

采用此种补货方式时，保管区与动管区属于同一货架，只是货架的上层作为保管区，而中下层作为动管区，进货时将动管区放不下的多余货箱可放到上层保管区。当动管区的存货水平低于设定标准时，只需利用堆垛机将上层保管区的物品搬至下层动管区即可。这种补货方式适用于体积不大、存货量不多，且多为中小量出货的物品。

（二）补货的时机

1. 批量补货

批量补货是指每天由计算机计算所需物品的总拣取量，在查询动管区存货量后得出补货数量，从而在分拣作业之前一次性补足，以满足全天的分拣量。这种一次补足的补货原则，较适合于每日作业量变化不大，紧急订单不多，或是每批次拣取量较大的情况。

2. 定时补货

定时补货是指把一天划分为若干个时段，补货人员在固定的时间检查动管区货架上的物品存量，若不足则及时补货。这种方式适合于配送时间比较固定，需要分批分拣，且紧急订单较多的配送中心。

四、分拣

按照国家标准的定义，分拣就是将物品按品种、出入库先后顺序进行分门别类堆放的作业。它是传统送货业务向现代配送业务发展的必然要求，是配送区别于其他物流形式的最核心内容，也是配送经营成败的关键所在。根据技术条件或实际需要，分拣作业既可以依赖人工方式，也可以采用机械设备自动完成。

（一）人工分拣

目前，一些小型配送中心或者大多数非专业型配送据点一般都会采用人工方式进行分拣作业。人工分拣的好处是简单易行、进入门槛低；缺点是分拣效率低、出错率高。人工分拣通常采用按单分拣或批量分拣等方式进行。

1. 按单分拣

按单分拣是指分拣人员或分拣工具巡回于物品的储存场所，并按客户订单的要求，从所经过的货位或货架上挑选所需物品的分拣方法。一般每巡回一遍就完成一个客户的配货作业任务，如图 10-1 所示。这种方式类似于人们进入果园，从一棵棵果树上摘取成熟果子的过程，所以我国又形象地称之为"摘果方式"。

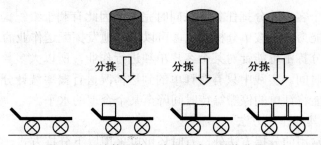

图 10-1 按单分拣（摘果方式）的作业原理

为了提高按单分拣的准确性和效率，我国的制药和化妆品生产企业已广泛使用电子标签系统。只要把客户的订单输入操作台上的电脑，存放各种商品的货架上的货位指示灯和品种显示器，就会立刻显示出拣选商品在货架上的具体位置（即货格）及所需数量。分拣人员只需根据电子标签所显示的数量从货架里取出商品，放入输送带上的周转箱，然后揿动按钮，使货位指示灯和品种显示器熄灭即可。电子标签系统能自动引导分拣人员进行拣选作业。任何人不需特别训练即能立即上岗，大大提高了分拣速度，减轻了作业强度，降低了分拣的出错率。

2. 批量分拣

批量分拣是指将数量较多的同种物品集中到分拣场所，然后根据不同客户的订单要求，将所需数量的物品分别放入各自货箱或货位的分拣方法。如果订单所需物品的种类是两种或两种以上，则可以再按以上方法重复进行多次作业，直至客户所需的物品都全部配齐，如图10-2所示。由于这种作业方式类似于农民的播种过程，所以又形象地称为"播种方式"。批量分拣作业方式的主要特点如下。

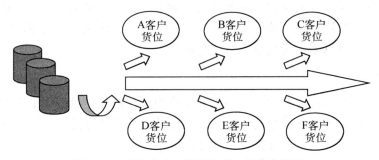

图 10-2 批量分拣（播种方式）的作业原理

（1）由于分拣作业之间要先集中取出共同所需物品，再按不同客户的货位进行分放。所以，必须要收到一定数量的订单，进行合并统计，并安排好各客户的分货货位之后，才能展开分拣作业。因此，这种分拣方式的计划性较强，操作难度较大，与按单分拣相比错误率较高。

（2）由于对多个客户的分拣任务可以同时完成，因此有利于组织集中送货，以充分利用送货车辆的载运能力。与按单分拣相比，可以更好地发挥配送作业的规模效应。

（3）由于批量分拣不可能针对某个客户单独进行作业，所以大多数客户的订单都不得不花费一定的等待时间。实践中只有对订单的到达情况进行概率统计分析，并作适当的优化调整后，才有可能将订单的停滞等待时间降至某个合理的水平。

3. 人工分拣的其他作业方法

除了以上两种常用的分拣方法外，有时还可以采用以下分拣方式。

（1）整合按单分拣。这种分拣方式主要应用在一天中每一订单只有一种品项的场合。

为了提高配送效率，可将某一地区的订单整合成一张分拣单，进行一次分拣后集中捆包出库，这种方式属于按单分拣的一种变形形式。

（2）复合分拣。复合分拣是按单分拣与批量分拣的组合运用，它就是根据订单的品项、数量和出库频率等因素决定有的订单或物品采用按单分拣，而有的订单或物品则采用批量分拣。

（二）自动分拣

自动分拣是指使用自动化机械设备完成的分拣作业。专门从事分拣作业的自动化机械通常称为自动分拣机，它一般由信号设定装置、进货装置、主输送带、分拣装置、分拣道口和计算机控制器等部分构成，能够将收货、补货、分拣、配货、暂存等作业过程连接为一体，并实现全程自动化。在分拣作业中，工作人员只需通过键盘或扫描器输入客户的订单信息，自动分拣机就能很快地按订单要求完成分拣任务。自动分拣机的作业效率高，分拣数量大，出错概率低，是大型专业配送系统的发展方向。

分拣装置是指将物品移出主输送带，送入分拣道口的装置，它是自动分拣机最核心、最关键的部件。根据作业原理的不同，分拣装置主要有以下几种类型。

（1）推出式。推出式分拣装置是指在主输送带的侧面安装推出机构，当目标物品到达指定位置时，推出机构将物品推离主输送带并送入分拣道口的装置。这种类型的分拣装置受包装形态的影响较小，瓦楞纸箱、袋装物品等均可采用推出式分拣装置，但太轻、太薄或容易滚动的物品不宜采用。由于推出机构有一定的冲击力，而且分拣速度越快所形成的冲击力越大，所以易碎物品的分拣应谨慎使用。

（2）浮出式。浮出式分拣装置是指在主输送带的下方安装浮出机构，当目标物品到达指定位置时，浮出机构将物品托起并送入分拣道口的装置。这种类型的分拣装置对物品的冲击力较小，适宜于分拣底部平坦的纸箱或托盘，不宜分拣外形不规则或底部不平整的物品。

（3）倾斜式。倾斜式分拣装置是指在主输送带上安装有分送机构，当目标物品到达指定位置时，分送机构启动将物品送入分拣道口的装置。这种类型的分拣装置适宜于各种短小轻薄或外形不规则的物品，不宜分拣重量和体积太大的物品。

五、配装

配装是指为充分利用运输工具的载重量和容积利用率，而采用合理的方法进行装载的行为。配送服务一般面对的多是小批量、多批次的送货任务，单个客户的配送数量往往又不能达到车辆的有效载运负荷。因此，在配送作业组织中，应该尽量把多个客户的物品或同一客户的多种物品搭配进行装载，以便使载运工具满容满载。这样不但能够降低送货成本，提高企业的经济效益，而且还能够减少交通流量，有利于环境保护。所以，配装是现代配送系统中的一项重要作业内容，也是它同传统送货作业的重要区别所在。

配装作业的一般原则是：

（1）重货在下，轻货在上。

（2）后送达的物品先装，先送达的物品后装。

（3）根据物品的性质进行配载。例如，性质上不相容的物品不能同装一车，需要不同送货条件的物品也不能同装一车等。

（4）外观相近，容易混淆的物品尽量分开装载。

物品配装时除了要综合考虑以上基本原则外，还要根据不同物品的形状、体积以及其他特性（如怕震、怕压、怕撞、怕潮等）进行弹性调整。

六、送货

送货作业是指利用配送车辆把客户订购的商品从配送据点送到客户手中的过程，它通常都是一种短距离、小批量、高频率的运输形式。送货作业的基本业务流程一般都会包含如下几个环节。

（1）划分基本送货区域。

（2）车辆配载。

（3）暂定送货先后顺序。

（4）车辆安排。

（5）选择送货线路。

（6）确定每辆车的送货顺序。

（7）完成车辆配载。

事实上，送货的以上作业环节往往难以依序一次完成，而是要经过多次反复调整，尽量在车辆、配载、线路、送货顺序之间找到合理的平衡点，稍微复杂的送货决策则必须采用模型优化的方式才能确定最优方案。

七、配送加工

配送加工就是指在配送作业环节所进行的流通加工。它通过对物品实施包装、分割、计量、印刷标志、拴标签、组装等简单作业，可以极大地方便流通作业过程、满足客户的多样化需求、提高原材料的利用率。配送加工并不是所有的配送业务都必需的活动，但它在配送系统中所起的作用仍然是其他作业所无法替代的。由于本书已经对流通加工的作用、形式和合理化措施作了专门的介绍，所以这里就不再对配送加工作深入的论述。

第四节　配送模式与配送管理

一、配送模式

配送模式是指企业在组织配送活动的过程中所采用的基本服务模式。根据国外的配送理论及我国配送产业发展的实践经验，目前采用的主要配送模式有以下几种类型。

（一）自营配送模式

自营配送模式是指配送活动的各个环节由企业自身筹建并组织管理的服务模式。这种模式有利于企业供应、生产和销售的一体化作业，系统化程度相对较高。它既可以满足企业内部原材料、半成品及产成品的配送需要，又可协助企业对外进行市场开拓。当然，这种配送模式也有其明显的不足之处，因为如果企业采用这种配送模式，就必须花费巨额投资用于配送体系的建设，如果此时的配送业务量规模不大，就会导致配送成本或费用的增加。

一般而言，采用自营配送模式的企业大都是规模较大的集团公司，其中比较典型的是连锁零售企业。大多数连锁零售企业都是通过组建自己的配送系统来完成配送任务的，配送的对象既包括企业内部的各个商场、店铺，也包括企业外部的各种顾客。

（二）共同配送模式

共同配送模式是指为了提高配送作业效率，满足配送合理化要求，而将两个或两个以上的配送任务合并在一起进行的配送模式，也指为了达到上述目标而共同建设使用部分配送设施或设备的经营模式。根据我国国家标准《物流术语》（GB/T18354—2006）的定义，共同配送就是由多个企业联合组织实施的配送活动。在实际中，共同配送可以采用以下几种形式。

（1）由一个配送企业综合多个客户的要求，在配送时间、数量、次数和路线等方面做出全面而合理的规划，并按计划实施配送。

（2）由一辆配送车混载多个货主的物品进行配送，这是一种较为简单易行的共同配送方式。

（3）如果客户集中地的交通状况拥挤，或各个客户单独配置接货场地存在困难时，可由多个客户联合起来，共同设置配送的接收点或处置点。

（4）同一城市或地区的多个配送企业共同投资使用装卸机械或配送中心，为各自的客户提供配送服务。

（三）互用配送模式

互用配送模式是指多家企业以契约方式达成协议，通过互相使用对方的配送作业系统来拓展自身的配送业务能力，降低配送经营成本的一种配送模式，如图10-3所示。这种配送模式的优点在于，企业不需要投入更多的人力和物力就可以扩大自身的配送规模和范围，但这种配送模式同时也需要企业具有较强的组织协调能力。与共同配送模式相比，互用配送模式的主要特点有以下几个方面。

（1）共同配送模式旨在建立配送联合体，以提高全社会的配送效率为目标；而互用配送模式旨在强化自身的配送功能，以提高企业自身的服务能力为目标。

（2）共同配送模式的稳定性较强，而互用配送模式的稳定性较差。

（3）共同配送模式的参与方主要是经营配送业务的企业，而互用配送模式的参与方既可能是经营配送业务的企业，也可能不是经营配送业务的企业。

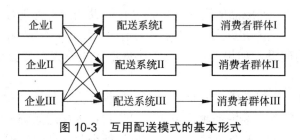

图10-3　互用配送模式的基本形式

（四）第三方配送模式

第三方配送模式就是指物品供需的双方把配送业务委托给处于第三方地位的专业配送企业来完成的一种配送模式。随着物流产业的不断发展以及第三方配送体系的不断完善，第三方配送模式已经成为工商企业和电子商务网站进行货物配送的首选服务模式。

随着现代物流理念的不断传播，第三方配送模式在我国得到了较快的发展。我国大量的传统运输企业、仓储企业或电子商务企业在经过合并改造等转型过程之后，已经形成了一大批有实力的第三方配送企业。

二、配送管理

所谓配送管理，是指为了以最低的成本完成客户所要求的配送任务，而对配送活动进行的计划、组织、协调与控制。按照管理职能顺序的不同，配送管理可以划分为计划、实施和评价三个阶段。按照管理内容的不同，配送管理又可以划分为以下几个方面。

（一）配送模式管理

企业选择何种配送模式，主要取决于以下几方面因素：配送对企业的重要性、企业的配送能力、市场规模与地理范围、服务水平要求及配送成本等。如前所述，我国企业目前采用的几种主要配送模式是：自营配送模式、共同配送模式、互用配送模式和第三方配送模式。配送模式的选择，可采用矩阵图决策法、比较选择法等方式进行决策。

（二）配送业务管理

由于配送对象的品种和数量十分复杂，所以为了做到有条不紊地组织配送活动，管理者必须遵照一定的工作程序对配送业务进行统一的安排与管理。一般情况下，配送业务管理的基本工作程序和内容主要有以下几个方面。

1. 配送线路的选择

配送线路的选择是否合理，将直接关系到配送的速度、成本和效益。因此，采用科学合理的方法确定合理的配送线路是一项十分重要的工作内容。配送线路的确定可以采用有关的数学方法或在数学方法基础上演变而来的经验方法，主要有方案评价法、数学计算法和节约里程法等。为了提高决策效率，也可以将这些方法集成到各类决策软件中，以避免烦琐的数学计算。

2. 拟定配送作业计划

配送业务的管理者必须拟定科学合理的配送作业计划，以供作业人员具体遵照执行。目前的配送业务管理中大多采用计算机来编制配送作业计划。

（三）配送作业管理

虽然不同物品的配送业务之间可能存在部分独特之处，但大多数配送活动都要经过进货、储存、补货、分拣、配装与出货、送货、检查与配送加工等作业活动。这些内容已经在前面进行过阐述。

（四）配送要素的管理

从系统的角度看，配送要素管理应该主要包括以下几方面的内容。

1. 人的管理

人是配送系统和配送活动中最活跃的因素。对人的管理包括配送从业人员的选拔和录用；配送专业人才的培训与提高；配送教育和配送人才培养规划与措施的制定等。

2. 物的管理

物质资料的种类千千万万，物质资料的物理、化学性能更是千差万别。对物的管理应贯穿于配送活动的始终，渗入到配送活动的所有流程之中。

3. 财的管理

财的管理主要是指配送管理中有关降低配送成本，提高经济效益等方面的内容，它是配送管理的出发点，也是配送管理的归宿。主要内容有：配送成本的计算与控制；配送经济效益指标体系的建立；资金的筹措与运用；提高经济效益的方法等。

4. 设备管理

设备管理的主要内容有：各种配送设备的选型与优化配置；各种设备的合理使用和更新改造；各种设备的研制、开发与引进等。

5. 方法管理

方法管理的主要内容有：各种配送技术的研究、推广与普及；配送科学研究工作的组织与开展；新技术的推广与普及；现代管理方法的应用等。

6. 信息管理

信息是配送系统的神经中枢，只有做到有效地处理并及时传输物流信息，才能对系统内部的人、财、物、设备和方法等五个要素进行有效的管理。

（五）配送具体职能的管理

从职能上划分，配送管理主要包括配送计划管理、配送质量管理、配送技术管理、配送经济管理等。

1. 配送计划管理

配送计划管理是指在系统目标的约束下，对配送活动中每个环节的计划进行科学的管理，管理的对象包括配送系统内各种计划的编制、执行、修正及监督的全过程。配送计划管理是配送管理工作的最重要职能。

2. 配送质量管理

配送质量管理包括配送服务质量管理、配送工作质量管理、配送工程质量管理等。配送质量的提高意味着配送管理水平的提高，也意味着企业竞争能力的提高。因此，配送质量管理是配送管理工作的中心问题。

3. 配送技术管理

配送技术管理包括配送硬技术和配送软技术的管理。对配送硬技术的管理，是对配送基础设施和配送设备的管理。如配送设施的规划、建设、维修、运用；配送设备的购置、安装、使用、维修和更新；提高设备的利用效率；对日常工具的管理等。对配送软技术的管理，主要是指配送各种专业技术的开发、推广和引进；配送作业流程的制定；技术情报和技术文件的管理；配送技术人员的培训等。配送技术管理是配送管理工作的依托。

4. 配送经济管理

配送经济管理包括配送费用的计算和控制，配送劳务价格的确定和管理，配送活动的经济核算、分析等。成本费用的管理是配送经济管理的核心。

（六）配送中心管理

配送中心是专门从事配送活动的场所，应从管理一个企业或者部门的角度出发，对其中涉及的各项工作进行妥善的安排。

🍁 拓展阅读资料

日本配送中心的选址

由于日本城市化程度较高，地价的上涨给物流配送中心的选址带来了极大困难，物流设施在大城市及周围地区明显减少，而是转移到了更偏远的地方。原先坐落在市区的仓库也因地价上涨而经营入不敷出，被改成办公大楼或其他设施。

为了提高土地的利用率，日本大多数物流企业纷纷建立起自己的立体化配送中心，其中大型的自动化立体式货架仓库，高20多米，库存容量大，装卸货都用巷道堆垛机，由计算机控制，出入库商品速度很快，但要求必须选择储存对路的商品。日本的立体式仓库都比较高，大都在15层左右，从第二层起，所有的楼面提供给货主作储存和流通加工用，而底层作为大型分拣作业场，使用分拣机等自动化设备与楼的功能配套。

资料来源：http://www.chinawuliu.com.cn/news/content/200211/200249674.html

🍁 本章关键词

配送、配送中心、补货、分拣、配装、配送模式、共同配送

🍁 复习思考题

1. 结合实际谈谈对配送概念的进一步理解。
2. 举例说明各种形式的配送及其在流通产业中的地位和作用。
3. 比较配送中心与物流中心的区别。
4. 配送中心的功能主要有哪些？
5. 一般配送中心的内部区域划分为哪几部分？
6. 调查了解你所能接触到的配送中心，先阐述它的作业过程，再判定它所属的类型。
7. 说明配送作业的程序与方法。
8. 简要说明补货作业的基本方式。
9. 分别说明两种最基本的人工分拣是如何操作的。
10. 目前常用的配送模式主要有哪些？

本篇案例一　顺丰速运的发展历程

顺丰速运是 1993 年 3 月 26 日在广东顺德成立的一家港资快递企业，其初期的业务仅为顺德与香港之间的即日速递服务。随着业务的拓展，顺丰的服务网络逐步延伸至顺德周边的中山、番禺、江门和佛山等地，并最终覆盖全国，成为中国快递行业中递送速度最快的企业之一。

截至 2015 年年底，顺丰已拥有约 1.5 万台营运车辆，建立了遍布中国大陆的近 1.3 万个营业网点。同时，公司有 30 架自有的全货运飞机，搭建了以深圳、杭州为枢纽、辐射全国的航线网络。以此为基础，顺丰积极拓展国际快递业务，目前已开通美国、日本、韩国、新加坡、马来西亚、泰国、越南、澳大利亚、蒙古等国的快递服务。

在持续强化快递业务的基础上，顺丰坚持以客户需求为核心，围绕快递物流产业链，不断丰富自身的产品或服务系列，针对电商、食品、医药、汽配、电子等不同类型的客户开发一站式供应链解决方案。

（一）公司初创

王卫出生于香港，父亲曾是空军的一名俄语翻译，母亲是江西一所大学的教师。十几岁的时候，王卫就在香港跟随叔叔做小工，之后又曾尝试开工厂或经营其他生意，但都没有成功。20 世纪 90 年代初，频繁往返于香港与大陆之间的王卫经常受人之托捎带物品出入境，眼光敏锐的王卫在此发现商机。从父亲手中借到 10 万元启动资金之后，24 岁的王卫与人合伙于 1993 年 3 月 26 日在广东顺德注册成立了顺丰公司，专门从事顺德与香港之间的货运服务。创业之初，公司只有 5 名员工。

1992 年以后，粤港之间"前店后厂"的合作模式基本形成，两地之间的订单、样品、配件等小件物品的货运需求急剧增长，但囿于当时的政策制约，深港之间的通关速度远远满足不了客户的要求。在此背景下，粤港之间的很多小件物品不得不以私人物品的名义、靠旅客挟带的方式出入境，并出现了一些专业的"挟带人"。早期的顺丰货物通关的主要途径就是挟带，王卫不仅是老板，也亲自上阵送货，是专业的"挟带人"。这段经历让王卫切身体会到一线取送件工作的艰辛，并在公司的发展中一直重视对一线工作人员的关爱，称他们才是顺丰"最可爱的人"。

顺丰的业务起步于政策灰色地带的"打擦边球"。由于缺乏监管，初期的竞争十分激烈，但顺丰一方面目无旁骛，不为其他诱惑所左右，专注于核心的货运业务，练就了扎实的专业操守；另一方面坚决不做投机生意，以诚信赢得了品牌。其时，顺丰以低于市场均价 30%的价格揽货，吸引了大批中小企业客户。有了客户之后，政策也开始宽松起来，顺丰把零散的"挟带"业务集中起来，开始了系统化的通关运输。顺丰的深港货运，成就了王卫的第一桶金。

王卫的个人能力很强，加之讲诚信、肯为别人着想、看问题长远、善于处理与政府和客户之间的关系，因此在业务拓展的同时，王卫也铺就了厚实的业务关系网。香港回归之前，中铁快运曾希望通过铁路打开香港的快件市场，但却遭到海关婉拒，因为顺丰速运已经垄断了几乎所有的通港业务，即便中铁快运开通香港专线，也拿不到足够的货源。1997年，顺丰已经在局部垄断了深港货运，在顺德到香港的陆路通道上，70%的货物由顺丰一家承运。

（二）快递起步

1996 年，顺丰开始涉足国内快递。顺丰的快递业务是深港货运的"自然延伸"，最初的快递对象基本仍是深港件。起初，顺丰在市场拓展中采用划片承包的方式，每位业务员负责自己的"责任田"，全公司十几个人团结在王卫身边，同吃同住，每天唯一的任务就是跑市场。他们每天早出晚归，骑着摩托车在大街小巷穿梭，如果不幸遇上车祸，也免不了断胳膊断腿儿。由于需求增长很快，顺丰像海绵一样，疯狂吸收着快递市场无处不在的养分。业务员拼命工作换回来的是收入的增加，2000 年左右，顺丰在广东一些城市的业务员，月收入过万元的已大有人在。在这种示范效应的带动下，顺丰的网络扩张之路一帆风顺。

以顺德为起点，顺丰的业务很快拓展到周边的中山、番禺、江门和佛山等地，并迅速覆盖广东全省。通过向长三角地区复制业务模式，顺丰的网络进而扩张到华中、西南和华北地区。在顺德之外，顺丰新建的快递网点大多采用挂靠或代理加盟的模式，每建一个点，就注册一个分公司，分公司归当地加盟商所有，互相连成一个网络。加盟商们使用公司的统一标识对外承揽业务，并将承揽到的快件送到公司的集散中心统一调拨。这些加盟商在经济上自负盈亏，上缴一定金额后，利润余额自留。通过代理加盟而"自然延伸"出来的快递网络，没有事前的统一规划，而是哪里有市场哪里就有网络，这在降低网络建设风险的同时也导致了网络本身的不均衡。当时，在广东省内几乎每个县域单位都有顺丰的网点，而一些经济欠发达省份则除了省会之外再无网点。到 20 世纪 90 年代末，国内快递业务在顺丰总收入中的比例已增加到近 40%，顺丰的业务从"深港件"一条腿，变成了"深港件"与"国内件"两条腿，有了奔跑的可能。

与大多数"快递优而物流"的同行不同，王卫坚持只做快递不做物流、只做小件不做重货，而且与四大国际快递重叠的高端不做，五六元钱的同城低端也不做，剩下的中端客户被锁定为唯一目标。在大方向明确的前提下，顺丰根据目标客户设计了自己的产品和价格体系：500 克以内的快件收费不超过 20 元，上门送货，全国联网，36 小时到达。事实上，除了收费标准逐步提高、取送件时间逐渐缩短之外，直到今天，顺丰的产品定位一直未曾有任何改变。

（三）收权行动

对网点或加盟商的放权，激发了公司业务拓展的动力，顺丰似乎进入了无为而治的良性循环。1999 年之前，王卫也曾短暂地离开公司，过起了轻松闲适的日子。但随着网点和加盟商的急剧增加，公司对各网点的管控能力开始下降，导致很多网点或片区各自为政，与顺丰的关系日渐紧张，个别权力和影响力过大的负责人，甚至将公司的业务带走，自己独立单干，形成诸侯割据之势。一时之间，顺丰沦为"老鼠会"的传言甚嚣尘上。1999 年，王卫性格中强硬的一面开始凸现，顺丰不动声色地开始了全国范围内的收权行动。

王卫收权的方式是一刀切：想留下来的，产权全部回购，否则走人。在收权行动中，王卫不仅要花巨资从加盟商手中回购各分公司的产权，而且要面对或摆平来自各利益相关方的威胁、恐吓和勒索。为了统一话语权，王卫将公司的所有资产全部掌控在自己手中，即便是在创业之初就跟随他的老员工也不享有股份。据说，王卫甚至将供职于公司的父亲和姐姐都拒之门外。

代理加盟模式有利于创业阶段的业务拓展，但也容易导致诸侯割据的局面，这一缺陷曾经困扰过很多企业。对此，王卫的应对办法就是努力增强核心企业对客户的吸引力，具体地说就是提高顺丰的快递速度。如果别人承诺 48 小时送达，顺丰就能做到 36 小时；如果别人也做到了 36 小时，顺丰就把时间缩短到 24 小时。获取这种竞争优势必须仰仗强大的后台支持系统，而在这方面，顺丰从来都舍得下本钱、花重金，只要是他认为值得做的事情，哪怕投入再多也从不吝惜。因此，在收权过程中，一些掌握客户资源的加盟商在独立单干或转投别家之后，也鲜有"成大器"者，因为他们的快递速度永远赶不上顺丰，至少都有半天时间的差距。一旦客户发现这些差距，就会立马回到顺丰身边。

同时，王卫对一线的市场开拓人员也十分大方，顺丰的高工资在业内是很有名的。彼时一般快递公司的递送人员，月薪也就一千出头，但在顺丰两三千已属平常，八千一万也不算高。管理层的薪酬，同行公司给十万，顺丰至少要翻一倍。一些创业之初的有功之臣跟不上时代，也绝不会被扫地出门，而是高薪奉养起来。

正因为如此，收权行动并未对顺丰的元气形成大的伤害，而公司的组织架构及其与各分公司之间的产权关系则逐渐明晰起来，顺丰从上到下已经完全成为王卫"一个人的企业"。2002 年，历经人员大清洗和组织结构大变革的顺丰，终于成立了自己的企业总部，并正式向华东地区扩展。由于此时的企业管理已经走入正轨，所以业务拓展的手段也从自发复制的加盟模式，转为有计划的统一行动。

（四）租购飞机

2002年年底到2003年上半年，顺丰的大本营广东成为SARS肆虐的重灾区。因为大多数人不愿出门，所以快件数量一度还有所增加。对于快递行业来说，SARS似乎更像一个机遇。但对于顺丰刚刚起步的全国性扩张，SARS无疑还是一个意料之外挑战。此时，王卫的精明又一次体现出来，并成功将挑战转化为机遇。

SARS疫情出现后，航空市场一片萧条，航空运价大跌，顺丰趁势于2003年年初与扬子江快运签订了其全部5架737全货运飞机的租赁合同，成为国内第一家（也是唯一一家）使用全货运飞机的民营快递公司。顺丰用其中的3架飞机专门承运自己的快件，往返于广州、上海和杭州的3个集散中心。此外，顺丰还与多家航空公司签订协议，利用国内230多条客运航线的飞机腹舱运输快件。

顺丰租赁的全货运飞机载重量约15吨，每小时租金2万多元人民币，虽然价格不菲，但却使顺丰快递的速度取得了压倒性优势。在北京、上海、广州、深圳等一线城市，当天下午6点钟之前取件，次日上午就能送达。虽然经过多次提价，500克以内的快件收费也只有20元，一般消费者完全可以接受。凭借航空运输的速度优势，顺丰的业务量增速达到50%，快速增长所带来的规模效应又部分抵消了包机增加的成本。这种良性循环很快使顺丰的速度优势得到巩固，进入快速发展期。

2009年12月，顺丰旗下的顺丰航空有限公司正式开航，并以平均每年新增2~3架飞机的速度扩充机队。

（五）走向成熟

随着网络的覆盖范围越来越广，网点的业务数量越来越多，从2005年开始，顺丰着手对已有市场进行细分，针对晨到系列、午到系列、即日到系列、隔日到系列等产品体系制定统一的作业流程和服务标准，针对价格敏感型、时效敏感型和安全敏感型客户提供不同的产品，同时推出代收货款、限时派送、包装服务、保价服务、委托收件等通知派件、夜晚收件等增值服务，提供QQ下订单、网上寄件、网上运费查询等个性化服务。

与此同时，顺丰继续强化服务网络的建设，每年都投巨资完善由公司统一管理的自有服务网络。由于自有服务网络具有服务标准统一、服务质量稳定、安全性能可靠等优点，能最大限度地保障客户利益，所以顺丰的业务很快就从华南拓展至华东、华中、华北，从中国大陆延展至中国台湾、中国澳门，直至海外。

2007年在台湾设立营业网点，目前覆盖中国台湾本岛的全部区域（离岛除外）。

2008年在澳门特别行政区设立营业网点，覆盖了中国澳门的全部区域。

2010年顺丰在新加坡设立营业网点，覆盖了新加坡（除裕廊岛、乌敏岛外）的全部区域。

2011 年顺丰在韩国设立营业网点，覆盖了韩国全境。

2011 年顺丰在马来西亚设立营业网点，覆盖了马来西亚全境。

2011 年顺丰在日本设立营业网点，覆盖了日本全境。

2012 年顺丰在美国设立营业网点，覆盖了美国全境。

2013 年顺丰开通泰国为新目的地，派送范围覆盖了泰国全境。

2013 年顺丰开通越南为新目的地，派送范围覆盖了越南全境。

2014 年顺丰开通澳洲为新目的地，派送范围覆盖了澳洲全境。

2015 年顺丰开通蒙古为新目的地，派送范围覆盖蒙古乌兰巴托。

2015 年顺丰开通印尼为新目的地，派送范围覆盖了印尼全境。

2015 年顺丰开通印度为新目的地，派送范围覆盖了印度全境。

2016 年顺丰开通柬埔寨为新目的地，派送范围覆盖了柬埔寨全境。

案例讨论

1. 认真研读本案例，说明顺丰速递发展最成功的经验是什么？最有利的条件在哪里？

2. 与国内的"四通一达"或国际四大快递企业相比，你认为顺丰速递在目标客户、市场定位和服务模式等方面存在哪些特色？未来可能会有哪些风险？应该如何改进？

本篇案例二　海尔物流发展的模式与特色

（一）海尔物流发展及现状

1. 海尔集团

海尔集团是世界第四大白色家电制造商，旗下拥有 240 多家法人单位，在全球 30 多个国家建立本土化的设计中心、制造基地和贸易公司，全球员工总数超过五万人，重点发展科技、工业、贸易、金融四大支柱产业，已发展成全球营业额超过 1 000 亿元规模的跨国企业集团。海尔集团在首席执行官张瑞敏确立的名牌战略指导下，先后实施名牌战略、多元化战略和国际化战略，2005 年年底，海尔进入第四个战略阶段——全球化品牌战略阶段，海尔品牌在世界范围的美誉度大幅提升。海尔已跻身世界级品牌行列，其影响力正随着全球市场的扩张而快速上升。

2. 海尔物流发展动因

（1）国际化战略需要

海尔"创立世界名牌"的国际化战略目标，要求海尔持续批量地生产出高质量的产品，而保持大批量生产条件下产品质量的一致性，又要求必须从原来分散在各事业部的局限于国内的采购活动，改变为整个集团集中的国际化采购。这种迅速走向国际化的作业，提高了物流成本，也增加了物流复杂性，海尔面临全球物流壁垒的挑战，这种全球化的作业，使得海尔必须站在供应链管理的观点上去系统管理由大量的不同国家的供应商及经销商所组成的复杂供应链。

（2）供应链网络建设需要

1998年，海尔在美国设厂遇到的第一个问题就是必须和美国市场联网，信息化和物流的瓶颈困惑使海尔意识到从海尔的国际化到国际化的海尔，首先要做的事情是建立全球供应链网络，而支撑这个网络体系的正是现代物流。

（3）订单经营模式的需要

订单是现代企业运作的驱动力。如果没有订单，现代企业就不可能运作。要实现这个订单，就必须靠订单去采购，为订单去制造，为订单去销售。如果要实现完全以订单去采购、制造、销售，一定离不开现代物流系统的支撑。如果没有物流，就不可能有订单的采购；如果没有订单的采购，就意味着采购回来就是库存；如果没有订单的采购和制造，就等于天天在制造库存。而没有订单的销售，就是处理库存，唯一的出路就是降价处理。

3. 海尔物流经营现状

海尔物流的目标是成为世界一流的物流增值服务提供商。目前除集团内业务外，海尔物流已经开始为华普、长城电脑、郎酒、雀巢、APP、乐百氏等提供不同要求的高质量物流增值服务。海尔物流希望利用自己高品质的服务为所有企业建立起高效的供应链体系。

（二）海尔物流发展模式

1. 以订单为中心流程再造

海尔现代物流的起点是订单。海尔把订单作为企业运行的驱动力，作为业务流程的源头，完全按订单组织采购、生产、销售等全部经营活动。从接到订单时起，就开始了采购、配送和分拨物流的同步流程，现代物流过程也就同时开始。

海尔的物流改革是一种以订单信息流为中心的业务流程再造，通过对观念的再造与机制的再造，构筑起海尔的核心竞争能力。海尔物流管理的"一流三网"充分体现了现代物流的特征："一流"是以订单信息流为中心；"三网"分别是全球供应链资源网络、全球配送资源网络和计算机信息网络。"三网"同步流动，为订单信息流的增值提供支持。

2. 供应链管理

海尔在进行流程再造时，围绕建立强有力的全球供应链网络体系，采取了一系列重大举措。一是优化供应商网络。将供应商由原有的 2 336 家优化到 978 家，减少了 1 358 家。二是扩大国际供应商的比重。目前国际供应商的比例已达 67.5%，较流程再造前提高了

20%。世界500强企业中已有44家成为海尔的供应商。三是就近发展供应商。海尔与已经进入和准备进入青岛海尔开发区工业园的19家国际供应商建立了供应链关系。四是请大型国际供应商以其高技术和新技术参与海尔产品的前端设计。目前参与海尔产品设计开发的供应商比例已高达32.5%。供应商与海尔共同面对终端消费者，通过创造顾客价值使订单增值，形成了双赢的战略伙伴关系。

3. 信息化及网络化建设

现代物流区别于传统物流的特征是信息化与网络化。信息化贯穿于海尔物流发展的全过程。在资源重组阶段，海尔实施了 ERP 系统。在供应链管理阶段，海尔建立了 B2B 的采购平台，并建立起与集团 CRM 系统的无缝接口。在物流产业化阶段，海尔实施了大物流 LES 系统。

4. 先进的物流技术和设备

先进的物流技术和设备是物流高效率的实现手段。高效率的物流运作还需要先进的物流技术与设备来实现。海尔先进的物流技术集中体现在它的两个物流中心。该中心立体库区共有货位 18 000 余个，是当时国内自行研制开发的规模最大、功能最齐全、科技水平最高的自动化物流系统。该物流中心包括原材料、成品两个自动化物流系统，采用了激光导引、条码识别、无线数字通信、红外通信、智能充电、工业控制、现场总线和计算机网络等国际先进技术，成功集成了具有国际先进水平的工业机器人、巷道堆垛机、环行穿梭车、激光导引车、摄像及语音监控等先进的自动化物流设备。该系统对原材料和成品自动化仓储与收发的全过程实施完全的控制、调度、管理和监控，并与海尔集团的 ERP 系统实现了信息集成，以最少的人机接口实现了最大的物流自动化。

5. 企业内物流到第三方物流

在完善企业内部供应物流、生产物流的基础上，海尔建立了现代化的企业供应链以及物流体系。销售物流及分销物流的发展，以及与其他组织的战略联盟建设，使海尔有能力开展第三方物流业务，完成使海尔物流从企业物流变为物流企业这一战略转型，使海尔物流成为本集团另一个具有核心竞争力的业务。

（三）海尔物流经营特色

1. 先进的企业文化和管理理念

（1）JIT 思想

正是因为有"一流三网"的支撑，海尔得以用 JIT 采购、JIT 原材料配送、JIT 分拨物流，实现同步流程。即，商流与海外推进本部从全球营销网络获得的订单可以同步传递到产品事业部和物流推进本部，物流本部按照订单安排原材料采购、配送，产品事业部组织安排生产；产品下线后再通过物流的配送网络送到用户手中。比如美国海尔销售公司在网上下达一万台的订单，订单在网上发布的同时，所有的部门都可以看到，并同时准备到位。不用召开会议，不用层层传递，每个部门都会同步接收到与订单有关的信息，大大缩短了订单的响应周期。

（2）OEC 模式

OEC 管理是海尔独创的有效管理模式，它是指对每件事，每个人，每天进行全方位的管理，每个海尔员工都需要对本日工作进行总结，对比目标，找出问题点或工作的最短板（木桶原理），及时采取纠偏措施。OEC 和日清模式在海尔集团内部已经实施多年，是海尔成功发展的重要基石。

（3）看板管理

海尔集团实行了内市场链制度——每个员工都有一个市场，下道工序就是用户，每个人都有下道工序，每个部门也有下道工序，这就是市场。原来每个部门都有一个上级，现在所有部门的上级都是市场。市场链的实施大大激发了员工的活力和创造精神，为海尔实现新的目标，特别是为保证物流改革的成功，打下更加坚实的基础。实行市场链后，把外部市场竞争内部化，形成整体协同，扁平化组织，使各环节能够明确服务的目标，相互连接，相互咬合，进行紧密的协作，并可以分清责任，提高效率，对实施物流改革有非常重要的推进作用。

（4）创新精神

海尔发展的动力源泉在于创新。海尔认为：强化以人为本的管理，其实质就是体现在管理人员的创新精神上。海尔与国际化大公司在技术、资金等方面都有差距，海尔的优势是速度、效率和创新。张瑞敏总裁指出："如果管理者没有了上升空间，也将失去生存的空间。"正是在创新精神的激励下，从高层管理者到车间工人，从研究开发人员到贸易采购的业务员，都在不断寻求新的突破。海尔每两天一项的专利技术，不断涌现的车间小发明，海尔的新产品推出速度等，无一不是创新精神的反映。海尔目前进行的物流改革，对原有运行机制和组织结构进行了巨大创新，减少了条块分割。

2. 战略联盟建设

（1）开展与物流相关企业的强强联合

海尔与国家邮政总局、中远集团、和黄天百等企业合作，在国内调配车辆可达 16 000 辆。合作形成我国最完善的物流服务体系。

（2）与供应商变买卖关系为战略合作伙伴关系

海尔通过不断地整合内部资源来获取更优的外部资源，目前海尔国际化供应商的比例已达 82%。海尔与供应商变买卖关系为"公平、互动、双赢"的战略合作伙伴关系，双方共同面对市场，并引进国际化供应商参与前端设计，不仅提升了双方产品的技术领先性和新品开发速度，而且使海尔与供应商成为快速满足市场需求的双赢共同体。

3. 工业园区产业链建设

海尔建立了一流的家电产业链。海尔的千万级的整机制造厂吸引了组件厂、部件厂、零件厂与材料加工厂来青岛周边地区建厂，如海尔冰箱、空调千万级别的制造规模，吸引了日本三洋、中国台湾瑞智等国际化供应商先后建立起压缩机总装厂；随着压缩机产业规模的逐步扩大，吸引了为压缩机制造的电机厂、漆包线厂与热保护器厂等为压缩机配套的零件厂在压缩机厂周边建厂；而这些零件厂又吸引了五金件冲压、钢板剪切、铜材厂等原材料与原材料基加工的工厂建厂，从而形成了一条从组件、部件、零部件及原材料加工工厂的完整的家电产业链。充分获得本地的政策优势，以及实现产业一体化，拉动地方经济社会发展。

案例讨论

1. 作为一个家电制造企业，海尔为什么不寻求物流外包，而要自建物流系统？它的这种发展模式是否值得国内同行借鉴？请说明原因。

2. 海尔物流的经营特色对我国制造业和物流业分别具有哪些借鉴意义？

第三篇　物流概念的运用与延伸

本篇导读

从理性与感性、总体与局部、外延与内涵等视角分别认识了物流之后，本篇的主要任务就是对已掌握的物流概念进行适当的运用与延伸，以强化读者对物流概念的理解，帮助其拓展物流研究的视野，激发物流学习的兴趣。

孤立的功能要素并不等于物流，将系统的观念和方法运用于物流管理是现代物流的最基本要求。服务是所有企业实现自身价值的共同手段，物流服务也是物流管理的目标和宗旨。物流管理的微观主体是物流企业，物流服务的现代形式是第三方物流，物流管理的宏观主体是政府，政府管理的主要体现是物流政策。这些与物流有关的最基本思想构成了本篇内容的主体。作为物流概念的延伸或未来展望，本篇最后一章介绍了物流发展新趋势。

同前两篇相比，本篇各章节之间的关联度较大，逻辑性较强，且分析性和探讨性的内容较多。读者应充分发挥主观认知能力，积极思考，大胆创新。

第十一章 物流系统

系统思想由来已久，系统论作为一种完整的理论成形于 20 世纪中叶，是一种应用广泛的科学方法论。用系统论的观点和方法来研究物流活动是现代物流学科中的核心问题，也是物流战略管理的首要问题。本章将从系统论的观点出发，研究物流系统的概念、要素与结构、分析方法与集成手段等。

第一节 系统与物流系统

一、系统的概念

"系统（System）"一词来源于拉丁文的"Systema"，表示"群""集合"等含义。其意义是指"为达成某种共同的目标，若干构成要素相互结合成的有机复合体"。一切事物都可以看作是一个系统，大到太阳系、银河系乃至整个宇宙，小到学校、班组、个人乃至细胞，都可以看作一个整体、一个系统。系统无论大小，都具有以下基本特点。

（1）系统整体由两个或两个以上的要素组成。

（2）各要素之间是相互联系、相互作用的，要素之间的结合是为了达到某种特定的目标。

（3）系统具有一定的结构，以保证系统的有序性，使系统具有特定的功能。

（4）系统与各要素之间存在对立统一的关系。系统与要素的概念是相对的，是在一定的边界范围内来说的。它们二者既相对独立，又相互统一，系统的性质要以要素的性质为基础，系统规律要通过要素之间的结构来体现，要素的功能可通过其结构转化为系统的功能。

（5）系统是相对于环境而言的，环境是系统形成和存在的基本条件。

二、系统的基本性质

（一）整体性

贝塔朗菲在《一般系统论》中指出，"当我们讲到'系统'时，我们所指的就是'整体'或'统一体'"。整体性是系统的最基本和最重要的性质。整体由部分构成，系统是一个整体，由各要素构成。各独立要素在组成系统后，就具有了独立要素所不具有的性质和功能。在各组成要素协调一致的情况下，系统的整体功能大于各组成要素功能之和；反之，若各要素没有统一的目标，没有协调一致的行动，则系统的整体功能可能会小于各要素功能之和，系统的整体与各要素之间并不是简单的加和关系。人们在分析系统要素时，应该从整体出发，认真关注系统的整体性。

（二）层次性

任何系统都是有层次的，一个主系统可以包含若干个子系统，每个子系统下又有更小的子系统，而主系统本身也可能包含在更大的系统之中。系统的层次不是单一的，根据属性、目的和特点的不同，同一个系统可以划分为不同的层次。层次性特征要求人们在分析系统要素时，必须遵循整体与层次、层次与层次之间的关系。

（三）相关性

组成系统的元素并不是简单地、杂乱无章地堆砌在一起的，而是相互联系、相互作用、相互依存、相互制约的。系统内各要素之间的相互联系，使系统成为一个有机的整体。

（四）目的性

一切系统都具有某种特定的目标，系统的一切运动都是为了实现这个目标。在一个多层次的系统中，大系统有其总的目标，各子系统不仅要服从于总体目标的要求，而且其自身也还有自己的分目标。要实现系统目标，就必须使系统内的各子系统或组成要素相互协调配合，朝着共同的目标去努力。

（五）环境适应性

环境是指系统存在和发展的全部外界条件的总和。所有的系统都具有对环境的适应能力。当环境发生变化时，系统的结构和功能也会随之发生改变，以便于继续存在和发展。人们在进行系统要素的分析时，应注意系统整体同环境的相互联系和相互作用。

系统的五个基本性质并不是孤立的，而是相互联系、相互配合的。人们在分析系统要素时，要注意同时兼顾系统的这些基本性质及其相互联系，否则就会破坏系统方法的完整性。

三、物流系统的概念及组成

物流系统是指在一定的时间和空间范围内，由物品及有关物流装备、作业人员和信息系统等相互联系相互制约的动态要素所组成的具有特定功能的有机复合体。它是社会经济大系统的一个子系统，由有机联系的物流要素组成，能使整体的物流活动趋于合理。它将一定时间和空间范围内的物流活动或过程当作一个整体来看待，用系统的观点来进行分析和研究。

物流系统和一般系统一样，具有输入、转换和输出三大功能，其中输入和输出功能可使系统与社会环境进行物质和能量交换，保证系统与环境之间的相互依存，如图 11-1 所示。

一般认为，物流系统由物流作业系统和物流信息系统两个分系统组成。

物流作业系统包括包装系统、装卸搬运系统、运输系统、储存系统、流通加工系统等子系统。各子系统又包括下一级的更小的子系统，如运输系统又可分成铁路运输系统、公路运输系统、空运系统、水运系统以及管道运输系统等。物流作业系统通过在运输、保管、包装、搬运、流通加工等作业过程中使用各种先进技术，使生产据点、物流据点、配送路线、运输手段等资源实现网络化，可以大幅度提高物流活动的效率。

物流信息系统包括情报系统、管理系统等子系统。物流信息系统在保证订货、进货、库存、出货、配送等环节信息畅通的基础上，使通信据点、通信线路、通信手段实现网络化，也可以大大提高物流作业系统的效率。

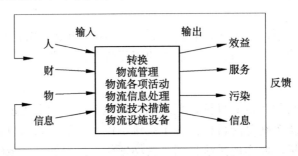

图 11-1　物流系统基本模式

四、物流系统的特点

物流系统是一个复杂而庞大的系统，它具有一般系统共有的性质，即整体性、层次性、相关性、目的性和环境适应性，同时物流系统作为现代科技和现代观念的产物，还具有一些自身的特点。

（一）物流系统是一个动态系统

它和生产系统的一个重要区别在于，生产系统按照固定的产品、固定的生产方式，连续或不连续地生产，变化较少，系统稳定的时间较长。而物流活动是受到社会生产和社会需求的广泛制约的，连接着多个生产企业和顾客，需求、供应、价格、渠道的变动，都随时随地影响着物流，所以物流系统是一个稳定性较差而动态性较强的系统。为使物流系统更好地运行以适应不断变化的社会环境，必须对其进行不断地完善和调整，有时甚至还要对整个系统重新进行设计。

（二）物流系统具有可分性

在整个社会再生产的循环过程中，物流系统只是流通系统的一个子系统，它必然会受到流通系统，乃至整个社会经济系统的制约。但物流系统本身又可以再细分为若干个相互联系的子系统，系统与子系统之间、各个子系统之间在总的目标、总的费用、总的效果以及时间空间、资源利用等方面又是相互联系、相互依存的。对特定物流系统所分子系统的多少和层次的标准，是随着人们对物流系统认识和研究的深入而不断变化的。

（三）物流系统具有复杂性

物流系统构成要素的复杂性导致了物流系统本身的复杂化。例如，物流系统的作用对象——物，品种繁多、数量庞大，涵盖了全社会的物质资源；再如，物流系统的主体——人，也是以千万计的庞大队伍；同时，物流系统要素之间的复杂关系也增加了物流系统本身的复杂性。

（四）物流系统是一个大跨度的系统

主要表现为地域跨度大和时间跨度大，即时空的跨度大。随着国际分工的不断发展，国际间企业的交往越来越频繁，提供大时空跨度的物流活动将会成为物流企业的主要任务。

（五）物流系统内广泛存在"二律背反"现象

所谓"二律背反"，是指同一系统（如成本系统）的两个要素处于相互矛盾的关系之中，要想较多地追求其中某个要素的目标，就必然会使另一要素的目标受到损失。例如，为了提高运输速度而将铁路运输改为航空运输，这样速度是提高了，但运输成本也会随之增加；再如，为了降低库存而减少每次收货量、增加收货次数，虽然会使库存成本降低，但由于这样做往往达不到运输所要求的最佳规模，单位运输成本肯定会较高。所以，必须把物流系统当作一个相互联系的整体，以成本为核心，协调各分系统或各要素之间的矛盾，才能保证物流系统实现其最佳的经济效益。

第二节　物流系统的要素与结构

一、物流系统的要素

众所周知，系统都是由若干要素构成的复合体，根据不同的研究目的，物流系统要素可以分为不同的类型。例如，有些学者根据物流系统的特点将物流系统要素分为流动要素、资源要素、网络要素、功能要素等。本节将在简要介绍物流系统一般要素、功能要素、支撑要素和物质基础要素的基础上，重点分析物流系统的流动要素。

（一）物流系统的一般要素

物流系统的一般要素由人、财、物三方面构成。

（1）人的要素。人是所有系统中占主导地位、起决定作用的要素，在物流系统中也不例外，它是保证物流活动得以顺利进行的最关键的因素。随着经济全球化的发展，企业的竞争越来越多地表现为人才的竞争，培养人才、招揽人才、留住人才是物流企业提高竞争力、建立有效物流系统的根本要求。

（2）资金要素。资金是物流系统中不可缺少的一个要素，离开资金要素，物流系统就不可能存在，更谈不上发展。

（3）物的要素。物流系统中的物是指物流系统中必需的原材料、半成品、产成品、能源、动力以及设施、工具等物质资料的总称。物的要素是物流系统存在和发展的物质基础。

（二）物流系统的功能要素

从物流的功能分析入手，我国国家标准《物流术语》（GB/T18354—2006）将物流系统划分为运输、储存、包装、装卸搬运、流通加工、物流信息和配送等七大功能系统，这些功能系统实际上也就是物流活动的基本工作环节。

（三）物流系统的支撑要素和物质基础要素

物流系统的要素还包括支撑要素和物质基础要素。在复杂的社会经济大环境中，要确定物流系统的地位，协调与其他系统之间的关系，需要很多的支撑手段，如体制、制度、技术标准等，这些支撑手段就是物流系统的支撑要素。物流系统的支撑要素决定了物流系统的结构、组织和管理方式，它一方面可以规范物流系统的活动，另一方面还为物流系统本身的存在和发展提供一定的保障条件。

同时，物流系统的建立和运行，还需要大量的技术装备或手段，如港口、仓库、公路、铁路、航线等物流设施，包装机械、运输装备、装卸机械、流通加工设备等物流装备，以及办公场所、信息网络和企业管理组织等。所有这些都构成了物流系统的物质基础要素。

（四）物流系统的流动要素

物流系统的流动要素主要包括流体、载体、流向、流量、流程和流速。

1. 流体

流体是指物流中的"物"，即物质实体。流体都具有一定的自然属性和社会属性。流体的自然属性是指其物理、化学或生物属性。流体的社会属性是指流体所体现的价值属性，以及生产者、采购者、物流作业者与销售者之间的各种关系。

2. 载体

载体是指流体赖以流动的设施和设备，它大体可以分成两种类型。

（1）第一类载体是指基础设施。如铁路、公路、航道、港口、车站、机场等基础设施，它们大多是固定的。

（2）第二类载体是指各种物流设备。即以第一类载体为基础，直接承载并运送流体的设备，如车辆、船舶、飞机、装卸搬运工具等，它们大多是可以移动的。

3. 流向

流体从起点到终点的流动方向就是物流的流向，它主要有四种类型。

（1）自然流向。指根据产销关系所确定的商品的流向，它表明一种客观需要，即商品要从生产地向需求地流动。

（2）计划流向。指流体经营者的经营计划所确定的商品流向，即商品从供应地向需求地的流动。

（3）市场流向。指根据市场供求规律由市场确定的商品流向。

（4）实际流向。指在物流过程中实际发生的流向。

对某种商品而言，可能会同时存在以上几种流向。例如，根据市场供求关系确定的商品流向是市场流向；这种流向反映了产销之间的必然联系，是自然流向；实际发生物流时还需要根据具体情况来确定运输路线和调运方案，这才是最终确定的流向，这种流向是实际流向。在确定物流流向时，最理想的状况就是商品的自然流向与实际流向相一致，但由于计划流向与市场流向都要受市场行情、物流条件以及管理水平等因素的制约，所以它们经常会与商品的自然流向或实际流向不符，甚至最终还会导致商品的实际流向与自然流向相背离。

4. 流量

流量就是依赖载体进行流动的流体在一定流向上的数量。流量与流向是不可分割的，每种流向都有一种流量与之相对应。因此，参照流向的分类，流量也可以分为四种类型，即自然流量、计划流量、市场流量和实际流量。但是，对流量的分类也具有一定的特殊性，根据流量本身的特点，还可以将其进一步细分为实际流量与理论流量。

5. 流程

流程就是通过载体进行流动的流体在一定流向上行驶的路径。流程的分类与流向基本类似，可以分为自然流程、计划流程、市场流程与实际流程；也可以像流量那样，分为理论流程与实际流程。

6. 流速

通过载体进行流动的流体在一定流程上的速度表现就是物流的流速。流速与流向、流量、流程一起构成了物流向量的四个数量特征，是衡量物流效率和效益的重要指标。一般来说，流速快，意味着物流时间的节约，也就意味着物流成本的减少和物流价值的提高。

二、物流系统的结构

系统的结构是指系统内部各要素在空间和时间上的有机联系或者各要素之间相互作用的方式，它是系统保持整体性并具有一定功能的内在根据。虽然物流系统的要素分类方法各不相同，但它们都不会影响物流系统本身的结构。同物流系统要素的分类一样，物流系统的结构也可以从不同的角度来认识。这里只针对物流系统的功能结构、治理结构和产业结构等方面展开加以说明。

（一）物流系统的功能结构

物流系统的基本功能要素包括运输、储存、包装、装卸搬运、流通加工、物流信息和配送。在物流活动中，运输功能是必不可少的，储存功能也很重要，包装和流通加工功能在流通过程中发生，而不是每一个物流系统都必须进行的作业环节，装卸搬运功能随着运输方式、运输工具的变换或者物流作业功能的转换而产生。虽然有些企业实现了只有运输功能的物流系统，如戴尔计算机公司推行的"直销"方式，省却了大量的中间仓库和以仓库为基地的各种物流活动，使物流的效率大大提高。但物流系统的功能发挥如何，应该进行哪些作业环节，并不是物流系统本身决定的，而是由生产和销售系统来决定的。在保证生产和销售目标完成的前提下，企业应尽量减少物流作业环节以降低物流成本。

（二）物流系统的治理结构

物流系统的治理是指对物流系统资源配置过程进行管理和控制的机制与方法。物流系统的不同治理机制形成了物流系统内不同的治理结构。

1. 多边治理

也称市场治理或古典合同治理。即任何一个物流系统所需的所有资源都可以通过市场得到配置，但这些物流资源不是为某一系统专门定制的专用性资产，而是为多个物流系统所共用。例如，一般的铁路运输资源与公路运输资源等。因为交易的内容（如卡车或仓库的规格及其收费标准等）是标准化和透明的，物流资源的买卖双方都可以以极少的转换成本来寻求合作伙伴。所以，这种模式是一种高效率的治理模式。

2. 三边治理

是指通过物流资源的需求方、供给方和第三方（法律）来共同治理的模式。这种模式适合于两类物流资源交易：一是偶尔进行的交易，如满载货物的卡车在长途运输中抛锚，需要一次性租用当地的装卸设备和人员；二是物流资源具有高度专用化特征的交易，如专为麦当劳配送沙拉酱和鲜牛奶的配送中心。三边治理结构中的第三方，即法律方，起调解和仲裁的作用。

3. 双边治理

是指通过物流资源买卖双方共同治理的模式。威廉姆森指出了双边治理结构的几个适用条件：交易应该是重复发生的；交易需要的资产必须是高度专用的；交易是非标准化的。同三边治理相比，双边治理的双方关系更加紧密，近似于垂直一体化关系，因而双边治理需要的专用性资产投资规模更大一些。三边治理结构中的冲突机制在双边治理结构中通过关系机制（而不是法律）得到解决。由于任何一方脱离交易关系都要在交易专用性资产上付出沉重代价，所以双方都有维持交易关系的强烈愿望。

4. 单边治理

即一体化治理。对于资产高度专用、该物流业务与企业的核心业务高度相关、投资该业务可以获得规模效益的交易，则可以采用单边治理结构。

（三）物流系统的产业结构

物流是一个产业，并且是一个巨大的产业，它将成为 21 世纪中国经济新的增长点。物流产业是由多部门组成的综合性、服务性、基础性产业。虽然运输业、仓储业、包装业、装卸业、流通加工业、物流信息业以及邮政业等都是相对独立的行业，它们有的规模很大，有的规模很小，但由它们一起共同构成了物流产业，并各自承担物流产业中的部分业务环节。

有人结合我国的具体实际，从两个不同的层面对物流产业进行了界定：第一种方法认为，物流产业主要包括交通运输业、储运业、通运业和配送业；第二种方法认为，物流产业的四大行业下面还有许多小行业，其中不少小行业可能既隶属于这一大行业，又隶属于另一大行业。物流产业所涵盖的小行业主要有铁道运输业、汽车货运业、远洋货运业、沿海航运业、内河航运业、航空货运业、集装箱联运业、仓库业、中转储运业、托运业、运输代理业、起重装卸业、快递业、拆船业、拆车业、集装箱租赁业、托盘联营业。

第三节　物流系统的冲突

由于物流活动过程所包含的众多环节分散在企业不同的职能部门，它们具有各自不同的利益诉求，常常被看作是没有共同目标、彼此无须协调的独立功能模块，所以也很少采用系统的观念和方法对其进行分析和评价，导致整体效率和经济效益都难以提高。用系统的观点分析物流，就是要认清物流系统内外的各种联系，并以此为基础尽量恢复联系、构建联系。联系就是冲突，联系就是相持，联系就是协同。物流系统内外的各种联系就是冲突、相持和协同的综合表现。研究物流系统的冲突，有利于物流管理者认清物流系统内外的各种联系，有利于从整体上对物流系统进行协同和管理。

一、物流系统冲突的表现形式

物流系统的冲突主要体现在目标、产权和运作等几个方面。

（一）物流系统的目标冲突

物流系统的目标冲突发生在三个层次，即要素之间、要素内部和物流系统与外部环境之间的目标冲突。

1. 物流系统要素之间的目标冲突

物流系统的基本功能要素包括运输功能、储存功能、包装功能、装卸搬运功能、流通加工功能、配送功能和物流信息处理功能，这些功能要素的目标之间广泛地存在冲突。

从运输的角度来看，为了降低运费，企业经常采用以下几种方法：一是尽量采用整车运输，因为整车运输的平均运费比零担要低很多；二是尽量采用水运或铁路运输，因为水运或铁路的平均运费比公路或航空运费都要低；三是按照运价"递远递减"的原则，长途运输采用水运或铁路运输，而短途运输采用公路运输。以上三种措施在降低运输费用的同时，也会导致收货人一次收货数量的增加、收货间隔时间的延长以及收货企业库存水平的提高和在途库存的增加，最终结果就是收货企业的库存成本增加。

从储存的角度来看，为了降低库存水平，企业可能采用以下一些方法：第一是降低每次收货的数量，增加收货次数，缩短收货周期，这样既可以保证企业销售的商品不缺货，又可以将企业的库存水平降低，直至降到"零库存"状态；第二是宁可紧急订货，也不愿提前大批量订货。以上两种降低库存水平的措施都要求供货部门必须实行"小批量、多批次、短周期"的及时送货，在这样的送货模式下，运输的规模经济就无法实现，所以运输成本会相对增加。

从以上分析可以看出，企业的运输目标（从降低运输成本角度考虑）与企业的储存目标（从降低储存成本角度考虑）是冲突的。运输和储存是物流系统的两个重要组成部分，运输和储存的目标冲突是运输要素与储存要素的一种联系，在物流系统还没有形成时，它们都在追求着各自的目标，它们的目标一直在发生冲突。显然，它们的目标是无法独立实现的，而必须在建立物流系统时通过系统集成来进行调和。

在包装和运输这两个物流系统要素之间同样存在目标冲突。包装的目标是保护物品，以免在物流作业过程中遭受损失，同时还要尽量降低包装成本。因此，在确定包装材料的强度和内装容量的大小时就会以确保物品安全为第一目标，但这一目标又常常会导致"过度包装"，不仅会增加物品包装的成本，同时也由于包装过大、过重、过结实，而增加无效运输的比重。而且，在包装回收系统不健全的情况下，当物品抵达收货人手中时，收货人往往还要花费大量的人力物力来处理这些沉重、庞大的物流包装。如果能够将包装要素的目标与运输要素的目标进行协调，就可以既实现包装的目标又实现运输的目标，在这两个要素目标之间实现协同。

2. 物流系统要素内部的目标冲突

物流系统的要素可以看作是物流系统的子系统，也可以作为系统来进行分析。以物流系统的功能要素为例，物流系统的运输功能、储存功能、包装功能等要素都是物流系统中的子系统。如果将物流系统内部功能要素之间的目标冲突应用于任何一个功能要素的话，这种分析都是成立的，物流系统要素内部也存在着类似的目标冲突。

3. 物流系统与外部环境之间的目标冲突

当物流系统本身也是一个更大系统的子系统时，物流系统就要与外部系统发生联系，这就是物流系统与环境的联系，而构成物流系统环境的就是这些与物流系统处在同一层次的系统。任何一个系统都有自己的目标，物流系统有物流系统的目标，环境中其他系统都与物流系统一样有着特定的目标，这些目标之间的冲突也是普遍存在的，物流系统以这种方式同环境中的其他系统发生联系。

（二）物流系统要素之间的产权冲突

供应链上的物流系统通常不可能由一家企业单独建立，而是由不同的产权组织共同拥有。由于企业是相对独立的经营法人，供应链上共同拥有物流系统的多家企业之间也都有比较明晰的产权边界。所以，物流系统要素之间的产权冲突就产生了。

无论在发达国家还是发展中国家，物流载体都是由国家、集体和个人共同投资的，其产权状况十分复杂，而载体的产权状况对物流系统的建立和经营管理都会产生很大影响。在高度发达的自由市场经济环境下，物流载体的产权可以通过发达的市场进行交换。物流集成商常常通过购买某项物流载体在一定时期内的使用权，按一定的目标要求对其进行集成，以解决物流要素的产权冲突问题。

但对于载体产权严重分割、"大而全、小而全"的传统思想根深蒂固，并且物流载体市场不发达的国家而言，忽略载体的产权状况就不可能建立一个能够进行商业运作的物流系统。例如在中国，铁路由国家所有，国有铁路部门专营；公路由中央和地方所有，中央和地方企业共同经营；私人修建和经营的铁路和公路凤毛麟角，一些被称为"大动脉"的交通运输线路的产权状况也同样复杂，这从高速公路上设立的收费站就可看出。

过去，我国高速公路上设有众多的收费站，每个收费站就代表一个产权边界，很多高速公路就根本不是一条"连贯"的"畅通"公路，而是由众多独立路段形成的公路。所以，这种实际存在的多元化产权结构与物流系统的产权统一性要求就产生了冲突。在由各种运输方式和其他各种资源参与的更加庞大的物流载体系统中，情况就更加复杂。

（三）物流系统要素之间的运作冲突

物流系统的各种要素都有各自的运作规律和标准，在没有统一的物流运作规范和标准的情况下，由于要素之间在运作上互相不能适应对方的业务特点，而导致物流运作经常在流程、标准、规范、制度、票据格式等方面出现冲突，这样的事例已是司空见惯。

仅举托盘的例子来说明这一问题。如果物品在一个物流系统中都以托盘为单元来进行运输、储存等作业，可以减少装卸搬运次数，降低装卸搬运损失，减少中间作业量，提高作业效率，加快物流速度。但是，托盘是低值易耗品，物流系统的上游、中游和下游企业都使用自己公司的托盘，这些托盘可能存在着尺寸、材质、价格、使用寿命、质量、新旧程度以及样式不同的情况，不同公司的托盘不存在可比性。其直接后果是托盘不可流通，会严重影响托盘功能的发挥。加之使用托盘还会增加中间作业成本，因此很多企业干脆不用托盘。

总之，要素之间的冲突时刻都存在，建立物流系统就是解决物流系统构成要素之间在方方面面存在的冲突，冲突是物流系统要素的重要联系。

二、要素协同是物流系统形成的关键

存在矛盾的物流系统各要素，如果能够为了共同的目标而集成起来，就是实现了要素的协同。协同是有利于物流系统的一种要素联系方式，要达到协同，必须做到以下几点。

（一）调整物流系统要素之间的目标

要素目标调整的依据是系统的整体目标。将运输要素和储存要素进行集成时，"运输费用最小"和"储存费用最小"的要素目标都应该服从于"物流总成本最小"这个整体目标。按照这个整体目标，可能运输成本并不是最小，或者储存费用也不是最小，但是，只要通过储存和运输这两个主要要素的运作最后能达到物流总成本最小的目标，那它们就可以算作是进行了成功的集成。

（二）统一物流要素之间的产权

物流系统要素之间的产权冲突永远都不可能消除，同时，物流系统对统一产权的要求也永远不会改变。这里提出要统一物流要素之间的产权，并不是要求将所有的物流要素都由唯一的一个产权主体所掌控，这是不可能也没有必要的。统一产权的关键是要使由不同产权主体拥有的所有要素都能按照物流系统的要求进行集成，也就是要按照一定的标准将不同的产权要素集成为一个没有产权差别的统一系统。

在现有条件下，调和产权冲突的唯一办法就是通过市场进行产权交换，使物流系统的集成商能够在一定的时间、一定的边界范围内将各种要素集成为一个完整的无差别的单一产权系统。这里的单一产权并不是真正的单一产权，而是"准单一产权"，即它不是由物流系统集成商真正所有，但是能够达到就像是物流系统集成商自己真正所有那样的效果，物流系统集成商真正获得的是这些要素的使用权。

只要物流系统要素的使用权能够被交换，不管物流系统要素产权分布的初始状况如何，物流系统要素的集成就有可能，而实现这一目标的条件就是物流要素"产权/使用权"交换市场的建立。制造企业、流通企业、物流企业需要的物流资源，如车辆、仓库等，很多都可通过物流市场来获得。

（三）构建无缝的要素接口

物流要素之间的分界面往往都比较清晰，而将这些物流系统要素集成起来时，不同界面的要素系统必须实现无缝连接。马丁·克里斯多夫从供应链的角度分析了这个问题，为了解决物流系统要素之间的接口障碍，他提出供应链要实现"无缝"连接，并提出了三个解决方案。

（1）缩短供应链（Cutting Short of the Pipeline）。

（2）提高供应链的可见性（Improving the Visibility of Supply Chain）。

（3）将物流作为一个系统来管理（Managing Logistics as a System），而不是将其作为一个个狭窄的功能来进行管理。

以上从物流系统的冲突和协同两方面分析了物流系统的联系。协同是通过对冲突进行协调达成的结果，物流系统功能、资源、网点等要素之间的冲突是永远存在的，但只有达到协同，物流系统才能作为一个整体发挥作用，因此系统集成对物流的作用十分关键。

第四节 物流系统分析与集成

要真正实现物流系统的要素协同，必须针对物流系统的特点，根据物流系统的要素与结构，通过系统分析的方法寻求最优或可行的物流解决方案，并以系统集成为手段，将系统的观念和方法运用于物流管理实践。物流系统分析是物流系统集成的基础，充分的物流系统分析有助于系统集成工作的完成，并产生良好的社会经济效益；反之，物流系统集成是物流系统分析的最主要实现方式之一，正确的物流系统集成有助于系统分析成果转化为有效生产力。

一、物流系统分析

物流系统分析是指根据物流系统的目标要求，从其整体利益出发，运用科学的分析工具和计算方法，对物流系统的功能、环境、费用、效益等因素进行充分的调研、分析和比较，选择最优方案的过程。系统分析不同于一般的技术经济分析，它要求管理者把构成物流系统的各项因素看作一个整体来看待。

（一）物流系统分析的原则

任何系统都是由多个因素所构成的，是具有一定结构和功能，既受外部环境影响，又受内部因素制约的整体。因此，在对物流系统进行分析时，要注意以下几方面的结合。

1. 外部条件与内部条件相结合

物流系统是流通领域的一个子系统，它不是孤立的封闭系统，而是与社会环境紧密联系的开放性系统，受外部社会经济、政策以及科学技术等多方面因素的制约，并随需求、供应、价格等因素的变化而变化。从内部来看，物流系统也会受物流各功能要素的影响和制约。因此，在进行物流系统分析时，既要注意对外部环境进行分析，同时也要注意对系统内部各环节的协调，将系统内外的关联因素综合进行考虑，以使物流系统在一定的环境中正常运行。

2. 局部利益与整体利益相结合

在进行物流系统分析时，不仅要考虑局部利益，还要考虑整体利益。如果某个方案能保证整体利益和各个子系统的局部利益都能最大化，那么该方案一定是理想的方案。但这种情况在实际中很难出现，因为物流各环节之间的相互影响、相互制约以及系统结构要素间的"二律背反"现象，使得整体利益和局部利益很难同时达到最优。因此，在进行物流系统分析时，只能在保证整体利益最大的前提下，尽量使每一个子系统获得较大利益。

3. 当前利益与长远利益相结合

在进行物流方案选优时，既要考虑当前利益，又要考虑长远利益。如果所采用的方案对当前和长远都有利，这肯定是理想的方案；如果方案对当前不利而对长远有利，或者对当前有利而对长远不利，则须对方案进行全面综合的评价之后才能做出决定。一般来说，只有兼顾当前利益和长远利益的物流系统才是好的物流系统。

4. 定量分析和定性分析相结合

系统分析强调定量方法的运用，经常采用计量经济分析和其他科学分析方法分析问题。物流活动中的很多问题都是可以定量化的，如成本、费用、运输能力等。而且随着现代应用数学、计算机和网络等高科技手段的广泛运用，物流系统分析将越来越精确化。但是物流系统内也有很多问题是难以定量化或无法进行计量的，如制度、政策以及人们的各种主观感受等。因此，在进行物流系统分析时，一定要注意定量分析与定性分析相结合。

（二）物流系统分析的内容

物流系统处于社会经济大环境中，受到外部环境的影响和制约，同时，物流系统内部的各环节、各要素之间也是互相影响的。所以在对物流系统进行分析时，既要对物流系统的外部环境进行分析，也要对物流系统内部各环节、各要素之间的关系进行分析。

物流系统的外部分析包括对物品的生产状况、消费状况、财政信贷状况以及国家相关方针、政策、制度的分析。物流是社会流通领域的一部分，与生产、消费等活动交织在一起，是一个不稳定的动态系统。物流系统的外部环境非常复杂，宏观环境的任何变化都会影响物流系统。物流系统的内部分析包括对运输、储存、包装、装卸搬运及信息处理等环节的分析以及对物品的供货渠道、销售状况、运输能力等数据资料的收集和分析。物流系统内部的各个环节都有各自的目标任务，要完成这些目标任务，就必须对各个环节的数据或资料进行比较、分析和评价，以便确定最优方案。

系统分析的过程也就是管理决策的过程。根据决策起点的不同，可以将决策分为初始决策和追踪决策两大类；与之相对应，物流系统分析的对象也可以分为待建物流系统和已有物流系统。如果说待建物流系统分析是"在白纸上作画"，那么已有物流系统分析则是"对已有画作的修正和完善"。现实中，后者出现的频率显然要远多于前者。由于这两类系统分析的基础条件不同，所以相应的工作内容和工作重点也略有差异，这些差异可能体现在物流系统的目标、可行方案的数量、评价标准的确立等多个方面。

（三）物流系统分析的步骤

物流系统分析过程中也必须回答"5W1H"六方面的问题，通过对这些问题的回答，可以归纳出物流系统分析的见步骤（见图 11-2）：提出问题，收集资料，建立模型，对比可行性方案的经济效果，判断方案的优劣，建立可行方案。这是一次分析过程的几个必要环节。在实际分析过程中，有可能一次分析的结果并不令人满意，那么就要按照以上步骤，重新进行二次分析，即重新提出问题，再次收集资料，并经分析论证后建立可行方案，直至得到满意的结果为止。

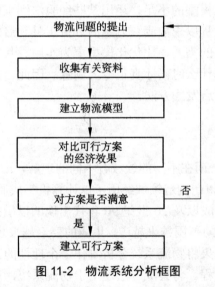

图 11-2　物流系统分析框图

（四）物流系统分析的方法

从物流系统分析的内容和步骤可以看出，可用于物流系统分析的工具和方法有很多。经济、管理、工程等领域的各种定性或定量方法都有可能被应用于物流系统分析。随着定量分析方法的成熟和普及，物流系统分析中开始越来越多地采用定量分析方法。其中，系统建模是寻找可行方案，或对若干可行方案进行评估选择的最有效途径，成为物流系统分析过程不可或缺的工具。物流系统分析过程中构建的模型主要有以下几类。

1. 优化模型

优化模型就是运用线性规划、整数规划、非线性规划或动态规划等数学规划技术来描述物流系统诸要素之间的数量关系，并通过迭代以寻求最优可行方案的分析工具。由于大多数物流系统都十分庞大，系统要素相当繁杂，建立全系统的优化模型一般比较困难，即便用计算机求解所需的时间和费用成本都太高，所以优化模型常用于物流系统的局部优化，并综合其他方法来确定物流系统的次优解。

2. 模拟模型

模拟模型就是利用图表、坐标、数学公式、逻辑表达式等抽象符号来描述物流系统的输入、转换和输出之间的状态关系，以便通过计算机对物流系统进行模拟试验，并通过模拟试验寻找最优方案或改进信息的分析工具。虽然模拟模型在模型构造、程序调试、数据整理方面的工作量很大，但由于物流系统结构复杂，不确定情形很多，所以，模拟模型仍以其描述和求解问题的能力优势成为物流建模的主要方法。

3. 启发式模型

启发式模型是针对优化模型的不足，运用某些经验法则来降低优化模型的数学精度，并通过模仿人的跟踪校正过程以求取满意方案的分析工具。启发式模型能同时满足详细描述物流系统和求取满意方案的需要，比优化模型更为实用。其缺点是没有满意方案的评判标准，难以判断可行方案在什么时候才真正令人满意。因此，只有当优化方法和模拟方法不实用或不必要时，才使用启发式方法。

二、物流系统集成

"集成"（Integration）一词在不同的领域有不同的理解，一般认为它具有综合、整理、融合等方面的含义。集成思想在制造领域经历了以计算机集成制造系统为代表的信息集成、以并行工程为代表的过程集成以及20世纪90年代出现的以敏捷制造为代表的企业集成。从其发展的特征来看，集成的范围越来越广，集成的要素越来越多，集成的规模越来越大，集成的水平也越来越高。如果将物流系统分析看作一个理性的决策过程，那么物流系统集成就是将决策付诸实施的过程。将集成方法运用于物流系统，可以扩展物流决策的视野，协调物流系统的冲突，并最终保证物流系统目标的实现。

（一）物流系统集成的主体

在产权独立的多个主体共同参与的物流系统中，如果某个主体要成为物流系统的集成人，至少必须具备两方面的条件：首先，该主体必须充分认识到物流系统集成对于自身的价值；其次，该主体有条件、有能力对目标物流系统进行集成。符合以上两个条件的主体终将成为目标物流系统的集成人；那些被集成到目标物流系统中充当物流系统要素的主体就是物流系统中的被集成人。物流系统集成人的任务就是设计合理的利益分摊机制，调动各类物流资源拥有者的参与积极性，以方便地获取物流资源的使用权，强化对物流活动全过程的控制。

由于物流系统的集成人和被集成人在集成过程中所获得的直接或间接利益存在较大差距，所以大多数物流系统要素的拥有者都渴望成为物流系统的集成人。但由于绝大多数要素拥有者并不具备系统集成所需的能力和条件，所以只能被迫成为别人的集成对象。事实上，物流系统集成是一个"双赢"的过程，被集成人同样可以在物流系统集成过程中获取利益并不断走向强大。随着经营环境的变化和市场地位的更替，被集成人也有可能超越原来的集成人，成为新的物流系统集成人。在特定的环境条件下，物流系统的集成人与被集成人之间可能相互转化。

总之，物流系统的集成人应该是各独立主体当中的强者或核心。供应链中的核心企业既可能是原材料供应商，也可能是制造企业，还有可能是销售商。随着买方市场的形成，供应链中的核心企业有逐渐向下转移的趋势。在专业物流企业之间，物流系统的集成人通常则是一些综合性物流服务提供商，比如货运代理公司、无船承运人以及多式联运经营人等。

在同一组织内部，由于不存在产权冲突，物流系统集成可以更多地依赖于行政力量。因此，同一组织内部的物流系统集成人必须具有超越单项物流功能的行政能力或话语权，它通常就是单项功能要素之上的物流管理机构或物流管理者。

必须指出的是，物流系统的集成人并不等同于物流管理者。因为物流管理者只是对物流活动过程进行计划、组织、指挥、协调和控制的组织或个人，它们管理的对象既可能是整个物流系统，也可能是单项功能要素，还有可能是单项要素中的某个特定环节。物流管理者既可能运用系统的思想和方法，也可能完全没有系统意识。而物流系统的集成人首先必须具备系统观念，同时还需具备系统集成的能力和水平。因此，物流系统集成人一定是物流管理的参与者，但并非所有的物流管理者都是物流系统的集成人。

（二）物流系统集成的范围

物流系统的冲突主要存在于物流系统要素之间、物流系统要素内部和物流系统与外部环境之间。由于企业边界的存在，物流系统的外部环境又可以分为企业内环境和企业外环境。一般来说，企业内环境主要指本企业的采购系统、供应系统、生产系统、销售系统等；而企业外环境则主要是指供应链中的上下游企业。对于物流系统的集成人来说，企业内环境与企业外环境显然存在巨大差异，物流系统集成的方法、手段和难易程度也大相径庭。所以，物流系统集成的对象应该在四个不同的范围进行选择，即：物流系统要素内部、物流系统要素之间、本企业的物流系统与其他系统之间、供应链上下游企业之间。

1. 物流系统要素内部

按照《物流术语》（GB/T18354—2006）的规定，物流的基本功能要素至少包括运输、储存、包装、装卸搬运、流通加工、物流信息和配送等多个方面，物流系统一般都由这些要素所组成。但根据系统的层次性可知，物流系统的这些功能要素可以看作是物流系统的子系统，也可以对其进行分析、评价和集成。比如在运输子系统内，将不同的运输区段进行集成可以形成联运，将不同运输区段的不同运输方式进行集成可以形成多式联运；在储存子系统内，将同级仓库进行集成可以形成联合仓库，将供应链上下游的仓库进行集成有利于抑制牛鞭效应等。当然，以上集成实例的很多都已超越了单个企业的范围，如果将这些思路运用于单个企业之内，可能更符合此处的分类体系。比如单个企业内运输系统各环节的集成、储存系统各作业过程的集成等。

2. 物流系统要素之间

物流系统要素之间的集成是区分物流概念与各要素概念的最基本要求。单一的运输不是物流，单一的储存不是物流，任何单一的功能要素都不是物流，这一点已经基本形成共识。那么两个或两个以上的功能要素相加是否就一定是物流呢？比如运输与储存相加构成的储运是否就属于物流的范畴？对于这些疑问，本书的答案是否定的。因为从系统的观念出发，集成绝不等于简单的相加。如果说简单的加法是"1+1=2"，那么集成一定要产生"1+1>2"的效果。所以现有的储运公司乃至加工储运公司，如果只是采用简单的直线管理，没有专司整体协调或全面控制的职能部门，则仍然难以称为物流。

当然，既然属于同一家公司，各功能要素之间完全没有联系似乎也不太可能，所以实践中对于集成是否成功的判断标准更多地应从客户的角度进行评判。一般来说，为客户提供了量体裁衣的个性化服务，简化了与客户之间的交易过程，增加了客户的服务价值，使客户确实是感受到了"1+1>2"的效果，才算真正实现了物流系统要素之间的集成，这样的服务才称得上是物流服务。现实中的很多配送企业、综合物流服务提供商都是物流系统要素集成的成功实践者。

3. 本企业的物流系统与其他系统之间

本企业的物流系统与其他系统之间的集成主要存在于两类企业：一类是以制造为核心业务的企业，一类是以流通为核心业务的企业。显然，这里的物流系统都必须严格服从于企业的核心业务。

在以制造为核心业务的企业内，如果物流与核心业务之间缺乏协调，就容易导致物流与核心业务之间相互脱节、相互牵制。为了解决这一矛盾，人们开发了物料需求计划（MRP），其基本思想是：根据企业生产计划决定所需原材料和零部件的具体数量和时间，它可以间接地帮助物流系统获取运输、储存或装卸搬运等物流作业的时间、地点及作业量信息。此后，随着集成范围在企业内的不断拓展，人们在物料需求计划的基础上又开发了制造资源计划（MRPⅡ）、企业资源计划（ERP）等。

在以流通为核心业务的企业内，物流系统同样处于被动和从属的地位，经常被集成到企业的采购或销售系统中。与制造企业一样，流通企业也会根据各销售终端的需求情况，汇总之后向供应商发出订单，这样的业务过程也对物流系统具有很强的依赖性。所以，为了保证核心业务的顺利展开，这类企业也常常通过业务流程再造或集成软件开发的方式，将本企业的物流系统集成到流通系统之中。

4. 供应链上下游企业之间

买方市场的形成和供应链管理思想的出现，使市场竞争的主体和方式都出现了质的变化。市场竞争的主体已由单个企业转变成了供应链，市场竞争的方式已不仅仅局限于质量、价格等传统因素，包括物流在内的服务已经成为市场竞争的重要手段。

为了保障客户价值的最大化，供应商、生产商、销售商以及第三方物流企业共同构成一个服务网络，支撑这个服务网络的有形实体就是连接整个供应链的物流系统。为了对这个庞大的物流系统进行集成，物流系统的集成人必须跨越企业边界，以客户需求为导向，根据市场原则决定何时何地采购、何时何地生产、何时何地配送。为此，物流系统的集成人必须对供应商、生产商和销售商的物流系统进行集成，并将集成之后的物流系统与供应链中的商流、信息流和资金流进行统一协调，实行一体化管理。在全球经济一体化和商流、信息流、资金流电子化的今天，谁拥有和控制高效的物流系统，谁就会成为供应链的主导。电子商务企业的成功实践和不断壮大就是最有力的明证。

（三）物流系统集成的层次

现实中的物流系统横跨不同的地域或企业，并不像工程技术领域的电气系统、机械系统那般触手可及、清晰可见。要对散落在不同角落的运输、储存、装卸搬运、流通加工等物流功能要素实施集成，显然不是一项简单的工作，也绝非个人力量所能完成。物流系统集成需要全体企业员工的积极配合和共同参与，为此必须对企业原有组织结构进行调整，甚至对原有供应链战略进行重构。在对物流系统实施集成的过程中，成功的标准大致可以分为三个层次，也就是说物流系统集成可以在三个不同的层次进行展开。

物流系统集成的最低层次是：某个人愿意且有能力整合物流的核心要素，并能真正掌控物流活动的节奏。这里所说的"节奏"，是指物流系统中的流体、载体、流向、流量、流程、流速均存在一定的规律，而不是杂乱无章、随心所欲。完成物流系统集成的这个人既可以是普通的物流管理者，也可以是企业的管理高层。这里所说的企业既可能是供应链中的核心企业，也可能是第三方或第四方物流服务提供商。这里所说的物流系统可以小到仅为某个工位提供零部件，也可以大到为整个供应链提供一体化的物流服务。需要指出的是，在物流系统集成过程中，集成人是否拥有物流设施设备等硬件条件并不重要，重要的是这个人是否具备对物流系统进行控制的条件、能力和水平。

物流系统集成的中级层次是：物流系统的核心要素甚至部分外围活动都被整合在一个实体组织之内，这些实体组织可以是大型企业的物流事业部，也可以是独立的物流公司。

由于该实体组织既拥有强大的物流硬件和软件条件，又拥有熟练的物流操作和管理人才，所以物流经理对物流活动过程的控制更容易展开，物流系统集成的效果也更加明显。

物流系统集成的高级层次是：某个组织有能力利用自己的或社会的物流资源，借助现代通讯信息技术，根据市场的需要随时构建特定功能的物流系统并对其实施有效控制。比如著名的国际物流服务提供商马士基物流，可以根据客户的特定需求，利用强大的物流网络资源，立即着手在全球范围内设计物流方案，选择物流资源，构建物流系统，并借助现代通讯信息技术，严格按照客户的要求控制物流过程，保障客户的服务价值。

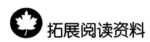 拓展阅读资料

日本"六不改善法"的物流原则

（1）不让等：就是要求通过合理的安排使作业人员和作业机械的闲置时间为零，实现连续的工作，发挥最大的效用。

（2）不让碰：就是通过机械化、自动化设备的利用，使作业人员在进行各项物流作业时，不直接接触商品，减轻人员的劳动强度。

（3）不让动：就是通过优化仓库内的物品摆放位置和自动化工具的应用，减少物品和作业人员移动的距离和次数。

（4）不让想：通过对于作业的分解和分析，实现作业的简单化、专业化和标准化，从而使得作业过程更为简化，减少作业人员的思考时间，提高作业效率。

（5）不让找：通过详细的规划，把作业现场的工具和物品摆放在最明显的地方，使作业人员在需要利用设备的时候，不用再去寻找。

（6）不让写：就是通过信息技术以及条形码技术的广泛应用，真正实现无纸化办公，降低物流作业的成本，提高物流作业的效率。

资料来源：汝宜红. 现代物流[M]. 北京：清华大学出版社，2005.

本章关键词

系统、物流系统、要素、结构、冲突、物流系统分析、物流系统集成

复习思考题

1. 简要说明系统及其基本性质。

2. 物流系统由哪些部分组成？物流系统的特点有哪些？

3. 举例说明物流系统中流动要素的内容及其特点。
4. 物流系统的结构包含哪些内容?
5. 结合实际说明物流系统要素之间的目标是如何发生冲突的。
6. 举例说明物流系统要素之间在产权和运作上存在的冲突。
7. 为什么说要素协同是物流系统形成的关键?
8. 物流系统分析的原则、内容和步骤各是什么?
9. 物流系统集成的主体、范围和层次各有哪些?

第十二章　物流管理

物流管理就是在分析系统冲突的基础上，以系统协同为目标、以系统集成为手段的一种系统优化活动。研究物流系统就是为了用系统的观点和方法对物流实施管理。我国国家标准《物流术语》（GB/T18354—2006）对物流管理的定义是：为达到既定的目标，对物流的全过程进行计划、组织、协调与控制。如果将物流看作一个活动过程，则物流管理就是针对这一活动过程实施的管理活动。显然，物流并不等于物流管理。令人遗憾的是，将物流与物流管理混为一谈的现象不仅存在于我国的物流实践中，甚至在物流理论界也比比皆是。

第一节　物流管理概述

一、物流管理发展的历史

第二次世界大战期间，美国对其军用物资实施系统化管理，并将这些管理思想逐渐推广到工商领域，初步形成了物流管理的理论体系。20 世纪 60 年代后，物流管理得到了进一步发展，美国著名管理学家彼得·德鲁克将物流管理称作是"降低成本的最后边界"。1965 年以后，日本在提高物流技术的同时，大力推行物流管理工作的综合化和系统化，使其物流管理很快达到世界领先水平。纵观发达国家物流管理发展的历史，大致经历了以下五个阶段。

（一）物流功能个别管理阶段

在这个阶段，真正意义上的物流管理意识还没有出现，降低成本不是以降低物流总成本为目标，而是分别停留在降低运输成本或保管成本等个别环节上。降低运输成本的方式主要是要求降低运价或者寻找价格更低的运输服务商。物流在企业中的位置、企业对物流的认知程度都很低。

（二）物流功能系统化管理阶段

物流功能系统化管理阶段的主要特征是：通过设立专门的物流管理部门，使其管理的对象不再局限于单个功能的现场作业活动，而是站在企业全局的高度，对所有的物流功能进行整合。人们不再只追求运输或保管等个别功能的最优，而是在充分考虑这些功能要素之间的联系的基础上，寻找最佳的功能组合。在物流功能的系统化管理阶段，各种综合性的物流合理化对策开始出现并付诸实施。

（三）物流管理领域扩大化阶段

进入物流管理领域扩大化阶段后，物流管理部门不仅要像物流功能的系统化管理阶段那样，对所有的物流功能要素实施整合和集成，而且还可以以物流合理化为目标向生产或销售部门提出自己的建议。如可以对生产部门建议：从产品的设计阶段就考虑物流效率、产品的包装要实行标准化、生产计划要具备柔性等。当然，物流管理部门对生产或销售部门提出的建议在具体实施上可能会有一定难度，特别是在销售竞争非常激烈的情况下，如果物流服务仅仅被当作一种竞争手段时，以物流合理化为目标来要求销售部门往往是不现实的。因为这个时候企业需要考虑的问题首先是销售，物流合理化或物流成本的节约已经处于其次了。

（四）企业内物流一体化管理阶段

企业内物流一体化管理是指根据商品的市场销售动向决定商品的生产和采购，从而保证生产、采购和销售的一致性。企业内物流一体化管理受到关注的背景来自于市场的不透明性。为了消除市场预测的误差所带来的损失，企业需要正确地把握每种商品的市场销售动向，尽可能根据销售动向来安排生产和采购，改变过去那种按预测进行生产和采购的方法。企业内物流一体化管理正是建立在这样一种思考之上的物流管理方式。

（五）供应链管理阶段

企业内物流一体化管理的范围局限在单个企业内部，管理者根据商品的市场销售动向来决定生产和采购，从而保证生产、采购和销售的一致性。但是在这一阶段，生产企业只能根据批发商的订货变化来掌握市场的动向，而对批发环节之后的零售和消费动向仍然一无所知。供应链管理就是一个对交易关联企业进行整合的管理系统，它将供应链上的供应商、制造商、批发商、零售商和顾客等所有关联企业或消费者都当作一个整体来看待。此阶段的物流管理可以在更大的范围内实现无缝连接，是物流管理水平更为高级的阶段。

二、物流管理的内容

按物流活动诸要素进行分类，物流管理可分为运输管理、储存管理，装卸搬运管理、包装管理、流通加工管理、配送管理和物流信息管理等；根据物流系统诸要素的组成，物流管理又可分为人的管理、物的管理、财的管理、设备管理、方法管理和信息管理等；按物流活动的职能划分，物流管理包括物流计划管理、物流质量管理、物流技术管理和物流经济管理等；如果按照管理职能进行的顺序划分，物流管理可分为三个阶段，即计划阶段、实施阶段和评价阶段。

（一）物流计划阶段的管理

计划是用文字或指标等形式表述的组织及组织内不同部门或不同成员，在未来一定时期内，关于行动方向、内容和方式安排的管理文件，也指为了实现决策所确定的目标，预先进行的行动安排。物流计划就是为了实现物流活动的预期目标所做的准备性工作。

首先，物流计划要确定物流活动所要达到的目标，以及为实现这个目标所进行的各项工作的先后次序。

其次，物流计划要分析研究在物流目标实现的过程中可能发生的各种外部影响，尤其是不利因素的影响，并确定相应的对策。

最后，物流规划要从人力、物力和财力等方面入手，制定实现物流目标的具体措施。

（二）物流实施阶段的管理

物流实施阶段的管理就是对正在进行的各项物流活动进行管理。它在物流各阶段的管理中具有最突出的地位。因为在这个阶段中各项计划将通过具体的执行而受到检验。同时，它也把物流管理与物流的各项具体活动进行了紧密的结合。

1. 对物流活动的组织和指挥

物流的组织是指在物流活动中把各个相互关联的环节合理地结合起来，而形成的一个有机整体。物流组织的目标就是充分发挥物流系统中的每个部门和每个员工的作用。物流的指挥是指在物流活动中对各个物流环节、部门、机构进行统一调度的行为过程。

2. 对物流活动的监督和检查

通过监督和检查可以了解物流的实施情况，揭露物流活动中存在的矛盾，找出物流活动中存在的问题，并分析这些问题发生的原因，提出解决这些问题的方法。

3. 对物流活动的调节

在执行物流计划的过程中，总会出现物流各部门、各环节不平衡的情况。遇到这种问题时，就需要根据物流系统管理的要求，对物流各部门、各个坏节的行为作出相应的调整和平衡，并以物流目标为依据对物流资源进行重新配置。这就是对物流活动的调节。

（三）物流评价阶段的管理

人们将物流实施后的结果与原计划的物流目标进行对照和分析的过程就是物流的评价。通过对物流活动的全面剖析，人们可以重新认识物流计划的科学性和合理性，通过对物流实施阶段的成果与不足进行分析，可以为今后制定新的计划、组织新的物流活动提供宝贵的经验和教训。

按照评价范围的不同，物流评价可分为专门性评价和综合性评价。按照物流各部门之间的关系不同，物流评价又可分为纵向评价和横向评价两种。

应当指出的是，无论采取什么样的评价方法，其评价手段都要借助于具体的评价指标。这些指标通常又可以分为实物指标和综合指标等类型。

三、物流管理的原则

（一）物流管理的总原则——物流合理化

物流管理的具体原则很多，其中最根本的指导原则就是保证物流合理化的实现。所谓物流合理化，就是对物流设备配置和物流活动组织进行调整改进，以实现物流系统整体优化的过程。物流合理化的具体表现就是在物流成本与服务之间寻求合理的平衡，即以尽可能低的物流成本，提供可以令客户满意的物流服务，或者以客户能够接受的物流成本提供尽可能好的物流服务。

（二）物流合理化的基本思想

物流活动各种成本之间经常存在着此消彼长的关系，物流合理化的一个基本思想就是"均衡"，从物流总成本的角度来权衡得失。不求极限，但求均衡，均衡造就合理。也就是说，要素协同是物流系统形成的关键。

（三）物流合理化所面临的新挑战

近年来，各种先进信息技术的出现，极大地推动了物流产业的进步。我们不能再以传统的观念来认识信息时代的物流，物流也不再是物流功能的简单组合，而是多个功能要素组成的有机系统。如何强化物流结点的作用，提高物流系统的管理效率已经成为整个物流产业面临的新挑战。

四、物流管理的目标

（一）快速反应

快速反应是指物流企业对客户的服务需求迅速做出回应的过程。信息技术的进步为物流企业提高反应速度、压缩服务时间提供了技术支持。目前，物流企业提高自身快速反应能力的工作重点已不再是如何提高预测的准确性，通过准确的预测与适度的准备来迅速满足客户，而是要通过建立合理的运作模式和反应机制来迅速回应客户需求。

（二）最小变异

变异是指破坏物流系统表现的任何想象不到的事件，它可能产生于任何一个物流作业领域。在充分发挥信息作用的前提下，采用积极的控制手段可以把物流活动过程中的各种变异减少到最低限度。同时，这些手段也可以提高物流作业本身的生产效率。

（三）最低库存

保持最低库存的目标就是把库存减少到与顾客服务需求相一致的最低水平，以实现最低的物流总成本。"零库存"是企业物流追求的最理想目标，物流系统必须把企业的库存周转速度和资金占用状况当作重点来进行控制和管理。

（四）最高质量

物流管理的目标就是要持续不断地提高物流系统的服务质量。全面质量管理要求企业无论是对产品质量，还是对物流服务质量，都要尽量做得更好。随着物流全球化、信息技术化、物流自动化水平的不断提高，物流管理所面临的常常是"零缺陷"质量要求。

第二节　物流管理组织

为了提高群体工作的有效性而设计和维持的一种职务结构，就是管理组织。物流管理组织是对物流活动进行管理的组织机构设置、管理权限划分和管理权限界定的总称，它有时也简称为物流组织。

一、物流管理组织的分类

（一）按物流管理组织所处的领域分类

1. 生产领域的物流管理组织

各生产企业的物流管理机构即是生产领域的物流管理组织。它的主要职责是组织生产所需的各种生产资料的进货物流、产品的出厂物流以及生产工序间的物流等。

2. 流通领域的物流管理组织

流通领域的物流管理组织是指那些专门从事物品空间位移的组织机构，因此也可称之为专业性的物流管理组织。专业性物流管理组织的特点是：组织内各项机构的设置，完全是以实现物流各项活动为目的的。

（二）按物流管理组织的职能分类

1. 物流管理的行政机构

物流管理的行政机构是指那些负责制定物流管理的制度和办法，对物流的计划进行管理以及编制物流计划并组织实施的组织。

2. 物流管理的业务机构

物流管理的业务机构是指那些负责执行物流计划，具体进行各项物流活动的组织，如运输管理组织、仓储管理组织等。

（三）按物流管理组织的层次与职权分类

1. 中央物流管理组织

中央物流管理组织是指中央政府直接掌控的物流管理组织。它享有物流管理的最高权限，负责制定全国性的物流政策、下达全国性的物流计划、指导国民经济物流任务的完成。

2. 地方物流管理组织

地方物流管理组织是指各省、自治区、直辖市以及各区、县等地方政府的物流管理组织。这类物流管理组织的管理权限主要局限在地方政府的职权范围内，只需负责其管辖范围内的物流组织活动，有权制定地方性的物流政策和法规。同时，地方物流管理组织还必须执行中央物流管理组织下达的物流任务，有权向中央提出物流合理化的建议。

3. 企业物流管理组织

企业物流管理组织是指企业内部专门从事物流管理工作的组织机构。对于一般的工商企业，物流管理组织只是其整个企业管理组织的一部分，通常称为运输部、仓储部、储运部或物流部等。一般工商企业内的物流管理组织，通常也简称为企业物流管理组织。但对于专业的物流企业而言，其整个企业的管理组织都是物流管理组织，企业部门或机构的设置完全都是以物流效率的提高为出发点的。

二、企业物流管理组织

（一）企业物流管理组织的影响因素

1. 企业所属类型

不同类型的企业，物流管理的侧重点会有所不同，物流管理组织的结构也会各有特点。例如，原材料生产型企业，是其他企业的原材料供应者，其产品种类一般较少，但产品销售过程中通常都要进行大批量的装卸和运输作业。因此，一般都要成立专门的物流管理部门与之相适应。

2. 企业的战略

企业的管理组织是帮助企业管理者实现管理目标的手段。因为企业的管理目标产生于组织的总体战略，因此企业组织的设计应该与其总体战略相适应，企业的管理组织结构应当服从于企业的总体战略。如果一个企业的战略发生了重大调整，毫无疑问，该管理组织的结构也就需要做相应的调整以适应和支持新的战略。

3. 企业的规模

企业规模的大小对企业的管理组织结构具有明显的影响作用。例如，对于规模较大的企业，目前流行的一种新型组织结构形式，就是将侧重点放在满足顾客需要或适应工作过程方面，采用跨职能的项目小组取代僵化的职能部门，可以有效提高企业的管理效率。

4. 企业的技术水平

以利润最大化为目标的企业，特别是生产制造型企业，大都需要采用一定的技术，将投入转换为产出。显然，企业在进行组织结构设计时不应忽视技术对于组织结构的影响。一般情况下，越是常规的技术，所对应的管理组织结构就越应该规范化和标准化；而越是非常规的技术，所对应的管理组织结构就越应该富有弹性。

5. 企业所处的环境

企业所处的环境是管理组织结构设计的一个重要影响因素。一般来说，企业所处的环境越稳定，则所采用的组织结构就越应该规范化和标准化；而如果企业所处的环境不确定因素较多，则应该采用弹性灵活的组织结构形式。由于当今企业面临的竞争压力越来越大，企业所处环境的不确定因素越来越多。所以，企业的物流组织应该有利于企业对环境的变化迅速做出反应，充分体现物流活动的"柔性"。

总之，企业物流管理组织的设计一定要从企业的实际出发，综合考虑企业的规模、产权制度、生产经营特点、企业组织形态以及实际管理水平等多项因素。物流管理组织的调整，要适应企业经营方式变革和企业内部管理向集约化转换的需要。

（二）企业物流管理组织的职能范围

一般来说，企业物流管理的职能就是从全局出发对整个企业的物流活动进行管理，其主要任务是对分散在各个部门的物流业务进行统一协调。所以，物流管理组织的职能范围，可以概括为物流业务与系统协调两大部分。

物流业务职能主要包括物流活动计划的制定，以及计划的调整、实施、反馈和评价等内容。物流管理部门在这方面的主要作用在于：评价物流系统现状、发现问题、研究改进办法，对能够改变物流现状的物流系统本身进行改造，并制定新的物流计划，确定控制标准，以保证物流活动的平稳有序进行。

物流管理部门一般还要额外承担系统协调的"非正式职能"。这主要是因为企业的物流管理与其他管理职能紧密相关，其他管理职能对物流管理的效率具有直接的影响。

（三）企业物流管理组织的发展趋势

随着企业所处竞争环境的不断变化，企业对自身的组织成本也越来越关注。为了在迅速达到企业目标的同时，使其组织成本尽量降低，企业物流组织的建设出现了一些新的发展趋势。

1. 压缩物流管理组织

随着企业规模的不断扩大，物流管理组织的效率也会不断降低。为了提高物流管理组织的效率，管理者常通过缩小组织规模，使组织实行扁平化、网络化和集中化，对部门的业务范围、权力和责任进行重组等手段，改革和再造企业的物流管理组织。

2. 设立企业物流总部

20 世纪 90 年代以来，企业物流组织的一个重要变化是，改变原来单纯以事业部为中心的组织体系，打破事业部的界限，实行某些职能管理活动的统一化和集中性管理。现代物流管理不仅在横向上集中了各事业部的物流管理职能，还在纵向上统括了采购、生产、销售等环节的物流活动。在企业组织系统内出现的这种全企业层次的物流组织被人们称为物流总部。

需要指出的是，设立物流总部的目的并不是要将全部的物流现场作业集中到总公司进行管理。即便是设立了物流总部的企业，其物流现场作业仍然由各事业部独自完成，物流总部的作用主要是从全局的角度来制定物流战略，并根据企业物流战略的需要，采用系统化的方法对各个部门的物流职能进行指挥和协调。

3. 成立单独的物流分公司

根据物流管理组织发展的最新动向，目前不仅有大量企业成立了企业物流总部，甚至还有不少企业将其物流业务从其他相关部门中独立出来，成立单独的物流分公司。物流分公司的建立主要有两种方法：一是将属于本企业的物流职能从各相关部门中独立出来，全面负责企业的所有物流活动；二是与其他物流公司合作，共同出资成立物流分公司。

与企业内的物流管理组织相比，物流分公司具有如下几个方面的优点：首先，物流分公司可以使物流成本明确化；其次，物流分公司有利于促进物流水平的提高；最后，物流分公司还有利于扩大物流活动的业务范围。

4. 建立物流任务小组

传统的物流组织多是以功能为基础进行分工的。在功能型组织结构下，不同功能要素的集成效果往往取决于上级领导的权力与能力，具有很大的不确定性，也很难满足客户对物流服务的个性化要求。任务小组就是针对客户的个性化要求，为了完成某个特定的任务，实现某个明确的目标而成立的临时性团队。它可以使企业在保持相对稳定功能结构的同时，获得一种基于任务的灵活性。

三、物流企业的组织形态

物流企业是专门从事物流业务的经济组织，它的管理组织也属于物流管理组织的范畴。但与一般的工商企业有所不同，物流企业的核心业务就是物流，所以它的组织形态又有自身的一些特点。物流企业的组织形态主要包括物流企业的组织结构、物流企业的组织机构和物流企业的组织手段等内容。

（一）物流企业的组织结构

物流企业的组织结构是指企业及其分支机构所形成的网络结构，它的建立和形成是社会分工和生产发展的必然结果。科学合理的组织结构，对于物流企业内各职能部门明确职责、强化管理、提高效率都具有十分重要的意义。它可以把物流过程中各经营环节之间以及各个员工之间的分工协作关系，通过划分职权和建立相互关系的形式确定下来，使分工协作取得一种固定的组织形式，以保证分工协作关系的稳定性和连续性，使物流企业的活动有节奏地进行。

科学合理的物流企业组织结构具有许多全新的特点。首先，它是符合物流业务发展需要和物流企业经营特点的；其次，各部门职权与责任的划分以及相互协作是以现代企业分工为基础的；再次，管理是分层次进行的，各管理部门既要在统一协调中实施管理职能，又要拥有一定的自主权以实行自动调节；最后，物流企业的组织要具有一定的弹性，会随着市场环境的变化而调整。也就是说，它既要具有一定的稳定性，又必须与经营条件的变化相适应，保持一定的灵活性。

物流企业的组织结构可以有多种形式，大致分为以下几种类型。

（1）独立存在，没有其他分支机构，辅之以代理商。一般在物流企业规模不大、物流业务活动较少的情况下多采用这种方式。

（2）企业在总部之外设立有办事机构，例如事务所、代表处、办事处等。这是在物流企业规模逐步扩大，物流业务量不断增加，物流活动范围较大的情况下所采取的一种方式。

（3）企业在总部之外设立有分公司。在大型物流企业业务量大，经营活动范围广，尤其是跨地区经营的情况下，一般都采用这种方式。

由此可见，企业的组织结构既包括企业网络又包括业务网络，组织关系可能是法律关系或资本关系，也可能是业务关系或商业关系。

（二）物流企业的组织机构

物流企业的组织机构是指物流企业总部的组织机构、分支机构的组织机构以及彼此之间相互关系的总和。企业的组织结构与组织机构密切相关，组织机构是在组织结构的基础上形成和建立起来的，是企业组织结构的具体化。

建立企业组织机构的目标，就是要把企业内的每个岗位或每个员工在物流活动过程中应尽的职责和应承担的任务组合起来，形成一个有机体系，以便协调它们的活动，为实现企业的经营目标而共同工作。因而，物流企业组织机构实质上就是为了完成物流管理任务、实现企业经营目标而采用的一种管理举措。决定物流企业组织机构形式的因素是多方面的，其中最主要的因素有以下几项。

（1）物流企业经营的业务类型。因为不同的物流业务类型对管理的要求会有所不同，因而企业组织机构的形式也会有所不同。

（2）物流企业的规模大小。一般来说，物流企业的规模越大，部门划分就越细，管理层次也就越多，对应的组织机构形式也就越复杂。

（3）物流企业的外部环境状况。当市场的需求变化较快时，物流企业的组织机构就应该能够根据市场环境的变化适时做出调整，以便适应市场的变化，所以此时的物流企业组织机构就需要具有一定的弹性。

（4）物流企业的技术装备水平。一般地说，企业技术装备的现代化程度越高，其组织机构的现代化和合理化程度也就越高，相应地，物流企业的工作效率和经济效益也会随之提高。

根据《中华人民共和国公司法》和现代企业制度的要求，物流企业无论采取何种形式的组织机构，都应当并且必须建立合理的企业法人治理结构。这种企业法人治理结构又应当充分体现企业各部门之间相互促进、协调配合、密切协作、相互制衡的管理特性。对实行公司制的物流企业，不论是有限责任公司还是股份有限公司，都应当有完善的股东会或股东大会、董事会、监事会制度，并在此基础上进一步建立科学合理的物流企业组织机构，设置必要的物流职能部门和工作岗位。

与大多数企业类型一样，物流企业的组织机构通常采用三种基本形式。一是直线式，或称垂直结构。这种组织机构形式在规模较小的企业中比较适用，其主要优点是：责任明确、沟通迅速、解决问题及时；缺点是：事无巨细都必须领导亲自组织。二是职能制，或称块状结构。这种形式按管理职能设置部门，各部门职责明确，各种职能都有专人负责，能够充分发挥职能管理人员的作用。三是直线职能制，是直线制与职能制相结合的一种形式，是一种比较完善的企业组织机构形式，因而被大多数企业所采用。

在深化企业改革与对外开放的过程中，在学习和借鉴国外企业组织机构设置经验的同时，不少企业也采用了矩阵式、事业部制、模拟分权式等多种组织机构形式。企业在借鉴采用这些形式的同时，往往还结合我国的具体实际进行了必要的改造和重新设计，使其更加符合中国的国情，更加完善合理。

第三节　物流成本管理

成本管理是一个永恒的话题。每个企业都希望在提供良好的产品或顾客服务的同时，尽可能节省企业的物流成本。事实上，有关物流定位的"黑暗大陆"说和"第三利润源"说都是针对物流成本管理中的巨大漏洞而提出的。人们对物流的重视，也正是发端于对物流成本的重视。对于物流成本管理的乱象，西泽修教授提出了著名的"物流冰山"说。在深入学习物流成本管理知识之前，有必要首先了解"物流冰山"说。

一、"物流冰山"说

"物流冰山"是对物流成本的一种形象比喻，其含义是说，人们对物流成本的总体内容并没有完全掌握。在大多数情况下，人们所看到的物流成本只是其露出海面的冰山一角，潜藏在海面下的冰山主体却往往被人们所忽视。

事实上，潜藏在水面下的部分才是冰山的真正主体，物流成本的绝大多数都隐藏于其他有关的各种费用项目之中。一般情况下，企业会计只会把支付给外部运输公司或仓储公司的费用算作物流成本，而不会将物流基础设施建设费、企业自有车辆运输费、企业自有仓库保管费、企业自有人工的装卸搬运费计入物流成本。"物流冰山"说之所以成立，主要有三个方面的原因。

（一）物流成本所涉及的领域广

物流活动至少包括：原材料物流、企业内物流、从企业到仓库或配送中心的物流、从配送中心到零售商店的物流等。物流活动的范围如此之大，物流成本所涉及的单位肯定非常多，牵涉面也肯定会特别广。所以，在核算物流成本时很容易漏掉其中的某个部分。目前，国内外并没有物流成本计量的会计规范。实践中，人们对物流成本项目的取舍具有很强的主观性，不同的人计算的同一项物流成本往往大相径庭。

（二）物流成本所涉及的环节多

在运输、储存、包装、装卸搬运、流通加工以及信息等各物流环节中，会计人员往往难以确定到底以哪些环节作为物流成本的计算对象。如果只计算运输和储存费用而不计算其他环节的费用，则物流成本的数额较小。但如果将运输、储存、装卸搬运、包装、流通加工、配送以及信息等全部环节的费用都计入物流成本，则物流成本的数额就会变得相当大。

（三）物流成本所涉及的科目杂

向企业外部支付的运输费、储存费、装卸搬运费等费用列入物流成本很容易被人们所接受。可是本企业内部发生的与物流有关的费用，如与物流相关的人工费、基础设施建设费、设备购置费，以及与此有关的折旧费、维修费、电费、燃料费等是否也列入物流成本，却是一件十分为难的事。而这些做法都会直接影响到物流成本的大小，考虑不同科目计算出来的物流成本也会相距甚远。

总之，现行的财务会计制度和会计核算方法都不可能掌握物流成本的实际情况，人们目前所认识的物流成本大多只是以上成本类别中的显性部分，而没有包括其中的隐性内容。物流成本犹如大海中的一座冰山，露出水面的仅是冰山一角。人们没有看到"物流总成本"构成的冰山全貌，所以物流成本管理没有受到应有的重视。

二、物流成本的构成

针对"物流冰山"这一成本管理乱象，我国国家标准《物流术语》（GB/T18354—2006）对物流成本进行了比较宽泛的定义：物流成本是指物流活动中所消耗的物化劳动和活劳动的货币表现，是物品在包装、装卸搬运、运输、储存、流通加工、物流信息等环节的实物运动过程中，所支出的人力、财力和物力的总和。为了更好地掌握物流成本，加强对物流成本的管理和控制，将其按特定的标准进行分类是非常必要的。企业的物流成本一般有两种分类方法。

（一）按成本支出形式分类

按成本支出形式分类，分为直接物流成本和间接物流成本。直接物流成本由企业直接支付，间接物流成本是企业把物流活动委托他人而支付给他人的物流成本。这两个大项又可以更详细地分为材料费、人工费、差旅费、维护费用等。这种分类方法与财务统计方法相一致，优点是便于检查物流成本在各项日常支出中的数额和所占的比例，最适合用于企业物流成本管理。

（二）按物流活动的基本构成分类

按物流活动的基本构成分类，分为物流各个环节的成本，具体包括运输成本、包装成本、装卸成本、保管成本和加工成本等。

即便按照以上比较宽泛的概念和分类，仍然无法包含物流成本的全部内容。因为物流成本属于管理成本的范畴，应该包含各类"相关成本"，即因物流活动或物流决策而产生的共同成本、风险成本和机会成本等。但是，现实中发生的没有明确对象归属的共同成本，必须通过特定的方法在各对象之间进行分摊之后才能计入物流成本，分摊的工作量和分摊方法的主观性往往会使分摊工作本身的价值大打折扣，使得人们不得不放弃这种分摊转而采用更简化的物流成本核算方案。至于风险成本和机会成本，由于它们都不是企业的真实货币支出，且更加难以测算和计量，所以也更少进入物流成本的研究视野。

事实上，正如"物流冰山"说所言，各类隐形成本往往会对企业的利润产生重大影响，比如库存资金的收益损失、缺货所导致的机会成本、产品的过时风险等都是蚕食企业利润的重要黑洞。考虑到物流成本包含没有实际支出的风险成本和机会成本，在未来的财务会计中也不可能设立专门的物流成本账户和规定统一的核算方法。因此，在企业物流实践中，管理人员应该充分结合本企业的物流实际和企业关注的不同侧面，采用不同的物流成本分类方法，只要有利于加强物流成本核算，方便物流成本控制即可。

三、物流成本管理的基本内容

物流成本管理的基本内容一般由三个层次构成，它们分别是：

（一）物流成本核算

物流成本核算的主要工作内容包括以下几方面。

（1）明确物流成本的构成内容。物流成本的各项目之间存在此消彼长的关系，某一项目成本的下降往往会带来其他项目成本的上升。因此，在满足一定服务标准的前提下，不明确物流总成本的全部构成，仅仅对其中的某一部分或某几部分进行调整和优化，未必会带来全部物流成本的最优化。所以明确物流成本的构成，将全部物流成本从原有的会计资料中分离出来是十分必要的。在此基础上，才能进行有效的物流成本核算、物流成本管理和物流成本的比较分析。

（2）对物流总成本按一定标准进行分配与归集核算。物流总成本可以按照不同的标准进行归集。较常用的方式有：根据不同的产品、不同的客户或不同的地区等成本核算对象来进行归集；根据装卸费用、包装费用、运输费用、信息费用等物流功能来进行归集；按照材料费、人工费等费用支付形式来进行归集。这些归集方法与目前的财务会计核算口径是一致的。现在，越来越多的企业在推行作业成本（Activity-Based Costing，ABC）法，这也是一种进行物流成本归集核算的有效方法。

（3）明确物流成本核算的目的。在进行企业物流成本核算时，要明确物流成本核算的目的，使得整个核算过程不仅仅停留在会计核算层面上，而且能够充分运用这些成本信息，开展多种形式的物流成本管理，对企业的用途和意义更大。

（二）物流成本管理

物流成本管理是指在物流成本核算的基础上，采用各种成本管理与管理会计方法，来进行物流成本的管理与控制。结合物流成本的特征，可以采用的成本管理方法主要包括：物流标准成本管理、物流成本性态及盈亏平衡分析、物流成本预算管理、物流责任中心和物流责任成本管理等。

（三）物流成本效益评估

这是指在物流成本核算的基础上，进行物流系统对企业收益贡献程度的评价，并进行物流系统经济效益的评估。在此基础上，对物流系统的变化或改革做出模拟模型，寻求最佳物流系统的设计。

四、物流成本的控制

物流成本控制是指企业在物流管理过程中依据物流成本标准，对实际发生的物流成本进行严格审核，进而不断采取措施降低物流成本，以实现预定管理目标的过程。从总体来说，物流成本的控制方法有局部控制和综合控制两大类。

（一）物流成本的局部控制

物流成本的局部控制是指在物流活动过程中，为了达到预期的成本目标，而针对其中一个或某些局部环节的支出所采取的控制措施。物流成本的局部控制一般可以分为以下三种形式。

1. 以物流成本的形成阶段作为控制对象

以制造企业为例，就是对供应物流成本、生产物流成本、销售物流成本和废弃物物流成本作为成本控制的对象，从物流成本的形成阶段寻求物流技术的改善和物流管理水平的提高，来控制和降低各个阶段的物流成本。

2. 以物流服务的不同功能作为控制对象

以物流服务的不同功能作为成本控制对象，就是从仓储、运输、包装、装卸、流通加工等各个物流作业或物流功能的角度来寻求物流管理水平的提高和物流技术的创新，控制和降低物流成本。

3. 以物流成本的不同项目作为控制对象

该方法就是以材料费、人工费、燃油费、差旅费、办公费、折旧费、利息费、委托物流费及其他成本项目为控制对象，通过控制各项费用来谋求物流总成本的降低。

（二）物流成本的综合控制

由于物流成本的各构成要素之间广泛地存在"二律背反"现象，单纯依赖局部控制很难实现总成本的最低，因而必须从系统全局的视角，用系统化的观念和方法对物流成本进行综合控制。

根据控制论的基本原理，物流成本控制应该是由物流成本的预测、决策、计划、核算、控制、分析和考核等多个环节组成的一个有机整体。物流成本的综合控制就是指为了达到预期的成本目标，而在事前、事中或事后对物流成本进行预测、计划、分析、反馈和决策的全过程。综合控制与局部控制的区别在于，它具有系统性、综合性和战略性的特点及较高的控制效率。综合控制的实质就是局部控制的集成，它可以更有效地保证企业物流总成本的最小化。

第四节　物流差异化战略

　　差异化是指企业在充分了解顾客需求和自身资源的基础上，通过个性化的产品或方案设计，为顾客提供不同于竞争对手的、具有独特性的产品或服务的过程。物流差异化可以帮助企业开发有吸引力的产品或服务，建立独特的竞争优势。物流差异化战略是物流管理工作的前导性决策和基础性内容。本节将从产品、顾客、渠道、生产和销售等五个侧面展开，深入探讨物流差异化战略，现实中的大多数企业都可以从这五个侧面寻找到适合自己的物流战略。

一、基于产品的物流差异化战略

（一）产品特性差异化物流战略

　　1. 功能型产品与创新型产品

　　根据产品特性的不同，可以将其分为功能型产品与创新型产品两大类。功能性产品是指满足基本功能需要的产品，其用途和特征随时间的改变不大，有较为稳定且可预测的市场需求，生命周期较长，不经常更新换代；同时市场竞争激烈，边际利润较低。比如大多数日常用品都属于功能型产品。

　　创新型产品则是指增加了特殊功能，或技术与外观具有创新性的产品。这类产品往往具有较高的边际利润，需求可能无法准确预测，且生命周期短，在市场上容易被竞争者模仿，从而导致边际利润下滑。比如各类时尚商品、名贵轿车等都属于创新型产品。

　　2. 效率型物流战略和市场反应型物流战略

　　物流有实物转换和市场调节两种不同的功能。实物转换功能表现为从供应方开始，沿着供应链上的各个环节，把原材料转换为在制品、半成品和成品直至送达消费者的过程。市场调节功能的表现形式不明显，其作用在于保证及时提供多样化的产品以满足顾客需求，避免缺货或库存过多。按照物流的实物转换功能和市场调节功能的不同，物流战略可以分为效率型物流战略和市场反应型物流战略。

　　3. 产品与物流战略的匹配

　　在确定了产品和物流战略的类型之后，就可利用表格为不同的产品选择不同的物流战略，如表 12-1 所示。理想的匹配组合是，功能型产品采用效率型物流战略，而创新型产品则实施市场反应型物流战略。

表 12-1　物流战略与产品的匹配

产 品 类 型	功能型产品	创新型产品
效率型物流战略	匹配	不匹配
反应型物流战略	不匹配	匹配

（二）产品生命周期差异化物流战略

绝大多数产品都要经历导入期、成长期、成熟期、衰退期等生命周期阶段。处于生命周期不同阶段的产品，具有明显区别于其他阶段的特征，对物流的要求也有所不同。因此，企业应根据产品生命周期的变化，及时调整物流战略。

1. 导入期的物流战略

处于导入期的产品，由于上市时间不长，营销渠道尚不健全，所以需求也不稳定。此时，最重要的问题是如何及时占领市场，因而保障供给成了物流战略的重中之重，成本控制反而居其次。此阶段应该采取的物流战略是：对原材料和零部件采取小批量采购的战略；减少零件的变化、提高生产系统的柔性；维持弹性库存，以满足非预期需求；较多依赖于快捷的运输方式，保证物流的灵活性。

2. 成长期的物流战略

处于成长期的产品销量迅速增长，同时新的竞争者开始进入市场，企业所面临的主要问题是如何最大限度地扩大市场份额。在这一阶段，企业应采取的物流战略是：由小批量采购原材料和零部件逐步转变成为批量采购；生产战略也应采用批量生产，以实现扩大市场份额的目的；合理确定安全库存水平，在保障产品供给的同时，维持较低水平的安全库存；较多地采用低成本运输方式。

3. 成熟期的物流战略

成熟期产品的销量增长放慢，需求变得相对稳定，但市场竞争激烈，价格成为左右顾客选择的重要因素。在此阶段，企业应该采取低成本的物流战略，具体是：采用准时化采购战略；在组织大批量生产的同时不断提高设备的利用率；通过库存持续改进和优化，不断降低库存水平；建立配送中心为顾客提供稳定的服务，或者利用第三方物流等先进的物流组织方式，降低供应链成本并为顾客增加价值。

4. 衰退期的物流战略

处于衰退期的产品销量出现萎缩，利润也随之下降。为此，企业必须对产品进行重新评估并决定是否退出市场。如果要继续经营该产品，就应该对供应商、分销商和零售商进行重新评估，终止与部分低效企业的合作，将合作伙伴的数量减少到合理的数量，在保证服务水平的前提下尽量降低供应链总成本。

二、基于顾客的物流差异化战略

（一）消费者物流战略和组织物流战略

在供应链环境下，顾客可以分为两种类型：一种是个体消费者，即产品的最终接受者，是消费产品或服务的个人或机构；另一种是处于供应链下游的企业，是上游企业的顾客，也就是通常所说的组织客户。

1. 面向个体消费者的物流战略

个体消费者数量众多、需求量小、需求弹性大，这类顾客关注的焦点是产品的价格、性能和消费的便利性。因此针对个体消费者的物流战略应是便利性的物流战略，主要内容包括：

（1）建立更多的物流网点，以提高物流服务的范围和密度，保证产品的可达性和送达效率。

（2）保持较高的库存，包括在商品的品种和数量上，以满足个体消费者的多样化需求。

2. 面向组织客户的物流战略

第二类顾客是处于供应链中间环节的、以生产和盈利为目的的企业或组织，这类顾客的特点是专业性强、购买量大、需求品种不多、需求缺乏弹性。

针对这种情况，企业通常采用协同化物流战略。协同化物流就是要对原材料和产成品由供应地向接收地流动过程中的所有参与者以及所有环节进行系统化和一体化管理。该战略所追求的目标不仅仅是物流的效率性（即通过集中作业实现物流费用的递减），而且还包括物流活动的效果性（即商品能迅速、有效地从上游企业向下游企业传递）。

（二）顾客要求与服务能力组合的物流差异化战略

不同顾客对物流服务的要求是不一样的。有的顾客需要较高水准的物流服务，而有的顾客对物流的要求较低；反过来，提供物流服务的企业也有能力大小之分。如果将顾客要求与企业的物流能力进行匹配，不同的组合就应采用不同的物流战略，如表 12-2 所示。

表 12-2　顾客要求与服务能力组合的物流差异化战略

企业＼顾客	要　求　高	要　求　低
物流能力高	一体化物流战略	规模化物流战略
物流能力低	集中化物流战略	反应型物流战略

1. 顾客要求高、企业物流能力高——一体化物流战略

一体化物流战略主要通过两个方面来表现：第一是信息的一体化，双方通过互联的信

息系统实现库存信息、需求信息的共享。第二是运作的一体化，它建立在信息一体化的基础之上，双方通过信息共享可以共同预测需求、共同开发和设计产品，同时物流企业还可以代为管理库存或提供装配、包装等流通加工服务，以配合顾客的延迟化策略。

2. 顾客要求高、企业物流能力低——集中化物流战略

所谓集中化物流战略，就是中小型物流企业充分发挥自身特长，集中在某一区域为特定行业提供一种或有限几种物流服务，通过专业优势来满足顾客高标准要求的物流战略。

3. 顾客要求低、企业物流能力高——规模化物流战略

大型物流企业可以在不增加固定资产投入的前提下，将大量的小客户订单集中起来，通过规模化运作来降低物流的运作成本。

4. 顾客要求低、企业物流能力低——反应型物流战略

中小型物流企业和规模较小的物流需求者之间存在着天然的互补优势：一方面这些物流需求者所需要的服务种类多、批量小，且需求的随机性大、支付能力有限；另一方面，大量的中小型物流企业都具有本土化优势，除了能够组织成本低廉且快速灵活的物流服务外，还能以低廉的成本获取最新的需求信息。

三、基于渠道的物流差异化战略

常见的渠道物流差异化战略有两种，即末端渠道物流战略和中间渠道物流战略。

（一）末端渠道物流战略

末端渠道物流战略主要适用于大众化或品牌知名度较高的产品，它的建设重点在于供应链末端的销售网点。末端渠道物流战略保证顾客可以随时随地获得所需商品。对于那些具备较高实用性或品牌知名度较高的产品，该物流战略能够为其市场营销提供有力的支持，同时该物流战略还有助于企业准确、及时地获取消费者信息。

可口可乐公司就是使用该物流战略的成功范例。通过多条供应链的建立，杂货店、大卖场、俱乐部商店、便利店、酒吧、餐馆、自动售货机和赛场上的小贩都成了可口可乐产品的末端渠道。

（二）中间渠道物流战略

对于品牌知名度较低或者与最终顾客缺乏联系的生产性企业，要么没有能力要么没有必要建立庞大的末端销售体系。它们大多将精力集中于销售渠道的各个中间环节，例如批发商、分销商和代理商等。中间渠道物流战略的主要策略是，通过向销售渠道提供有吸引力的产品、佣金或代理费来刺激中间销售渠道加大营销力度。

为成功实施中间渠道物流战略，企业必须保持一个高效、柔性的供应链。由于企业的主要目标就是向其渠道伙伴提供一个有吸引力的报价，所以它必须及时调整供应链策略以

满足中间渠道伙伴的要求。

四、基于生产的物流差异化战略

（一）精益生产物流战略

精益生产就是在必要的时间、必要的地点，生产必要数量的产品，其目标是减少直至消除浪费。精益生产采用拉动式管理体系，以用户的最终需求为生产的起点，每一个生产过程都由下一个生产过程的需求来决定；每一个生产过程都为下一个生产过程提供必需的物料，杜绝了过度生产，从而有效地消除了无效劳动。精益生产的缺点是分销商和零售商比较被动，企业之间的信息沟通少，且协调性差、提前期长、库存水平高、快速响应市场能力弱，所以容易产生需求量逐级放大的牛鞭效应。

精益生产物流战略适用于品种少、批量大且需求容易预测的产品。

（二）敏捷生产物流战略

敏捷生产的优点是可以根据用户实际需求生产定制化的产品，敏捷生产物流战略将其重点集中在增强自身响应能力和重新配置产品与供应链上。因此，采用敏捷生产物流战略的企业库存水平低、提前期短、适应市场的能力强，容易获取早期市场的高溢价。

敏捷生产物流适用于品种多、需求变化大且难以预测的产品，它需要企业具有较强的创新能力。例如我国的电子通信行业，就有越来越多的企业开始采用敏捷物流战略。

（三）延迟化生产物流战略

延迟化生产物流战略是指将供应链上的客制化活动延迟至接到顾客订单时为止，也就是尽可能在时间和空间上推迟客制化活动，使产品或服务与顾客的需求实现无缝连接，从而提高企业的柔性和顾客价值。它的实质就是运用供应链的市场调节能力来提高顾客价值，并通过提高产品价格使企业的付出得到回报。

按订单生产的企业，为了最小化库存成本或准确应对市场变化，大多采用延迟化的生产物流战略。使用这种物流战略的企业应在客户关系管理方面具有核心竞争力。

五、基于销售的物流差异化战略

现实中的大多数企业都不太重视产品销售过程中或产品售出之后的物流问题，常常把它们看作是企业生产经营活动之外的辅助业务。事实上，在市场竞争日益激烈的今天，销售过程中的物流（简称销售物流或售中物流）与产品售出之后的物流（简称售后物流）已经成为影响企业销售业绩甚至企业整体竞争力的重要因素。

（一）销售物流的差异化战略

销售物流的目标就是在保证产品可得性的前提下，尽可能地降低物流成本，增强产品的价格竞争力。实践中常见的销售物流差异化战略包括：

（1）库存战略。一方面，通过集中库存可以减少总体的存货水平，收到顾客订单后中央储存区通过快速反应来满足不同地区顾客的需要；另一方面，通过延迟化加工策略，可以满足顾客对产品的不同要求。

（2）运输战略。采用集中运输的方式，将某个区域市场中不同客户的小批量运输任务集并起来，可以达到降低平均运输成本的目的。

（二）售后物流的差异化战略

由于售后物流既要支持以往产品的售后服务，又要支持当前产品的售后服务，加之每类产品的零部件及其供应商各不相同，所以，售后物流网络所要经营的产品类型要比销售物流多得多。同时，售后物流需求的不确定性也是销售物流所无法比拟的。因此，售后物流的成本往往很高，导致很多企业不愿意正视售后物流。实践中常见的售后物流差异化战略包括：

（1）渠道差异化战略。针对售后服务需求多变的特点，预先建立一系列不同的物流渠道，以满足不同客户对售后服务的要求。

（2）库存地点差异化战略。高端客户所需备件应尽量储存在客户企业，并要保证有足够的种类和数量；而低端客户所需备件可以实行集中库存，以降低供货成本。

（3）备件种类差异化战略。售后服务所需备件可以分为整件、组件、子组件和零部件等类型。在售后服务中，根据响应时间要求的不同，不同类型的备件往往可以相互替代，但其相应的成本也会有很大差异。例如，用整件替换故障产品是响应时间最短的方式，但成本也最高；同理，替换组件比替换子组件快，但成本也更高。因此，售后管理人员应认真权衡响应时间与成本之间的平衡关系，合理确定不同类型备件的种类和数量。

（4）补货策略差异化战略。高端客户和低端客户对企业的价值不同，它们要求享受的待遇也不同，在获取备件时二者的优先级别也有所差异。为了避免这种优先级别的混乱，售后管理人员应该制定明确的规则，在保证成本最低的前提下，尽量遵循"优质优价"原则。

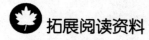 **拓展阅读资料**

从物流费用占 GDP 的比重看我国物流管理的潜力

从国民经济整体来看，物流费用在国内生产总值（GDP）中所占的比重是相当高的。日本 1965 年和 1970 年，物流费用占 GDP 的比重分别为 18.2% 和 17.7%，到了 20 世纪 90 年代降低到 14%左右。据有关资料介绍，在 1979—1986 年间，美国物流费用支出占当年 GDP 的比重变化呈现下降趋势；1981 年最高，达到 14.7%；到 1986 年的物流费用占 GDP 比重为 11%，说明物流效率提高了。

中国工业生产中物流所占时间几乎为整个生产过程的 90%，物流费用占商品总成本的比重，从账面反映为 40%。全社会物流费用支出占 GDP 的比重，据专家估计在 20%多，相当于日本 20 世纪 60 年代的水平，比发达国家高 1 倍。目前，我国的物流费用占 GDP 的 20%。由此可以看出，我国企业在改善物流管理降低物流成本方面的空间还相当大，降低物流成本将会对提高企业经济效益和社会经济效益产生积极影响。

资料来源：黄福华. 现代物流管理[M]. 北京：清华大学出版社，2010.

本章关键词

物流管理、物流管理组织、组织形态、企业物流、物流成本、差异化

复习思考题

1. 说明物流系统与物流管理之间的关系。
2. 简述物流管理发展的历史。
3. 如何理解物流合理化是物流管理的总原则？
4. 结合实际谈谈你对物流管理目标的理解。
5. 企业物流的管理组织和物流企业的组织形态有何区别与联系？
6. 企业物流成本的构成是怎样的？主要的控制方法有哪些？
7. 举例说明你所熟知的功能型产品和创新型产品，并比较它们在物流战略上的不同之处。
8. 举例说明处于不同生命周期阶段的产品及其在物流战略上的特点。
9. 基于顾客的物流差异化战略有哪些内容？

第十三章 物 流 服 务

随着技术推广速度的不断加快，目前很多企业提供的产品在价格、特性和质量等方面都相似甚至雷同。在此情况下，物流服务方面的差异将可以为企业提供超越于对手的竞争优势。面对竞争日益激烈的国内外市场和价值取向多元化的消费者，企业管理者已经发现，加强物流管理、改进物流服务是企业创造持久竞争优势的最有效手段。物流服务是物流管理的最终目标。

第一节 物流服务的概念与特点

一、物流服务的概念

（一）传统物流观念的局限性

物流企业的客户通常是有形产品的交易方，物流企业的营销策略与其客户完全不同，因为物流企业营销的是一种服务，服务是一种无形产品。由于我国的大多数物流企业都是从传统物流转型而来，仍然沿袭着传统有形产品的营销观念，把尽可能多的资源投入到物流的功能建设上，极力追求比竞争对手的功能更全、性能更高、价格更低，而这些物流功能是否真正满足顾客需求、是否能够为顾客带来更大价值，则无暇顾及。这种策略消耗了物流企业的大量资源，但却难以有效满足顾客需求。

（二）物流服务观念的提出

相对于传统的物流观念，物流服务则强调对顾客需求的满足，物流服务是顾客驱动的物流。物流服务是企业物流系统的产出，也就是说，从顾客角度看到的是企业提供的物流服务而不是抽象的物流管理。物流服务是市场营销与物流管理两大职能的临界面，良好的物流服务有助于保持和提升顾客的忠诚度与满意度。在某些情况下，物流服务在顾客心目中的重要程度甚至会高于产品价格或质量。

在营销组合的四要素[产品（Product）、价格（Pricing）、渠道（Placing）和促销（Promoting），简称 4P]中，产品和价格策略都容易被竞争对手所模仿，促销的努力也可能被竞争对手赶上。但是在短期内，企业物流服务是难以被对手模仿的。因此，提供令顾客满意的服务是企业区别于竞争对手、吸引顾客及留住顾客的重要途径。物流服务对于企业赢得竞争优势有着极为重要的意义。

（三）物流服务的定义

对物流服务进行定义时，需要考虑以下五个方面的因素。

1. 物流服务既是一种活动，又代表着特定的绩效水平和管理理念

说物流服务是一种活动，是因为物流服务必须依赖于企业与顾客的互动。在这种互动过程中，企业需要有一定的管理控制能力，如订货处理能力、顾客投诉反应能力等；说物流服务代表特定的绩效水平，是因为物流服务是可以衡量的，并且可以作为评价企业整体绩效的内容之一；说物流服务代表了特定的管理理念，是因为物流服务强调在市场营销中以顾客为核心，物流服务的目标就是实现供应链一体化。

2. 物流服务是由顾客需求驱动的物流

物流服务注重为顾客带来更大的价值，侧重于保留与维持现有的顾客，并注重长远利益。相对于当前更注重运作和过程的物流观念而言，物流服务更注重顾客的个性化需求。客制化（客户定制化服务）是市场进一步细分之后服务产品的主要特征。如果物流企业不能实施客制化，则物流服务就会产生缺口。因此，能否成功地发展和执行物流服务，取决于企业细分市场以及把一般的市场策略运用到特殊顾客身上的能力，此时，企业的产品、服务和战略都必须符合目标市场的特定偏好。对市场进行有效的细分是特别重要的，因为这样能降低企业的运营成本，消除冗余的服务，同时对企业的资源进行有效的配置。

3. 物流服务是一个交互的增值过程

物流服务的提供与实体产品的生产不同，其生产和消费往往是同时进行的，物流服务的消费者与物流服务企业需要发生多层次、多维度的交互作用。过程性是物流服务最基本的特性。顾客参与到服务过程之中，有利于提高企业的生产率、协调供需关系、提升物流服务价值。同时，物流服务是发生在买方与卖方之间的一个增值过程，这个过程使交易双方的产品或服务增值。从过程管理的角度看，物流服务就是通过节省成本或费用，为供应链提供附加价值的过程。

4. 物流服务与市场营销紧密相连

物流服务是物流系统与营销组合相互作用的结果，它可以用以衡量物流系统为产品创造时间价值和空间价值的能力。良好的物流服务是企业竞争力的来源。提供高效率物流服务的关键就是能精确地把握顾客需求，同时对他们的需求提供一种连续有效的响应。

5. 物流服务涉及企业间的合作关系

上游企业提供给下游企业的物流服务水平会影响下游企业的最终顾客的满意度。因此，相对而言，物流服务更需要企业间的紧密合作。物流服务有基本物流服务和增值物流服务之分：基本物流服务主要侧重在操作、执行、静态层面，而增值物流服务则集中在价值增值、管理、发展和再设计层面。

从以上分析可以看出，物流服务以顾客为对象、以产品或服务为依托，可以看作是一种活动或过程。事实上，物流活动本身就是一种顾客服务，物流管理的实质就是在顾客满意的前提下，在权衡服务与成本的基础上，向顾客提供高效及时物流服务的过程。物流企业作为物流专业化、社会化的重要组织形式，在与物流需求方的合作过程中，物流服务的好坏将直接影响双方合作的效率和持久性。

因此，有人将物流服务定义为：物流服务是指准确地把握顾客的需求，通过物流系统与市场营销组合相互作用为顾客提供满意的服务。总之，物流服务始于把握顾客的物流需求，终于为顾客提供良好的服务，作用机制就是物流系统与市场营销相结合。当然，物流服务的定义是随着企业视角的变化而变化的，不同的企业对物流服务往往会有不同的理解，如供应商和他的顾客对物流服务的理解就会有很大的不同。一般认为，物流服务是衡量物流系统为某种商品或服务创造时间和空间价值的尺度，它包括从接收顾客订单开始到商品送到顾客手中为止的期间内所发生的全部服务活动。因此，我国物流术语标准（GB/T18354—2006）将物流服务定义为：为满足客户需求所实施的一系列物流活动过程及其产生的结果。

二、物流服务的特点

从本质和内容来看，物流服务与其他社会经济活动相比有许多不同之处，这些不同给物流企业的经营带来了重大影响。具体地讲，物流服务的主要特点有以下几个方面。

（一）从属性

客户的物流需求不是凭空产生的，而是以商流的发生为基础，伴随商流而产生的。针对这样的需求提供的物流服务，显然具有从属性。

（二）无形性

服务与有形商品最本质的区别就是它具有无形性。顾客选择服务产品的主要依据在于服务提供者的声誉。因此，物流服务企业应该非常重视企业声誉，视声誉为生命，绝不能为了短期和暂时的利益而丢掉企业赖以生存的声誉和信用。

（三）即时性和非储存性

物流服务属于非物质形态的劳动，它生产的不是有形产品，而是一种伴随销售和消费同时发生的即时服务，这就决定了它的特性：即时性和非储存性。通常，有形的商品需要经过生产、储存、销售才能完成交换过程，而物流业务本身决定了它的生产就是销售，期间不需要储存环节进行调整。

（四）移动性和分散性

物流服务的客户对象分布广泛，而且大多数是不固定的，所以，具有移动性和分散性特征。由此往往产生局部的供需不平衡，或者给经营管理者带来一定的难度。

（五）需求波动性

由于物流服务的移动性和分散性，所以其需求的方式和数量都是多变的，有较强的波动性，易于造成供需失衡。该特点往往成为导致物流企业劳动效率低、成本高的重要原因。

（六）可替代性

一般企业都可能具有自营运输、自家保管等自营物流的能力，这种自营物流的普遍性，使物流企业从量和质上调整物流服务的供给能力变得相当困难。也就是说，物流服务，从供给能力方面来看，富于替代性，这也是物流企业在经营上具有一定难度的原因之一。

（七）不稳定性

服务的不稳定性是服务区别于有形产品的基本特征之一，是影响服务质量和顾客满意度的重要因素。物流服务的不稳定性是在服务传递的过程中发生的。物流管理者不可能消除这种属性，只能在顾客和服务提供者之间寻求一定的平衡，这是管理物流服务不稳定性的一个根本基点。

三、物流服务营销的特殊性

基于物流服务的特殊性，如果仍以传统营销的 4P 组合作为物流服务的营销组合框架，势必产生相当大的局限。因此，除了有形产品营销的 4P 组合外，物流服务的营销组合还应充分考虑到人、有形证据和过程等三个因素。

（一）人

从事物流生产或操作性工作的人，在顾客眼中其实就是服务的一部分，其贡献与其他销售人员相同。正如服务营销大师布隆得奇所指出的："在服务性公司，服务的销售和递送之间是不易区分的"。换言之，服务本身就是一种产品，在服务被递送的同时，顾客所能见到的所有功能，都成为服务产品的一部分。由于顾客一直都能接触到服务公司的所有部分，所以无论操作、产品、销售或营销人员都和服务的售出关系密切。

（二）有形证据

有形产品的销售，强调抽象的联想，而无形物流服务的营销则应强调有形证据，以降低顾客的购买风险。服务虽是无形的，但服务设施、服务设备、服务人员、市场沟通资料、价目表等却是有形的。顾客在购买服务的决策过程中，总是希望通过有形证据来了解更多的服务信息，以便正确地选择购买对象、减少购买风险。为此，他们往往会根据物流企业的各种有形证据来推测企业的服务质量，而物流企业的所有有形物和人都在为无形的服务提供证据，它们都在向顾客传递某种信息。因此，做好有形证据的管理工作，可使顾客在一定程度上方便地了解服务的真实状况，提高企业的营销效果。

（三）过程

过程性是物流服务最基本的特征。服务产生和交付给顾客的过程是物流服务营销中的一个关键因素，因为顾客通常会把服务交付系统感知成服务本身的一个部分。因此，运营管理对物流服务营销的成败至关重要。整个物流运行体系的运作政策和程序方法、服务供应中的机械化程度、员工自由决定权的大小、顾客在服务操作过程中的参与程度等都应是经营管理者特别关注的问题。

第二节　物流服务内容的设计

物流是企业完成销售任务的最终实现环节，在企业的营销战略中具有不可替代的作用。在实际营销工作中，由于采用的物流形式不同，往往会使企业的营销战略取得完全不同的效果。在进行物流服务设计时，使用部分特殊形式或内容的物流服务往往会取得意想不到的效果。因此，企业在设计物流服务内容时必须充分反映这一特点。概括起来，物流服务内容可以分为基本物流服务和增值性物流服务两个方面。

一、基本物流服务的内容

基本的物流服务经历了较长时间的培育，其内容已经具备了明显的多样化态势，但在实际的物流运作中，基本物流服务的内容仍然主要集中在如下几个方面。

（一）运输服务

无论是自营物流还是由第三方提供的物流服务，企业都必须将消费者的订货送到消费者指定的地点。第三方承运人一般拥有或掌握着一定规模的运输工具，具有竞争优势的承运人还可能在某个区域、全国乃至更大的范围内拥有网络资源。因此，第三方承运人可以根据自身的资源和能力，为客户设计最合适的运输系统，选择最恰当的运输方式，然后在其网络内部组织运输作业，并在规定的时间内将客户的物品运抵目的地。事实上，除了在交货点交货需要客户的配合外，在余下的整个运输过程中，包括最后的市内配送都可由第三方承运人完成，以尽可能地方便客户。

（二）储存服务

物流中心的主要设施就是仓库及其附属设备。需要注意的是，物流服务提供商的目的不是要在物流中心的仓库中储存物品，而是要通过仓储保证物流业务的高效率开展，同时尽可能降低库存积压的资金，减少储存成本。因此，提供社会化物流服务的公共型物流中心需要配备高效率的分拣、传送、储存、拣选设备，其目的是在不降低供货服务水平的同时尽量降低实物库存水平。

（三）装卸搬运服务

装卸搬运服务是为了加快物品的流通速度而必须具备的功能，无论是传统的商务活动还是电子商务活动，都必须配备一定的装卸搬运能力，物流服务提供商应该提供更加专业化的装载、卸载、提升、运送、码垛等装卸搬运机械，以提高装卸搬运作业效率，降低订货周期（Order Cycle Time，OCT），减少作业对物品造成的破损。

（四）包装服务

物流的包装作业目的不是要改变商品的销售包装，而在于通过对销售包装进行组合、拼配、加固，形成适于物流和配送的组合包装单元。

二、增值性物流服务的内容

以上是普通商务活动中最基本的物流服务内容，在现代企业经营中，所有的物流服务也都应具备这些基本的服务功能。除此之外，现代物流还可以在完成物流基本功能的基础上，根据客户需求提供各种延伸业务活动，这些延伸业务活动就是所谓的增值性物流服务（Value-added Logistics Services）。一般来说，增值性物流服务主要包括以下几层含义和内容。

（一）增加便利性的服务

一切能够帮助客户简化手续、简化操作的服务都是增值性的服务。例如：推行一条龙的"门到门"服务，提供完备的操作或作业提示，免费培训，免费维护，省力化设计或安装，代办业务，"一张面孔"接待客户，24 小时营业，自动订货，利用 EOS、EDI、EFT 等工具帮助客户传递信息或转账、物流全过程追踪等，都可作为现代物流所提供的增值性服务。

（二）加快反应速度的服务

快速反应（Quick Response）已经成为现代物流发展的方向之一。传统的观念和做法将加快反应速度单纯地理解为快速运输。在物流需求对速度的要求越来越高的情况下，运输速度变成了物流企业发展的一种约束。因此，必须通过其他办法来克服运输速度的制约，提高整个物流系统的反应速度。加快物流反应速度的一种办法就是优化配送中心或物流中心及其相关的各种网络资源，重新设计适合于现代流通方式的流通渠道，以此来减少物流环节，简化物流过程，提高物流系统的快速反应能力。它是一种具有重大推广价值的增值性物流服务解决方案。

（三）降低成本的服务

在电子商务发展的早期，物流成本将会居高不下，有些企业可能会因为根本承受不了这种高成本而退出电子商务市场，或者是选择性地将电子商务所需的物流服务外包出去，这是很自然的事情。因此，发展电子商务，一开始就应该寻找能够降低物流成本的解决方案。企业可以考虑采取物流共同化计划，同时，如果具有一定的商务规模，如珠穆朗玛和亚马逊这些具有较大销售量的电子商务企业，可以通过采用比较适用但投资较少的物流技术和设施设备，也可以推行物流管理技术，如运筹学中的管理技术、单品管理技术、条码技术和信息技术等，以提高物流的效率和效益，降低物流成本。

（四）延伸服务

延伸服务向上可以延伸到市场调查与预测、采购及订单处理，向下可以延伸到配送、物流咨询、物流方案的选择与规划、库存控制决策建议、货款回收与结算、教育与培训、物流系统设计与规划方案的制作等。

（1）结算功能，物流的结算不仅仅只是物流费用的结算，在从事代理配送的情况下，物流服务商还要替货主向收货人结算货款等。

（2）需求预测功能，物流服务商应该负责根据物流中心商品进货、出货信息来预测未来一段时间内的商品进出库量，进而预测市场对商品的需求，从而指导订货。

（3）物流系统设计咨询功能，第三方物流服务商要充当电子商务经营者的物流专家，因而必须为电子商务经营者设计物流系统，代替其选择和评价运输商、仓储商及其他物流服务供应商。国内有些专业物流公司正在进行这项尝试。

（4）物流教育与培训功能，物流系统的运作需要客户的支持与理解，通过向客户提供培训服务，可以培养它与物流中心经营管理者的认同感，可以提高客户的物流管理水平，可以将物流中心经营管理者的要求传达给客户，以便于确立物流作业标准。

以上这些延伸服务最具有增值性，但也是最难提供的服务，能否提供此类增值性服务已经成为衡量一个物流企业是否真正具有竞争力的重要标准。需要特别指出的是，同为物流的基本功能要素，虽然运输、储存等属于基本物流服务的范畴，但流通加工、物流信息和配送等功能性服务则应属于增值性服务，因为在实际运用中，后者往往能够产生基本物流服务所不具备的增值效果，符合以上增值性物流服务中的一项甚至几项要求。

三、物流服务内容设计实例

（一）美国凯利伯物流公司的服务内容

下面以在美国较有影响的凯利伯物流公司（Caliber Logistics Co. Ltd）为例，说明该公司是如何为客户提供物流服务的，这些物流服务的内容既包括基本物流服务又包括增值性物流服务。为了满足客户的需要，该公司设立了专门为客户服务的公共型物流中心，提供的物流服务内容主要包括以下几个方面。

1. JIT 物流计划

该公司通过建立先进的信息系统、为供应商提供培训服务及分享管理经验，优化了运输路线和运输方式、降低了库存成本、减少了收货人员及成本，并且为货主提供了更多更好的信息支持。

2. 合同制仓储服务

该公司推出的此项服务减少了货主建设仓库的投资，同时通过在仓储过程中执行劳动标准、实行目标管理和作业监控来提高劳动生产率。

3. 全面运输管理

该公司开发了一套计算机系统专门用于为客户选择最好的承运人，使用该系统客户可以得到以下利益：使运输方式最经济；在选定的运输方式中选择最佳的承运人；可以获得凯利伯运输会员公司的服务；对零星分散的运输作业进行控制；减少回程车辆放空；可以进行电子运单处理；可以对运输过程进行监控等。

4. 生产支持服务

该公司可以进行以下加工作业：简单的组装、合并与加固、包装与再包装、JIT 配送和粘贴标签等。

5. 业务流程重组

该公司使用一套专业化业务重组软件，可以对客户的业务运作过程进行诊断，并提出专业化的业务重组建议。

6. 专业化合同制运输

该公司的此项功能可以为客户提供的服务有根据预先设定的成本提供可靠的运输服务，提供灵活的运输管理方案，提供从购车到聘请司机直至优化运输路线的一揽子服务，降低运输成本，提供一体化的、灵活的运输方案。

7. 回程集装箱管理

公司提供的服务包括回程集装箱的跟踪、排队、清洗、储存等，可以降低集装箱的破损率，减少货主的集装箱管理成本，保证货物的安全，对环保也有好处。

（二）中外运为摩托罗拉提供的物流服务内容

中外运空运公司是中国外运集团所属的全资子公司，华北空运天津公司是华北地区具有较高声誉的大型航空货运代理企业之一，它（以下简称"中外运"）为摩托罗拉提供第三方物流服务。

1. 摩托罗拉公司的物流服务要求和考核标准

（1）摩托罗拉公司的服务要求具体包括以下方面：

① 要提供 24 小时的全天候准时服务。主要包括保证摩托罗拉公司与中外运业务人员、天津机场、北京机场两个办事处及双方有关负责人的通信联系 24 小时畅通；保证运输车辆 24 小时运转；保证天津与北京机场办事处 24 小时提货、交货。

② 要求服务速度快。摩托罗拉公司对提货、操作、航班、派送都有明确的规定，时间以小时计算。

③ 要求服务的安全系数高。要求对运输的全过程负全责，要保证航空公司及派送代理处理货物的各个环节都不出问题，一旦某个环节出了问题，将由服务商承担责任，赔偿损失，而且当过失达到一定程度时，将被取消业务资格。

④ 要求信息反馈快。要求公司的计算机与摩托罗拉公司联网，做到对货物的随时跟踪、查询、掌握货物运输的全过程。

⑤ 要求服务项目多。根据摩托罗拉公司货物流转的需要，通过发挥中外运系统的网络综合服务优势，提供包括出口运输、进口运输、国内空运、国内陆运、国际快递、国际海运和国内提货的派送等全方位的物流服务。

（2）摩托罗拉公司选择中国运输代理企业的基本做法是：首先通过多种方式对备选的运输代理企业的资信、网络、业务能力等进行周密的调查，并给初选的企业少量业务试运行，以实际考察这些企业服务的能力与质量，对不合格者，取消代理资格；然后对获得运输代理资格的企业进行严格的月度作业考评，主要考核内容包括运输周期、信息反馈、单证资料、财务结算、货物安全和客户投诉等。

2. 中外运的主要做法

（1）制定科学规范的操作流程。摩托罗拉公司的货物具有科技含量高、货值高、产品更新换代快、运输风险大、货物周转以及仓储要求零库存的特点。为满足摩托罗拉公司的服务要求，中外运从 1996 年开始设计并不断完善业务操作规范，并纳入了公司的程序化管理。对所有业务操作都按照服务标准设定工作和管理程序进行，先后制定了出口、进口、国内空运、陆运、仓储、运输、信息查询、反馈等工作程序，每位员工、每个工作环节都按照设定的工作程序进行，使整个操作过程井然有序，提高了服务质量，减少了差错。

（2）提供 24 小时的全天候服务。针对客户 24 小时服务的需求，中外运实行全年 365 天的全天候工作制度，周六、周日（包括节假日）均视为正常工作日，厂家随时出货，中外运随时有专人、专车提货和操作。在通信方面，相关人员从总经理到业务员实行 24 小时的通信畅通，保证了对各种突发性情况的迅速处理。

（3）提供"门到门"的延伸服务。普通货物运输的标准一般是从机场到机场，由货主自己提货，而快件服务的标准是"门到门""桌到桌"，而且货物运输的全程在严密的监控之中，因此收费也较高。对摩托罗拉公司的普通货物虽然是按普货标准收费的，但提供的却是"门到门""库到库"的快件服务，这样既保证了摩托罗拉公司货物的运输及时，又保证了安全。

（4）提供创新服务。从货主的角度出发，推出新的更周到的服务项目，最大限度地减少货损，维护货主的信誉。为保证摩托罗拉公司的货物在运输途中不会被盗，在运输中间增加了打包、加固的环节；为防止货物被雨淋，又增加了一项塑料袋包装；为保证急货按时送到货主手中，中外运还增加了手提货的运输方式，解决了客户的急、难问题，让客户感到在最需要的时候，中外运都能及时、快速地帮助解决。

（5）充分发挥中外运的网络优势。经过 50 年的建设，中外运在全国拥有了比较齐全的海、陆、空运输与仓储、码头设施，形成了遍布国内外的货运营销网络，这是中外运发展物流服务的最大优势。通过自身的网络，中外运在国内为摩托罗拉公司提供服务的网点已达 98 个城市，实现了提货、发运、对方派送全过程的定点、定人，以及信息的及时跟踪反馈，满足了客户的要求。

（6）对客户实行全程负责制。作为摩托罗拉公司的主要货运代理之一，中外运对运输的每一个环节负全责，即对货物由工厂提货到海、陆、空运输及国内外的异地配送等各个环节负全责。对于出现的问题，积极主动协助客户解决，并承担责任和赔偿损失，确保了货主的利益。

回顾几年来为摩托罗拉公司的服务，从开始的几票货发展到面向全国，双方在共同的合作与发展中，建立了相互的信任和紧密的业务联系。在中国加入 WTO 的新形势下，中外运和摩托罗拉公司正在探讨更加广泛和紧密的物流合作。

第三节　物流服务水平的确定

企业在进行物流服务设计时，除了要根据客户的需求设计个性化的服务内容外，还要确定适当的物流服务水平。过去，企业在确定物流服务水平时往往基于历史经验或管理者对顾客需求的主观判断，显然是难以反映顾客真实需求的。不负责任的管理者常把所有的顾客同等对待，而事实上不同的顾客对服务水平也有着不同的要求。因此，企业在制定物流服务策略时应当以顾客的真实需求为基础并贯穿于整个物流服务过程中。

确定物流服务水平的一个常用办法是将竞争对手的服务水平作为标杆（Benchmark）。事实上，仅仅参照竞争对手的水平是不够的，因为在一般情况下企业也很难断定竞争对手是否把握好了顾客的需求，竞争对手的物流服务水平是否能令其顾客满意。以上方法的这种不足可以通过详尽的顾客调查来弥补，顾客调查能揭示各种物流服务要素的重要性，有助于减少顾客需求与企业服务能力之间的差距。通过顾客调查确定物流服务水平的方法有多种，以下四种最具参考价值。

一、根据顾客对缺货的反应来确定物流服务水平

生产企业的顾客包括各种中间商和产品的最终用户，而产品通常从零售商处转销到顾客手中。因此，生产商往往难以判断缺货对最终顾客的影响有多大。例如，生产商的成品仓库中某种产品缺货并不一定意味着零售商也同时缺货。零售环节的物流服务水平对销售影响很大，为此，必须明确最终顾客对缺货的反应模式。某种产品缺货时，顾客可能购买同种品牌不同规格的产品，也可能购买另一品牌的同类产品，或者干脆换一家商店看看。在产品同质化倾向日益明显的今天，顾客"非它不买"的可能性已越来越小，除非顾客坚定地认为该种产品在质量或价格上明显优于其替代品种。

生产企业的物流服务战略重要的一点是保证最终顾客能方便及时地了解和购买到所需的商品。对零售环节的关注使生产企业调整订货周期、供货满足率、运输方式等，以尽量避免零售环节缺货现象的发生。

顾客对不同产品的购买在时间要求上也有所不同。对绝大多数产品，顾客希望在做出购买决策时就能够拿到，但也有特殊的情况，比如选购大型家具时，顾客在展示厅选中样品并订购以后，往往愿意等待一段时间在家中收货。20 世纪 70 年代，美国的西尔斯百货公司与惠尔浦家电公司进行的一项顾客调查发现，当时的顾客对大型家电并不要求在订货的当天就将商品运回家，除非有特别紧急的情况，他们愿意等上 5~7 天时间。这一调查结果对西尔斯与惠尔浦的物流系统影响很大。西尔斯公司只需在营业厅里摆放样品供顾客挑选，其配送中心里的存货也不多。惠尔浦公司的产成品被运至位于俄亥俄州马利恩的大型仓库；西尔斯公司将收到的顾客订单发送给惠尔浦公司，相应的产品随即从马利恩仓库分送到西尔斯位于各地的配送中心，然后从配送中心直接用卡车分送到顾客家中；从顾客下订单到送货上门的时间可控制在 48~72 小时之内。

二、通过成本与收益的权衡来确定物流服务水平

物流总费用，包括库存维持费用、运输费用、信息或订货处理费用等，都可以视为企业在物流服务上的开支。实施集成的物流管理时的成本权衡，其目标是在市场组合四要素之间合理分配资源以获得最大的长期收益，也就是以最低的物流总成本实现给定的物流服务水平。

例如，一个百货连锁集团希望将零售供货率提高到 98% 的水平，需要获取每个商店及

每种商品的实时销售数据（POS data）。为此，需在各分店配置条码扫描器及其他软硬件设备。同时，为尽可能地利用这些数据，集团还希望投资建设 EDI 系统，以便与供应商进行快速双向的信息交流。估计平均每家分店需投入 20 万元。于是，管理层面临着成本与收益的权衡：对信息系统的投入能提高物流服务水平，但同时也会增加成本。假设该公司的销售毛利是 20%，每家分店为收回 20 万元的新增投资，至少要增加 100 万元的销售额。如果实际的销售增长超过了 100 万元，则企业在提高物流服务水平的同时也增加了净收益。对这一决策的评估还需考虑各分店当前的销售额水平，如果各分店当前的年销售额是 1 000 万元，则收回这笔投资比年销售额只有 400 万元时要快得多。

尽管存在成本与收益的权衡和费用的预算分配问题，但这种权衡只是短时期内发生的问题。从长期来看，仍有可能在多个环节同时得到改善，企业在降低总成本的同时亦能提高物流服务水平。

三、运用 ABC 分析与帕累托定律来确定物流服务水平

ABC 分析是物流管理中常用的工具，企业通过 ABC 分析将各种产品和顾客按其相对重要程度进行分类。对企业来说，某些顾客和产品相比其他而言更有利可图，因而应受到特别的关注。以利润率指标为例，利润率最高的顾客产品组合应配以最高的物流服务水平。

与 ABC 分析相类似，帕累托定律指出：样本总体中的大多数事件的发生源于为数不多的几个关键因素。例如，物流系统中 80% 的瓶颈问题往往发生于 20% 的环节之中。社会经济领域的这一现象通常也被称为 80/20 定律。

作为 ABC 分析和帕累托定律的一个应用实例，表 13-1 所示的顾客产品贡献矩阵，将不同顾客的重要性与不同产品的重要性联系起来，以确定能给企业带来最大收益的物流服务水平。为了便于理解，我们将盈利能力（利润率）作为度量顾客和产品重要性的指标，但应当注意，这一指标并不是绝对的。

表 13-1 中的 A 类产品利润率最高，以下为 B、C、D 类。在整个产品线中，A 类产品通常只占很小的比例，而利润率最低的 D 类产品在产品总数中则可能占 80%。I 类顾客对企业来说最为有利可图，它们能产生较为稳定的需求，对价格不太敏感，交易中发生的费用也较少，但这类顾客数量通常很少，可能只有 5~10 个；V 类顾客为企业创造的利润最少，但在数量上占了企业顾客的大多数。对企业最有价值的"顾客—产品"组合是"I—A"，即 I 类顾客购买 A 类产品，以下依次是"II—A"或"I—B"等。管理人员可以使用一些方法对"顾客—产品"组合排序或打分，表 13-1 用 1~20 简单地作了排序（优先等级）。

表 13-1 顾客—产品贡献矩阵

顾 客 类 别	产　　品			
	A	B	C	D
I	1	3	5	10
II	2	4	7	13
III	6	9	12	16
IV	8	14	15	19
V	11	17	18	20

表 13-2 提供了在制定物流服务战略时如何使用表 13-1 中数据的例子。例如,排序在 1～5 的"顾客—产品"组合应给予 100%的存货可得性,小于 48 小时的订货周期,以及 99%的按订单送货完备率。

表 13-2 顾客—产品贡献矩阵实用举例

优 先 等 级	存货可得性（%）	订货周期（h）	按订单送货完备率（%）
1～5	100	48	99
6～10	95	72	97
11～15	90	96	95
16～20	85	120	93

值得注意的是,表 13-2 中较低的服务水平并不意味着所提供的服务缺乏稳定性。企业无论提供什么水平的服务,都要尽可能保持 100%的稳定性,这是顾客所期望的;而且,企业以高稳定性提供较低水平的物流服务(如送货时间),其费用通常低于以低稳定性提供高水平的物流服务。例如,高度稳定的 72 小时订货周期比不稳定的 48 小时订货周期更节省费用,也更令顾客满意。

编制能良好反映顾客与企业真实情况的"顾客—产品"贡献矩阵的关键,在于切实了解顾客对服务的要求,并从中识别出最为重要的服务要素以及确定要提供多高的服务水平。上述信息可通过物流服务审计来获取。

四、通过物流服务审计的方式确定物流服务水平

物流服务审计是评估企业物流服务水平的一种方法,也是企业对其物流服务策略进行调整的依据。审计的目标是:识别关键的物流服务要求;识别这些要素的控制机制;评估内部信息系统的质量和能力。物流服务审计包括四个阶段,即:外部物流服务审计;内部物流服务审计;识别潜在的改进方法;确定物流服务水平。

（一）外部物流服务审计

外部物流服务审计是整个物流服务审计的起点，其主要目标是：识别顾客在做购买决策时认为重要的物流服务要素；确定本企业与主要的竞争对手为顾客提供服务的市场比例。

（1）要确定哪些物流服务要素是顾客真正重视的，主要工作是对顾客进行调查与访谈。例如，某种普通消费品的零售商在衡量其供应商服务时主要考虑以下物流服务要素：订货周期的稳定性，订货周期的绝对时间，是否使用 EDI，订单满足率，延期订货策略，单据处理程序，回收政策等。

（2）确定了重要的物流服务因素之后，下一步就是对企业的有代表性的和统计有效的顾客群体进行问卷调查。问卷调查可以确定物流服务要素及其他市场组合要素的相对重要性，评估顾客对本企业及主要竞争对手各方面服务绩效的满意程度以及顾客的购买倾向。依据调查的结果，企业加强顾客重视的服务要素。在考虑竞争对手的强势和不足的同时，发展相应于顾客分类的战略。此外，问卷还能反映出顾客对关键服务要素的服务水平的期望值。

企业在把握各服务要素重要性的同时，也要关注顾客对本企业及竞争对手提供的各项服务的横向比较。企业和顾客对服务有各自的评价标准，但在市场竞争中，只有顾客是永远正确的。有时候顾客尚未认识到企业某方面服务的努力，企业就有必要通过与顾客的交流来引导和告知顾客。

（二）内部物流服务审计

内部物流服务审计是审查企业当前的服务业务的运作状况，为评估物流服务水平发生变化时所产生的影响确立一个衡量标尺。内部物流服务审计的主要目的是检查企业的服务现状与顾客需求之间的差距。顾客实际接收到的企业物流服务水平也有必要测定，因为顾客的评价有时会偏离企业的实际运作状况。如果企业确实已经做得很出色，则应当注意通过引导和促销来改变顾客的看法，而不是进一步调整企业的服务水平。

内部物流服务审计的另一个重要内容是考察顾客与企业和企业内部的沟通渠道，包括服务业绩的评估和报告体系。沟通是理解与物流服务有关的问题的重要基础，缺乏良好的沟通，物流服务就会流于事后的控制和不断地处理随时发生的问题，而难以实现良好的事前控制。

（三）识别潜在的改进方法

外部物流服务审计明确了企业在物流服务和市场营销战略方面的问题，结合内部审计，可以帮助管理层针对各个服务要素和细分市场调整上述战略，提高企业的盈利能力。管理层在借助内、外部物流服务审计提供的信息制定新的物流服务和市场营销战略时，需针对竞争对手做详细的对比分析。

　　当顾客将本企业和各主要竞争者的服务业绩评价进行比较和相互交流时，企业采用竞争性的标尺（Benchmarking）作为服务改进的目标就显得更为重要了。

（四）确定物流服务水平

　　物流服务审计的最后一步是制定物流服务的业绩标准和考核方法。企业的管理层必须为各个细分领域（如不同的顾客类型、不同的地理区域、不同的分销渠道以及产品）详细制定目标服务水平，并将其切实传达到所有的相关部门及员工，同时辅以必要的激励政策以激励员工努力实现企业的物流服务目标。此外，还要有一套正式的业务报告文本格式。

　　企业的管理层必须定期地按上述步骤进行物流服务审计，以确保企业的物流服务政策与运作水平能满足当前顾客的需求。在此过程中，收集顾客信息是企业物流战略管理的最重要基石。

第四节　物流服务模式的选择

　　从以上两节的内容可以看出，不同的顾客不仅对物流服务内容的需求有所不同，而且在物流服务水平上的要求也会有所差异。事实上，物流企业在制定服务方案时，不仅要充分考虑以上两方面要求，还应针对不同顾客的个性化需求，选择合适的物流服务模式。

一、行业物流服务模式

　　行业物流服务模式是通过运用现代技术手段和专业化的经营管理方式，在拥有丰富目标行业经验和对客户需求深度理解的基础上，在某一行业领域内，提供全程或部分专业化物流服务的模式。这种经营模式的主要特点是将物流服务的对象分为几个特定的行业领域，然后对这个行业进行深入细致的研究，掌握该行业的物流运作特性，提供具有特色的专业服务。行业物流服务模式集企业的经营理念、业务、管理、人才、资金等各方面优势于一体，是企业核心竞争力和竞争优势的集中体现。

　　商业运作方式决定着物流服务方式，只有深入掌握了目标行业或项目的具体特征，才能提供专业化的物流服务。实际上，行业物流服务模式体现了细分物流市场的特征。物流企业必须不断地研究目标市场行业的物流特点和发展趋势，成为这些行业的物流服务专家。目前，有能力提供所有行业物流服务的现代物流企业还只是极少数，绝大多数物流企业都应采用目标集聚战略，进行准确的市场定位，有重点地展开各具特色的物流服务。

　　在我国，行业物流服务只是近年才开始逐步兴起，在此过程中，服装、家电、医药、图书、日用品、汽车、电子产品等行业或领域纷纷释放物流需求，极大地丰富了我国物流市场，刺激了我国行业物流服务的发展。

二、项目物流服务模式

项目物流是指为具体的项目提供全程物流服务的模式。我国的项目物流需求主要集中在一些重大基础设施项目或各类综合性会展上，比如：三峡工程、秦山核电站、国家体育馆等基建项目以及奥运会、世博会、广交会、高交会等大型会展项目都需要综合完备的物流服务。提供该类服务的物流企业必须具备丰富的物流运作经验和强大的企业实力。

三、定制式物流服务模式

定制物流服务是指针对某个特定的客户制订完全个性化的物流服务方案。这种服务可以为客户提供从原材料采购到产成品销售过程中所有环节的全程物流服务，服务范围涉及储存、运输、流通加工、包装、配送、物流咨询等全部业务内容，甚至还包括订单管理、库存控制、供应商关系管理等在内的其他增值性服务。现代物流服务十分强调与客户建立战略协作伙伴关系，采用定制式服务模式不仅能保证物流企业拥有稳定的业务量，而且还能帮助客户降低企业的运作成本，提升产品的市场竞争力。因此，物流企业在开展物流业务的过程中，应根据客户的实际需要，尽力为其确定最合适的物流运作方案，以最低的成本提供最高效的物流服务。

四、物流服务延伸模式

所谓物流服务延伸模式，是指在现有物流服务的基础上，通过向两端延伸，向客户提供更加完善和全面的物流服务，从而提高物流服务的附加价值，以满足客户高层次物流需求的经营模式。比如，仓储企业可以利用已掌握的货源，通过购买部分车辆或整合社会运力的方式为客户提供配送服务；运输企业在完成货物的运输任务之后，也可以根据客户的需求提供货物的临时保管或配送服务。对于功能单一的传统物流企业来说，这种服务模式不仅有助于拓展物流服务的范围，而且可以达到提高物流服务层次的效果。

五、物流管理输出模式

物流管理输出模式是指物流企业以物流管理与物流运作的技术为资本，通过接管客户企业的物流资产或者成立合资物流公司的方式，来满足客户企业物流需求的服务模式。采用物流管理输出模式，可以减少客户企业原有物流运作与管理人员的抵触情绪，方便双方更好地开展合作；同时，由于该模式充分利用了客户企业原有的设备、网络和人员，可以大幅减少物流系统的建设成本，迅速获得物流服务能力，加快市场响应速度。

（一）系统接管客户物流资产

如果客户在某地区已有车辆、设施、员工等物流资产，而本物流企业又需要在该地建立物流系统，则可以考虑全盘买进客户的物流资产，接管并拥有客户的物流系统甚至接受客户的员工。接管之后，该物流系统可以在为该客户提供服务的同时也为其他客户提供服务，这种安排一方面可以通过资源共享来提高物流系统的资源利用率，另一方面也可以在一定程度上分摊物流企业的经营成本。

（二）与客户合资成立物流公司

物流企业与客户企业合资共建物流公司的方式，既可以使客户保留物流系统的部分产权，并继续参与物流系统的运作过程，以加强对物流运作过程的有效控制；同时又注入了专业物流公司的资本和技能，发挥了物流企业的专业特长，使物流企业和客户企业都能够在物流服务方面取得竞争优势。

六、物流连锁经营模式

物流连锁经营是指特许者将自己所拥有的商标（包括服务商标）商号、产品、专利和专有技术、经营方式等以特许经营合同的形式授予被特许者使用；被特许者则按照合同的规定，在特许者统一的业务模式下从事物流经营活动，并向特许者支付相应费用的物流经营模式。物流连锁经营成功地借鉴了其他行业的连锁经营模式，可以迅速扩大企业规模，实现资金、人才和客户资源的汇集。同时，在物流连锁企业内部，通过互联网技术建立信息化的管理系统，还可以更大限度地整合社会物流资源，支持企业的物流管理和业务操作，为客户提供全面周到的物流服务。

七、物流咨询服务模式

物流咨询服务模式是指利用物流企业的专业人才优势，深入到客户企业内部，为其提供市场调查研究、物流系统规划、物流成本控制、业务流程再造等相关服务的经营模式。物流企业在为客户企业提供物流咨询服务的同时，还可以帮助客户企业整合业务流程，协调供应链上下游关系，进而提供全方位的物流解决方案。另一方面，物流企业提供的咨询服务，也有助于自身其他服务产品的营销，从整体上增强物流企业的市场竞争力。

在具体的实施过程中，物流企业可以采用大客户经理负责制来完成物流咨询服务。大客户经理要针对每个客户的不同特点，成立独立的项目组，并组织行业专家、大客户代表、作业管理部门、项目经理等人员，自始至终跟踪负责整个项目的销售、方案设计与方案实施，并保证项目的实施效果，努力提高客户满意度。实践证明，这种站在客户角度考虑问题，与客户结成长期战略合作伙伴关系，相互合作、共同发展的业务运作模式得到了市场的广泛认可，具有良好的发展前景。

八、物流战略联盟模式

物流战略联盟模式是指为了充分发挥物流企业之间的互补优势，两家或两家以上的物流企业通过签订战略联盟协议而形成相互信任、风险共担、收益共享的物流协作伙伴关系的经营模式。我国的物流企业，尤其是中小型物流企业的服务能力往往十分有限，无力与大型跨国物流企业抗衡，因此，很多中小型物流企业很难单独在市场上立足。此时，这些中小型物流企业就应该积极寻求相互之间的横向或纵向联盟。

这种自发的资源整合，在经过有效的重组磨合之后，依靠各自的互补性服务能力，可以在短时间内形成强有力的竞争优势。建立战略联盟的物流企业通过信息网络建设和业务流程再造，可以在企业规模和物流网络方面建立核心竞争力；通过对客户供应链的全过程进行整合，可以建立起一个层次更高、网络更完善、附加值更高的物流系统，在物流服务上实现新的突破。应该指出的是，在战略联盟的实施过程中，物流企业应该尽量将有限的资源集中在高附加值的服务功能上，而对于附加值较低的服务功能，则可以突破企业边界，通过外包的方式实行虚拟经营。

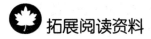 拓展阅读资料

刘武的诚信服务成就了宝供物流

在中国第三方物流的发展史上，宝供与宝洁的合作是值得借鉴的。20 世纪 90 年代初的宝洁，为了迅速拓展中国市场，需要一家第三方物流企业配合以实现其扩张战略。而当时中国的市场上，根本就没有真正的第三方物流企业，大批有国有背景的类物流企业，由于机制和管理落后，根本就没有办法配合宝洁的市场战略，而中国物流市场对外资的限制状态，决定了短期内不可能有外资物流企业进驻中国。

为了尽快解决自己面临的物流难题，宝洁选择了培养一家现代意义上的第三方物流企业的做法。当时，还在从事铁路打包托运业务的刘武凭其诚信、务实的作风，走进了宝洁的视线。在双方的合作过程中，充分体现了双赢的合作原则。为了促进宝供的发展，宝洁给出了相当高的服务价格，这从宝供最初的飞速扩张不难推测出来；而作为第三方物流的宝供，也充分体现了其作为战略合作伙伴的精神，刘武为了做好宝洁的第一单业务，亲自乘飞机到上海跟踪货物的运输过程。正是这种双赢的合作，才有了今天强大的宝洁和著名的宝供。

资料来源：http://www.niwota.com/riji/15016.html

本章关键词

物流服务、服务营销、服务内容、增值性物流服务、服务水平、服务模式

复习思考题

1. 如何理解市场营销的 4P 组合与物流之间的关系？
2. 请说明物流服务的特殊性是如何导致物流服务营销的特殊性的。
3. 为什么物流服务营销必须考虑 4P 之外的其他因素？
4. 以你所熟知的服务为例，说明还可能出现哪些增值性物流服务。
5. 通过顾客调查确定物流服务水平的常用方法有哪些？
6. 现实中常见的物流服务模式有哪些？
7. 以你所熟知的物流服务为例，说明它属于哪种物流服务模式。

第十四章　物流企业与第三方物流

如果说物流管理是用系统的观念和方法对物流实施管理的一种内向型行为，则物流服务就是针对客户的需要选择服务水平和模式的一种外向型行为准则。但是，不论是物流管理还是物流服务都需要由一定的行为主体来执行。从传统来看，物流管理与物流服务的执行主体是物流企业。随着技术手段和经营理念的不断进步，第三方物流在市场中的地位日益突出，在现代物流蓬勃发展的今天，第三方物流企业成了时代的新宠儿。

第一节　物流企业及其职能

物流企业是随着物流市场的发展而产生的专门从事物流活动的经济组织。20 世纪 80 年代以后，许多企业不再直接建立物流系统，而将物流业务委托给专业物流公司去完成，这一趋势促进了物流企业的发展。在经济全球化、网络化、信息化、数字化的 21 世纪，物流企业对国民经济的正常运行更加具有不可或缺的推动作用。

一、物流企业的概念与分类

物流企业（Logistics Enterprise）就是从事物流活动的经济组织，是各种物流服务的提供商。而物流活动（Logistics Activity）则是对物流的运输、储存、装卸搬运、包装、流通加工、配送、信息处理等基本功能的实施与管理过程。换言之，物流企业指的是对物品的流向进行操作的企业。按照发达国家的定义，专业物流企业承担的服务功能通常有以下几项：需求预测、信息传递、物料搬运、订单处理、采购、包装、储存、运输、装卸、配送、回收利用、售后服务等。我国国家标准《物流术语》（GB/T18354—2006）在对《物流企业分类与评估指标》（GB/T19680—2005）进行改写的基础上，将物流企业定义为：从事物流基本功能范围内的物流业务设计及系统运作，具有与自身业务相适应的信息管理系统，实行独立核算、独立承担民事责任的经济组织。

2005 年 3 月 24 日，国家质量监督检验检疫总局和国家标准化管理委员会批准发布了国家标准《物流企业分类与评估指标》（GB/T19680—2005），并于同年 5 月 1 日起实施。鉴于我国物流企业的蓬勃发展和经营水平的不断提高，相关部门对《物流企业分类与评估指标》（GB/T19680—2013）进行了重新修订并于 2013 年 12 月 31 日发布，2014 年 7 月 1 日实施。

在该标准的制定过程中，曾针对物流企业的界定，提出过三种选择标准：第一种标准要求，物流企业的全部活动都能严格遵循现代物流理念，能够为客户提供定制化的服务方案、提供一体化的合同服务。如果按照这一标准，物流企业的范围将会过窄，国内能称得上物流企业的组织肯定不多。另一种标准认为，所有从事运输、仓储等功能性服务的企业都可算物流企业。如果按照这一标准，则物流企业的范围又会过宽。因此，最终所采用的第三种标准就是将前两种标准结合起来，允许物流企业经营传统的运输、仓储等功能性主业，但必须按照现代物流的本质要求，发展现代物流业务。国标以折中的第三种标准为依据，将我国的物流企业划分为"运输型"物流企业、"仓储型"物流企业和"综合型"物流企业三大类。

需要指出的是，该标准特别突出了物流企业向现代物流转型的要求，无论是"仓储型"还是"运输型"物流企业，如果缺乏物流的延伸服务，不能满足客户的定制化物流需求，则只能称为传统的运输或仓储企业，不能称为"物流企业"。国标对物流企业的划分，体现了"引导我国传统物流企业向现代物流加快迈进"的精神，其实质上仍是一个过渡性的国家标准。

（一）运输型物流企业

运输型物流企业应同时符合以下要求。

（1）以从事运输业务为主，具备一定规模；

（2）可为客户提供运输服务及其他增值服务；

（3）自有一定数量的运输工具和设备；

（4）具备信息服务功能，应用信息系统可对运输货物进行状态查询、监控。

（二）仓储型物流企业

仓储型物流企业应同时符合以下要求。

（1）从事仓储业务为主，具备一定规模；

（2）可为客户提供分拨、配送、流通加工等服务，以及其他增值服务；

（3）自有一定规模的仓储设施、设备，自有或租用必要的货运运输工具；

（4）具备信息服务功能，应用信息系统可对仓储货物进行状态查询、监控。

（三）综合型物流企业

综合型物流企业应同时符合以下要求。

（1）从事多种物流服务业务，可以为客户提供运输、仓储、货运代理、配送、流通加工、信息服务等多种物流服务，具备一定规模；

（2）可为客户制订系统化的物流解决方案，可为客户提供综合物流服务及其他增值服务；

（3）自有或租用必要的运输工具、仓储设施及相关设备；

（4）具有一定市场覆盖面的货物集散、分拨、配送网络；

（5）具备信息服务功能，应用信息系统可对物流服务全过程进行状态查询和监控。

当然，由于物流企业的经营方向、服务提供方法、组织形式等方面的多样性，现实中对于物流企业的分类也必然是多种多样的。比如：根据生产资料所有制形式不同将其分为国有物流企业和非国有物流企业；根据物流业务的承担者不同，将其分为物流自理企业和物流代理企业；根据业务内容的不同，将其分为物流作业企业和物流信息企业；根据物流企业的组织形态不同，将其分为实体物流企业和虚拟物流（Virtual Logistics）企业等。

二、物流企业的职能

物流是一个过程，这个过程是存货的流动和储存的过程，是信息传递的过程，是满足客户需求的过程，是若干功能协调运作的过程，是提高企业运营效率和效益的过程。在整个物流过程中，企业承担着十分重要的职能。

（一）物流企业的宏观职能

物流企业的宏观职能是指解决社会生产与消费之间在数量、质量、时间和空间上的矛盾，促进社会总供求的结构平衡和社会再生产过程的顺利实现。日本的物流专家河野力认为，第二次世界大战后日本经济快速发展的原因，得益于物流和教育。可见，物流产业对一国国民经济的影响和作用是深远而巨大的。对一个国家而言，物流企业可以为国民经济的发展提供有利的条件，具体表现在以下几个方面。

（1）可以优化国家资源配置，改善和有效利用国家的基础设施，促进国民经济和社会的快速、健康发展。

（2）提高原材料和产品流动的质量、效益和水平。

（3）促进经济增长方式由粗放型向集约型转变。

（4）促进城市化水平的提高。

（5）提高居民的综合生活水平和质量。

（6）增强制成品在国际市场上的竞争能力。

（二）物流企业的微观职能

从企业运营的角度来考察，物流企业的职能包括以下内容。

1. 提供物流服务

物流是以制造商为中心，即以产品的生产制造和市场营销为主线，以相关信息流为手段，来协调供应商和客户行为的协作性竞争体系或市场竞争共同体。物流企业是物流服务的供应商，物流的本质就是服务，为制造商的产品生产和营销提供服务，为最终用户的产品可得性提供服务，为供应链的组织协调提供服务，这就要求物流企业改变传统经营方式，主动出击，进行市场调查，了解用户物流服务需求，并分析客户对物流服务的要求，为客户提供满意的物流服务。所有这一切的实现都依赖于物流信息的畅通和传递速度，而信息的处理与传递必须实行电子化方式才能迅速、高效。

物流企业的功能越来越多，竞争越来越激烈。在电子商务环境下，物流企业不仅要完成零售店的送货任务，还要完成生产企业的进货任务等，物流企业既是生产企业的原料库、成品库，也是最终用户服务的供应者。此外，它不再单单是提供仓储和运输服务，还必须开展配货、送货和各种提高附加值的流通加工服务，也可以按客户的需要提供其他相关服务。由此可见，电子商务把物流产业提升到了一个前所未有的高度，为物流企业提供了极大的发展空间。

从分工协作的观点来看，制造商在选择其物流服务供应商时主要考虑以下几个因素：首先是其市场营销战略需要；其次是与市场营销战略相匹配的物流系统设计；再次是能获得高水平的物流服务；最后是能获得降低物流总成本的好处。制造商的"服务/成本"分析是至关重要的。物流企业在供应链中的服务定位取决于资源配置所具有的比较优势。为此，物流企业必须实行服务的专业化。

2. 管理客户企业的存货资产

物流管理的核心是在供应链中流动的存货，所以物流管理在本质上是对存货资产的管理。这是企业理解物流体系，把握物流过程的关键所在。物流企业必须为制造商的存货管理提供解决方案。

3. 满足最终消费者对商品的需求

物流系统的功能目标就是满足客户需求。从客户服务的角度来说，有学者把物流定义为：以恰当的成本和恰当的条件，去保证恰当的客户在恰当的时间和恰当的地点，对恰当的产品的可得性。实际上，产品的可得性不仅是对物流系统功能评价的首要指标，也是物流系统优化的最主要目标。

4. 降低交易成本

物流管理的两个主要范畴，也是对产品的客户可得性影响最大的两个物流功能环节，就是运输和储存。对一般制造企业来说，运输成本要占物流总成本的45%左右，而存货维持成本则要占物流总成本的37%左右。在传统的物流配送管理中，因信息交流限制，加之配送环节的烦琐，完成一个配送过程的时间比较长。但随着电子商务的发展，网络系统介入物流企业，信息交流时间大大缩短，任何一个物流信息和资源都会通过网络瞬间传到有关环节。此外计算机系统管理可以使整个物流配送管理过程变得简单、容易，物流配送周期大大缩短，使用户的购物和交易更有效率、费用更低。物流企业正是通过其物流服务能使货主企业降低库存、降低运输成本、减少流程周转时间等交易成本而获利的。

5. 提升企业的核心竞争力

由于越来越多的企业认识到物流系统是获得竞争优势的重要战略手段，实际上，物流系统的竞争优势主要就取决于它的一体化程度。电子商务公司希望物流企业提供的配送不仅仅是送货，而是最终成为电子商务公司的客户服务商，协助电子商务公司完成售后服务，提供更多增值服务内容，如跟踪产品订单、提供销售统计、代买卖双方结算货款、进行市场调查与预测、提供采购信息及咨询服务、协助选择与规划物流方案、提供库存控制策略建议、实施物流教育培训等系列化服务，以进一步增加电子商务公司的核心服务价值。

6. 促进电子商务的发展

通常，一笔成功的电子交易需包括物流、信息流和资金流三种基本要素，其中，物流是基础，信息流是桥梁，资金流是目的。没有快速反应的物流企业，电子商务就不可能得到充分的发展。电子商务要求物流配送要快速、准确、高效。而自动化的效果就是省力，并能扩大物流作业能力，提高劳动生产率，减少物流作业的差错等。因此，物流企业要努力实现自动化以适应电子商务和企业发展的需要，这就要求物流企业配备高水平的自动化设备。如条码/语言/射频自动识别系统、自动分拣系统、自动导向车、货物自动跟踪系统等。这些设施在发达国家已普遍应用于物流作业流程中。

第二节　第三方物流的概念与特点

第三方物流自20世纪80年代在欧美等工业发达国家出现以来，以其独特的魅力受到了企业的青睐，并得到迅猛发展，被誉为企业发展的"加速器"和21世纪的"黄金产业"。完善的第三方物流企业能够提供货主所需的所有环节的物流服务，包括仓库存货代理、运输代理、托运代办、通关代理等业务。第三方物流可以帮助企业提高劳动生产率、削减成本，并增加灵活性。有迹象表明，企业对第三方物流服务的利用频率将会越来越高，范围也将越来越广。

一、第三方物流的含义

由于供应链的全球化拓展，使得物流活动变得越来越复杂、物流成本越来越高、资金密集程度也越来越大。如果将企业所需的物流业务外包出去，利用外包物流，企业就可以有效地节省物流成本、提高顾客服务水平。这种观念和方法最早出现在制造企业内，这些制造企业为了将资源集中用于自己最主要的业务，而将物流业务交给第三方物流公司去完成，这一做法有效促进了第三方物流的发展。

1988年，美国物流管理委员会的一项客户服务调查首次提到"第三方物流提供者"，成为第三方物流概念的创造者。在第三方物流概念传入我国的早期，有人广义地解释第三方物流，认为只要是由第一方发货人和第二方收货人之外的主体所组织的物流都可称之为第三方物流。事实上，彼时我国的"物流"称谓尚未统一，大多数人心中的物流还是 Physical Distribution，甚至有人将运输、储存等单一的物流功能要素也称为物流。这样一来，外包的运输、储存等传统服务都可冠以第三方物流的时髦称谓，大量传统功能型企业也自称为第三方物流企业。

第三方物流的英文原文是 Third Party Logistics，说明汉语第三方物流称谓中的"物流"是特指 Logistics，而不是我国曾经广义理解的物流含义。Logistics 不同于 Physical Distribution，更不同于 Transportation，所以第三方物流应该是指由第一方发货人和第二方收货人之外的主体所组织的 Logistics。因此我国《物流术语》标准（GB/T 18354—2006）将其定义为：独立于供需双方，为客户提供专项或全面的物流系统设计或系统运营的物流服务模式。

从以上定义可以看出，国标定义除了用"独立于供需双方"说明"第三方"的地位之外，重点强调了"系统设计或系统运营"。而 Logistics 不同于 Physical Distribution 或者其他功能要素的最本质特征就是系统化。因此，我国的国标定义也是狭义的理解物流，将第三方运输、第三方仓储、第三方 Physical Distribution 排除在第三方物流之外。提供第三方物流服务的企业称为第三方物流企业，它也一定是 Logistics 企业，也就是此前曾经称呼过的现代物流企业，它一般具有如下特征。

（1）具备提供现代化、系统化物流服务的企业素质；

（2）能够向客户提供包括供应链物流在内的全程物流服务或定制化服务；

（3）物流企业与客户之间的合作关系不是一次性的偶然行为，而是一种长期协作关系；

（4）物流企业向客户提供的不是一般性的简单物流服务，而是提供现代化的增值物流服务。

二、第三方物流的分类

第三方物流按其提供物流服务的手段进行划分，可分为资产基础型第三方物流和非资产基础型第三方物流。

（一）资产基础型第三方物流

所谓资产基础型第三方物流是指物流供应商拥有从事专业物流活动或约定物流活动的装备、设施、运营机构、人才等生产条件，并且以此作为自身的核心竞争能力。资产基础型第三方物流以自有的资产作为向客户服务的重要手段，在工业化时期，这种物流企业在发达国家曾经有过比较大的发展。

资产基础型第三方物流的主要优点是：（1）可以向用户提供稳定、可靠的物流服务；（2）由于资产的可见性，这种物流企业的资信程度比较高，从而对客户具有吸引力。

资产基础型第三方物流的主要缺点是：（1）因为需要建立一套物流工程系统，投资比较大，而且维持和运营这一套系统仍需要经常性的投入；（2）虽然这套系统可以提供高效率的确定服务，但很难按照客户的需求进行灵活的改变，往往会出现灵活性不足的问题。

（二）非资产基础型第三方物流

非资产基础型第三方物流是指物流供应商不拥有资产或租赁资产，是以人才、信息和先进的物流管理系统作为向客户提供服务的手段，并以此作为自身的核心竞争力。非资产基础型第三方物流由于自己不拥有需要高额投资和经营费用的物流设施、装备，而是灵活运用别人的这些生产力手段，这就需要有效地管理和组织，所以信息技术的支撑显得十分重要。

非资产基础型第三方物流的最大优势是，由于不拥有庞大的资产，可以通过有效地运用虚拟库存等手段，获得较低的成本。但是其资信度较资产基础型第三方物流低，因而对客户的吸引力不如后者强。

此外，随着物流产业的发展，势必出现一种既在信息、组织和管理上拥有优势，同时又建立了必要的物流设施装备系统，但不是全面建设这种系统的第三方物流，它既具备上述两种第三方物流的优点，同时又避免了过大投资或服务水平不足的缺点。

三、第三方物流的特点

（一）关系契约化

首先，第三方物流是通过契约形式来规范物流经营者与物流消费者之间关系的。物流经营者根据契约规定的要求，提供多功能直至全方位一体化物流服务，并以契约来管理所有提供的物流服务活动及其过程。其次，第三方物流发展物流联盟也是通过契约的形式来明确各物流联盟参加者之间权责利相互关系的。

（二）服务个性化

首先，不同的物流消费者存在不同的物流服务要求，第三方物流需要根据不同物流消费者在企业形象、业务流程、产品特征、顾客需求特征、竞争需要等方面的不同要求，提供针对性强的个性化物流服务和增值服务。其次，从事第三方物流的物流经营者也因为市场竞争、物流资源、物流能力的影响需要形成核心业务，不断强化所提供物流服务的个性化和特色化，以增强物流市场的竞争能力。

（三）功能专业化

第三方物流所提供的是专业的物流服务。从物流设计、物流操作过程、物流技术工具、物流设施到物流管理必须体现专业化水平，这既是物流消费者的需要，也是第三方物流自身发展的基本要求。

（四）管理系统化

第三方物流应具有系统的物流功能，是第三方物流产生和发展的基本要求，第三方物流需要建立现代管理系统才能满足运行和发展的基本要求。

（五）信息网络化

信息技术是第三方物流发展的基础。物流服务过程中，信息技术发展实现了信息实时共享，促进了物流管理的科学化，极大地提高了物流效率和物流效益。

第三节　第三方物流的价值与作用

从第一方或第二方物流过渡到第三方物流，是一次革命性的飞跃，是一个从量变到质变的跨越。工商企业与第三方物流企业一起可以形成一个发挥各自核心竞争力、资源共享、优势互补、集约化、规模化的生产和流通系统，系统中的各个企业都能实现资源配置的最优化和效益的最大化。

一、使用第三方物流的好处

客户企业的物流业务交给第三方物流企业后，不但自己的物流任务可以完成得更好，而且还可以甩开这些烦琐的物流活动，集中精力发展自己的核心竞争力，强化企业的竞争优势，使企业取得更好的经济效益。具体来说，使用第三方物流能给客户企业带来以下好处。

（一）第三方物流的成本价值

第三方物流的成本价值体现在能为客户企业带来作业利益、管理利益、经济利益和战略利益。

（1）作业利益。企业将物流外包后，不再需要购买专业的运输设备、建设专门的仓库基地，也不用雇佣专业的人员，使得企业将固定成本转化为可变成本，降低了固定成本带来的风险。同时，第三方物流通过专业化的物流设备和先进的信息技术，增加了物流作业的灵活性，提高了服务质量。

（2）管理利益。第三方物流实现了订单的信息化处理，推动了物流协调运作的一致性，从而保证了客户企业内部管理运营的流畅性，提高了管理的效率。此外，将物流外包给第三方能为企业减少供应商数量，降低相关的交易成本。

（3）经济利益。企业通过物流外包，不仅能够将其固定成本转变为可变成本，还可以有效地避免盲目投资造成的资金浪费，从而节约投资成本，降低经营风险，获得经济利益。

（4）战略利益。企业将物流外包给第三方，能够获得地理范围跨度的灵活性，并且可以根据竞争环境的变化及时做出调整，具有战略性的意义。

（二）第三方物流的服务价值

为客户企业提供优质的物流服务是第三方物流追求的目标和努力的方向。第三方物流的服务价值包括以下几点。

（1）提供个性化、专业化服务。由于不同企业在采购、库存、生产、销售等方面存在差异，其所要求服务的方式、水平和内容等也会有所不同。因此，第三方物流必须具备提供个性化、专业化服务的能力，能够为客户企业定制专门的服务方案。

（2）形成物流网络服务。第三方物流企业把供应商、生产制造商和批发零售商等供应链节点企业的物流活动整合起来，形成物流系统网络，以加快对客户企业订货的反应速度，缩短从订货到交货的时间，实现物品的快速配送交付。此外，第三方物流运用先进的信息通信技术，加强对在途物品的监控，确保物品及时安全地送达目的地，提高了客户企业的满意度。

（3）扩大服务的深度和广度。第三方物流通过纵向整合，为客户企业提供包括运输、仓储、配送、信息系统规划和管理以及专业物流人员的培训等一系列专业化的物流服务，拓展了物流服务深度。同时，第三方物流企业与其他同类企业进行横向整合，结成物流联盟，在更大范围内共同为客户企业提供优质的物流服务，由此扩大了物流服务的广度。

（三）第三方物流的风险规避价值

如果企业选择自行承担物流，将面临投资风险和存货风险。

（1）投资风险。自营物流的企业需要自行购买运输车辆、建立存货仓库等，但由于市场的不确定性，企业对这些物流设施设备的使用率也随之呈现波动性。当市场萎缩时，会出现大量物流资源闲置的现象，加上资产专用性的存在，企业可能面临巨大的沉没成本风险。

（2）存货风险。企业为了防止生产中断或货物短缺，往往会持有一定的库存。一般而言，企业防止缺货的期望越大，仓库的平均存货数量就越多。在市场需求高度不确定的情况下，大量的库存容易导致产品和原材料积压，致使管理成本上升。加上存货需求占用大量的资金，随着时间的推移，其变现能力可能会减弱，产生贬值的风险。因此，在库存没有变现之前，任何企业都面临着巨大的存货风险。

如果企业选择通过第三方物流进行专业化运输、仓储和配送，可以节约大量的物流设施设备投资，将固定成本转化为变动成本，避免沉没成本和机会成本的风险。并且由于配送能力的提高与存货周转速度的加快，减少了企业内部的安全库存量，将一部分风险分散给了第三方物流，从而降低了企业的资金风险。

（四）第三方物流提升企业竞争力价值

第三方物流为客户企业带来的竞争力价值体现在以下几点。

（1）集中主业。随着企业生产经营规模的不断壮大，其对物流的要求越来越高。自营物流的企业无法同时兼顾主营业务和物流业务。将物流业务外包给第三方物流，有利于实现资源优化配置，帮助企业将有限的人力、财力集中于如新产品的研发、工艺技术的改造和新市场的开拓等核心业务上。

（2）建立关系。由于第三方物流熟悉相关的政策法规，并与政府保持良好的关系，所以第三方物流可以凭借自身的资源和优势帮助企业在一些物流管制状态的地区开展物流业务。例如，在许多对物流配送业务有限制的城市，一些第三方物流企业能够利用同政府的关系得到营运资质。因此与这些第三方物流企业合作，就可绕开某些业务政策的限制。

（3）推动全球化。现代企业的采购、生产和销售在全球范围内进行，这是经济全球化的具体特征和成果。企业要集中精力于生产经营当中，同时又要注意开拓市场，这使得企业的资源容易受到限制。许多大型的第三方物流企业在国内外具有良好的运输和分销网络，与它们合作，有助于构筑全球一体化的物流体系，推动企业的全球化战略的实施。

（4）提升形象。专业的第三方物流利用规模生产的专业优势和成本优势，提供低价格、高质量的服务。他们与客户企业建立的是战略合作伙伴关系，能够将客户企业的物流最优化作为设计运作物流系统的目标，为客户企业着想，运用遍布世界各地的运送网络和服务提供商大大缩短提货和交货周期，帮助客户改进物流服务，树立品牌形象。

二、第三方物流的效益源泉

第三方物流的效益在于实现运输、仓储、装卸搬运、包装、配送等一系列物流活动的费用最小化，它来源于物流企业的规模经济、专业化、管理控制能力以及与客户企业的合作联盟。

（一）源于物流企业的规模经济

第三方物流的规模经济来源于三个方面：一是运输的规模经济，第三方物流企业对运输工具、线路和方式等进行充分整合，有效降低空载率和迂回率，获得运输车辆规模效益；二是设施利用的规模经济，第三方物流统一仓储，集中配送，加快产品周转次数和资金回笼速度，实现物流设施的合理利用；三是采购商品的规模经济，第三方物流采购批量大，能化零为整，并与供应商保持长期稳定的供应关系，可获得优惠的价格比。

（二）源于物流企业的专业化

第三方物流将先进的科学技术引入到物流的整个过程，例如，采用专门的堆码技术增加仓储门类，采用先进的通信技术加强对库存和在途物品的监控和管理等。同时，物流企业吸引大量的专业人才，从事企业的研发、运作和管理工作，为物流企业创造价值。

（三）源于物流企业的协调运作能力

物流企业的协调运作是第三方物流最主要的效益源泉。第三方物流打破各供应商之间、客户群之间的界限，统一组织调运和配送，以最短的时间和最少的次数，把物品送到客户手中，降低往返过程中的资源浪费。同时，采取统一批量化作业，使物流过程更为简单，提高了物流工作效率。此外，第三方物流能够调剂供应链上的物流供需，使链上的企业形成新的更合理的供需关系。

（四）源于物流企业与客户企业的合作联盟

企业与第三方物流结成合作联盟，可集中人力、物力和财力经营自己的主业，提高核心竞争力，获得更大的经济效益。第三方物流负责企业的物流系统设计和运营等，其效益来源于客户企业经营目标的实现，二者结成联盟，达到共赢。客户企业经济效益的提高，带来物流企业效益的增加。

三、第三方物流的社会价值

通过系统化和专业化的物流运作，第三方物流不仅能为客户企业带来实实在在的价值利益，从宏观的角度看，第三方物流还能产生如下社会价值。

（一）整合社会资源

第三方物流凭借其强大的物流信息系统和专业的物流管理能力，对企业原有的物流信息系统等进行合理的更新、优化，实现数据信息的共享，并对企业的车辆、仓库、设备等物流资源统一运营、管理，将闲散的物流资源有机整合起来，实现物尽其用，提高物流资源利用效率。

（二）缓解交通压力

第三方物流凭借其专业的物流职能，加强对运输路线和运输方式的合理规划，组织统一配送等，能够有效地减少车辆运行数量，更多地避免车辆迂回运输、空驶等现象，有利于缓解由于货车运输的无序化造成的城市交通拥堵问题，起到缓解城市交通压力的作用。

（三）优化产业结构

发展第三产业是我国产业结构调整、努力的方向。大力发展第三方物流，有利于增加第三产业在国民经济中所占的比重，推动产业结构的合理调整与优化。同时，也有利于带动相关产业的发展，促进第三产业群的形成。

（四）促进区域发展

第三方物流通过专业的物流职能，可以支持生产企业将原料采购、制造加工和产品销售异地结合或三地分离，使得第三方物流的这一特殊功能与我国区域经济的因地制宜、优势互补、分工合作、协调发展的目标相一致。因此，加快发展第三方物流对于各经济区域的协调发展，特别是对中西部经济落后地区经济的发展具有重要的战略意义。

第四节　第三方物流的运作模式

企业的物流运作主要包括产品运动、信息运动、对这些运动的速度和成本的控制以及企业内部功能的整合和企业外部协作体系的一体化。当企业自己所拥有的物流资源不足以对企业组织的目标形成有效支持时，企业就会到市场上去寻求外部资源的支持，即所谓外包物流运作或外购物流服务。而当企业产生了外购物流服务的需求时，第三方物流服务的市场也就产生了。

一、第三方物流的典型运作模式

第三方物流运作从初级到高级是分阶段发展的，但其并没有统一的分类标准和固定的运作模式。不同的企业完全可以根据自身的特点，进行优化组合，最大限度地发挥自身的资源优势，设计出自己的第三方物流服务产品。下面介绍三种典型的第三方物流运作模式。

（一）以综合物流代理为主要形式的第三方物流运作模式

第三方物流企业为客户提供全方位、综合性的物流服务，所提供的服务可能是企业自身无法完成的，需要将部分服务项目委托给其他专业性较强的公司来协助完成。在整个运作过程中，第三方物流企业完全可以不进行固定资产再投资，只需运用自己成熟的第三方物流管理经验，就能为客户提供高质量的服务。

采用这种模式的物流企业应该具有很强的实力，同时拥有发达的网络体系，这样的企业能做到综合物流代理，为客户提供全方位的服务。

（二）以提高物流服务附加值为目标的第三方物流运作模式

物流产业是创造商品价值的产业，从订单处理、仓储保管、运输配送、装卸、包装、流通加工到信息反馈等一连串活动，都能创造商品的附加值。第三方企业是一个微利企业，传统的做法是通过开拓业务，增加新的客户，以增加盈利，但这只是一种面的扩充。通过物流活动增加商品附加值则是打破原有的惯性，从深度与广度的空间去考虑，这种物流服务，既让客户感到方便，又增加了商品的附加值，增加了物流的利润，也使第三方物流企业增加了盈利。

我国第三方物流企业由于运输方式的单一，网络的整合能力又欠缺，若不考虑实际情况，在现阶段去做综合物流代理，不但实力达不到，而且容易导致服务不到位，最终使客户不满意。面对现实，企业应该根据自身的实际情况，从提高物流环节的服务附加值入手，实现物流环节的系统化和标准化，为客户提供物流服务，使物流的整体综合效益达到最佳。

（三）以个性化物流服务为目标的第三方物流运作模式

客户对物流的需求是具有多样性的，特别是中小型客户，自身的商务功能有限，需求更具特殊性，这是一个巨大的潜在客户群。第三方物流企业如果能够为这些客户提供差异性服务，就会发现有很多发展空间。所以，物流服务提供者不能仅依靠单纯地提供部分固定的服务项目，而应利用信息将其咨询能力与企业客户的实际相结合而创造新价值，将其自身的行业优势转化为新的生产力资源融入企业客户之中。这也即是企业要有"以客为本"的经营理念，在提供物流服务时必须以客户满意为中心，真正领会客户的生产意图，一切从客户的需要出发，针对客户供应链的各环节，紧密配合客户生产的需求，以提高客户生产效率，降低客户的物流费用，提高客户整体效益和竞争力为目的，拟定一个整体性的解决方案，并以此整合所有的业务。

由此，物流社会化又融入了更深的含义：物流代理商不仅承接的是物流业务，更重要的是提供给顾客一种崭新的资源。这种资源是为顾客所特定的，是顾客无法从其自身内部获得的，而只能借助于专业社会生产力资源提供者才可汲取。正如微软公司副总裁所说的：附加价值不是可以永远源源不断汲取且永不干涸的井，它迟早会有枯竭的一天；所以你必须找寻新的燃料之源，这就是崭新的行事方式。而第三方物流正是为企业提供了这种崭新的方式，即一种跨越其组织界限的行业合作。在新经济的条件下，物流的个性化服务正是顺应了这样的趋势，物流作为"第三利润源"其作用正在得到更大的发挥。

二、第三方物流企业的合作经营方式

在我国，现代物流的发展起步较晚，但新成立的第三方物流企业对现代物流有较深的理解，它们更加注重客户关系，与国有物资流通企业相比服务水平要高，企业负担轻。可是与国际物流业的巨头 UPS 和 FedEx 的规模和水平还相差较远。究其原因，主要是这些第三方物流企业资金少，拥有的物流资源相对匮乏、不能形成规模优势。但通过学习借鉴国外的先进经验，近年来它们发展较快。目前，我国第三方物流的现状已初步具备了发展物流与配送的经济环境和市场条件，从长远看，在不断推进改革的条件下，我国第三方物流的发展将进入一个新阶段，前景是很可观的。

（一）纵向合作经营

纵向合作经营是指在物流业务系统中的第三方物流企业，因所从事的物流业务不同而与上游或下游第三方物流企业之间不存在同类市场竞争时的合作经营关系。纵向合作经营最典型的模式是专门从事运输业务的物流企业和专门从事仓储业务的物流企业之间的合作。

纵向合作经营的结果使得社会物流资源得以整合，第三方物流企业的分工更专业化，资金投入更合理化。

（二）横向合作经营

横向合作经营是指彼此相互独立地从事相同物流业务的第三方物流企业之间的合作经营关系。

横向合作经营的基础是资源共享，它包括三方面：一是市场的共享。合作体内每个企业独立开发的市场即是合作体内所有企业的市场。二是技术的共享。合作体内每个第三方物流企业都有自己的技术特点，合作经营的结果使得合作体内各种技术特点相互取长补短，形成了合作体共同的、比较全面的物流技术体系优势，既降低了每个企业的技术开发费用，又增强了企业的技术竞争力，扩大了企业的市场竞争范围。三是业务能力的共享。在合作体内部，当某一企业因为季节性或临时性业务量较大时，可以花费合理而低廉的费用使用合作体内其他第三方物流企业的业务资源，进而使得合作体内部的投资更合理。

（三）网络化合作经营

网络化合作经营方式是指既有纵向合作又有横向合作的全方位合作经营模式。网络化合作经营有着纵向合作和横向合作共同的特点，是最常见的合作经营模式，一般不完全资产型的第三方物流企业都采用这种合作经营的方式。

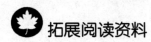

拓展阅读资料

第三方物流发展现状

随着发达国家先进企业的物流模式向第三方物流方向转变，国外第三方物流服务商的规模和服务范围越来越大。1996—2001 年，北美地区的第三方物流保持相对平稳，保持在68%～73%之间。2002—2005 年，这一比例有所上升，2006 年达到80%。根据近三年的调查数据，西欧的第三方物流使用者比例是77%，亚太地区更高，2004 年达到 84%，2005 年为 83%。

在中国，经过几年的发展，第三方物流服务越来越受到企业的欢迎，既有量的增加，涌现出许多物流企业，2001 年仅在北京注册"物流"的企业就有 120 多家，上海截至 2001年年底挂"物流"名称的企业已超过 1 000 家；又有质的提高，物流服务功能不断完善，服务水平显著提高，出现像中远集团、中外运集团那样既有规模又有效益的物流企业。也有一些民营的第三方物流企业在激烈的竞争中，由于突出的优势而取得较快的发展，占据了较大的市场份额，如宝供、北京宅急送、佳吉快运等。但物流企业整体水平还不高，很多是由传统的仓储、运输企业转型而来的。在管理水平、技术力量及服务范围上还没有质的提高，真正实力超群、竞争力强的物流企业也为数不多，还存在区域发展不平衡、大部分物流企业实力较小、功能单一等问题。据统计，目前国内第三方物流在整个物流市场中的比重仅为 18%，与发达国家相差较远。

资料来源：http://www.em-cn.com/article/2007/138035_2.shtml

本章关键词

物流企业、第三方物流、资产基础型第三方物流、运作模式、经营方式

复习思考题

1. 简述物流企业有哪些微观职能。
2. 举例说明你所熟悉的物流企业属于哪种类型。
3. 与一般的物流企业相比，第三方物流企业有哪些特点？
4. 使用第三方物流的好处有哪些？
5. 说明第三方物流的社会价值是什么。
6. 结合实际说明第三方物流的典型运作模式。
7. 第三方物流企业的合作经营方式有哪些？

第十五章 物 流 政 策

为了促进社会经济的高效运行和健康发展，政府必须制定相应的方针和政策，对全社会的经济活动进行一定程度的干预。物流政策就是政府在物流领域进行宏观控制的一种手段，是政府干预物流活动的具体体现。

第一节 物流政策概述

所谓政策，一般是指为实现某种特定目的而制定的方针或原则。根据政策制定主体的不同，可将政策划分为两类：一类是国家或政府部门制定的公共政策；另一类是私人部门或民间企业制定的私人政策或企业政策。但是，本书所说的政策是指由国家或政府部门制定的公共政策。公共政策又可分为经济政策、社会政策、文化政策、卫生福利政策等。而经济政策则包括生产政策、流通政策、消费政策和分配政策等。

一般认为，经济政策包含两层含义：一是指国家经济发展的基本方针或原则，二是指国家或政府干预社会经济活动的各种措施。按此理解，物流政策就是国家或政府为实现全社会物流的高效运行与健康发展而制定的方针或原则，以及政府对全社会物流活动的干预行为。具体包括有关物流的法律、法规、规划、计划和措施（对策），以及政府对全社会物流活动的直接指导等。

一、物流政策的主体

物流政策的主体是指物流政策的制定者与实施者，即代表社会公共利益的社会公共机构。作为物流政策主体的社会公共机构主要由三部分构成，即立法、司法与行政机构。

（一）立法机构

根据物流政策的定义，有关物流的法律、法规也属于物流政策的范畴，因此作为物流法律、法规制定者的立法机构就是重要的物流政策主体。当然，立法机构的具体形式因国家政治制度和国情的不同而不同。在西方，立法机构是议会；在我国，立法机构是全国人民代表大会及其常务委员会，以及地方各级人民代表大会及其常务委员会。但是，不论立法机构的具体形式如何，都改变不了它是国家或地方最高权力机关的属性。因此，立法机构不仅是物流政策的主体，而且是最有权威性的物流政策主体。之所以说立法机构是最有权威性的物流政策主体，是因为立法机构所制定的政策（法律）要比其他政策主体所制定的政策具有更大的适用范围与调整强度。

（二）司法机构

立法机构制定的有关物流的法律、法规，旨在为全社会物流活动的相关主体规定是非标准、限制与行为方向，从而事先向人们宣布哪些活动或事业是允许的，允许到什么程度；哪些行为是不允许的，以及一旦做了要受到何种制裁等。但是，这些标准与限制毕竟还是"纸上"的和观念上的，而要保证物流活动主体能够按照"纸上"的规定去行为，还必须有一个专门的机构按"纸上"的规定去执行。这个具体执行"纸上"规定的机构就是司法机构。在我国，司法机构是公安、检察院与法院系统，以及其他具有部分执法权的行政部门，如工商行政管理、物价管理、环境保护机构等。

（三）行政机构

除立法与司法机构外，作为行政机构的政府，特别是中央政府也是重要的物流政策主体。政府机构虽然没有立法权，但是政府有权制定并颁布有关物流的行政命令（条例、通知等）、行政指导。这些行政命令、行政指导也是对全社会物流活动的公开介入和干预，从而也是物流政策的重要内容。事实上，从各国的物流政策实践来看，政府甚至是最重要、最具体的物流政策主体。不仅很多具体的物流政策要由政府制定并实施，而且即使是一些很基本、很重要的有关物流的法律，也往往要由政府来"立案"。从这个意义上讲，政府甚至具有实际的"立法权"。但是，政府制定的物流政策，特别是一些具体的针对某些领域、某些问题的物流政策，必须符合由立法机构通过的法律，而且政府本身也必须接受并服从司法机构的司法。从这个角度来看，政府又同私人部门同处一个层次。这说明政府具有三重属性：一是物流政策的制定者；二是物流政策的执行者；三是物流政策的适用对象。当然，这里所说的政府，既包括中央政府及其所属部门，也包括地方政府及其所属部门。

二、物流政策的目标

如前所述，物流政策是立法、司法及行政机构对全社会物流活动的公开介入和干预。虽然不同的政策主体所制定或实施的政策范围、适用对象、调整强度不同，然而，各个物流政策主体所制定的物流政策都是为了实现一定的目标，也就是说，每种物流政策都有自己的目标，即物流政策目标。物流政策目标主要包括两个层次：一是物流政策的一般目标；二是物流政策的特定目标。

（一）物流政策的一般目标

由于物流活动是经济活动的重要组成部分，物流政策也是经济政策的组成部分，因此物流政策的一般目标，也就是经济政策的基本目标。关于经济政策的基本目标，经济学家有各种各样的解释；各国的经济政策目标也因具体国情的不同而不同，而且即使是同一国家，不同的历史时期、不同的发展阶段，其具体的政策目标也会不同。但是，从总体上看，经济政策的基本目标可以概括为四个方面，即经济发展、经济稳定、经济公平（公正）和经济自由。

既然物流政策是经济政策的组成部分，因此，经济政策的目标应该是物流政策目标的基础或前提，或者说物流政策目标必须同经济政策的目标相统一，而不能违背经济政策的基本目标。但是，物流毕竟不能完全等同于整个经济活动，并具有不同于其他经济活动的特点与功能，因而，为规制或促进物流活动的物流政策，也就必然有自己的特定目标。

（二）物流政策的特定目标

随着经济发展和市场竞争的日益激烈，特别是经济全球化进程的加快、消费需求的变化，以及环境压力的日益增大，使得物流在企业经营与经济、社会发展中的地位越来越重要，因此物流效率与物流服务水平的高低不仅直接影响企业的经营效率与竞争能力，而且也直接影响国民经济的发展水平及其竞争力。显然，如何提高整个社会的物流效率与物流服务水平是物流政策的最基本目标。但是，物流不仅是一个经济问题，具有直接的经济贡献，而且也涉及就业、收入分配、劳动条件、居民生活、人才培养与教育等社会问题，具有社会贡献。因此，如何提高物流的社会贡献也是物流政策的重要目标。不仅如此，物流产业的发展还会产生很大的外部不经济，所以如何减少物流的外部不经济也是物流政策目标的重要内容。

由此可见，物流政策的特定目标主要包括三大类，即经济或效率类目标、社会类目标与环境类目标。经济或效率类目标是最基本的物流政策目标，具体包括加强物流基础设施建设，合理布局物流网络；建立与完善公共物流信息系统；制定与推广物流设备与工具的标准化；改革物流管理体制；开发与引进物流技术等。社会类目标主要包括促进专业化物流产业的发展；增加物流领域的就业机会；改善物流作业条件；建立物流人才培育与教育体系等。环境类目标主要包括开发与应用低公害物流工具；制定物流环境标准；促进复合运输和共同配送的发展；加强公路物流管理等。

三、物流政策的体系与分类

如上所述，不仅物流政策主体是多元的，而且物流政策目标也是多元的，从而决定了物流政策不是单一的，而是多元的政策体系。根据前面的论述，可将体系化的物流政策进行以下分类。

（一）按物流政策主体分类

按照制定主体的不同，可将物流政策划分为立法机构制定的政策和行政机构制定的政策。前者可称为法律类物流政策，后者可称为行政类物流政策。

1. 法律类物流政策

法律类物流政策包括两个层次：一是适用于所有部门和所有领域，进而也适用于物流的法律类政策，如《反垄断法》《反不正当竞争法》《价格法》《公司法》等；二是仅适用于物流领域而不适用于其他领域的法律类政策，如《道路运输法》《港口法》《航运法》等。显然，法律类政策具有强制性和稳定性，并可通过司法机构对全社会的物流活动进行强制性调整。不仅如此，由于法律类政策是在广泛吸取各方面意见的基础上，通过严格的立法程序而制定的，因此更具有公正性、普遍性和权威性。

2. 行政类物流政策

行政类物流政策是指由政府及其所属部门制定的政策，包括有关物流的各种条例、命令、指示、指导或劝告等。对民间物流组织来说，行政类物流政策有些是强制性的，有些则是非强制性的。条例、命令、指示属于强制性行政类物流政策，指导或劝告则属于非强制性行政类物流政策。

（二）按物流政策适用对象分类

按照适用对象的不同，可将物流政策划分为货主物流政策、物流经营者物流政策和消费者物流政策。

1. 货主物流政策

货主是指物流流动的发动者或物流服务的需求者，主要包括生产企业、流通企业，以及其他各类非营利组织。货主物流政策就是针对货主而制定的物流政策，如针对货主的物流网点政策、物流标准化政策、物流信息化政策等。

2. 物流经营者物流政策

物流经营者是指从事专业化物流服务的企业，是物流服务需求的主要提供者，包括运输企业、仓储企业、货运代理企业、第三方物流企业等。物流经营者物流政策就是针对这些专业化物流企业而制定的政策，如车辆管理政策、交通安全政策、仓储管理政策、储运代理政策等。

3. 消费者物流政策

消费者物流政策是指针对消费者而制定的物流政策，具体包括两个方面：一是从保护消费者权益的角度而制定的政策，如消费者权益保护法；二是从规制消费者物流行为的角度而制定的政策，如生活废弃物的排放、回收与利用政策。

由于货主、物流经营者及消费者在物流活动中所处地位不同，其物流活动的特点和运作模式也有所不同，从而对社会的影响也各不相同。所以，针对不同物流主体制定不同的物流政策是十分必要的。但是，由于上述物流主体的物流活动也存在很多共性，所以有些物流政策是适用于所有物流主体的，从而无法分清究竟属于哪一类政策。例如，很多货主不仅接受专业化物流企业提供的物流服务，同时也自营物流业务甚至还向外部提供物流服务，所以有关专业化物流经营者的物流政策，也适用于这一部分货主企业。从这个意义上讲，还可以从专业化物流主体与非专业化物流主体的角度，对物流政策进行分类。

应该说明的是，以上分类是以"人"为对象进行的分类，实际上还可以以"物"为对象对物流政策进行分类。以"物"为对象进行分类，可以将物流政策划分为土地利用政策、道路政策、物流网点政策、车辆政策、货物政策等。例如，土地利用政策是指针对物流领域的土地利用问题而制定的有关政策（或扶持或限制），如物流用地征用政策、物流设施的布局管制政策等；道路政策是针对物流道路建设与管理而制定的政策，如疏港（站）路、环形路、高架路以及地下物流通道的开发与建设政策等；车辆政策是针对车辆而制定的政策，如尾气排放标准、装载率管制等。

（三）按物流政策功能分类

按照功能的不同，可将物流政策划分为减少物流"外部不经济"的政策与促进物流产业发展的政策。前者多属限制类政策，后者多属扶持类政策。

1. 减少物流"外部不经济"政策

这类政策的主要功能是为了减少物流的外部不经济，具体包括交通管制政策、物流设施与网点的建设与布局政策、物流环境政策、物流节能政策等。

2. 促进物流产业发展政策

这类政策的主要功能是为了扶持或促进物流产业的发展，主要包括物流基础设施建设与布局政策、物流信息化政策、物流标准化政策、促进专业化物流企业发展政策、促进中小物流企业发展政策、物流人才培养与教育政策、物流设备与工具开发促进政策等。

当然，按物流政策功能不同，也可将物流政策划分为经济或效率类政策、社会类政策与环境类政策。

（四）按物流政策性质分类

按照性质的不同，可将物流政策划分为综合性物流政策、专项性物流政策和辅助性物流政策。

（1）综合性物流政策调整总体的物流发展。如我国国家经贸委等六部委联合印发的《关于加快我国现代物流发展的若干意见》。

（2）专项性物流政策调整特定的物流环节。如专门调整公路、铁路、海运、航空等交通运输领域的政策，典型的有全国人大常委会制定通过的《中华人民共和国海商法》。

（3）辅助性物流政策调整与物流相关的行为并对物流活动具有平衡和补充作用。如《中华人民共和国进出口商品检验法》《中华人民共和国土地管理法》和《中华人民共和国环境噪声污染防治法》等。

此外，也有人按政策内容的不同，将物流政策划分为物流组织政策、物流运作政策、物流发展促进政策、物流活动调控政策、物流设施供给政策、物流争议救济政策；按使用范围的不同，将物流政策划分为全国性物流政策和地方性物流政策等。

第二节　发达国家的物流政策

研究发达国家物流政策的变迁历史及其现状，对深入理解物流政策理论及其作用机理，进一步改革与完善物流政策，提高物流政策的政策效果等，都具有十分重要的意义，尤其对我国来说，研究借鉴发达国家物流政策则更具有现实意义。

一、发达国家物流政策的变迁

（一）发达国家物流政策的起源

虽然物流概念最早产生于 20 世纪初，但一直到 1962 年著名管理学家德鲁克指出物流是"经济领域的黑暗大陆"后，物流才真正引起人们的重视；从实践来看，也是 20 世纪 50 年代以后，随着第二次世界大战期间美国"军事后勤"理论在企业界的借鉴、应用，才逐渐引起工商企业对物流问题的关注。随着物流理论研究的不断深入，特别是企业物流实践的不断发展，人们发现，制约企业物流效率的因素越来越多，而且很多问题不是企业自身能够解决的，特别是微观物流效率与宏观物流效率，以及物流与整个社会经济之间的"二律背反"现象越来越多，也越来越严重。

人们认识到，要想提高微观效率，特别是要想解决微观物流与宏观物流，以及物流与整个经济社会发展的"二律背反"问题，社会公共机构有必要对物流活动进行公开介入与干预，即制定并实施必要的物流政策。因此，发达国家物流政策是随着物流理论研究的不断深入与物流实践的不断发展而产生的。由此可见，没有对物流理论的研究，就没有对物流问题的重视。没有物流实践特别是没有企业物流实践的发展，就不会产生或发现只有社会公共机构的公开介入才能解决的物流问题，从而也就不会产生物流政策。从这个意义上讲，发达国家的物流政策大多起源于 20 世纪 50 年代，初步形成于 20 世纪 60 年代。

（二）20 世纪 50 年代至 60 年代的物流政策

在 20 世纪 60 年代以前，各国的物流政策主要以运输政策为主。这是因为，在 20 世纪 60 年代以前，最大的物流问题是如何提高运输与保管能力，以满足经济高速增长所产生的运输需求。从发达国家的情况来看，20 世纪 60 年代以后，随着生产规模与流通规模的迅速扩大，进一步加剧了物流基础设施供给不足的矛盾，因此加快公路、港口、流通中心等设施的建设，是这一时期发达国家物流政策的主要课题。从运输方面来看，从 20 世纪 60

年代后期开始大力推行集装化（单元化）运输、联合一体化运输以及综合货运站的普及与应用；从物流设施方面来看，则积极进行物流园区与流通仓库的建设。

（三）20 世纪 70 年代至 80 年代的物流政策

20 世纪 70 年代以后，尽管一些国家在大规模、复合型的物流园区建设上取得了较大的进展，特别是城郊物流设施的大型化也日益明显，但是，如果不能实现共同化或协同化运作，这些大型的物流设施仍无法发挥规模经济效果。同时，即使物流设施内部的功能实现了综合化，但如果不能实现功能上的相互协调，那么，也无法提高物流效率，进而也无法对交通量的减少做出实质性贡献。由于城郊物流设施没有解决城市内的主要物流问题，因此一些国家的政府又开始转变认识，认为调整完善城市内部的小规模物流设施，也许是解决城市内部物流问题的有效途径。于是，政策重点又开始转向加强适合区域特点的共同配送中心、共同流通中心、存货设施、公共汽车站、批发中心等城市内物流设施的建设。

20 世纪 80 年代以后，一些国家还制定了加强内外贸物流设施建设与调整的政策，其主要措施是从资金与税制上对上述设施的建设与完善给予支持。同时，为了缓解日益严重的环境压力，积极推进并支持企业之间开展共同化物流，鼓励企业采用低公害的物流方式。例如，1986 年，为了促进物流网点内货物流通设施的建设与改进，鼓励民间企业建设物流设施，日本政府制定了《关于发挥民间企业的活力，促进特定物流设施建设的临时措施法》（简称《民活法》），同时，为了促进民间企业或组织积极进行城市开发与建设，还制定了《促进民间城市开发特别措施法》（简称《民市法》）。

同时，欧美等西方发达国家也开始在 20 世纪 70 年代末、80 年代初对运输业放松管制，其目的也是在物流业内引进竞争，提高物流运作的微观经济效益。如美国 1980 年的《汽车运输法》、《斯塔格斯铁路法》和 1984 年《航运法》等。

（四）20 世纪 90 年代以后的物流政策

进入 20 世纪 90 年代以后，随着经济全球化的发展，物流在各国经济发展中的战略地位日趋显著，一些国家甚至将物流问题作为国家战略问题来看待。而为了使物流产业得到更好的发展，为提高国家竞争力做出更大的贡献，一方面，必须对传统的不适应经济全球化发展要求的物流政策进行改革；另一方面，必须针对经济与物流发展的新趋势，制定一些新的物流政策。例如，1990 年，日本政府制定了旨在促进新物流产业体系化的《货物运输代理事业法》及《货物汽车运输事业法》（简称"物流二法"）；1992 年，制定了《关于促进进口及对外投资事业临时措施法》（简称"进口促进法"），根据该法设立了将港口、机场及其周边进口设施与进口活动相对集中的进口促进区，显然，这项政策是针对扩大进口的需要，提高地方经济活力，在经济全球化背景下实现进口货物顺畅流通而制定的。根据该项法律，日本政府通过日本开发银行的低息贷款、允许地方政府发行债券等方式对进口促进区的建设提供了政策支持。

在此基础上，日本政府又于1997年4月制定了一项综合性物流政策，即《综合物流施政大纲》。该大纲是以1996年日本内阁制定的"经济结构改革与创新行动计划"为基础，针对物流领域如何适应经济全球化的需要，开发新的产业领域，提高服务水平，加强环境保护而制定的综合物流政策。2001年7月6日日本国会又通过了《新综合物流施政大纲》，指出了与物流有关的四个问题，确定了今后五年的奋斗目标。

二、发达国家的物流政策导向

随着时间的推移，发达国家的物流政策也在不断发生变化，不仅政策内容不断丰富，而且政策重点也在不断转移。但是，无论是现行的物流政策，还是历史上曾经出现过的物流政策，都可能对我国有一定的参考价值。由于发达国家物流政策的范围极为广泛，内容也十分庞杂，所以本书只能抓其重点，有选择地介绍发达国家一些值得借鉴的物流政策导向。

（一）协调政府管理职能，为物流业发展提供良好的制度环境

在美国和日本，政府早在20世纪六七十年代就制定了协调政府物流管理职能的一系列政策法规。例如，美国1977年制定的《航空规制缓和法》、日本1966年制定的《流通业务城市街道整备法》等。在欧洲，良好制度环境的形成来自两个层次的努力：一是欧盟在促进欧洲统一市场形成的过程中制定和大力推行的统一贸易政策、运输政策、关税政策、货币政策等，极大地促进了货物在全欧洲范围内的自由流动。这是欧洲物流产业得以快速发展的最重要制度基础。二是欧洲各国政府积极为本国物流产业发展营造良好的制度环境。例如，荷兰政府运输部对分散的按不同运输方式管理的政府职能进行调整，设立货运管理司和客运管理司，并将过去按不同方式管理的基础设施投资职能全部集中在基础设施投资与管理司，以便于政府按照物流发展的要求制定相应的运输管理和基础设施投资政策。

（二）打破行业垄断，减少政府干预，创造充分竞争的市场环境

20世纪80年代以来，欧美各国政府实施了一系列打破行业垄断、放松行业管制的政策措施，对促进各国物流产业的发展产生了积极影响。在运输领域，英国铁路的私有化改革，意大利等国对运输价格管理的放松，荷兰、德国等对承运人资格管制的减少等，都直接推动了欧洲运输业自由市场的形成，为各类运输企业、第三方物流企业选择多种运输方式和组织以运输为基础的物流延伸服务提供了条件。

美国政府在1977年出台的《航空规制缓和法》，拉开了规制缓和的序幕，加速了航空产业的竞争，从而对货运乃至整个运输业产生了巨大影响。1980年美国政府又通过了《汽车运输法》和《斯塔格斯铁路法》，允许运输公司自主决定运输服务内容和服务形式。1984

年《航运法》的通过，使美国运输市场实现了全面的自由化。这一系列放松管制政策的出现，不仅促成了美国运输市场全面竞争格局的形成，也培育了联邦快递（FedEx）、联合包裹（UPS）等诸多超一流的物流企业。

（三）加强基础设施投入，为物流产业发展提供良好的运行平台

为了适应物流产业的发展，应对物流运作方式的一系列革命性变化，欧美各国和日本政府都制定了不同于以往的物流基础设施发展政策。例如，美国政府 1991 年通过了《陆路多式联运效率法》，计划用 6 年时间投资 1 510 亿美元，改善本国公路和大宗货物运输的基础设施系统，以便为美国参与全球竞争提供良好的基础设施条件，通过便捷经济的物流服务来提高美国产品的市场竞争力。

日本政府一直比较重视物流基础设施的建设和完善。早在 1965 年，日本政府就在其《中期五年经济计划》中强调要实现物流现代化，并把进行基础设施建设作为政府的首要工作来抓。从 20 世纪 60 年代中期起，日本政府在全国范围内加快了高速道路网、港口设施、流通聚集地等各种基础设施的建设步伐。

欧洲各国努力促进大型货运枢纽、物流基地、物流中心和公共配送中心等新型物流基础设施的建设与发展，其主要政策措施有：一是加强规划。二是政府给予土地使用方面的便利和优惠，并投入一定的前期开发资金。三是给予投资和经营方面的间接支持。

（四）推进物流标准化建设，保障全社会物流效率的提高

物流标准化是与物流效率直接相关的问题，特别是物流设备与工具的标准化，是提高全社会物流效率的前提。各国的物流标准化政策主要涉及运输与装卸设备标准化、包装标准化、物流交易或服务标准化、物流信息标准化、物流成本标准化。

运输、装卸设备与工具标准化的重点是车辆、集装箱、托盘及各种搬运工具的标准化；包装标准化的重点是货物运输包装标准化，即货物运输包装形状与使用的包装材料要标准化；物流交易或服务标准化主要指各种交易票据及主要服务内容的标准化，它的直接好处是有利于提高物流信息的处理速度与准确性；物流信息标准化主要是指信息的传输标准化；物流成本标准化主要是指物流成本分类与物流成本核算方法的标准化。

各国对上述各项标准化一般都采用法律形式来强制推行，其具体的政策形式是各种标准化法律，以及相应的实施措施。在推进物流标准化进程中，欧洲各国的主要做法是：第一，针对物流基础设施、装备制定基础性和通用性标准。例如，统一托盘标准、车辆承载标准、物品条形码标准以及安全标准等，以保证物流活动顺利进行。第二，针对安全和环境制定强制性标准，如清洁空气法、综合环境责任法等。第三，支持行业协会对各种物流作业服务制定相关行业标准。例如，欧洲物流协会制定物流用语标准、物流从业人员资格标准等。

（五）鼓励物流技术与物流管理创新，加快物流产业的现代化进程

发达国家在这方面的主要政策措施有：一是资助物流技术和物流管理的创新活动。如荷兰运输部资助的两个物流知识中心项目分别侧重于研究运输技术和物流供应链管理技术，年资助的研究经费高达 1 000 万欧元。二是倡导和支持新技术，特别是信息技术和自动化技术在物流领域的应用和推广。如美国的相关政策积极倡导和支持 EDI（电子数据交换）、GPS（全球定位系统）、GIS（地理信息系统）等新技术运用于物流领域，鼓励公路货运智能卡系统、港口集装箱自动化搬运技术的开发和推广等。

日本自 20 世纪 90 年代以来就制定并推行了"运输方式转换"政策。所谓"运输方式转换"，就是将长途、大宗货物的运输由以公路运输为主逐渐转向铁路、水运或者多式联运。由于多式联运可以将公路运输的机动性、便利性特点与铁路、水运的大宗、经济性特点有机结合、优势互补，从而实现高效、快速、低成本与低污染运输，因此更是得到了特别的重视。

（六）制定相应的政策措施，引导物流产业的健康发展

日本政府一直十分注重物流产业政策的合理规划和制定，1977 年日本运输省对策部公布了《物流成本算定统一基准》，这一政策的实施对推进企业物流成本管理产生了深远影响。日本政府 1997 年制定的《综合物流施策大纲》和 2001 年制定的《新综合物流施政大纲》，明确了日本物流产业的发展目标，并从放松规制、完善基础设施、物流系统升级、政府部门的协调促进机制及政府援助等角度出发制定了相应的政策。这两个大纲是日本物流现代化和向纵深化发展的指南，对于日本物流业的发展具有重要历史意义。1999 年，日本政府又将物流产业发展纳入其国家经济再生战略之中。

美国政府，特别是其各州政府也采用了一些积极引导措施，鼓励物流产业的发展。如美国德克萨斯州圣安东尼奥市利用即将关闭的空军基地建起大型物流中心，以使该市尽快成为北美自由贸易区中的贸易走廊。为此，该市制定了前十年免征财产税、销售税返回、对从事中转货运的企业免征财产税等一系列税收优惠措施，以吸引投资和加快物流产业发展。另外，时任美国运输部长的罗纳德·斯拉特在 1996 年提出的《美国运输部 1997—2002 年度战略规划》成为美国物流现代化发展的指南之一，这一物流整体规划对美国物流业而言，无疑是一个里程碑式的指导性文件。

为了促进中小企业的健康发展，世界各国都制定了许多扶持与支持中小企业发展的政策，其中也包括以提高中小企业物流效率为直接目标的政策。中小企业物流政策的重点内容主要有两项：一是允许并鼓励中小企业成立"物流合作社"组织；二是在资金上直接支持中小企业"共同利用型"物流中心的建设与运营。例如，日本于 1992 年就制定了《中小企业流通业务效率化促进法》，该法对上述两项政策内容做出了明确而具体的规定。

三、发达国家物流政策的调整趋势

进入 20 世纪 90 年代特别是 21 世纪以来，经济全球化进程进一步加快，物流全球化、智能化的趋势愈加明显，尤其是全球范围内的环境压力越来越大，要求各国政府适时调整物流发展战略，转移物流政策的重点，转变以往只着眼于国内物流的狭隘思路，把实现全球化、智能化、环保型物流作为制定物流政策的基本原则和出发点。概括起来，世界物流政策的调整趋势如下。

（一）经济性管制放宽，社会性管制趋严

为了适应世界经济信息化、网络化、服务化及市场全球化的需要，各国政府都不同程度地进入了"放宽管制"的时代。传统的自由度较高的市场经济国家（如美国与英国）自不必说，即使是自由度相对较低的市场经济国家（如日本与法国），也开始对传统的"管制"项目进行调整，或降低管制程度，或缩小管制范围，或取消管制等。不仅如此，一些处于发展或改革过程中的市场经济国家（如中国、东南亚新兴工业国家或地区等），也随着国内经济体制改革的不断深化、全球化市场竞争的日益激烈，或根据加入 WTO 的承诺，而大大放宽了传统的"管制"项目。因此，从总体上说，放宽管制是世界潮流，是全球性的。

值得注意的是，所谓放宽管制，主要是放宽经济性管制，而不是放宽社会性管制。所谓经济性管制，就是对各类物流经营者进入市场的行为进行管制，或者对价格、收费标准、服务水平等进行管制。它主要包括两类：一是针对商品或服务进行的质的管制，另一类是针对商品或服务提供者（企业）的数量以及商品或服务的供给量进行管制。前者主要是指商品或服务的价格、质量管制；后者主要指新企业的进入及其供给量的管制，尤其对新企业进入物流市场是管制的重点。实践证明，放宽经济性管制的政策，对促进现代物流业的快速发展起到了积极作用。

与经济性管制不同，各国的社会性管制不但没有放松，反而更加严格。社会性管制主要是指对企业经营所产生的各种外部不经济的管制，包括物流设施、网点空间布局、交通安全、环境污染、噪声与振动及能源消耗等方面的管制。例如，禁止货运车辆超载行驶，对违反者不仅要追究车辆拥有者与使用者的责任（主要是罚款），也要追究司机的责任。另外，对货运车辆的二氧化碳、氮氧化物及粉尘排放量的限制标准也越来越严格。同时，对货运车辆的安全性限制也日趋严格，普遍强化了货运车辆的安全检查制度，而且对违反驾驶时间、让司机疲劳驾驶的经营者给予刑事处分。

（二）物流政策体系开始走向综合化和系统化

20 世纪 90 年代后期，各国物流政策的一个重要趋势是综合化和系统化。这不仅因为现代物流本身就是一个包含多种构成要素的大系统，而且还因为现代物流系统也是整个社

会经济这个更大系统的有机组成部分，并对整个社会经济系统产生越来越重要的影响。物流政策不仅要考虑物流本身的效率，还要考虑物流系统对整个社会经济系统的影响、贡献或外部不经济；不仅要考虑物流基础设施的建设与布局，还要考虑物流网点的网络化；不仅要考虑国内物流的效率，还要考虑国际物流，特别是区域化国际物流的效率；不仅要考虑硬件建设，还要考虑软件建设；不仅要考虑经济效率，还要考虑社会与环境效应等。物流政策的综合化与系统化的具体体现就是，各国除了针对个别物流领域或个别物流问题制定了一系列个别化物流政策外，往往还有一个跨部门、跨行业的总括式的物流政策。例如，日本于 1997 年制定的《综合物流施政大纲》及 2001 年制定的《新综合物流施政大纲》就属于该类政策的典型代表。

（三）物流政策的重点日渐突出，目标更加明确

尽管各国物流政策体系日趋完善，内容也愈加丰富，但是并非对所有物流问题都给予同等的政策关怀，而是重点突出，目标明确。从各国物流政策的发展趋势来看，其政策重点主要体现在完善基础设施、重视智能化技术、突出环境保护、加快国际合作等几个方面。

一些国家的物流政策不但重点突出，而且有许多数字化目标，如对城市货运汽车的装载率、高峰期的车速、标准化托盘的使用率、集装箱运输费用、汽车专用道路畅通率、铁路与航运货物的比例、集装箱进出货场时间等都做出了明确的规定。

第三节　我国的物流政策体系

从目前来看，我国物流政策的基本形式主要有两类：一类是有关物流的各种法律、法规，在执行过程中具有强制性，称为强制性物流政策；另一类是有关物流的各种"意见""通知"等行政类政策，属于导向性政策，没有强制性，称为非强制性物流政策。

一、强制性物流政策

强制性物流政策包括法律、行政法规、地方性法规、国务院部门规章、地方性政府规章以及我国已加入的国际条约等。在我国，与物流有关的各类法律是强制性物流政策的主体构成，与物流相关度较高的主要强制性政策如下。

（一）《中华人民共和国铁路法》（以下简称《铁路法》）

《铁路法》于 1990 年 9 月 7 日在第七届全国人民代表大会常务委员会第 15 次会议上通过，并于 1991 年 5 月 1 日起施行。该法共 6 章 74 条，分别对铁路的概念、铁路工作主管部门及其管理权限、铁路运输企业及其职能、铁路运输营业、铁路建设、铁路安全与保护等进行了法律规范，是我国交通运输方面的主要立法，从而也是我国铁路物流方面的基本法律之一。除《铁路法》以外，与铁路物流相关的法规或规则主要还有《铁路货物运输管理规则》（1991年）、《铁路集装箱运输管理规则》（1989年）。这两个"规则"主要是针对铁路货物运输的法律文件，也是有关铁路物流的代表性政策。

（二）《中华人民共和国公路法》（以下简称《公路法》）

《公路法》于1997年7月3日在第八届全国人民代表大会常务委员会第26次会议上通过，并于1998年1月1日起施行。该法共分9章88条，分别对我国公路的概念、公路的等级、公路工作主管部门及其管理权限、公路规划、公路建设、公路养护、路政管理、收费公路、监督检查、法律责任等进行了法律规范，是我国公路建设、使用、管理方面的最高法律。显然，《公路法》侧重于对公路的规划、建设、使用与管理进行规范，而涉及公路运输方面的内容并不多。因此，在《公路法》以外还制定了许多有关公路运输方面的法规或规则，其中与公路物流直接相关的法律规定主要有《中华人民共和国道路交通管理条例》（1988年）、《高速公路交通管理办法》（1994年）、《城市道路管理条例》（1996年）、《道路货物运单使用和管理办法》（1997年）、《道路运输车辆维护管理规定》（1998年）、《汽车货物运输规则》（1999年）、《外商投资道路运输业管理规定》（2001年）。上述这些条例、办法或规则分别对车辆及车辆的装载与行驶、道路管理、公路货物运输等进行了规范，因此是我国重要的公路物流政策。

（三）《中华人民共和国水路运输管理条例》（以下简称《水运条例》）

目前，我国还没有水路运输方面的正式法律，现行的《水运条例》是我国最权威的有关水路运输管理的行政法规。该条例于1987年5月12日由国务院发布，并于1987年10月1日起施行。该条例共有4章34条，分别对水路运输的概念、水路运输的种类、水路运输产业的主管部门及其权限、水路运输的营运管理等进行了规范。除此之外，与水路运输相关的行政法规还有《中华人民共和国航道管理条例》（1987年）、《中华人民共和国海上交通安全法》（1983年）、《中华人民共和国内河交通安全管理条例》（1986年）、《中华人民共和国河道管理条例》（1988年）、《中华人民共和国船舶登记条例》（1994年）、《水路货物滚装运输规则》（1997年）等。上述这些条例或规则分别对航道的规划、建设、保护、海上与内河交通安全、船舶管理等进行了规范，是水路物流方面的主要政策。

（四）《中华人民共和国民用航空法》（以下简称《民航法》）

《民航法》于1995年10月30日在第八届全国人民代表大会常务委员会第16次会议上通过，并于1996年3月1日起施行。该法共有16章214条，分别对民用航空器国籍、民用航空器权利、民用航空器适航管理、航空人员、民用机场、空中航行、公共航空运输企业、公共航空运输等进行了较为详细的规定，是我国民用航空事业的基本法律，但该法很少涉及航空货物运输方面的内容。因此，为了弥补这方面的不足，我国又先后制定并施行了《中国民用航空货物国内运输规则》（1996）、《中国民用航空货物国际运输规则》。这两个"规则"是针对航空货物运输而制定的，是我国航空物流方面的主要政策。

（五）《中华人民共和国海关法》（以下简称《海关法》）

《海关法》于 1987 年 1 月 22 日在第六届全国人民代表大会常务委员会第 19 次会议上通过，并于 1987 年 7 月 1 日起施行。该法共有 9 章 99 条，分别对进出境运输工具、进出境货物（法人）、进出境物品（个人）、关税、海关事务担保、海关的权限及其隶属关系、执法监督等进行了详细的规定。《海关法》虽然主要是规范进出口商品"商流"行为的法律，但也直接对进出口商品的"物流"行为产生影响，因此，《海关法》也是有关物流，特别是国际物流方面的政策。

（六）《中华人民共和国海商法》（以下简称《海商法》）

《海商法》于 1992 年 11 月 7 日在第七届全国人民代表大会常务委员会第 28 次会议上通过，并于 1993 年 7 月 1 日起施行。该法共有 15 章 278 条，分别对船舶、船员、海上货物运输合同、海上旅客运输合同、船舶租用合同、海上拖船合同、船舶碰撞、海难救助、共同海损、海事赔偿责任限制、海上保险合同等进行了法律规范。《海商法》调整的主要内容是海上运输关系、船舶关系，因此也是有关海运物流方面的重要政策。除《海商法》外，我国还制定并施行了《中华人民共和国国际海运条例实施细则》（2000 年）。该实施细则分别对国际船舶代理、国际班轮运输、国际集装箱运输等进行了详细规定，也是有关海运物流方面的重要政策。

（七）《中华人民共和国港口法》（以下简称《港口法》）

《港口法》于 2003 年 6 月 28 日在第十届全国人民代表大会常务委员会第三次会议上通过，并于 2004 年 1 月 1 日起开始实施。该法共有 6 章 61 条，分别对港口规划与建设、港口经营、港口安全与监督管理、法律责任等进行了法律规范。《港口法》以有关港口的规划、建设、维护、经营、管理等活动中的相关关系为调整对象。凡属我国水域内包括沿海、内河、湖泊的港口的规划、建设、维护、经营和对港口的行政管理活动，都必须遵守本法的规定。当然，按照中国香港、中国澳门两个特别行政区基本法的规定，只有列入这两部基本法附件三的法律，才能在这两个特别行政区适用。港口法没有列入这两部基本法的附件三中，因此，本法不适用中国香港和中国澳门两个特别行政区。中国香港、中国澳门的港口立法，由两个特别行政区自行制定。

除上述法律、法规外，与物流相关并对物流活动具有调整作用的法律、法规还有《石油天然气管道保护条例》（2001 年）、《中华人民共和国土地管理法》（1998 年）、《中华人民共和国邮政法》（1986 年）、《中华人民共和国城市规划法》（1989 年）、《中华人民共和国建筑法》（1997年）、《中华人民共和国环境保护法》（1989年）、《中华人民共和国大气污染防治法》（1995年）、《中华人民共和国水污染防治法》（1996年）、《中华人民共和国固体废物污染环境防治法》（1995年）、《中华人民共和国环境噪声污染防治法》（1996年）、《中华人民共和国海洋环境保护法》（1982年）、《外商投资国际货物运输代理企业管理规定》（2002年）等。这些法律、法规分别对管道物流、邮政物流、物流设施与网点的建设与布局、物流设备与工具（特别是车辆与船舶）的环境污染、物流产业的对外开放等进行了法律规范，因此也是间接的法律类物流政策。

二、非强制性物流政策

非强制性物流政策具有指导性效力，一般不作为司法审判的主要依据，包括特定时期各级政府制定的一些物流规划、国务院各部门的有关通知、意见，地方政府各部门制定的一些规定、办法，行业协会制定的一些行规、标准和职业守则等。这些政策往往具有较强的时效性，也很有针对性，对全社会的物流活动具有直接的干预作用。

根据检索结果，我国针对物流领域颁布的主要通知、意见，有国家计委与交通部联合发布的《关于加强港口建设宏观管理的意见》（1995年），交通部与外经贸部联合发布的《关于加快发展国际集装箱联运的通知》（1992年），交通部的《关于继续加强我国水运市场管理的通知》（1997年），交通部、对外经济贸易合作部、海关总署、国家质量监督检验检疫总局联合发布的《关于加快发展我国集装箱运输的若干意见》（2002年）等。

需要特别说明的是，2001年3月1日，由国家经济贸易委员会、铁道部、交通部、信息产业部、对外经济贸易合作部、中国民用航空总局等六部委联合发布的《关于加快我国现代物流发展的若干意见》（简称《六部委意见》），是我国历史上第一次以"物流"作为标题正式发布的国家政策，在我国物流政策发展史上具有里程碑意义。

由于《六部委意见》是我国第一部现代意义上的物流政策，不论是规范内容还是管辖范围都很不成熟，加之我国当时的物流产业才开始起步，企业行为和环境因素都存在太多的变数，所以提出的政策措施大多只能停留在原则性层面，可操作性不强。为了提高我国物流政策的可操作性，在深入调研和广泛征求意见的基础上，2004年8月5日由国家发展和改革委员会、商务部、公安部、铁道部、交通部、海关总署、国家税务总局、中国民用航空总局、国家工商行政管理总局等九部委联合发布了《关于促进我国现代物流业发展的意见》（简称《九部委意见》）。

2005年2月，经国务院同意，由国家发改委牵头、商务部等13个部门和2个行业协会参加的全国现代物流工作部际联席会议制度正式建立，并且于2005年5月召开了第一次会议。部际联席会议的主要任务是研究制定物流发展规划和政策，协调解决物流发展中涉及跨行业、跨部门的重大问题，推进物流业的健康快速发展。在这个部际联席会议制度中，还明确规定了联席会议的职责、联席会议成员单位、联席会议工作规则及联席会议工作要求四方面的内容。

此后，随着美国次贷危机和欧洲主权债务危机的出现，全球经济陷入持续低迷状态。为应对国际金融危机的影响，落实党中央、国务院保增长、扩内需、调结构的总体要求，促进物流业平稳较快发展，培育新的经济增长点，国务院又于 2009 年 3 月 10 日制定了《物流业调整和振兴规划》，作为物流产业综合性应对措施的行动方案。

2011 年 8 月 19 日，国务院办公厅颁布了《关于促进物流业健康发展政策措施的意见》（以下简称《意见》）。《意见》指出，根据物流业的产业特点和物流企业一体化、社会化、网络化、规模化的发展要求，统筹完善有关税收支持政策。要加快推进物流管理体制改革，打破物流管理的条块分割。支持大型优势物流企业通过兼并重组等方式，对分散的物流设施资源进行整合；鼓励中小物流企业加强联盟合作，创新合作方式和服务模式，优化资源配置，提高服务水平，积极推进物流业发展方式的转变。《意见》还强调，要加强物流新技术的自主研发。各级人民政府要加大对物流基础设施投资的扶持力度，对符合条件的重点物流企业的运输、仓储、配送、信息设施和物流园区的基础设施建设给予必要的资金扶持。另外，要把农产品物流业发展放在优先位置，加大政策扶持力度。

2014 年 9 月 12 日，国务院发布了《物流业发展中长期规划（2014—2020 年）》（以下简称《规划》）。《规划》指出了我国物流业发展的主要原则和目标，提出了我国物流业发展的重点方向、主要任务、重点工程和保障措施，是指导我国物流发展的又一纲领性文件。

除全国性的物流政策外，我国各级地方政府也依据全国性的有关政策，并结合本地的实际情况制定了一系列的地方性物流政策。地方性物流政策大多与全国性的物流政策相配套、相协调，但也有个别地方政府进行了较大幅度的政策创新。另外，地方性物流政策除体现为有关地方性法规、条例、规定、通知、意见外，还体现在地方政府所制定的物流规划方案中。例如，北京、天津、深圳、广州、上海、厦门、福州、青岛、大连等城市，都先后制定了本地区的物流发展规划或纲要，在这些规划或纲要中制定了许多促进本地区现代物流产业发展的政策措施。

第四节　我国综合性物流政策的主要内容

从本章第三节所述的政策体系可以看出，我国的绝大多数物流政策都是在现代物流理念传入之前制定的。强制性物流政策，更是无一例外的以物流基本功能要素作为规范对象，从未采用"物流"之称谓，更不用说反映现代物流理念了。进入新世纪之后，随着物流概念的普及，我国才开始正式采用"物流"称谓的综合性物流政策。这些物流政策虽然都还只是非强制性政策类型，但对于我国物流产业的发展无疑具有划时代的意义。为了全面了解我国综合性物流政策的发展脉络，本节将逐一介绍有关政策内容。

一、《六部委意见》的主要内容

《六部委意见》阐述了发展现代物流的重要意义，提出了我国发展现代物流的指导思想和总体目标，并根据这些目标要求，从以下七个方面提出了原则性的政策措施。

（一）积极培育现代物流服务市场

（二）努力营造现代物流发展的宏观环境

（三）继续加强物流基础设施的规划与建设

（四）广泛采用信息技术，加快科技创新和标准化建设

（五）加快对外开放步伐，学习借鉴国外先进经验

（六）加强人才培养，促进产学研相结合

（七）继续深入研究探索，不断适应现代物流发展需要

二、《九部委意见》的主要内容

加快发展现代物流业，是我国应对经济全球化和加入世界贸易组织的迫切需要，对于提高我国经济运行质量和效益，优化资源配置，改善投资环境，增强综合国力和企业竞争力具有重要意义。为进一步推进我国现代物流业的发展，在全国范围内尽快形成物畅其流、快捷准时、经济合理、用户满意的社会化、专业化的现代物流服务体系，特提出以下意见。

（一）营造有利于现代物流业发展的良好环境

1. 调整现行行政管理方式

（1）规范企业登记注册前置性审批。

（2）改革货运代理行政性管理。

2. 完善物流企业税收管理

（1）合理确定物流企业营业税计征基数。

（2）允许符合条件的物流企业统一缴纳所得税。

3. 整顿规范市场秩序，加强收费管理

（1）加快引入竞争机制，建立统一开放、公平竞争、规范有序的现代物流市场体系。

（2）加强收费管理，全面清理向货运车辆收取的行政事业性收费、政府性集资、政府性基金、罚款项目，取消不符合国家规定的各种收费项目。

（二）采取切实有效措施，促进现代物流业发展

（1）鼓励工商企业逐步将原材料采购、运输、仓储等物流服务业务分离出来，利用专

业物流企业承担。

（2）积极拓宽融资渠道。

（3）积极推进物流市场的对外开放。

（4）支持工商企业优化物流管理。

（5）加快物流设施整合和社会化区域物流中心建设。

（6）简化通关程序。

（7）优化城市配送车辆交通管理。

（三）加强基础性工作，为现代物流发展提供支撑和保障

（1）建立和完善物流技术标准化体系。

（2）推广先进适用的物流专用车辆和设备。

（3）提高物流信息化水平。

（4）提高从业人员素质。

（四）加强对现代物流工作的综合组织协调

三、《物流业调整和振兴规划》的主要内容

《物流业调整和振兴规划》（以下简称《规划》）在全面分析我国物流业发展现状与面临形势的基础上，提出了我国物流业调整和振兴的指导思想、基本原则和规划目标，指出我国物流业发展当前面临的主要任务是：积极扩大物流市场需求；大力推进物流服务的社会化和专业化；加快物流企业兼并重组；推动重点领域物流发展；加快国际物流和保税物流发展；优化物流业发展的区域布局；加强物流基础设施建设的衔接与协调；提高物流信息化水平；完善物流标准化体系；加强物流新技术的开发和应用等。

《规划》还明确了目前需要重点推进的九个方面重点工程，即：多式联运、转运设施工程；物流园区工程；城市配送工程；大宗商品和农村物流工程；制造业与物流业联动发展工程；物流标准和技术推广工程；物流公共信息平台工程；物流科技攻关工程；应急物流工程等。

为了完成以上任务并保证重点工程的推进，该《规划》还提出了一系列配套的政策措施，具体内容如下。

（一）加强组织和协调；

（二）改革物流管理体制；

（三）完善物流政策法规体系；

（四）制订落实专项规划；

（五）多渠道增加对物流业的投入；

（六）完善物流统计指标体系；

（七）继续推进物流业对外开放和国际合作；

（八）加快物流人才培养；

（九）发挥行业社团组织的作用。

《规划》的出台，触发了中国国内对物流业的广泛关注。中央电视台财经频道于 2011 年 5 月推出的系列节目——《聚焦物流顽症》在社会上引发巨大反响，也引起了政府部门的高度重视。2011 年 6 月 10 日，国务院召开常务会议，研究部署促进物流业健康发展工作，出台了推动物流业发展的八项配套措施。这八项措施被业界称为物流"国八条"。为进一步贯彻落实《规划》，制定和完善相关配套政策措施，促进物流业健康发展，国务院又于 2011 年 8 月 2 日出台了被誉为物流"国九条"的《关于促进物流业健康发展政策措施的意见》。

物流"国八条"和"国九条"都是《规划》的延续和强化。虽然它们提出的政策措施仍然停留在纲领性层面，但我国如此密集地出台综合性物流政策，足以说明中央政府对物流产业的关注和重视，同时也显示出我国政府对改善物流发展环境、优化物流资源配置、促进物流产业结构升级、提升物流产业发展质量的决心和信心。

四、《物流业发展中长期规划（2014—2020 年）》的主要内容

《物流业发展中长期规划（2014—2020 年）》（以下简称《规划》）在明确规划指导思想、主要原则和发展目标的基础上，从三个方面提出了我国物流业发展的重点是：着力降低物流成本；着力提升物流企业规模化、集约化水平；着力加强物流基础设施网络建设。

《规划》提出了我国物流业发展的主要任务是：大力提升物流社会化、专业化水平；进一步加强物流信息化建设；推进物流技术装备现代化；加强物流标准化建设；推进区域物流协调发展；积极推动国际物流发展；大力发展绿色物流。

《规划》还提出了我国物流业发展的十三项重点工程，分别是：多式联运工程、物流园区工程、农产品物流工程、制造业物流与供应链管理工程、资源型农产品物流工程、城乡物流配送工程、电子商务物流工程、物流标准化工程、物流信息平台工程、物流新技术开发应用工程、再生资源回收物流工程、应急物流工程。

为了保证以上重点工程的顺利实施，完成《规划》提出的各项任务，《规划》还从九个方面提出了具体的保障措施。

（一）深化改革开放；

（二）完善法规制度；

（三）规范市场秩序；

（四）加强安全监督；

（五）完善扶持政策；

（六）拓宽投资融资渠道；

（七）加强统计工作；

（八）强化理论研究和人才培养工作；

（九）发挥行业协会作用。

《规划》最后指出：各地区、各部门要充分认识促进物流业健康发展的重大意义，采取有力措施，确保各项政策落到实处、见到实效。地方各级人民政府要加强组织领导，完善协调机制，结合本地实际抓紧制订具体落实方案，及时将实施过程中出现的新情况、新问题报送发改委、交通运输部和商务部等有关部门。国务院各有关部门要加强沟通，密切配合，根据职责分工完善各项配套政策措施。发改委要加强统筹协调，会同有关部门研究制订《促进物流业发展三年行动计划》，明确工作安排及时间进度，并作好督促检查和跟踪分析，重大问题及时报告。

 拓展阅读资料

"一带一路"构筑中国物流战略通道

"一带一路"是新一届领导集体提出的一项国家物流战略，它贯穿亚欧非大陆，一头是活跃的东亚经济圈，一头是发达的欧洲经济圈，中间广大腹地国家的经济发展潜力巨大。其中，丝绸之路经济带重点连通中国经中亚、俄罗斯至欧洲（波罗的海）；中国经中亚、西亚至波斯湾、地中海；中国至东南亚、南亚、印度洋。21 世纪海上丝绸之路重点方向是从中国沿海港口过南海到印度洋，延伸至欧洲；从中国沿海港口过南海到南太平洋。

根据"一带一路"的战略构想，陆上将依托国际物流大通道，以沿线中心城市为支撑，以重点经贸产业园区为合作平台，共同打造新亚欧大陆桥、中蒙俄、中国——中亚——西亚、中国——中南半岛等国际经济合作走廊；海上则以重点港口为节点，共同建设通畅、安全、高效的运输大通道，共同打造中巴、孟中印缅两个经济走廊。

"一带一路"是沿线各国开放合作的宏大经济愿景，需要各国携手努力，朝着互利互惠、共同安全的目标并肩而行，努力完善区域基础设施，形成安全高效的陆海空通道网络，互联互通达到新水平；投资贸易便利化水平进一步提升，高标准自由贸易区网络基本形成，经济联系更加紧密，政治互信更加深入；人文交流更加广泛，不同文明互鉴共荣，各国人民相知相交、和平友好。

资料来源：根据网络素材整理而成

 本章关键词

物流政策、强制性物流政策、非强制性物流政策、综合性物流政策

复习思考题

1. 物流政策的主体有哪些?
2. 简述物流政策的体系与分类。
3. 发达国家物流政策的历史变迁,体现了物流政策发展的哪些规律?
4. 发达国家物流政策导向有哪些?
5. 简要阐述发达国家物流政策的调整趋势及其对我国的借鉴意义。
6. 简要介绍我国的物流政策体系。
7. 与《六部委意见》相比,《九部委意见》的内容有何特点?
8. 《物流业调整和振兴规划》的主要内容是什么?
9. 《物流业发展中长期规划(2014—2020 年)》的主要内容是什么?

第十六章 物流发展新趋势

随着现代科技水平的不断提高和物流环境的不断变化，物流领域出现了许多新的理念，呈现出许多新的发展趋势。这些新的发展趋势主要表现为：供应链管理、绿色物流、第四方物流以及互联网+物流等。作为本书的结束，也作为对物流学的未来展望，本章将简要介绍以上四种趋势的产生过程及其具体的运作形式。

第一节 供应链管理

供应链管理的概念是在 20 世纪 80 年代初产生的，但其真正的快速发展却是在 20 世纪 90 年代后期。2005 年 1 月 1 日，"美国物流管理协会（CLM）"正式更名为"美国供应链管理专业协会（CSCMP）"，标志着全球物流已经进入了供应链管理时代，21 世纪的物流发展趋势将是"供应链整合管理"。事实上，供应链管理的研究最早是从物流管理开始的，人们在研究物流问题时发现了库存控制、物资供应、物资分销等环节的研究价值，正是在研究这些问题的基础上产生了供应链的观念，提出了供应链管理的思想和方法。

一、供应链的概念

目前，国际上还没有公认的供应链的定义，国内外的不同学者对此有着不同的看法。我国国家标准《物流术语》（GB/T18354—2006）将供应链定义为：生产及流通过程中，涉及将产品或服务提供给最终用户所形成的网链结构。为了能进一步加深对供应链概念的认识，在此将相关的定义摘录如下。

早期关于供应链的概念认为：供应链是制造企业中的一个内部过程，是指把从企业外部采购的原材料和零部件，通过生产转换和销售活动，再传递到零售商和用户的一个过程。早期供应链的概念局限于企业内部的操作层面，关注企业自身资源的利用。

有些学者将供应链的概念与采购、供应管理相关联，用来表示企业与供应商的关系。这种观点虽然注意到企业与供应商的关系，但又仅仅局限于这一关系中的各企业的独立运作，忽略了与外部供应链成员的联系，往往造成企业间的目标冲突。

其后，供应链的概念注意了与其他企业的联系，注意了供应链的外部环境，认为它应是一个"通过链中不同企业的制造、组装、分销、零售等过程，将原材料转换为产品，再到最终用户的转换过程"。

　　美国的史迪文斯（Stevens）认为："通过增值过程和分销渠道控制从供应商的供应商到用户的用户的流就是供应链，它开始于供应的源点，结束于消费的终点。"

　　关于供应链概念的相关定义有很多。根据这些定义，可以将供应链用图16-1来进行描述，从图中可以看到，供应链一般都具有如下几方面的特征。

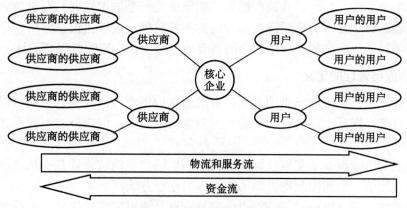

图 16-1　供应链网络结构模式

（一）供应链的每个结点都是供应链必不可少的参与者

　　从范围上看，供应链把所有对成本产生影响的和产品满足顾客需求的过程中产生作用的每一方都考虑在内，包括供应商、制造商、分销商、零售商、物流服务商，直到最终用户。供应链上的结点企业之间应该是供需协调、物流同步的关系。

（二）供应链是一条物流链、信息链、资金链和增值链

　　供应链不仅是一条连接从供应商直到最终用户的物流链、信息链、资金链，而且还是一条增值链，它能使所有参与者共同受益。物流在供应链上因加工、包装、运输、配送等过程增加了产品的价值，可以给相关企业带来增值收益。

（三）供应链是由若干条线状的链集成的网链结构

　　一个企业可以既是某条供应链的成员，同时又是另一条供应链的成员，众多的供应链形成交叉结构。供应链往往由多个、多类型，甚至多国企业构成。

二、供应链管理的概念

（一）供应链管理思想的演化背景

　　早期供应链管理的重点在于库存管理。管理者将库存作为平衡有限的生产能力和适应用户需求变化的缓冲手段，通过各种协调方法，在产品迅速、可靠地送到用户手中所需要

的费用与生产、库存管理费用之间寻求平衡点，并以此为依据确定最佳的库存投资额。将这一思想与"二律背反"原理相结合，当时的人们认为，供应链管理的主要工作任务就是对库存和运输进行管理。

当代的供应链管理则把供应链上的各个企业当作一个不可分割的整体，使供应链上的各企业所分担的采购、生产、分销和销售的职能成为一个协调发展的有机体。20 世纪 90 年代以来，随着科学技术的不断进步和经济的不断发展，全球化信息网络和全球化市场逐步形成，企业为了适应这种全球化竞争的需要而导致了供应链管理思想的这一深刻变化。

（二）供应链管理的定义

供应链管理是一种管理思维的创新，有效的供应链管理已经成为企业赢得竞争优势的重要源泉。目前，国际上还没有公认的供应链管理的定义，国内外的不同学者对此亦有着各种不同的看法。

著名的供应链管理专家艾尔拉姆（Ellram）认为："供应链管理是在从供应商到最终用户的过程中，用于计划和控制物资流动的集成的管理方法。"

美国学者埃文思（Evens）认为："供应链管理是通过前馈的信息流和反馈的物料流及信息流，将供应商、制造商、分销商、零售商，直到最终用户连成一个整体的管理模式。"

菲利浦（Phillip）则认为供应链管理不是供应商管理的别称，而是一种新的管理策略。它把不同企业集成起来以增加整个供应链的效率，供应链管理非常注重企业之间的合作。

美国供应链协会认为"供应链管理包括贯穿于整个渠道来管理供应与需求、原材料与零部件采购、制造与装配、仓库与存货跟踪、订单录入与管理、分销以及向顾客交货。"

我国国家标准《物流术语》（GB/T18354—2006）将供应链管理定义为：对供应链涉及的全部活动进行计划、组织、协调与控制。

三、供应链管理的范围

根据供应链管理的范围不同，它可以分为企业内部供应链管理、企业外部上下游供应链管理、产业供应链或动态联盟供应链管理、全球网络供应链管理。

（一）企业内部供应链管理

企业内部供应链管理主要针对企业内部的供应关系进行管理。通过内部应链管理可以实现企业内部各职能部门间的业务和信息集成，形成一条内部集成的供应链。最初，企业信息化管理是从各个单独的业务单元开始的，相对于整个企业，是一些信息化的孤岛。为了使企业的经营运作更为有效，需要将这些分离的单元集成起来，形成业务流程和信息连贯的信息化管理。MRPII/ERP 较好地解决了这一问题，它通过企业内联网和统一的数据库将企业内部的业务，如订单、采购、库存、生产、销售、财务和人力资源等单元连接起来，并将制度体系的建立、组织结构的改造、业务流程的调整以及绩效考核的标准等都纳入到一条业务链内进行管理，有效地实现了企业业务经营过程的自动化事务处理和内部流程的贯通与信息共享。

这种供应链管理关注企业内部资源的调配，实现各种业务和信息的高度集成、共享、控制、管理和协调运营。它消除了企业内部业务流程中无效的环节和影响业务流程运行的因素，减少了企业的库存量，有效地集成企业内部供应链流程的主要计划和业务决策。这种管理的核心是内部集成化供应链管理的效率问题，主要考虑的是在优化资源、能力的基础上，以最低的成本和最快的速度生产多品种的产品或提供多种服务，快速地满足用户的需求，提高企业反应能力和效率。

（二）企业外部上下游供应链管理

每一个企业在社会和市场的大环境中都不是孤立的，都有供应商和客户。"广义的"供应商，是企业的上游业务提供者，是它的"供"方；而企业"广义的"客户是它下游业务的需求者，是它的"需"方。每一个企业都有其上游和下游供应链，合成在一起就是完整的企业外部上下游供应链。因此，一个企业同时要与其上游和下游的供应链上的成员进行业务往来，下游的需求拉动了它的业务，而它的业务又拉动了上游的业务。

企业在与供应链上直接的上游企业打交道时，可以借助于供应链管理中的供应商关系管理系统（Supplier Relationship Management，SRM）来更好地获得所需的、由上游提供的产品和服务，并利用所得到的"供"与自己的能力和资源相配合，在企业内部供应链管理系统的控制下高效率和高效益地进行产出。在与供应链上直接的下游企业打交道时，则可以借助供应链管理中的客户关系管理系统（Customer Relationship Management，CRM）来更好地了解下游客户的"需"，并在企业内部供应链的管理下，快速响应和匹配其需求，为其提供产品和服务。

在企业下游供应链上，必须以"使客户满意"为战略中心点，通过信息集成和共享及时掌握客户的需求及其变化，通过协同运作充分利用自己手中的资源，甚至整合其他方资源来最大限度地为客户实现优质和及时的服务，从而扩大客户群落和扩大市场，提高销售额和增加利润。

在企业上游供应链上，必须以"双赢"的经营理念为指导思想，与广义的供应商结成长期的、稳固的和互惠互利的共赢伙伴关系，以最低的成本在最短的时间内获得策略性的资源，并将供应商的技术、知识和创新能力集成融入自己的业务流程中，与供应商共享信息、协同运作来使它们快速和高效地响应自己的需求，从而节约成本、缩短产品投放市场的时间、增强产品和服务创新能力以及自己响应市场和客户的能力，赢得市场，实现获利目标。

（三）产业供应链或动态联盟供应链管理

企业内部的供应链管理集成了企业内部各个业务部门信息化的孤岛，实现了内部业务流程的连贯性整合，使企业各部门、各环节能够更好地共享信息和有限的资源。虽然单个企业实现了信息化，但对于整个行业、市场或整个社会来说，它仍然是一个信息化的孤岛，急需进一步将这些孤岛进行连接，将其集成为产业供应链或动态联盟供应链。这种供应链管理是将企业内部供应链管理思想从上游供应链和下游供应链双向延伸扩展，一直从产品生命线的"源端"开始，终止于"终端"的消费者客户。

在 21 世纪，市场竞争不再体现为单个企业之间的竞争，而是变成了供应链与供应链之间的竞争，因此，每一个企业都必须将自己完全融入供应链中，一旦某个企业的业务失误或流程延迟，都会影响到整个供应链的运作。这种业务关联紧密、环环相扣的供应链使链上的成员能够在一个统一的供应链管理体系下实现协作经营和协调运作，共同实现对外部市场的竞争，以各自的优势共同满足客户的需求。

在产业供应链上，存在着市场、原料、零件、加工、制造、分销、配送、运输、仓储、流通加工和零售等环节。当然，产业供应链与动态联盟供应链也有些差别。产业供应链的范围是贯穿整个行业从业务源头一直到终端客户市场的全部流程，一般其结构较为稳固，有明确的上下游供应链划分；而动态联盟供应链则较为虚拟，常常不具备产业供应链那种稳固的结构，它是一种"市场机会驱动型"的灵活的组织，它从组成到消失完全取决于市场机会的存在与否。动态联盟供应链的优点是避免重复投资，可在短时间内形成较强的竞争能力，实现对市场需求的敏捷响应；其缺点是供应链运行的最优目标和效率难以清晰地定义，运作过程蕴涵着较高的风险。

（四）全球网络供应链管理

随着世界经济全球化和一体化的发展，资源的获取和使用更趋于在全球之间调配。据统计，从 20 世纪 80 年代起，超过半数的美国公司在海外进行投资，而且在海外开展业务的公司和投资额还在急剧地增加。同时，各企业之间、合作伙伴之间甚至是竞争对手之间的业务交流也越来越多，从本土迅速发展到海外，这使得业务过程越来越复杂，形成了一种全球范围内协作式的供应链运作模式。信息技术的全球化和互联网、电子商务技术的蓬勃发展，为全球供应链提供了信息和业务集成的基础技术支持。在这种供应链中，企业的形态和边界将产生根本的改变，全球资源随着市场的需求可以动态组合，以响应不断变化的客户需求。全球供应链包括：全球范围内的产品开发、采购进货、货物运送、加工/制造、分销/配送、产品销售/服务、信息收集和共享，以及全球范围内的资金流动等。

这种供应链的运作需要准确的预测、科学的决策、高度的协同、精确的计划、有效的执行和可衡量的绩效标准，供应链网络信息交流层次的沟通与协调将采取交互的、透明的、无对象的方式，生产的组织和实现超越了空间和时间的概念和限制，可以以网络信息为依托，在更广阔的范围内选择合作伙伴，采用灵活有效的管理组合模式，从而更加方便有效地实现多种企业的资源优势互补。这种供应链以及产业供应链或动态联盟供应链的管理，都需要借助一套供应链管理系统的协同工具，如供应链计划（Supply Chain Planning，SCP）、协同计划、预测和补给（Collaborative Planning，Forecasting and Replenishment，CPFR）、物流信息系统（Logistics Information System. LIS）以及客户关系管理（Customer Relationship Management，CRM）、供应商关系管理（Supplier Relationship Management，SRM）、电子商务等，并与企业内部供应链的管理系统和工具相配合，彻底去除企业间的围墙，实现供应链上的资源根据市场和客户的需求，优化配置，快速响应市场，提高用户服务水平和降低总的交易成本，并且寻求两个目标之间的动态平衡。

第二节　绿色物流

一、绿色物流的产生

（一）绿色物流产生的背景

20 世纪 70 年代以来，在世界生产力突飞猛进的同时，地球环境也在不断恶化。资源的过度消耗使人们的生存环境和经济运行受到了严峻的挑战。在此背景下，由有关国家和人士发起和倡导的一场旨在保护地球环境、保护自然资源的"绿色革命"开始在生产、流通以及消费领域蓬勃发展，并很快风靡全球。各行各业都开始利用"绿色"这一代表生命和环境保护的字眼；从产品的研制、生产、包装、运输、销售、消费，到废弃物的回收和再利用的整个生命周期内，都在考虑环境的保护问题。一时间，"绿色浪潮""绿色食品""绿色标志""绿色产业""绿色营销""绿色消费"等各种冠以"绿色"的名词如雨后春笋，目不暇接。在这样的背景下，"绿色物流"作为可持续发展模式在物流行业中开始出现，并逐渐成为 21 世纪物流管理的新方向。

众所周知，传统物流活动的各个环节，都在不同程度上会对环境产生负面影响。例如，运输环节中车辆的燃油污染和尾气排放；不可降解的废弃包装材料；装卸搬运环节的粉尘污染；流通加工产生边角废料造成的废弃物污染等。随着经济转入成熟的发展时期，物流将会成为经济发展的重要支柱，因此为了充分发挥现代物流产业对经济的拉动作用，实现可持续发展，必须从环境角度对物流系统进行改进，以形成一个与环境共生的现代综合物流系统，以改变原来经济发展与物流之间的单向作用关系，从而抑制物流对环境造成的危害，同时形成一种能促进经济和生活消费健康发展的物流体系。这就产生了"绿色物流"这一全新的概念。

（二）绿色物流的概念

绿色物流是近几年刚刚提出的一个新概念，目前还没有形成成熟的定义。一般认为，绿色物流（Green Logistics）是指以降低对环境的污染、减少资源消耗为目标，利用先进物流技术规划和实施运输、储存、包装、装卸搬运、流通加工等物流活动。我国物流术语标准（GB/T18354-2006）认为，绿色物流是指在物流过程中抑制物流对环境造成危害的同时，实现对物流环境的净化，使物流资源得到最充分的利用。绿色物流的行为主体主要是专业的物流企业，同时也涉及有关生产企业和消费者。

绿色物流的目标不同于一般的物流活动。一般物流活动的最终目标是追求某一主体的经济利益最大化，它往往通过满足顾客的物流需求、扩大市场占有率，最终通过物流企业的盈利来实现。而绿色物流的目标除上述经济利益目标之外，还追求节约资源、保护环境这一既具有经济属性，又具有社会属性的目标。

绿色物流是一个多层次的概念，它既包括企业的绿色物流活动，又包括社会对绿色物流活动的管理、规范和控制。从绿色物流活动的范围来看，它既包括各个单项的绿色物流作业（如绿色运输、绿色包装、绿色流通加工等），还包括为实现资源再利用而进行的废弃物循环物流。

二、发展绿色物流的意义

（一）绿色物流是经济全球化和可持续发展的必然要求

众所周知，保护地球环境和大自然是世界各国人民义不容辞的责任，但是导致环境遭受污染、资源遭受破坏的行为又涉及人类生产经营和社会消费等诸多方面。而作为生产和消费中介的物流，它对地球环境的影响，仍未受到应有重视。伴随世界大市场和经济全球化的发展，物流的作用日益明显，绿色浪潮惠及的不仅是生产、营销和消费，作为可持续发展的必然要求，物流的绿色化也必须被提到战略日程上来。

（二）绿色物流是最大限度降低经营成本的必由之路

有专家分析认为，产品从投产到售出，制造加工时间仅占10%左右，而约有90%的时间被花费在储运、装卸、分装、二次加工、信息处理等物流活动中。因此，物流专业化无疑为降低成本奠定了基础。显然，绿色物流不仅是一般物流费用的节约或降低物流成本，更重要的应该是物流活动本身的绿色化和由此带来的节能、高效、少污染效果。绿色物流在节省生产经营成本方面的潜力是无可估量的。

（三）绿色物流有利于全面满足人们不断提高的物质文化需求

作为生产和消费的中介，物流是满足人们物质文化需求的基本环节。而绿色物流则是伴随着人们生活需求的进一步提高，尤其是绿色消费的提出应运而生的。再"绿色"的生产过程、再好的绿色产品，如果没有绿色物流的支撑，就难以实现其最终价值，绿色消费也就难以进行。同时，不断提高的物质文化生活，意味着生活的电子化、网络化和连锁化，电子商务、网上购物、连锁经营，无不依赖于绿色物流的发展。可以说没有绿色物流，就没有人类安全和环保的生活空间。

（四）绿色物流有利于企业取得新的竞争优势

日益严峻的环境问题和日趋严格的环保法规，使企业为了持续发展，必须积极解决经济活动中的环境问题，改变危及企业生存和发展的生产方式，建立并完善绿色物流体系，通过绿色物流来追求高于竞争对手的相对竞争优势。哈佛大学教授纳斯利·乔克里（Nazli Choucri）深刻阐述了对这一问题的认识："如果一个企业想要在竞争激烈的全球市场中有效发展，它就不能忽视日益明显的环境信号，继续像过去那样经营……对各个企业来说，接受这一责任并不意味着经济上的损失，因为符合并超过政府和环境组织对某一工业的要求，能使企业减少物料和操作成本，从而增强其竞争力。实际上，良好的环境行为恰似企业发展的马达而不是障碍。"

（五）绿色物流是适应国家法律法规要求的有效措施

随着社会的进步和经济的发展，世界上的资源日益紧缺。同时，由于生产所造成的环境污染进一步加剧，为了实现人口、资源与环境相协调的可持续发展，许多国际组织和国家相继制定出台了与环境保护相关的协议、法规与法律体系，例如，《蒙特利尔议定书》（1987年）、《里约环境和发展宣言》（1992年）、《工业企业自愿参与生态管理和审核规则》（1993年）、《贸易与环境协定》（1994年）、《京都协议书》（1997年）等；同时，中国也制定了以《环境保护法》为代表的一系列法律法规，以促进环境保护事业的发展。这些法律法规都要求产品的生产商必须对自己所生产的产品造成的污染负相应的责任，并且采取相应的措施，否则将会受到法律的严厉制裁。例如，欧盟规定轮胎生产商每卖出一条新的轮胎必须回收一条旧的轮胎进行处理或再利用。同时，一些国家的法律对一次性电池生产厂商也做出了类似的规定，这就要求生产类似产品的企业必须构建相应的绿色物流体系，以降低企业经营风险，减少违反相关法律所带来的成本。

三、绿色物流体系

（一）绿色交通运输

绿色交通运输是指为了降低物流活动中交通运输所带来的尾气、噪声等污染使企业所受的损失，节省交通运输的建设和维护费用，从而发展低污染的、有利于城市环境的多元化交通工具，来完成物流活动的协同交通运输系统，以及为最大限度地降低交通污染程度而采取的对交通源、交通量、交通流的规制体系。绿色交通运输的理念主要包括三个方面的内容，即通达有序、安全舒适、低能耗与低污染。绿色交通运输更深层次上的含义是综合协调的交通运输网络体系。

绿色交通运输主要表现为减缓交通拥挤、降低环境污染，这具体体现在以下几个方面。

（1）减少高污染运输车辆的使用。

（2）提倡使用清洁干净的燃料和绿色交通工具。

（3）控制运输设备的资源消耗，降低固定资产的折旧。

（4）控制汽车尾气排放，制定排气标准。

（5）加强交通管制，使道路设计合理化，减少堵塞。

（6）降低噪声等。

在相关政策上，主要表现为交通源规制、交通量限制以及交通流控制等三个方面。交通源规制主要是指政府应该采取有效措施，从源头上控制物流企业的发展造成的环境污染。例如，治理车辆的废气排放，限制城区货车行驶路线，发挥经济杠杆作用，收取车辆排污费，促进低公害车的普及等。交通量限制主要是指通过政府指导作用，促进企业选择合适的运输方式，发展共同配送，统筹建立现代化的物流中心，最终通过有限的交通量来提高物流效率。交通流控制主要是指通过道路与铁路的立体交叉发展和建立都市中心环状道路、制定道路停车规则以及实现交通管制系统的现代化等措施，减少交通阻塞，提高配送效率。

（二）绿色仓储与保管

仓储与保管是物流活动的主要构成要素，在物流活动中起着重要的作用。绿色仓储与保管是指在储存环节为减少储存物品对周围环境的污染及人员的辐射侵蚀，同时，避免储存物品在存储过程中的损耗而采取的科学合理的仓储保管策略体系。在整个物流仓储与保管过程中要运用最先进的保质保鲜技术，保障存货的数量和质量，在无货损的同时消除污染。尤其要注意对有毒化学品，放射性物品，易燃、易爆物品的泄漏和污染防止。一般在储存环节，应加强科学养护，采取现代化的储存保养技术，加强日常的检查与防护措施，使仓库设备和人员尽可能少受侵蚀与危害。

（三）绿色装卸搬运

绿色装卸搬运是指为尽可能减少装卸搬运环节产生的粉尘烟雾等污染物而采取的现代化的装卸搬运手段及措施。在货物集散场地，尽量减少泄漏和损坏，杜绝粉尘、烟雾污染。清洗货车的废水必须要经过处理后再排放。在货物集散地要采用防尘装置，制定最高容许的容度标准。废水应集中收集、处理和排放，加强现场的管理和监督。

（四）绿色包装

很少有制造商考虑产品包装对环境的影响到底有多大，多数人甚至认为精美的包装象征着高档的产品。生活垃圾中大部分是包装物的事实，足以说明包装物对人们的环境产生了怎样的影响。绿色包装是绿色物流体系的一个重要组成部分。

绿色包装是指能够循环复用、再生利用或降解腐化，且在产品的整个生命周期中对人体及环境不造成公害的适度包装。简言之，绿色包装是指采用节约资源、保护环境的包装。推行绿色包装的目标，就是要以保存最大限度的自然资源，形成最小数量的废弃物和最低限度的环境污染。

绿色包装的途径主要包括：

（1）促进生产部门采用尽量简化的以及由可降解材料制成的包装。

（2）商品流通过程中尽量采用可重复使用的单元式包装，实现流通部门自身经营活动用包装的减量化，主动地协助生产部门进行包装材料的回收与再利用。

（3）对包装废弃物进行分类。

（4）积极开发新型包装材料（易降解、易拆卸折叠）。

（5）节省包装资源，降低包装物成本，提高包装业效率。

（五）绿色流通加工

绿色流通加工是指出于环保考虑的无污染的流通加工方式及相关政策措施的总和。绿色流通加工的途径主要分两个方面：一方面，变消费者分散加工为专业集中加工，以规模作业的方式提高资源利用效率，以减少环境污染，如餐饮服务业对食品的集中加工，减少家庭分散烹调所造成的能源浪费和空气污染等；另一方面，集中处理消费品加工中产生的边角废料，以减少消费者分散加工所造成的废弃物污染，如流通部门对蔬菜的集中加工，减少了居民分散垃圾丢放及相应的环境治理问题。

（六）绿色信息搜集和管理

物流不仅是物品空间的转移，也包括相关信息的搜集、整理、储存和利用。绿色信息的搜集和管理是企业实施绿色物流战略的依据。面对大量的绿色商机，企业应从市场需求出发，搜集相关的绿色信息，并结合自身的情况，采取相应的措施，深入研究信息的真实性和可行性。绿色信息的搜集包括绿色消费信息、绿色科技信息、绿色资源和产品开发信息、绿色法规信息、绿色组织信息、绿色竞争信息、绿色市场规模信息等。绿色物流要求搜集、整理、储存的都是各种绿色信息，并及时运用到物流中，促进物流活动的进一步"绿色化"。

（七）物流业绿色指标体系

绿色指标体系是衡量物流产业发展过程中环保程度的一整套指标，加快绿色指标体系的研究和制订，有利于物流企业结构的优化，促进物流产业的可持续发展。同时，健全的绿色指标体系可以作为国际贸易活动中与贸易伙伴谈判的筹码。因此，物流管理部门应在环保和技术监督部门的配合下，组织建立绿色物流的指标体系。在具体实施过程中，可采用先易后难、先重点突破后全面推广的原则，选择一些有一定基础、技术难度不太大、易于突破的指标，然后再逐步完善和扩展，构筑起符合国际规则的物流绿色屏障。图 16-2 描述了绿色物流指标体系的构成要素。

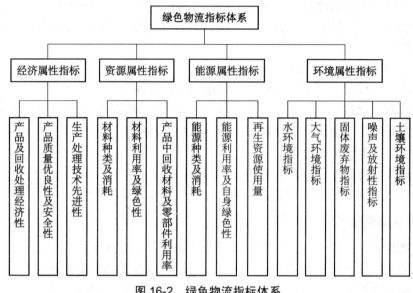

图 16-2　绿色物流指标体系

（八）企业绿色物流管理

所谓"绿色物流管理"，就是将环境保护的观念融于企业物流经营管理之中，它涉及企业供应链管理的各个层次、各个领域、各个方面、各个过程，要求在企业供应链中时刻全面地考虑环保、体现绿色。这一思想可概括为"5R"原则，即：

（1）研究（Research），将环保纳入企业的决策要素中，重视研究企业的环境对策。

（2）削减（Reduce），采用新技术、新工艺，减少或消除有害废弃物的排放。

（3）再开发（Reuse），变传统产品为环保产品，积极采取"绿色标志"。

（4）循环（Recycle），对废旧产品进行回收处理，循环利用。

（5）保护（Rescue），积极参与社区内的环境整洁活动，对员工和公众进行绿色宣传，树立绿色企业形象。

具体地说，企业实施绿色物流管理，要达到以下三个主要目标。

（1）物质资源利用的最大化。通过集约型的科学管理，使企业所需的各种物质资源最有效、最充分地得到利用，使单位资源的产出达到最大最优。

（2）废弃物排放的最小化。通过实行以预防为主的措施和全过程控制的环境管理，使生产经营过程中的各种废弃物最大限度地减少。

（3）适应市场需求的产品绿色化。根据市场需求，开发对环境、对消费者无污染和安全、优质的产品。三者之间是相互联系、相互制约的，资源利用越充分，环境负荷就越小。产品绿色化，又会促进物质资源的有效利用和环境保护。通过这三个目标的实现，最终使企业发展目标与社会发展目标、环境改善协调同步，走上企业与社会都能可持续发展的双赢之路。

（九）绿色物流的政策

在物流活动中造成资源浪费、环境污染的厂家和个人，并不承担相应的成本或仅承担其成本的很小一部分，而这种消极行为的所有或部分受害者并不仅仅是这些行为的履行者。为了解决这种负外部经济效应，需要政府在整个社会层面对物流领域进行干预。从这种意义上说，绿色物流事业既包括厂商和个人行为，又包括政府行为。政府环保物流政策的实施工具包括通过立法和制定行政规则，将节约资源、保护环境的物流要求制度化；动用舆论工具进行环境伦理、绿色观念、绿色意识的大众宣传；利用税收及收费手段对物流活动污染制造行为予以限制和惩罚；以基金或补贴的形式对节约资源、保护环境的物流行为予以鼓励和资助；利用产业政策直接限制浪费资源和制造污染的物流企业发展，支持绿色产业的发展等。

第三节　第四方物流

一、第四方物流的概念

随着科学技术的进步和市场的统一，供应链中的很多供应商和大企业为了满足市场需求，将物流业务外包给第三方物流服务商，以降低存货的成本，提高配送的效率和准确率。但是，由于大多数第三方物流企业缺乏系统的全面整合能力，加之全球化趋势导致的供应链网络范围的不断扩展，使得企业在外包物流时不得不将业务外包给多家第三方物流服务商。这一做法无疑会增加供应链的复杂性和管理难度。

市场的这些变化给物流和供应链管理提出了更高的期望，在客观上要求将现代网络技术、电子商务技术和传统的商业运营模式结合起来，以便在供应链中构造一个将供应链的物流外包行为进行链接的统一主体，而不是以前的分散无序状态。从管理的效率和效益看，对于将物流业务外包的企业来说，为获得整体效益的最大化，他们更愿意与一家公司合作，将业务统一交给能提供综合物流服务和供应链解决方案的企业。而且，由于在供应链中信息管理变得越来越重要，也有必要将物流管理活动统一起来，以充分提高信息的利用率和共享机制，提高外包的效率。供应链管理中的这些变化，促使很多第三方物流企业与咨询机构或技术开发商开展协作，以增强竞争能力，由此产生了第四方物流（Fourth Party Logistics，4PL）。

美国埃森哲公司最早提出了第四方物流的概念，并依据业务内容对其进行了定义：第四方物流供应商是一个供应链的集成商，它对公司内部和具有互补性的服务供应商所拥有的不同资源、能力和技术进行整合和管理，提供一整套供应链解决方案。近几年国外已兴起了第四方物流的研究与试验。事实表明，第四方物流的发展可以满足整个物流系统的要求，很大程度地整合了社会资源，减少了物品的物流时间，节约了资源，提高了物流效率，也减少了环境污染。

事实上，第四方物流的出现是市场整合的结果。过去，客户试图通过优化库存与运输、利用地区服务代理商以及第三方物流供应商，来满足自身服务需求的增长。但在今天，客户需要得到更好的服务，如电子采购、订单处理能力、虚拟库存管理等服务。一些企业经常发现第三方物流供应商缺乏当前所需要的综合技能、集成技术、战略和全球扩展能力。为改变窘境，某些第三方物流提供商正采取措施，通过与出色的服务提供商联盟来提高它们的技能。其中最佳形式是和领先的咨询公司、技术提供商结盟。随着联盟与团队关系不断发展壮大，一种新的外包选择开始出现。企业正在向某个单一的组织外包其整个供应链流程，由它们评估、设计、制定及运作全面的供应链集成方案，这正是第四方物流。

二、第四方物流的特征

（一）第四方物流是一个集成商

它集成了管理咨询和第三方物流服务商的能力，利用分包商来控制与管理客户公司的点到点式供应链运作流程。

（二）第四方物流提供一整套完善的供应链解决方案

它能够有效地适应客户的多样化和复杂化需求，集中所有资源为客户完美地解决问题，有效地组织并实施供应链解决方案。第四方物流的供应链解决方案共有四个层次，即执行、实施、变革和再造。

（1）执行——需要承担多个供应链职能和流程的运作。第四方物流开始承接多个供应链职能和流程的运作责任。其工作范围远远超越了传统的第三方物流的运输管理和仓库管理的运作，具体包括制造、采购、库存管理、供应链信息技术、需求预测、网络管理、客户服务管理和行政管理等。尽管一家公司可以把所有的供应链活动外包给第四方物流，但通常的第四方物流只是从事供应链功能和流程的一些关键部分。

（2）实施——进行流程一体化、系统集成和运作交接。一个第四方物流服务商帮助客户实施新的业务方案，包括业务流程优化、客户公司和服务供应商之间的系统集成，以及将业务运作转交给第四方物流的项目运作小组。项目实施过程中应该对组织变革多加小心，因为

"人"的因素往往是把业务转给第四方物流管理成败的关键。实施的最大目标就是要避免一个设计优良的策略和流程的无效实施，结果使方案的有效性受到局限，影响项目的预期成果。

（3）变革——通过新技术实现各个供应链职能的加强。变革的努力集中在改善某一具体的供应链职能，包括销售和运作计划、分销管理、采购策略和客户支持。在这一层次上，供应链管理技术对方案的成败变得至关重要。领先和高明的技术，加上战略思维、流程再造和卓越的组织变革管理，共同组成最佳方案，对供应链活动和流程进行整合和改善。

（4）再造——供应链过程协作和供应链过程的再设计。第四方物流最高层次的方案就是再造。供应链过程中真正的显著改善，一是通过各个环节计划和运作的协调一致来实现，二是通过各个参与方的通力协作来实现。再造过程就是基于传统的供应链管理咨询技巧，使得公司的业务策略和供应链策略协调一致。同时，技术在这一过程中又起到了催化剂的作用，整合并优化了供应链内部和与之交叉的供应链的运作。

（三）第四方物流通过其对整个供应链产生影响的能力来增加价值

第四方物流充分利用了一批服务提供商的能力，包括第三方物流、信息技术供应商、合同物流供应商、呼叫中心、电信增值服务商等，再加上客户的能力和第四方物流自身的能力。总之，第四方物流通过提供一个全方位的供应链解决方案来满足今天的公司所面临的广泛而又复杂的需求。

（四）第四方物流强调技术外包

第四方物流外包的主要是无形的技术，而第三方物流外包的主要是有形的物流业务。

（五）第四方物流对员工的素质要求很高

由于第四方物流公司是提供技术服务的咨询公司，因此其员工不仅要具有丰富的现代管理技术和知识，而且还需要对环境变化有超强的预见能力及应变能力。

三、第四方物流的价值贡献

（一）通过提升服务水平带来收益的增加

传统的物流解决方案往往过于注重运输成本和仓储成本的最小化，而第四方物流服务提供商更注重强调对客户的服务水平，这必将导致整体收益的提高。

（二）通过过程优化提升运作效率

为弥补传统的物流运作功能方面的缺陷，第四方物流提供商强调过程优化，减少供应链上的不确定因素与非增值环节，不仅为控制和管理特定的物流服务，而且为整个物流过程提出策划方案，并将通过电子商务实现过程集成，从而带来物流运作效率的提升。

（三）节约成本，实现最大范围的社会资源整合

第三方物流缺乏跨越整个供应链运作以及真正整合供应链流程所需的战略专业技术，而第四方物流可以不受约束地将每一个领域的最佳物流供应商集成起来，为客户提供最佳物流服务，进而形成最优物流方案或供应链管理方案，而且能使所有的物流信息充分共享，实现全部社会资源的充分利用。

（四）实现供应链一体化

第四方物流向用户提供更加全面的供应链解决方案，并通过第三方物流企业、信息技术企业和咨询企业的协同化作业来实现，使物流的集成化一跃成为供应链一体化。

（五）实现用户企业业务流程再造

第四方物流将改变用户原来的物流业务流程，并通过业务流程再造使用户的物流流程得以优化。

（六）优化用户企业组织结构

物流外包的不断扩大以及业务流程的优化，必然给用户企业带来组织结构的变革。

四、第四方物流的运营方式

有学者认为，第四方物流的运营方式主要有三种形式，即协同运作型的第四方物流、方案集成型的第四方物流和行业创新型的第四方物流。

（一）协同运作型的第四方物流

这是第四方物流和第三方物流共同开发市场的一种方式，第四方物流向第三方物流提供一系列服务，包括技术、供应链整合策略、进入市场的能力和项目管理的能力等。第四方物流在第三方物流公司内部工作，第三方物流成为第四方物流思想与策略的具体实施者，从而达到为客户服务的目的。第四方物流和第三方物流一般会采用商业合同的方式或者战略联盟的方式进行合作。其运作模式如图 16-3 所示。

（二）方案集成型的第四方物流

在这种模式中，第四方物流为客户提供整个供应链的运作解决方案。第四方物流对自身以及第三方物流的资源、能力和技术进行综合管理，借助第三方物流为客户提供全面的、集成的供应链解决方案。第三方物流通过第四方物流的方案为客户提供服务，第四方物流作为一个枢纽，可以集成多个服务供应商的能力和客户的能力。其运作模式如图 16-4 所示。

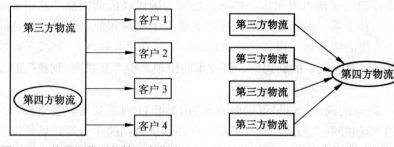

图 16-3 协同运作型的第四方物流   图 16-4 方案集成型的第四方物流

（三）行业创新型的第四方物流

在行业创新模式中，第四方物流为多个行业的客户开发和提供供应链解决方案，以整合整个供应链的职能为重点，将第三方物流加以集成整合，向"下游"的客户提供解决方案。在这里，第四方物流是"上游"第三方物流的集群和"下游"客户集群的纽带，其责任十分重要。行业解决方案会给整个行业带来最大的利益。第四方物流会通过卓越的运作策略、技术和供应链运作的具体实施来提高整个行业的效率，其运作模式如图 16-5 所示。

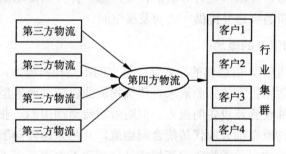

图 16-5 行业创新型的第四方物流

第四节 互联网+物流

一、"互联网+物流"的界定

（一）"互联网+"的提出

阿里研究院的《互联网+研究报告》指出，"互联网+"正在悄悄进入我们的生活，它也将像水电一样让我们时刻离不开。而关乎国民经济和生活的物流业，在"互联网+"的大潮中亟须找到"互联网+物流"的终极生存之道。

经过 30 多年的发展，国内的水路、铁路及道路货物发送量、周转量、吞吐量等均居世界第一，航空货运量和快递量居世界第二，物流业已成为国民经济的支柱产业和最重要的现代服务业之一。但总体上看，我国物流业发展方式仍处于相对粗放的阶段，总体滞后于经济社会发展水平。传统的物流运作模式已经难以为继，而在"互联网+"环境下，以移动互联网、大数据、物联网等为代表的新思维、新技术的出现，给"互联网+物流"的发展带来更多想象空间。

国内"互联网+"理念的提出，最早可以追溯到2012年11月易观国际董事长兼首席执行官于扬首次提出的"互联网+"公式，即产品和服务在多屏全网跨平台用户场景结合之后产生"化学变化"。2015年两会期间，马化腾提出议案《关于以"互联网+"为驱动，推进我国经济社会创新发展的建议》，同期，在2015年3月5日十二届全国人大三次会议上，李克强总理在政府工作报告中首次提出"互联网+"行动计划，将互联网建设上升到国家层面。一时间，众多学者和管理实践者开始对"互联网+"领域的理论及实践进行研究和探索，形成了百家争鸣的局面。

从现有研究来看，"互联网+"的理论与应用尚处于初级阶段，各行业领域对"互联网+"还处在论证与探讨过程中。但毫无疑问，"互联网+"正逐步渗透、扩展和应用到第三产业，形成了诸如互联网金融、互联网教育等新的行业形态，并开始推动如物流等传统产业进行转型升级，为其带来新的机遇并提供广阔的发展空间。

（二）"互联网+物流"的概念

在"互联网+"环境下，信息化的时效性使得空间距离相对缩短，由此引发对物流产业资源整合和物流运营效率提升的强烈需求。传统物流业以劳动密集型为特点，以人工作业为主，偏好于物流硬件设施及设备的投入，但随着物流活动由制造业驱动向电商业驱动转变，快递、零担类的物流在部分取代传统合同物流，并越来越倾向于小批量、多批次、高频率的物流作业，传统的粗放式物流运营模式越来越跟不上市场需求的步伐，服务内容同质化、恶性价格竞争、服务水平低下、遭遇客户投诉等问题越来越多。要解决这些"痛点"，"互联网+物流"是一条可行之道。

因此，可以将"互联网+物流"描述为移动互联网与物流行业融合发展下的一种新的物流形态，通过充分发挥移动互联网在物流资源要素配置中的优化和集成作用，重构物流价值链，并形成供应链上下游信息共享、资源共用和流程可视，从而深度参与采购、运输、仓储、配送等物流全过程。"互联网+物流"通过深刻了解客户需求，实时调度运、储、配等中间物流环节的资源，达到增强客户满意体验和提升物流服务效率的目标。

互联网的核心价值在于通过信息传递方式的改变而使得供应链上的协作更加紧密。通过与互联网的深度融合，"互联网+物流"的价值主要体现在：借助于互联网实时、高效地整合物流供应链资源；根据市场和客户需求重构物流价值链；通过去除物流中间环节、节省中间费用等方式实现去中介化。

从理论上看，"互联网+物流"的以上价值都是源自于"互联网+"的7个理论内涵。其中，物流资源整合价值源自于资源基础/依赖理论、长尾理论和市场均衡理论；价值重构价值源自于委托代理理论、消费主权理论和价值链理论；而去中介化价值则主要源自于交易成本理论。

二、"互联网+物流"的模式

从"互联网+物流"的定义来看，基于传统物流业的"痛点"，"互联网+物流"的首要途径在于改变原有的物流运作模式，利用移动互联网、大数据及物联网等优势，在管理监控、运营作业、金融支付等方方面面实现物流供应链信息化。从"互联网+物流"的价值内涵和理论内涵来看，在交易成本、市场均衡等理论下，"互联网+物流"通过对物流资源整合及去中介化形成物流平台模式；在委托代理、长尾、消费主权等理论下，"互联网+物流"通过高效集聚闲散的物流资源而形成物流众包模式；在资源基础/依赖、价值链等理论下，"互联网+物流"通过物流价值链的重构而形成物流跨界模式。"互联网+物流"的模式及其内涵如表16-1所示。

表16-1　"互联网+物流"的模式及其内涵

"互联网+物流"模式		主要代表	价值内涵	理论内涵
平台模式	供应链平台	怡亚通模式	物流资源整合 去中介化功能	交易成本理论、市场均衡理论、消费主权理论、价值链理论、资源基础/依赖理论
	物流平台	菜鸟网络模式		
	运输平台	卡行天下模式		
众包模式		快递兔模式	物流资源整合 价值链重构 去中介化功能	委托代理理论、长尾理论、消费主权理论、价值链理论、资源基础/依赖理论
跨界模式	功能跨界	德邦快递模式 顺丰物流模式	物流资源整合 价值链重构	资源基础/依赖理论、价值链理论、交易成本理论
	行业融合	顺丰电商模式 京东物流模式		
	行业联动	日日顺模式		
	行业跨界	传化物流模式		

（一）平台模式

1. 供应链平台——怡亚通模式

"互联网+物流"的供应链平台模式以怡亚通为代表。深圳市怡亚通供应链股份有限公司（简称怡亚通）从传统的委托采购、分销式"广度供应链管理"，转向帮助客户渠道扁平化、让产品直供门店的"深度供应链平台"。怡亚通为客户提供一站式的供应链服务，包括采购、深度物流、销售、收款等。与传统的委托采购、分销相比较，怡亚通供应链管理平台集合了企业的非核心业务外包，提供更多的专业性增值服务，而且，供应链管理服务的费用率和综合毛利率水平更高。怡亚通根据客户的需求，对供应链各环节进行计划、协调、控制和优化，并通过建立快速响应机制、灵活的服务，实现商流、物流、资金流、信息流四流合一，同时结合 JIT 运作管理，形成怡亚通特有的一站式供应链解决方案及服务组合，为企业提供专业、全方位的供应链服务。

2. 物流平台——菜鸟网络模式

"互联网+物流"的物流平台模式以菜鸟网络为代表。基于中国智能物流骨干网项目而组建的菜鸟网络科技有限公司（简称菜鸟网络），应用物联网、云计算、网络金融等新技术，为各类 B2B、B2C 和 C2C 企业提供开放的物流服务平台。菜鸟网络利用互联网技术，建立开放、透明、共享的数据应用平台，为电子商务企业、物流公司、仓储企业、第三方物流服务商、供应链服务商等各类企业提供服务，支持物流行业向高附加值领域发展和升级，目的是建立社会化资源高效协同机制，提升社会化物流服务品质。

3. 运输平台——卡行天下模式

"互联网+物流"的运输平台模式以卡行天下为代表。卡行天下供应链管理有限公司（简称卡行天下）本质上是一个运输平台，这个平台通过不赚取双方交易差价的利他性促进交易。卡行天下的大平台战略以成员互为交易、服务质量记录和信用与金融支持为主要组成部分，集中专线成员、加盟网点、第三方物流公司、互联网交易客户，建设基于内置服务网络的大平台。卡行天下有线下和线上两张网。线下建立流通网络，线上建立平台标准化模式，对接各种各样的第三方企业，满足各方的服务需求。

（二）众包模式

"互联网+物流"的众包模式以快递兔为代表。上海随迅信息科技有限公司下的快递平台——快递兔，在配送过程中采用的是社会化众包方式，其快递能力通过调动社会闲散资源而得到极大的提高。快递兔的快递员是普通的社会人员，通过对其进行严格的审核和规范化培训，采用中央调度模式，距离最近的配送员领到任务，在 1 个小时内完成取件。从盈利模式上看，快递兔整合了散件寄件的长尾需求，打包后给各大快递公司，相当于是一个手里拿着大单的大客户。除了个人用户，快递兔的用户还包括近千家中小企业，借此可整合公司内部的散件。快递兔减少甚至取代快递公司的线下网点，直接发到各物流公司总站，从而提高整个物流效率。

（三）跨界模式

1. 功能跨界——德邦快递模式与顺丰物流模式

"互联网+物流"的功能跨界模式以德邦和顺丰为代表。德邦物流股份有限公司（简称德邦）主营国内公路零担运输和空运代理服务。2013 年 11 月德邦快递业务开通，从运输领域跨界进入配送领域。就行业而言，快递和零担运输是两个相似度很高的细分物流功能，都有网络化特征、提供标准化的服务、具备可复制性。服务标准化的结果是能够批量、快速复制，因而，德邦通过对快递业务的清晰定位，成功地跨界进军快递业。而与此相对，顺丰速运集团有限公司（简称顺丰）的主营业务为快递。2014 年 4 月顺丰组建公路运输车队，推出一站式"门到门"的陆运物流产品"物流普运"，直面德邦、天地华宇、佳吉等国内公路运输物流企业竞争。顺丰从配送领域跨界进入运输领域，借此满足客户需求，占领市场。而作为战略层面，顺丰更是自恃有更为成熟和先进的运作模式和管理经验，想在格局未定的物流市场（尤其是零担货运市场）占得先机，主导市场。

2. 行业融合——顺丰电商模式与京东物流模式

"互联网+物流"的行业融合模式以顺丰和京东为代表。2012 年顺丰速运旗下电商食品商城"顺丰优选"上线，依托于顺丰覆盖全国的快递配送网，从原产地到住宅进行全程冷链保鲜，定位于中高端食品 B2C。"顺丰优选"的本质是快递物流业与电子商务行业的融合。与此相对，京东商城在其不断占领市场的过程中独立构建以"亚洲一号"为枢纽的电商物流体系，并申请快递牌照，实现电商业与物流业的相互促进和深度融合。

3. 行业联动——日日顺模式

"互联网+物流"的行业联动模式以日日顺为代表。2013 年 12 月海尔电器旗下日日顺物流有限公司（简称日日顺）成立，海尔与日日顺共同建立端到端大件物流服务标准，共同开发、提供创新的供应链管理解决方案及产品。日日顺模式促进了家电制造业与物流服务业之间的协作与联动。

4. 行业跨界——传化物流模式

"互联网+物流"的行业跨界模式以传化物流为代表。传化集团投资的传化物流是一家定位于"公路港"物流平台整合的运营商，已建成浙江、苏州、成都和富阳公路港物流园区。从宏观的角度看，物流运作是一个复杂的网络体系，其中，节点就是各种货物集散的物流中心、物流园区等地产概念，因此，传化物流模式其实质为物流业跨界到地产业。

三、"互联网+物流"的发展趋势

显然，"互联网+物流"并非只有上述几种模式，随着互联网思维和"互联网+"理念的不断深化，"互联网+物流"的模式也将逐步向细分化、个性化、多样化方向演进，形成百花齐放的局面。具体而言，基于对"互联网+物流"内涵的分析，"互联网+物流"有 5 种发展趋势。

（一）物流平台互联网化

基于互联网思维构建物流平台，其代表有以下几种模式。

（1）"互联网+物流"的阿里巴巴生态模式，主要盈利点为从物流平台角度延伸出数据、金融、流量、营销等商业价值，并带动和帮助更多的中小物流企业来实现创业。

（2）"互联网+物流"的小米模式，物流平台是上游下游整合的模式，主要盈利点不在基础物流服务上，而在延伸服务和增值服务上。

（3）"互联网+物流"的 360 模式，即物流平台的免费模式，通过吸收大量的用户，从而带来另一种商业升级。

（二）物流运营大数据化

基于互联网进行物流大数据运营，其主要特征有以下几个。

（1）"互联网+物流"整合物流客户资源，利用良好的客户体验汇集大量的客户群体，应用客户信息进行精准营销。

（2）"互联网+物流"催生新营销，物流末端数据通过物流延伸整个供应链，催生出新的营销功能。

（3）"互联网+物流"平台辅助决策，通过整合客户的需求和关注点，打造一个为客户企业高层服务的有价值的平台，进而带来更高的客户黏度。

（三）物流信息扁平化

基于互联网进行物流信息高效共享。"互联网+物流"将物流行业的供求信息进行高效共享，从而实现物流服务供需双方的交易扁平化，物流运营监控管理的可视化，物流园区、配送中心平台化的整合，以及物流人才供求信息的透明。

（四）物流资源众筹化

基于互联网的物流资源众筹。"互联网+物流"为物流运营资本和物流设施设备的众筹提供基础平台，通过整合资本来整合物流资源进而整合物流运营能力，形成高效的物流运营环境和物流运营模式。

（五）物流生态立体化

基于互联网的物流价值链网络。"互联网+物流"使得物流企业可以将作业层面的配送、仓储、信息平台、数据、金融等服务，延伸到商贸、生产制造等领域，形成庞大的价值链网络体系，构成物流的立体生态经济模式。

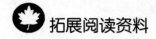 拓展阅读资料

欧洲物流的"绿色革命"

欧盟中十五个国家交通运输所排放的废气占欧洲地区温室气体排放总量的21%，其中还没有包括国际航空和海运在内。而上述国家公路交通废气排放量相当于交通运输排放总量的93%。为此，欧盟组织所制定的可持续发展战略明确要求从1990年起到2020年年底交通运输废气排放量必须减少20%。物流企业也高度重视环境保护和生态平衡，制定了有关降低二氧化碳等废气排放量的应对措施和保护生态平衡等解决方案。

（1）包装和废品的循环使用

目前，德国大部分物流企业和相关服务公司均在积极开发"绿色物流概念"。主要参与者是汽车制造商和汽车零部件供应商，按照相关环保法律法规，明确从产品始发地到最终客户的全程中，严格实施包装品和废品管理，主要目标任务就是鼓励使用经久耐用和环保功能优异的集装箱设备，严禁使用容易造成环境污染的托盘和包装材料，促进木材、纸张和金属等包装材料的循环使用和废品及时回收再生。

（2）坚持保护生态环境

此外，欧洲物流企业还积极提倡二氧化碳减排的交通运输模式。如世界著名物流集团TNT于2008年年初在荷兰发起"行星与我规划"，其中包括减少内燃机车辆，不断扩大使用电动车辆，计划到2025年减少该公司车辆二氧化碳废气排放量的一半，主动要求政府、环保团体和社会公众密切监督，进一步扩大该公司二氧化碳温室气体排放量的透明度。利用信息技术等高科技手段，全面实施环保的一体化公路和铁路经营理念。所有的集装箱和托盘等货运设备全部通用于公路和铁路，至少提高短途和远程等交通物流服务效率的50%。

资料来源：霍红，等. 物流管理学[M]. 北京：高等教育出版社，2011.

本章关键词

第四方物流、绿色物流、互联网+物流、供应链、供应链管理

复习思考题

1. 供应链与供应链管理是一样的吗？它们之间的区别在哪里？
2. 根据供应链管理范围的不同，它可以分为哪几种类型？
3. 什么是绿色物流？发展绿色物流有什么意义？

4. 绿色物流体系包含哪些内容？

5. 简要说明第四方物流的特征。

6. 第四方物流的价值贡献表现在哪些方面？

7. 阐述第四方物流的主要运营方式。

8. "互联网+物流"有哪几种主要模式？

9. "互联网+物流"的发展趋势有哪些？

本篇案例　世界十大物流公司简介

1. UPS

业务概况：UPS 是全球最大的包裹递送公司，同时也是世界主要从事专业运输和物流服务的提供商。每天经该公司投递快件的收入高达 600 万美元。该公司已建立了规模庞大、可信度高的全球运输基础设施，开发出全面、富有竞争力，并且有担保的服务组合，并不断利用先进技术支持这些服务。

业务分布：从地区来看，美国国内业务占总收入的 89%，欧洲及亚洲业务占 11%；从运输方式来看，美国内陆运输占 54%，空运占 19%。

2. FedEx

业务概况：FedEx 是一家环球运输、物流、电子商务和供应链管理服务供应商，为客户提供一体化的物流解决方案。子公司包括 FedEx EXPRESS（经营速递业务）、FedEx GROUND（经营包装与地面送货服务）、FedEx CUSTOM CRITICAL（经营高速运输投递服务）、FedEx GLOBAL（经营综合性的物流、技术和运输服务）以及 VIKING FREIGHT。

业务分布：美国本土业务占总收入的 76%。从运输方式看，空运业务占 83%，公路占 11%，其他占 6%。

3. DPWN

业务概况：德国邮政是德国的国家邮政局，是欧洲地区处于领先位置的物流公司。近期改名为 DERTSCHE POST WORLD NET（DPWN），以适应其业务全球化特点及电子商务带来的影响。DPWN 划分为四个自主运营的部门，即邮政、物流、速递和金融服务。

邮政部门由邮政、市场直销和出版物发行等业务组成；速递部门通过全球邮政和国际邮政业务部门提供覆盖欧洲的快递业务。通过与 DHL 合作，提供全球业务。通过收购丹莎（Danzas）下属公司成立物流部，提供"一站式"服务。

业务分布：DPWN 四大业务（邮政、快递、物流和金融）的净收入分别占 49%、21%、18% 和 12%。从地域分布来看，德国占 23%，法国占 17%，斯堪的纳维亚、美洲、意大利及远东澳洲分别占 12%、11%、8%和 6%。

4. NIPPON EXPRESS

NIPPON EXPRESS（日通）的主要业务是汽车运输、空运、仓库等，分别占 44%、16%、5%。其经营收入的 93%来自于日本本土，客户主要分布在电子、化学、汽车、零售和科技行业。

5. RYDER

业务概况：RYDER（来德）物流公司在全球范围内提供一系列的物流、供应链和运输管理服务。此外，还提供具有全面的供应链解决方案和电子商务解决方案，提供从原材料供应到产品配送等支持客户管理的整条供应链系统。

业务分布：美国本土业务占总收入的 82%。从业务结构来看，运输服务占 57%，物流占 32%。

6. TPG

业务概况：TPG（荷兰邮政）为全球二百多个国家和地区的客户提供邮递、速递及物流服务，并拥有荷兰各邮局机构 50%的股权。现有 137 间仓库，占地 155 万平方米。

业务分布：从净收入来看，TPG 的三大业务（邮递、速递和物流）分别占 42%、41%和 17%；从运营利润来看，邮递、速递和物流分别占 76%、15%和 9%；从地域分布来看，欧洲占 85%。

7. EXPEDITORS

业务概况：它是一家无缝的国际性服务网络，提供全球物流服务。服务内容包括空运、海运（拼箱货服务）及货代业务，另外还包括配送管理、货物保险、订单管理及物流信息等服务。

业务分布：主要集中在空运、海运和理货方面，其收入分别占 63%、25%和 12%。地域分布在远东、美国、欧洲和中东、南美、澳大利亚。

8. PANALPINA

业务概况：瑞士的 PANALPINA（泛亚班拿）公司是世界上最大的货运和物流集团之一，在 65 个国家拥有 312 个分支机构。核心业务是综合运输业务。除了处理传统货运以外，还提供跨国物流服务，尤其在汽车、电子、电信、石油及能源、化学制品等领域。

AIR/SEA BROKER 是泛亚班拿全球货运"批发商"；SWISS GLOBAL CARGO 是它的一家合资公司，也是世界上第一家能提供一体化、"门到门"、有时限担保而无重量限制的航空货运公司。

业务分布：欧洲和非洲占 52.7%，美洲占 33.9%，亚太地区占 13.4%。从利润来看，空运、海运、物流三大业务分别占 44.9%、31.3%和 20.3%。

9. CNF

业务概况：CNF 在空运、非货运型公路运输等领域占主导地位，为 30 多万家用户提供全方位的运输服务，每年运输 2 000 多万宗货物，总重量达到 300 亿磅。业务遍及二百多个国家和地区，为美国几乎所有大型公司提供服务。

业务分布：公司业务主要分布在美国，业务收入占 78%。从业务类型来看，分别集中在空运、公路运输和物流管理及配送。

10. EXEL

业务概况：EXEL 公司分为五大部门，即欧洲部、美洲部、开发和自动化部、技术和全球管理部以及亚太部，全球网点达到 1 300 个。目前，该公司分为三家运营子公司，EXEL（原 NFC 公司）、MSAS 全球物流公司和 CORY ENVIRONMENTAL。MSAS 是世界上规模最大的货代之一，提供多式联运、地区配送、库存控制、信息技术和供应链解决方案等服务。CORY ENVIRONMENTAL 是英国规模最大的废品处理公司之一。

业务分布：EXEL 业务主要集中在配送、运输管理和环境服务三个方面，按净收入分别占 58%、39% 和 3%；运营利润分别占 62%、28% 和 10%。业务主要集中在英国与爱尔兰、美洲、欧洲大陆、非洲及亚太地区。

从以上对这些物流企业业务结构的分析可以看出：

（1）美国物流企业占据主导地位。世界前十大物流企业中美国占有五家，同时这五家的收益之和占前十大企业收益的 2/3，可见美国物流企业在世界上的地位举足轻重。从某种意义上来说，物流市场发达程度与经济发达程度有关。

（2）十大物流企业中，以空运、快递、陆运为主要业务的公司居多。

（3）业务本土化程度高。如 UPS 的美国国内业务占其整个业务的 89%，FedEx 美国国内业务占 76%，DPWN 的欧洲业务占 70% 以上，TPG 在欧洲的业务占 85%，日通本土化达到 93%。

（4）十大物流企业中绝大部分是资产密集型企业，大多拥有物流设施和网络。

因此，从业务结构来看，在发展现代物流业中，具备快运业务背景的综合企业拥有巨大的发展潜力。

案例讨论

1. 比较世界十大物流公司的业务概况，说明我国物流企业的服务供给还有哪些市场空白？

2. 发达国家物流服务的"现代性"主要体现在哪里？

3. 请根据这些物流巨头的业务现状预测物流产业发展的未来趋势。

主要参考文献

[1] 国家质量监督检验检疫总局，国家标准化管理委员会[M]. 中华人民共和国国家标准物流术语（GB/T18354—2006）[M]. 北京：中国标准出版社，2006.

[2] 崔介何. 物流学概论[M]. 第五版. 北京：北京大学出版社，2016.

[3] 舒辉. 物流学[M]. 北京：机械工业出版社，2015.

[4] 周兴建，蔡丽华. 现代物流管理概论[M]. 北京：中国纺织出版社，2016.

[5] 沙颖，钟伟. 物流学[M]. 北京：清华大学出版社，2015.

[6] 霍红，牟维哲. 物流管理学[M]. 第3版. 北京：中国财富出版社，2015.

[7] 李玉萍. 物流管理[M]. 北京：中国农业大学出版社，2014.

[8] 王辉. 物流学[M]. 北京：中国铁道出版社，2010.

[9] 马士华，林勇. 供应链管理[M]. 北京：机械工业出版社，2010.

[10] 王宇，文华. 物流学概论[M]. 成都：西南财经大学出版社，2009.

[11] 刘常宝. 现代物流学概论[M]. 北京：科学出版社，2009.

[12] 王之泰. 新编现代物流学[M]. 第2版. 北京：首都经济贸易大学出版社，2008.

[13] 刘志学. 现代物流手册[M]. 北京：中国物资出版社，2001.

[14] 叶怀珍. 现代物流学[M]. 第2版. 北京：高等教育出版社，2006.

[15] 周启蕾. 现代物流业形成发展机理与推进策略[M]. 北京：北京大学出版社，2004.

[16] 王长琼. 绿色物流[M]. 北京：化学工业出版社，2004.

[17] 秦明森. 物流技术手册[M]. 北京：中国物资出版社，2002.

[18] 何明珂. 物流系统论[M]. 北京：中国审计出版社，2001.

[19] 孙明贵. 物流管理学[M]. 北京：北京大学出版社，2002.

[20] 俞仲文，陈代芬. 物流配送技术与实务[M]. 北京：人民交通出版社，2001.

[21] 翁心刚. 物流管理基础[M]. 北京：中国物资出版社，2002.

[22] 靳伟. 最新物流讲座[M]. 北京：中国物资出版社，2003.

[23] 汝宜红，宋伯慧. 配送管理[M]. 北京：机械工业出版社，2005.

[24] 宋华，胡左浩. 现代物流与供应链管理[M]. 北京：经济管理出版社，2000.

[25] 夏春玉. 现代物流概论[M]. 北京：首都经济贸易大学出版社，2004.

[26] 吴清一. 物流学[M]. 北京：中国建材工业出版社，1996.

[27] 郝渊晓. 现代物流管理学[M]. 广州：中山大学出版社，2001.

[28] 岳正华，黎明. 现代物流学概论[M]. 北京：中国财政经济出版社，2003.